Rüdiger Dierksen

Die abstrakte Farbmarke

2., unveränderte Auflage

Herbert Utz Verlag · München

Münchner Juristische Beiträge

Herausgegeben von

Prof. Dr. Thomas Küffner
küffner maunz langer zugmaier, München

Band 19

Zugl.: Diss., 2001

Bibliografische Information der Deutschen Nationalbibliothek:
Die Deutsche Nationalbibliothek verzeichnet diese Publikation in der Deutschen Nationalbibliografie; detaillierte bibliografische Daten sind im Internet über http://dnb.d-nb.de abrufbar.

frühere Ausgabe: ISBN 978-3-8316-0050-2

ISBN 978-3-8316-8171-6

Printed in EU
Herbert Utz Verlag GmbH, München
www.utzverlag.de

Für meine Eltern

Vorwort

Diese Abhandlung wurde im Wintersemester 2000/2001 von der Rechtswissenschaftlichen Fakultät der Christian-Albrechts-Universität zu Kiel als Dissertation angenommen. Rechtsprechung und Literatur sind bis Juni 2001 berücksichtigt.
Mein besonderer Dank gilt meinem Doktorvater, Herrn Professor Dr. Joachim Jickeli, der die Arbeit betreut und gefördert hat.
Herrn Professor Dr. Karl-Nikolaus Peifer danke ich für die Erstattung des Zweitgutachtens.
Sehr herzlich möchte ich mich zudem bei den Herren Rechtsanwälten Ulrich Forsthoff und Dr. Jörg Nikolaus Uhl, LL.M. für die mir gewährte Unterstützung bedanken.
In Dankbarkeit widme ich diese Arbeit meinen Eltern.

Wettenbostel, im Juli 2001 Rüdiger Dierksen

Inhalt

Abkürzungen

a.A.	anderer Auffassung
a.a.O.	am angegebenen Ort
ABl.	Amtsblatt
Abs.	Absatz
a.F.	alte Fassung
AIPPI	Association internationale pour la protection de la propriété industrielle
Alt.	Alternative
Anm.	Anmerkung
App.	Appeals
ARD	Arbeitsgemeinschaft der öffentlich-rechtlichen Rundfunkanstalten der Bundesrepublik Deutschland
Art.	Artikel
AS	Schweizerische Amtliche Sammlung des Bundesrechts (Jahrgang/Teil/Seite)
Aufl.	Auflage
Az.	Aktenzeichen
BB	Betriebsberater
Bd.	Band
BenGH	Benelux-Gerichtshof
BGB	Bürgerliches Gesetzbuch
BGBl.	Bundesgesetzblatt der Bundesrepublik Deutschland (Jahr/Titel/Seite)
BGH	Bundesgerichtshof
BGHZ	Entscheidungen des Bundesgerichtshofs in Zivilsachen (Band/Seite)
BlPMZ	Blatt für Patent-, Muster- und Zeichenwesen (Jahr/Seite)
BMG	Einheitliches Benelux-Markengesetz
BPatG	Bundespatentgericht
BPatGE	Entscheidungen des Bundespatentgerichts (Band/Seite)
BT-Drucks.	Bundestagsdrucksache (Wahlperiode/Nr.)
BverfGE	Entscheidungen des Bundesverfassungsgerichts (Band/Seite)
bzw.	beziehungsweise
CA	Court of Appeals
CC	Circuit Court
CD	Central District
CCPA	Court of Customs and Patent Appeals
Cir.	Circuit
Corp.	Corporation
CPI	Code de la propriété intellectuelle
CR	Computer und Recht (Jahr/Seite)
D.	District
DAJV-Newsletter	Zeitschrift der Deutsch-Amerikanischen Juristenvereinigung (Jahr/Seite)
DC.	District Court
d.h.	das heißt
Diss.	Dissertation
DPA	Deutsches Patentamt
DPMA	Deutsches Patent- und Markenamt
DZWir	Deutsche Zeitschrift für Wirtschaftsrecht
ED	Eastern District

EGV	Vertrag über die Gründung der Europäischen Gemeinschaft
EPI	Estatuto de la Propriedad Industrial
etc.	et cetera
EU	Europäische Union
EuZW	Europäische Zeitschrift für Wirtschaftsrecht (Jahr/Seite)
f.	und folgende (Seite)
ff.	und folgende (Seiten)
FAZ	Frankfurter Allgemeine Zeitung
F 2d	Federal Reporter, Second Series
Fn.	Fußnote
FS	Festschrift
F Supp	Federal Supplement
Fed. Cir.	Federal Circuit for the Court of Appeals
GATT	General Agreement on Tarifs and Trade
GMarkenV	Verordnung (EG) Nr. 40/94 des Rates vom 20. Dezember 1993 über die Gemeinschaftsmarke (ABl. EG Nr. L 11 vom 14. Januar 1994, S. 1) geändert durch Verordnung (EG) Nr. 3288/94 des Rates vom 22. Dezember 1994 (ABl. EG Nr. L 349 vom 31. Dezember 1994, S. 83)
GMarkenDV	Verordnung Nr. 2868/95 (EG) der Kommission vom 13. Dezember 1995 zur Durchführung der Verordnung Nr. 49/94 (EG) des Rates über die Gemeinschaftsmarke (ABl. EG Nr. L 303 vom 15. Dezember 1995, S. 1)
GRUR	Gewerblicher Rechtsschutz und Urheberrecht, Zeitschrift der Deutschen Vereinigung für gewerblichen Rechtsschutz und Urheberrecht (Jahr/Seite)
GRUR Int.	Gewerblicher Rechtsschutz und Urheberrecht, Internationaler Teil (Jahr/Seite)
GWB	Gesetz gegen Wettbewerbsbeschränkungen
HABM	Harmonisierungsamt für den Binnenmarkt (Marken, Muster, Modelle)
Hrsg.	Herausgeber
h.M.	herrschende Meinung
HS	Halbsatz
idF	in der Fassung
Inc.	Incorporated
IR-Marke	International registrierte Marke
iVm.	in Verbindung mit
lit.	litera
LM	Spanisches Markengesetz
Ltd.	limited
LZ	Lebensmittelzeitung
MA	Markenartikel, Monatsschrift zur Förderung der Qualitätsware (Jahr/Seite)
MaBl.	Markenblatt (Jahr/Seite)
MaBl. HABM	Markenblatt des Harmonisierungsamtes für den Binnenmarkt (Jahr/Seite)
Markenan-meldungenRL	Richtlinie für die Prüfung von Markenanmeldungen vom 27. Oktober 1995
MarkenG	Gesetz über den Schutz von Marken und sonstigen Kennzeichen (Markengesetz-MarkenG) vom 25. Oktober 1994

MarkenR	Zeitschrift für deutsches, europäisches und internationales Markenrecht (Jahr/Seite)
MarkenRL	Erste Richtlinie des Rates zur Angleichung der Rechtsvorschriften der Mitgliedstaaten über die Marken (89/94/EWG) vom 21. Dezember 1988 (ABl. EG Nr. L 40 vom 11. Februar 1989, S. 1)
MarkenRÄndG	Markenrechtsänderungsgesetz vom 19. Juli 1996
MarkenV	Verordnung zur Ausführung des Markengesetzes (Markenverordnung-MarkenV) vom 30. November 1994
Mitt.	Mitteilungen der deutschen Patentanwälte (Jahr/Seite)
MMA	Madrider Markenabkommen vom 14. April 1981 über die internationale Registrierung von Fabrik- oder Handelsmarken in der Fassung vom 14. Juli 1967 (BGBl. 1970 II, S. 418)
MSchG	Österreichisches Markenschutzgesetz von 1970
MSchG	Schweizerisches Bundesgesetz von 1992 über den Schutz von Marken und Herkunftsangaben
MuW	Markenschutz und Wettbewerb (bis 1941)(Jahr/Seite)
NJW	Neue Juristische Wochenschrift (Jahr/Seite)
NJW-CoR	NJW-Computerreport (Jahr/Seite)
NY	New York Court of Appeals
OLG	Oberlandesgericht
ÖOGH	Österreichischer Oberster Gerichtshof
PTO	United States Patent and Trademark Office (Washington D.C.)
PVÜ	Pariser Verbandsübereinkommen vom 20. März 1883 zum Schutz des privaten Eigentums in der Stockholmer Fassung vom 14. Juli 1967 (BGBl. 1970, II, S. 391)
RG	Reichsgericht (auch amtliche Sammlung seiner Entscheidungen in Zivilsachen; Band und Seite)
RIW	Recht der Internationalen Wirtschaft, Deutsche Zeitschrift für Wirtschaftsrecht (Jahr/Seite)
Rspr.	Rechtsprechung
S.	Satz, Seite
Slg.	Sammlung
sog.	so genannt
Rn.	Randnote
RPA	Reichspatentamt
Sta.	Statues
st. Rspr.	ständige Rechtsprechung
Sup. Ct.	Supreme Court
Supp	Supplement
TMA	Trade Marks Act
TMR	Trade Mark Reporter
Trib.	Tribunal
TRIPS	Trade-related Aspects of International Property Rights, Übereinkommen zur Errichtung der Welthandelsorganisation vom 15. April 1994, Übereinkommen über handelsbezogene Aspekte des Rechte des geistigen Eigentums (BGBl. 1994 II, S. 1730)
TTAB	Trademark Trial and Appeal Board
u.a.	unter anderem
US	United States Supreme Court Reporter

USC	United States Code
USPQ	United States Patent Quarterly
usw.	und so weiter
UWG	Gesetz gegen den unlauteren Wettbewerb vom 7. Juni 1909
vgl.	vergleiche
VO	Verordnung
Vol.	Volume
WIPO	World Intellectual Property Organization
WRP	Wettbewerb in Recht und Praxis
WTO	World Trade Organization
WuW	Wirtschaft und Wettbewerb
WZG	Warenzeichengesetz in der Fassung vom 2. Januar 1968
z.B.	zum Beispiel
ZHR	Zeitschrift für das gesamte Handels- und Wirtschaftsrecht (Jahr/Band/Seite)

Literatur

Adams, Michael
Ist die Ökonomie eine imperialistische Wissenschaft?, Jura, 1984, 337 ff.

Albrecht, Friedrich
Buchstaben und Zeichen im Kollisionsfall, GRUR 1996, 246 ff.

Alchian, Armen,
Some Implications of Recognition of Property Rights Transaction Costs, Belmont, 1979

Althammer, Werner; Ströbele, Paul; Klaka, Rainer
Kommentar zum MarkenG, 6. Aufl., Köln 2000

Althammer, Werner
Kommentar zum WZG, 3. Aufl., Köln 1985

Anders, Wilfried; Hacker, Franz
Aus der Rechtsprechung des Bundespatentgerichts im Jahre 1996, GRUR 1997, 487 ff. (1. Teil), 503 ff. (2. Teil)

Annand, Ruth
Die EuGH Entscheidung „Springende Raubkatze" aus britischer Sicht, GRUR Int. 1998, 656 ff.

Assmann, Heinz, D.; Kirchner, Christian; Schanze, Erich
Ökonomische Analyse des Rechts, Tübingen 1993

Baudenbacher, K.
Suggestivwerbung und Unlauterkeitsrecht, Zürich 1978

Bauer, Robert
Die Ware als Marke, GRUR 1996, 319 ff.

Baumbach, Adolf; Hefermehl, Wolfgang
Kommentar zum Warenzeichenrecht, 12. Aufl., München 1985

Becher, Karl
Neues deutsches Markenrecht: Schutzrechte erweitern, pflegen, verteidigen, Berlin, 1996

Behrens, Peter
Aspekte einer ökonomischen Theorie des Rechts, Rechtstheorie 1981, 472 ff.

Beier, Friedrich-Karl
Ausstattungsschutz für Farben, GRUR 1980, 600 ff.

Beier, Friedrich-Karl
Gewerblicher Rechtsschutz und freier Warenverkehr im europäischen Binnenmarkt und im Verkehr mit Drittstaaten, GRUR Int. 1989, 603 ff.

Beier, Friedrich-Karl
Wirtschaftliche Bedeutung, Funktion und Zweck der Marke, GRUR Int. 1976, 125 ff.

Beier, Friedrich-Karl; Reimer, Eduard
Vorbereitende Studie zur Schaffung eines einheitlichen, internationalen Markenbegriffs, GRUR 1955, 266 ff.

Beier, Friedrich-Karl
Studien zur Vereinheitlichung des Markenrechts, Bericht im Namen der deutschen Landesgruppe, GRUR Int. 1963, 83 ff.

Beier, Friedrich-Karl
Unterscheidungskraft und Freihaltebedürfnis, GRUR Int. 1992,
243 ff.

Berlit, Wolfgang
Das neue Markenrecht, 4. Aufl. München 2001

Berlit, Wolfgang
Das neue Markenrecht, Richtlinienentwürfe Markenanmeldungen und Widerspruchsverfahren des Deutschen Markenamts, ZRP 1995, 466 ff.

Beyerle, Peter
Unterscheidungskraft und Freihaltebedürfnis im deutschen Warenzeichenrecht, Köln, Berlin, Bonn, München 1988; zugl.: München, Univ., Diss., 1988

Blasendorff, Manfred
Farbenwirkung und Farbenschutz, GRUR 1954, 294 ff.

Bleckmann, Albert
Zu den Auslegungsmethoden des EuGH, NJW 1982, 1177 ff.

Bloustein, Edward, J.
Privacy is Dear at Any Price, 12 Georgia Law Review 429 f. (1978)

Bodenhausen, Georg
Pariser Verbandsübereinkunft zum Schutz des gewerblichen Eigentums, Köln 1971

Boes, Ulrich; Deutsch, Volker
Die Bekanntheit nach dem neuen Markenrecht und ihre Ermittlung durch Meinungsumfragen, GRUR 1996, 169

Brechmann, Winfried
Die richtlinienkonforme Auslegung, zugleich ein Beitrag zur Dogmatik der EG-Richtlinie, München 1994

Busse, Rudolf; Starck, Joachim
Kommentar zum WZG, 6. Aufl., Berlin 1990

Bußmann, Hermann
Lexikon der Sprachwissenschaft, 2. Aufl. 1999

Calabresi, Guido
The Costs of Accidents. A Legal and Economic Analysis, New Haven, Yale University Press, 1970

Calabresi, Guido
The Decision for Accidents: An Approach to Nonfault Allocation of Cost; Harvard Law Review 78 (1965) 713 f.

Calabresi, Guido
Some Thoughts on Risk Distribution and the Law of Torts, 70 Yale Law Review, 499, 553 f.(1961)

Callies, Christian; Ruffert, Matthias
Kommentar des Vertrages über die Europäische Union und des Vertrages zur Gründung der Europäischen Gemeinschaft, Neuwied 1999

Callmann, Rudolf
The Law of Unfair Competition Trademarks and Monopoles, Vol. 3, 1994

Chamberlin, Edward
The Theory of Monopolistic Competition, 7th ed. Cambridge 1958

Coase, Ronald, H.
The Problem of Social Costs, 3 Journal of Law and Economics (1960) 1 ff.

Cornish, William
Intellectual Property: Patents, Copyrights, Trade Marks and Allied Rights, 3rd ed. London 1996

Chrocziel, Peter; Götting, Horst-Peter; Katzenberger, Paul; Knaack, Roland; Stauder, Dieter (Hrsg.)
Der Schutz der nichteingetragenen Marke und Ausstattung in Deutschland, Handbuch des Ausstattungsrechts, Festgabe für Friedrich-Karl Beier zum 60. Geburtstag 1986, Weinheim

Deichsel, Alexander
Markentechnische Beobachtungen zum Markenschutz, GRUR 1998, 336 ff.

Demsetz, Herold
Some Aspects of Property Rights, Jornal of Law and Economics 9 (1966) 61 f.

Demsetz, Herold
The Exchange and Enforcement of Property Rights, Journal of Law and Economics 7 (1964) 11 ff.

Demsetz, Herold
Toward a Theory of Property Rights, 57 American Economy Review 347 ff. (1967)

Demsetz, Herold
The Cost of Transacting, Quart. Journ. Econ. 82 (1968) 33 ff.

Deutsch, Volker
Markenverunglimpfung, GRUR 1995, 319

Dichtl, Erwin
Grundidee, Entwicklungsepochen und heutige wirtschaftliche Bedeutung des Markenartikels, Markenartikel heute, Marke, Markt und Marketing, Wiesbaden 1978, 17 ff.

Dreiss, Uwe
Das neue Markenrecht, Mitt. 1995, 1 ff.

Dreiss, Uwe; Klaka, Rainer
Das neue Markengesetz, Bonn 1995

Dworkin, Ronald
Is Wealth a Value?, 9 Journal of Legal Studies 191, 226 f. (1980)

Ebenroth, Carsten
Neue Ansätze zur Warenverkehrsfreiheit im Binnenmarkt der Europäischen Union, Festschrift Piper, S. 133 ff.

Ebenroth, Carsten
Visionen für das internationale Wirtschaftsrecht, Recht der internationalen Wirtschaft, 1995, 1 ff.

Eichmann, Helmut
Die dreidimensionale Marke im Verfahren vor dem DPMA und dem BPatG, GRUR 1995, 184 ff.

Eichmann, Helmut
Die dreidimensionale Marke, Festschrift Vieregge, Berlin u.a., 1995, S. 125 ff.

Eichmann, Helmut
Gegenwart und Zukunft der Rechtsdemoskopie, GRUR 1999, 939 ff.

Eisenführ, Günther
Begriff und Schutzfähigkeit von Marke und Ausstattung, Festschrift 100 Jahre Deutsche Vereinigung für Gewerblichen Rechtsschutz , Bd. 2, 1991, S. 765 ff.

Eisenführ, Günther
„Hurricane"- Zuviel Wind!, Festschrift Vieregge 1995, S. 173 ff.

Eisenführ, Günther
Die gedankliche Verbindung, Mitt. 1995, 23 ff.

Eisenführ, Günther
Voraussetzungen und Nachweis der Verkehrsdurchsetzung nach § 4 Abs. 3 WZG, GRUR 1987, 82 ff.

Eisenführ, Günther
Schutzfähigkeit und Schutzumfang nach dem neuen Markenrecht, Festschrift 100 Jahre Markenamt, S. 69 ff.

Fezer, Karl-Heinz
Rechtsverletzende Benutzung einer Marke als Handeln im geschäftlichen Verkehr, GRUR 1996, 566 ff.

Fezer, Karl-Heinz
Erste Grundsätze des EuGH zur markenrechtlichen Verwechslungsgefahr – oder: „Wie weit springt die Raubkatze“, NJW 1998, 713 ff.

Fezer, Karl-Heinz
Der Benutzungszwang im Markenrecht, Berlin 1974

Fezer, Karl-Heinz
Markenfunktionale Wechselwirkung zwischen Markenbekanntheit und Produktähnlichkeit, WRP 1998, 1123 ff.

Fezer, Karl-Heinz
Anwendungsbereich des § 23 MarkenG, WRP 1996, 973 ff.

Fezer, Karl-Heinz
Das Markenrecht im Aufwind des Europäischen Binnenmarkts, Festschrift Gaedertz, München 1992, S. 153 ff.

Fezer, Karl-Heinz
Grundprinzipien und Entwicklungslinien im europäischen und internationalen Markenrecht, WRP 1998, 1 ff.

Fezer, Karl-Heinz
Kommentar zum MarkenG, 2. Aufl. München 1999

Fezer, Karl-Heinz
Aspekte einer Rechtskritik an der economic analysis of law und am property rights approach, JZ 1986, 817 ff.

Fezer, Karl-Heinz
Die Markenfähigkeit nach § 3 MarkenG, Festschrift Piper, München 1996, S. 525 ff.

Fezer, Karl-Heinz
Zur Markenfähigkeit und Eintragungsfähigkeit von Einfarbenmarke und Mehrfarbenmarke, MarkenR 1999, 73 ff.

Fezer, Karl-Heinz
Kritik der restriktiven Eintragungspraxis des DPMA und der sie billigenden Rechtsprechung des BPatG zu Werbewörtern und Werbeslogans, GRUR 1999, 859 f.

Fischer, Daniel
Besondere Fälle der Beurteilung des Markenbegriffs und der Unterscheidungskraft im französischen Markenrecht, GRUR Int. 1989, 522 ff.

Fried, C.
Right and Wrong, Cambridge Mass. 1978

Furuboton, Eirik; Pejovich, Svetozar
The Economics of Property Rights, Cambridge, Mass., 1994

von Gamm, Otto-Friedrich
Markenbenutzung und Benutzungszwang, Festschrift 100 Jahre Vereinigung für Gewerblichen Rechtsschutz und Urheberrecht, Bd. II, 801 ff.

von Gamm,Otto-Friedrich
Warenzeichengesetz, München 1965

von Gamm,Otto-Friedrich
Schwerpunkte des neuen Markenrechts, GRUR 1994, 775 ff.

von Gamm, Otto-Friedrich
Zur Warenzeichenrechtsreform, WRP 1993, 793

Giefers, Hans-Werner
Die rechtserhaltende Benutzung der Marke in abgewandelter Form, Festschrift für Vieregge, Berlin u.a., 1995, 267 ff.

Gielen, Charles
Likelihood of Association: what does it mean?, Mitt. 1996, 106 ff.

Gilson, Jerome
Trademark Protection and Practice, Vol. 1, 1989

Gloy, Wolfgang
Anmerkung zur Lila-Entscheidung des BGH, GRUR 1979, 855 ff.

Göbel, Meinhold
Anmerkung zu OLG Stuttgart WRP 1966, 225, WRP 1966, 227 ff.

von Goethe, Johann W.
Gesamtausgabe der Werke und Schriften, Bd. 22, Abt. 2, Schriften zur Farbenlehre, Berlin 1960

Gotthold, Jürgen
Zur ökonomischen Theorie des Eigentums, ZHR 144 (1980) 545 ff.

Götting, Horst-Peter
Die Entwicklung des Markenrechts vom Persönlichkeits- zum Immaterialgüterrecht, Festgabe für Beier, Weinheim 1996, 233 ff.

Grabitz, Eberhard; Hilf, Meinhard (Hrsg.)
Kommentar zur Europäischen Union, Loseblattsammlung, Altband I (14. Ergänzungslieferung 1999), II (13. Ergänzungslieferung 1999)

Grabrucker, Marianne
Der Schutzgegenstand der Farbmarke, GRUR 1999, 850 ff.

Grabrucker, Marianne
Aus der Rechtsprechung des BPatG im Jahr 1997, GRUR 1998, 625 ff.

Grabrucker, Marianne
Aus der Rechtsprechung des BPatG – Teil II: Markenrecht, GRUR 2000, 366 ff.

von der Groeben, Hans; Thiesing, Jochen; Ehlermann, Claus-Dieter
Kommentar zum EWG Vertrag Bd. 2, Bd. 3, 5. Aufl., Baden Baden 1998

Güldenberg, Hans
Der volkswirtschaftliche Wert und Nutzen der Marke, GRUR 1999, 843 f.

Hacker, Franz
Allgemeine Grundsätze der Beurteilung der Verwechslungsgefahr bei Kombinationszeichen, GRUR 1996, 98

Hagens, Alfred
Warenzeichenrecht, Berlin und Leipzig 1927

Harte-Bavendamm, Henning
Einleitende Anmerkungen zum Aufsatz „Markentechnische Beobachtungen zum Markenschutz“ von Prof. Dr. Alexander Deichsel, GRUR 1998, 335

Haseloff, Otto
Kommunikationstheoretische Probleme der Werbung, Behrens (Hrsg.) Handbuch der Werbung, Wiesbaden 1970

Hefermehl, Wolfgang
Zum Schutz der Farbe als Kennzeichnungsmittel, Festschrift Möhring 1965, 225 ff.

Hefermehl, Wolfgang
Anmerkung zur Maggi-Entscheidung des BGH, GRUR 1968, 378 ff.

Heil, Gerhard
Die absolute Schutzfähigkeit von Warenzeichen, GRUR 1981, 699 ff.

Heil, Gerhard
Anmerkung zur Capri-Sonne Entscheidung, GRUR 1983, 770 ff.

Heitto, V.T. Jouni
Eintragbarkeit abstrakter Farbmarken - Die Rechtslage in Finnland, GRUR Int. 2000, 488 ff.

Henry, Brian
Right hat, wrong peg: In re Owens-Corning Fiberglas Corporation and the Demise of the Mere Color Rule, 76 TMR (1986) 389 ff.

Heydt, Ludwig
Zur Funktion der Marke, GRUR Int. 1976, 339 ff.

Heydt, Ludwig
Wider die herrschende Lehre vom Erfordernis der warenzeichenmäßigen Benutzung, GRUR 1976, 7 ff.

Heydt, Ludwig
Benutzung und Benutzungszwang nach dem Vorabgesetz, Festschrift Hefermehl 1971, 59 ff.

Hoffmann, Hans-Jürgen
Psychologie der Werbekommunikation, 2. Aufl. Berlin,New York 1981

Horn, Norbert
Zur ökonomischen Rationalität des Privatrechts. Die privatrechtstheoretische Verwertbarkeit der „economic analysis of law", AcP 1976, 307 f.

Horn, Wieland
Die Zuständigkeiten der Markenbehörden und die Bindung an ihre Entscheidungen im ausländischen Recht, GRUR Int. 1969, 384 ff.

Hudis, Jonathan
Removing the Boundaries of Color, 86 TMR, 1 ff. (1996)

Hutter, Michael
Die Gestaltung von Property Rights als Mittel gesellschaftlicher, wirtschaftlicher Allokation, 1979, Göttingen

Ingerl, Reinhard
Die Gemeinschaftsmarke, Stuttgart 1996

Ingerl, Reinhard
Die Öffnung des Markenregisters für nur mittelbar produktbeschreibende Angaben und Werbeappelle, WRP 1998, 473 ff.

Ingerl, Reinhard; Rohnke, Christian
Die Umsetzung der Markenrechts-Richtlinie durch das deutsche Markengesetz, NJW 1994, 1247 ff.

Ingerl, Reinhard, Rohnke, Christian
Markenrecht, München 1998

Isay, Hermann
Die Selbständigkeit des Rechts an der Marke, GRUR 1929, 23 ff.

Jaeger-Lenz, Andrea
Neues zum Farbenschutz, WRP 1999, 290 ff.

Jickeli, Joachim
Marktzutrittsschranken im Recht der Wettbewerbsbeschränkungen, Baden-Baden 1990

Jickeli, Joachim
Marktzutrittsschranken im EG-Kartellrecht, WuW 1992, 101 ff. (Teil 1), WuW 1992, 195 ff. (Teil 2)

Johannsen, Uwe
Das Marken- und Firmenimage, Berlin 1971

Jonas, Kay-Uwe
Anmerkung zur Yes-Entscheidung des BGH, GRUR 1999, 1071

Jonas, Kay-Uwe
Anmerkung zur Bonus-Entscheidung des BGH, GRUR 1998, 468 ff.

Katzenberger, Paul
TRIPS und das Urheberrecht, GRUR Int. 1995, 447 ff.

Keller, Erhard
Die zeichenmäßige Benutzung im Markenrecht, GRUR 1996, 607 ff.

Keller, Erhard
Der Schutz eingetragener Marken gegen Rufausbeutung, Baden-Baden 1994, zugl. Univ., Diss. 1988

Kiethe, Kurt; Krauß, Oliver
Die Verwechslungsgefahr nach dem MarkenG - Verstärkter Rechtsschutz durch legislative Begriffserweiterung, WRP 1996, 495 ff.

Kirchner, Christian
„Ökonomische Analyse des Rechts" und Recht der Wettbewerbsbeschränkungen (antitrust law and economics), ZHR 144 (1980), 563 ff.

Kobaldt, Christian
Ökonomische Analyse des Rechts, Allgemeine Wirtschaftstheorie, 1995, 355 ff.

Kohler, Josef
Warenzeichenrecht, Mannheim, Leipzig 1910

Kohler, Walter
Unterscheidungskraft, GRUR 1950, 117 ff.

Koos, Stephan
Europäischer Lauterkeitsmaßstab und globale Integration, München 1996, zugl. Univ., Diss., Konstanz 1996

Koppensteiner, Hans
Österreichisches und europäisches Wettbewerbsrecht, 3., Aufl. Wien 1997

Kraft, Alfons
Notwendigkeit und Chancen einer verstärkten Schutzes bekannter Marken im WZG, GRUR 1991, 339 ff.

Krieger, Albrecht; Rogge, Dirk
Die neue Verwaltungsstruktur der Pariser und Berner Union und die neue Weltorganisation für geistiges Eigentum, GRUR Int. 1967, 462

Krieger, Albrecht; Mast, Heribert; Tilmann, Winfried
Die Konstituierung der Weltorganisation für geistiges Eigentum (WIPO), GRUR Int. 1971, 29 ff.

Krüger, Christof
Zum gedanklichen Inverbindungbringen im Sinne der §§ 9 I 2, 14 II 2 MarkenG, GRUR 1995, 527 ff.

Krings, Philipp
Der Schutz von Buchstabenkennzeichen, WRP 1999, 50

Kroeber-Riel, Werner
Konsumentenverhalten, 6. Aufl. München 1999

Kromnan, Anthony
Wealth Maximation as a normative Principle, 9 Journal of Legal Studies, 227 ff. (1980)

Krüger-Nieland, Gerda
Neue Beurteilungsmaßstäbe für die Verwechslungsgefahr im Warenzeichenrecht?, GRUR 1980, 425 ff.

Kunz-Hallstein, Hans-Peter
Europäisierung und Modernisierung des deutschen Warenzeichenrechts, GRUR Int. 1990, 747 ff.

Kunz-Hallstein, Hans-Peter
Die Funktion der Marke nach europäischem und künftigem deutschen Recht, Festschrift 100 Jahre Markenamt, 147 ff.

Kur, Annette
Namen und Kennzeichenschutz im Cyberspace, CR 1996, 592

Kur, Annette; Henning-Bodewig, Frauke
Marke und Verbraucher, Bd. 1 Weinheim 1988, Bd. 2 Weinheim 1989

Kur, Annette
Der wettbewerbliche Leistungsschutz, GRUR 1990, 1 ff.

Kur, Annette
Formalschutz dreidimensionaler Marken - neue Aufgaben für die Markenabteilung des Deutschen Patentamts, Festschrift 100 Jahre Markenamt 1994, 175 ff.

Larenz, Karl
Methodenlehre der Rechtswissenschaft, 6. Aufl., Heidelberg 1991

Lehmann Michael
Wettbewerbs- und warenzeichenrechtliche Bemerkungen zur Entscheidung des BGH vom 6.10.1983, Verkauf unter Einstandspreis II, GRUR 1984, 313 ff.

Lehmann, Michael
Eigentum, geistiges Eigentum, gewerbliche Schutzrechte, GRUR Int. 1983, 356 ff.

Lehmann, Michael
Theorie der Property Rights und Schutz geistigen Eigentums - Wettbewerbsbeschränkungen zur Förderung des Wettbewerbs, Ansprüche, Eigentums- und Verfügungsrechte, Schriftenreihe des Vereins für Sozialpolitik, Bd. 140, Berlin 1985, 519 ff.

Lehmann, Michael
Vertragsanbahnung durch Werbung, München 1981

Lehmann, Michael
Verbraucherschutz und Schutz des Schwächeren - eine juristische und ökonomische Analyse, Simon/Tinsingen (Hrsg.), Schriftenreihe law and economics, Müchen 1988

Lehmann, Michael
Bürgerliches Recht und Handelsrecht, eine juristische und ökonomische Analyse, Stuttgart 1983

Lehmann, Michael
Die wettbewerbswidrige Ausnutzung und Beeinträchtigung des guten Rufs bekannter Marken, Namen und Herkunftsangaben, GRUR Int. 1986, 6 ff.

Lehmann. Michael; van den Berg, Roger
Informationsökonomie und Verbraucherschutz im Wettbewerbs- und Warenzeichenrecht, GRUR Int. 1992, 588 ff.

Lehmann, Michael; Schönfeld, Thomas
Die neue europäische Marke: Positive Handlungsrechte im Sinne der Informationsökonomie, GRUR 1994, 481 ff.

Loewenheim, Ulrich
Warenzeichen und Wettbewerbsbeschränkung, Bad Homburg 1970

Maiwald, Walter
Anmerkung zur Entscheidung „Farbmarke gelb-schwarz“ des BGH, Mitt. 1999, 110 ff.

von Manen, Willem
Assoziationsgefahr, „Raubkatzen“-Urteil des EuGH und Benelux Markenrecht, GRUR Int. 1998, 471 ff.

Mangini, Vito
Die Marke: Der Niedergang der Herkunftsfunktion, GRUR Int. 1996, 462 ff.

Martino, H.D.
Markenrecht aus der Sicht von "Verbraucher-Juristen", MA 1979, 637 ff.

Marx, Claudius
Deutsches und europäisches Markenrecht, Neuwied 1997

Mc Charty, J. Thomas
Trademarks und Unfair Competition, 2 Ed., Vol. 1, 1984, Rochester, New York

Mellerowicz, Konrad
Markenartikel, 2. Aufl. München, Berlin 1968

Meyer, Andreas
Das deutsche und französische Markenrecht nach der Umsetzung der Ersten Markenrichtlinie,
GRUR Int. 1996, 601 ff.

Migosa, Willy
Die Farbe als Zeichenelement, MA 1961, 235

Migosa, Willy
Internationaler Marken- und Herkunftsschutz, München 1967

Möhring, Philipp
Hausfarben und ihre rechtliche Bedeutung, MA 1950, 139 ff.

von Mühlendahl, Alexander
Deutsches Markenrecht, 1995 München

Nägele, Thomas
Die rechtsverletzende Benutzung im Markenrecht, Baden-Baden 1999, zugl. Univ., Diss. 1999

Noelle-Neumann, E.; Schramm, C.
Höhe der Verkehrsgeltung (Bewertung und Bedeutung), GRUR 1960, 70 ff.

Nordemann, Wilhelm
Wettbewerbs- und Markenrecht, 8. Aufl., Baden-Baden 1996

Oppenhoff, Walter
Wandel der Markenrechtskonzeption ?, GRUR Int. 1973, 433 ff.

Ostwald, H.
Die Gesetze der Farbe, Berlin 1918

Palandt, Otto
Kommentar zum Bürgerlichen Gesetzbuch, 60. Aufl., München 2001

Pejovich, Svetozar
The economics of property rights, Dordrecht 1990

Piper, Henning
Der Schutz bekannter Marken, GRUR 1996, 429 ff.

Pösenstrupp, Heiner; Keukenschrijver, Alfred; Ströbele, Paul
Aus der Rechtsprechung des Bundespatentgerichts im Jahre 1995, GRUR 1996, 303 (1. Teil), 312 (2. Teil)

Posner, Richard
Economic Analysis of Law, 5. ed. Boston 1998

Rauter, Gustav
Zur Frage der Kollektivzeichen, GRUR 1907, 377

Reimer, Eduard
Wettbewerbs- und Warenzeichenrecht, 3. Aufl., Köln/Berlin 1954

Reuter, Peter
A Just Use of Economics or Just Use Economics?, 70 California Law Review 850 f. (1982)

Riehle, Gehard
Markenrecht und Parallelimport, Suttgart 1968

Röper, Burkhard; Müller, Gislinde; Blume, Otto
Werbung für Markenartikel, Auswirkungen auf Markttransparenz und Preis, Göttingen 1976

Ropski, Gary, M.; Wettermann, T., E.
Important Decisions, Trends and Events in United States Patent und Trademark Law: 1993 and 1994, Mitt. 1995, 295 ff.

Rößler, Bernd
Rufausbeutung als Unlauterkeitsmaßstab in der Rechtsprechung zu § 1 UWG, München 1997

Ruijsenaars, Heijo, E.
Die Verwertung des Werbewerts bekannter Marken durch den Markeninhaber, GRUR Int. 1988, 385 ff.

Sack, Rolf
Die rechtlichen Funktionen des Warenzeichens, GRUR 1972, 402 ff.

Sack, Rolf
Probleme des Markenschutzes im Ähnlichkeitsbereich, WRP 1998, 1127 ff.

Sack, Rolf
Sonderschutz bekannter Marken, GRUR 1995, 81 ff.

Samuel, Jeffery, M.; Samuel, Cinda, B.
Color Trademarks: Shades of Confusion, 83 TMR 554 f. (1993)

Schäfer, Hans, B.
Ökonomische Analyse des Rechts, Ökonomische Verhaltenstheorie 1983, 149 ff.

Scherer, Frederic
The Posnerian Harvest: Seperating Wheat from Chaff, 86 Yale Law Journal 974 f. (1977)

Schluep, Walter, R.
Das Markenrecht als subjektives Recht, Basel 1964

Schmieder, Hans-Heinrich
Erste Erfahrungen mit dem neuen Markengesetz, NJW 1997, 2908 ff.

Schmieder, Hans-Heinrich
„Ersichtlichkeit" von Eintragungshindernissen als allgemeine Prüfungsbeschränkung im Warenzeichen-Registerrecht, GRUR 1992, 672 ff.

Schmieder, Hans-Heinrich
Die Entwicklung des Markenrechts seit Ende 1997, NJW 1999, 3088 ff.

Schmidtchen, Dieter
Property Rights, Freiheit und Wettbewerbspolitik, Tübingen 1983

Schönfeld, Thomas
Die Gemeinschaftsmarke, Baden-Baden 1994, zugl. München, Univ., Diss., 1994

Schrader, Leif, U.
Das absolute Schutzhindernis der allgemeinen sprachüblichen und verkehrsüblichen Bezeichnungen nach § 8 II Nr. 3 MarkenG und Art. 7 I lit d GMarkenV, WRP 2000, 69 ff.

Schramm, Karl
Grundlagenforschung auf dem Gebiet des gewerblichen Rechtsschutzes und Urheberrechts, Berlin, Köln 1954

Schreiner, Rupert
Die Dienstleistungsmarke, Köln 1983

Schüller, Alfred
Property Rights und ökonomische Theorie, München 1983

von Schultz, Detlef
Zu den Privilegierungstatbeständen des § 23 MarkenG, GRUR 1997, 408

von Schultz, Detlef
Die Farbmarke, ein Sündenfall, GRUR 1997, 714 ff.

Schulze zur Wische, J.
Der Schutz der Farbe oder farbigen Aufmachung durch den § 25 WZG, GRUR 1965, 129 ff.

Schwanhäuser, Hermann
Umgehung des Benutzungszwanges, WRP 1969, 178 ff.

Seligsohn, Arnold
Gesetz zum Schutz der Warenbezeichnungen, 3. Aufl., Berlin, 1925

Starck, Joachim
Markenmäßiger Gebrauch - Besondere Voraussetzung für die Annahme einer Markenverletzung, GRUR 1996, 688 ff.

Starck, Joachim
Rechtsprechung des BGH zum neuen Markenrecht, WRP 1996, 273

Starkebaum, Rupprecht; Kraft, Alfons
Kommentar zum WZG, Berlin 1967

Stauder, Dieter
Amtsprüfung und Farbenschutz im französischen Recht, GRUR Int. 1976, 116

Stigler, G.J.
The Economics of Information, 69 Journal of Political Economics 213 f. (1961)

Storck, Klaus
"Cokies", "Fe" und die Möglichkeit ausgewogener Kollisionsentscheidungen, Festschrift Klaka, 1987, 197 ff.

Ströbele, Paul
Voraussetzungen und Nachweis der Verkehrsdurchsetzung nach § 4 III MarkenG, GRUR 1987, 75 ff.

Ströbele, Paul
Die Berücksichtigung des Freihaltungsbedürfnisses im zeichenrechtlichen Eintragungsverfahren, GRUR 1981, 706 ff.

Ströbele, Paul
Die Eintragung eines Zeichens kraft Verkehrsdurchsetzung nach § 4 III WZG, MA 1984, 127

Ströbele, Paul
Die Eintragungsfähigkeit neuer Markenformen, GRUR 1999, 1041 ff.

Ströbele, Paul
Probleme der Amts- und Gerichtspraxis zum neuen deutschen Markenrecht, GRUR 1997, 355 ff.

Teplitzky, Otto
Verwechslungsgefahr und Warenähnlichkeit im neuen Markenrecht, GRUR 1996, 1 ff.

Tetzner, Heinrich
Kommentar zum Warenzeichengesetz, Heidelberg 1958

Tetzner, Heinrich
Die wettbewerbsrechtliche Schutz von Farben und Werbemethoden, WRP 1956, 93 ff.

Thilo, Alexandra
Neue Formen der Marke im Markenrecht und in der Gemeinschaftsmarkenverordnung, Konstanz, Univ., Diss., 1998

Tietze, U.
Farben unter Kennzeichenschutz?, GRUR 1959, 410 ff.

Tietzel, Norbert
Die Ökonomie der Property Rights, ein Überblick, Zeitschrift für Wirtschaftspolitik 1981, 207 ff.

Tilmann, Winfried
Das neue Markenrecht und die Herkunftsfunktion, ZHR 1994, 371 ff.

Troller, Alois
Markenrecht und Landesgrenzen, GRUR Int. 1967, 261 f.

Troller, Alois
Immaterialgüterrecht Bd. I, 3. Aufl., Basel/Frankfurt/M. 1983

Uetscher, Ernst
Der Farbenschutz im Kennzeichenrecht, Mitt. 1959, 293 ff.

Uhr, Dieter
Psychologische Betrachtungen zum Markenartikel, MA 1980, 534 ff.

Ulmer, Eugen
Die plastischen Zeichen und der Begriff des Warenzeichens, GRUR 1939, 1 ff.

Ulmer, Eugen
Warenzeichen und unlauterer Wettbewerb in ihrer Fortbildung durch die Rechtsprechung, Berlin 1929

Vanzetti, Adriano
Funktion und Rechtsnatur der Marke, GRUR Int. 1965, 128 ff.

Vanzetti, Adriano
Die Funktion der Marke in einem System der freien Übertragbarkeit, GRUR Int. 1999, 205 ff.

Veljanowski, L.G.
The New Law and Economics. A Research Review, Oxford 1982

Verkade, D.W. Feer
Angleichung des nationalen Markenrechts in der EWG: Benelux Staaten, GRUR Int. 1992, 96 ff.

Verkade, D.W. Feer
Neue Markenformen: ein Beitrag aus den Benelux-Staaten, GRUR Int. 2000, 304 ff.

Völker Stefan, Semmler, Jörg
Markenschutz für Farben und Farbkombinationen, GRUR 1998, 93 ff.

von Weizsäcker, Carl
Rechte und Verhältnisse in der modernen Wirtschaftslehre, Kyklos Nr. 34 (1981) 345 ff.

Will, Stephanie
Der Markenschutz nach § 14 MarkenG, Baden Baden 1996

Wiltschek, Lothar
Wettbewerbs- und Markenrecht in Österreich, WRP 1998, 698 ff.

Winkler, Heinz
Erfahrungen des DPA mit dem erweiterten Markenbegriff, MA 1996, 516 ff.

Wiswede, Günther
Psychologie der Markenbildung, Markenartikel heute - Marke, Markt und Marketing, Wiesbaden 1978, 133 ff.

Wittenzellner, Ursula
Schutzfähigkeit von Farben nach dem neuen MarkenG, Festgabe Beier, S. 333 ff.

Zorraquin, Ernesto
Marken, die aus Farben bestehen und ihr Schutz im argentinischen Recht, GRUR Int. 1996, 405

Ohne Verfasser

Amtliche Begründung zum Gesetzentwurf der Bundesregierung zum Entwurf eines Gesetztes zur Reform des Markenrechts und zur Umsetzung der ersten Richtlinie 89/104 EWG Markenrechtsreformgesetz, BT-Ds. 12/6581

Bericht, Internationale Vereinigung für Gewerblichen Rechtsschutz, Berliner Kongress vom 3.- 8. Juni 1963, GRUR Int. 1963, 490 ff.

Brockhaus Enzyklopädie in 24 Bänden, 19. Aufl., Mannheim 1988

Denkschrift über die Schaffung einer EWG Marke, GRUR Int. 1976, 481 ff.

Identitätsorientierte Markenführung, MA 1996, S. 373

Verpackungsdesign als strategischer Erfolgsfaktor, MA 1996, S. 564

1. Kapitel: Einführung

Eine abstrakte Farbmarke ist eine farbliche Gestaltung, die keine konkrete und räumliche Begrenzung aufweist[1]. Schutzgegenstand dieser Markenform ist ein bestimmter Farbton ohne jegliche Kontur. In der markenrechtlichen Terminologie wird auch häufig der Begriff der konturlosen Farbmarke benutzt, der insoweit den gleichen Sachverhalt umschreibt.
Die abstrakten Farbmarken sind abzugrenzen von den farblichen Aufmachungen, deren Schutzgegenstand zwar auch Farben oder Farbkombinationen sind, die aber räumlich und gegenständlich begrenzt sind.

Der Markenartikelwirtschaft geht es in der Praxis zunehmend nicht mehr ausschließlich um die Nutzung von Farben oder Farbzusammenstellungen innerhalb einer räumlich begrenzten Aufmachung im Rahmen einer Bild- oder Wortmarke. Farben werden nicht nur zur farbigen Ausgestaltung einer bildhaften Aufmachung eingesetzt (z.B. der grüne Vogel als Symbol des Telekommunikationsunternehmens e-plus), sondern darüber hinaus auch als Farbe an sich, die allein Trägerin der Markenbotschaft ist (z.B. Dunkelgrün als Farbe von e-plus bei der Gestaltung des Markenauftritts in der Werbung und in den Verkaufsfilialen). Bei dieser sog. abstrakten Verwendung von Farben oder Farbzusammenstellungen handelt es sich nicht mehr nur um vereinzelte Ausnahmeerscheinungen in der Markenartikelwirtschaft, es geht nicht mehr nur um das allseits bekannte Gelb der Post.

In allen Wirtschaftsbereichen wird im Marketing verstärkt auf die Möglichkeit zurückgegriffen, Farben oder Farbkombinationen allein oder unterstützend zur Kennzeichnung von Waren oder Dienstleistungen einzusetzen. So wirbt nicht nur die Mineralölindustrie bei der Gestaltung ihrer Produkte sowie der Aufmachung der Tankstellen unter Zuhilfenahme von Farbkombinationen. Auch die gerade um Marktpositionen kämpfende Stromhandelsbranche setzt in der Markenführung auf den Einsatz von Farbmarken (z.B. Gelb für Yello Strom: „Welche Farbe hat der Strom?“). Das Transportdienstleistungsunternehmen UPS erkennt man nicht in erster Linie an dem klein gehaltenen Firmenlogo, sondern zuvorderst an der braunen Farbgebung der Auslieferungsfahrzeuge. Der Markenauftritt des Energieversorgungsunternehmens e.on wird nicht allein durch das Wortzeichen, sondern auch durch ein Farbzeichen - zwei ineinander übergehende rote Farbtöne - geprägt. Der Verbraucher, der in einer Buchhandlung in der Taschenbuchabteilung einen Bereich mit gelben Buchrücken sieht, wird schon allein aufgrund der Farbgebung auf den Reclam-Verlag schließen. Das

[1] BPatG GRUR 1996, 881- Farbmarke.

Markenzeichen Nivea der Beiersdorf AG wird allgemein als „die blaue Marke" bezeichnet.
Diese beispielhafte Aufzählung lässt sich nahtlos in allen Bereichen des Wirtschaftslebens fortsetzen: Aus dem Bereich der lebensmittelverarbeitenden Industrie sei das „light-green" eines amerikanischen Kaugummis oder der rot/gelbe Markenauftritt des Unternehmens Maggi im Convenience-Bereich bei Lebensmitteln als Beispiel angeführt. Im Dienstleistungs- und Medienbereich werden auch zunehmend Farben und Farbzusammenstellungen beim Markenauftritt eingesetzt, so versuchen z.B. die großen Fernsehsender bestimmte Hausfarben als Unterscheidungsmerkmal zu etablieren (u.a. Blau für die ARD, Orange für das ZDF, Gelb/Rot für den Pay-TV-Kanal Premiere).
Die wohl bekannteste deutsche abstrakte Farbmarke im Markenregister ist das unter 2906959 beim Deutschen Patent- und Markenamt (DPMA) eingetragene „Milka-Lila"[2]. Die Eintragung dieser Marke wurde insbesondere innerhalb der Kreise des DPMA und des Bundespatentgerichts mit harscher Kritik bedacht, es wurde von einem „Ausreißer"[3] in der Eintragungspraxis des DPMA gesprochen und die Eintragung als hoffentlich bislang „einziger Sündenfall"[4] bezeichnet.

Die Diskussion um den rechtlichen Schutz von Farben als Kennzeichnungsmittel war unter Geltung des WZG allein durch die Fallkonstellation der farblichen Aufmachungen geprägt. Die zeichenrechtliche Schutzfähigkeit von farblichen Aufmachungen wurde im Rahmen des Ausstattungsschutzes von Warenzeichen bei überragender Verkehrsgeltung nach § 25 WZG erörtert.
Mit dem MarkenG[5] hat der Gesetzgeber eine weitreichende Neukonzeption des gesamten Markenrechts im Rahmen der gemeinschaftsweiten Markenrechtsharmonisierung durch die Erste Richtlinie des Rates zur Angleichung der Rechtsvorschriften der Mitgliedstaaten über die Marken (MarkenRL)[6] bezweckt. Für den Farbenschutz stellt sich unter Geltung des MarkenG mithin die Frage, ob er in Fortschreibung zur Rechtslage nach dem WZG weiter auf den Schutz von bildhaften Farbaufmachungen beschränkt bleiben soll oder, ob das MarkenG seine Ausrichtung dahin gehend verändert hat, dass nunmehr abweichend von den bisher entwickelten Grundsätzen auch abstrakten Farben oder Farbkombi-

---

[2] WzBl II 1995, 4106, 4199.
[3] Winkler, MA 1996, 516, 517.
[4] Ströbele, Probleme der Amts- und Gerichtspraxis zum neuen deutschen Markenrecht, Vortrag vom 17. 02. 1997 in Hamburg.
[5] Gesetz über den Schutz von Marken und sonstigen Kennzeichen vom 25. Oktober 1994 (BGBl. I, S. 3082; berichtigt am 27. Januar 1995, BGBl. I, S. 156; zuletzt geändert am 16. Juli 1998, BGBl. I, S. 1827).
[6] Erste Richtlinie des Rates zur Angleichung der Rechtsvorschriften der Mitgliedstaaten über die Marken (ABl. EG Nr. L 40 vom 11. Februar 1989 S. 1, berichtigt in ABl. Nr. L 159 vom 10. Juni 1989, S. 60).

nationen ein markenrechtlicher Schutz durch Eintragung in das Markenregister zukommen kann.

In § 3 Abs. 1 MarkenG wird allgemein auch für Farben und Farbzusammenstellungen die Möglichkeit eines Markenschutzes eröffnet. Dies beinhaltet einen förmlichen Markenschutz, der durch Eintragung des Zeichens in das Markenregister gewährleistet wird (§ 4 Nr. 1 MarkenG). Zudem kann eine Farbe auch ohne Eintragung in das Markenregister als Benutzungsmarke geschützt werden, wenn sie bei den Verbrauchern Verkehrsgeltung erlangt hat (§ 4 Nr. 2 MarkenG).

Die Diskussion um die Reichweite des zeichenrechtlichen Schutzes von Farben ist fast ausschließlich im Bereich des Markenschutzes durch Registereintragung angesiedelt. Wenngleich die Benutzungsmarke der Registermarke dogmatisch gleichgestellt ist, spielt in der markenwirtschaftlichen Praxis die Markeneintragung von farblichen Aufmachungen oder abstrakten Farben die weitaus dominierende Rolle. Dementsprechend beschäftigt sich die Rechtsprechung fast ausschließlich mit dem förmlichen Markenschutz; in den wissenschaftlichen Veröffentlichungen wird der Praxis folgend ebenfalls im Schwerpunkt nur der markenrechtliche Schutz von abstrakten Farben durch Registereintragung behandelt..
Die Untersuchung wird dementsprechend auf die praktisch relevanten Fragen der Eintragungsfähigkeit von abstrakten Farbmarken beschränkt.

Die Markenstellen des DPMA haben in ihrer bisherigen Eintragungspraxis in Anlehnung an die Verfahrensweise unter Geltung des WZG eine ablehnende Haltung gegenüber abstrakten Farbzeichen eingenommen und nur figürlich und räumlich festgelegte Aufmachungsfarbmarken für eintragungsfähig gehalten. Nachdem das DPMA das Markenregister nach Einführung des MarkenG zunächst dem abstrakten Farbenschutz öffnete, kehrte es nach einigen Eintragungen schon bald zu einer restriktiven Eintragungspraxis zurück.
Das Harmonisierungsamt für den Binnenmarkt (HABM) als europäisches Markenamt verfolgt im Bereich der Gemeinschaftsmarke ebenfalls eine zurückhaltende Eintragungspolitik, bislang sind abstrakte Farbmarken nur in Ausnahmekonstellationen bei besonderer Bekanntheit des Zeichens zur Eintragung gekommen.
Diese Eintragungspraxis wurde bisher vom BPatG und vom BGH im Ergebnis gebilligt. Die Haltung der Markenstellen zum abstrakten Farbmarkenschutz wurde durch die extensive Spruchpraxis zu den absoluten Schutzhindernissen - im Rahmen von Beschwerdeverfahren gegen Eintragungsversagungen durch das DPMA - erst ermöglicht. Einige neuere Entscheidungen des 28. und 30. Senats

des BPatG[7] und des I. Zivilsenats des BGH[8] weisen indes eine Tendenz zur Abkehr von der rigorosen Ablehnung des konturlosen Farbenschutzes auf.
Eine Entscheidung des Europäischen Gerichtshofs zu dieser neuen Markenform liegt noch nicht vor.

Im Rahmen der Arbeit wird der Frage nachgegangen, ob und nach welchen Kriterien konturlose Farbmarken dem Eintragungsverfahren zugänglich sind. Im Verletzungsrecht wird herausgearbeitet, wie umfassend der Schutzumfang bei einer Kollision mit Drittzeichen zu ziehen ist. In diesem Zusammenhang wird untersucht, ob die Gefahren, die mit der Registereintragung von abstrakten Farbmarken verbunden sind, über einen eingeschränkten Schutzumfang korrigiert werden können.
Zunächst werden die in der gewerblichen Praxis vorhandenen typischen Funktionen von Farben beschrieben und danach differenziert, ob sie mit den Funktionen einer Marke deckungsgleich sind oder lediglich der allgemeinen Verkaufsförderung dienen.
Daran schließt sich die Frage an, ob und unter welchen Voraussetzungen es ökonomisch zweckmäßig ist, ein ausschließliches Recht zur Verwendung einer abstrakten Farbe als Marke zu gewähren.
Die Erkenntnisse aus der ökonomischen Analyse des Rechts werden in die Auslegung des MarkenG einbezogen um die Frage zu beantworten, ob und unter welchen Voraussetzungen das MarkenG ein Ausschließlichkeitsrecht zur Verwertung einer abstrakten Farbe oder Farbverbindung als Marke bereitstellen kann. Die in diesem Zusammenhang relevanten Bestimmungen des deutschen MarkenG werden vorgestellt. Dabei wird der Einfluss des europäischen Markenrechts und der Rechtsprechung des EuGH auf das deutsche Markenrecht behandelt. Insoweit sind die Markenrichtlinie als gemeinschaftsrechtlicher Harmonisierungsrahmen für die nationalen Markenrechtsordnungen und die Gemeinschaftsmarkenverordnung[9] als europäisches Regelwerk für die Eintragung einer Gemeinschaftsmarke bei dem Harmonisierungsamt für den Binnenmarkt (HABM) relevant.
Die einschlägigen Tatbestandsmerkmale im Registerverfahren und im Verletzungsrecht werden, orientiert an dem vom Gesetzgeber neu eingeführten offenen und erweiterten Markenbegriff, im Rahmen der markenrechtlichen Analyse richtlinienkonform ausgelegt. Den Ausgangspunkt bildet dabei die Regelung der allgemeinen Markenfähigkeit in § 3 MarkenG. Insoweit stellt sich die Frage, ob

[7] Siehe nur BPatG WRP 1999, 329 f.- Blau/Weiß I; BPatG GRUR 2000, 428 f.- Farbmarke gelb/schwarz.
[8] Siehe nur BGH WRP 1999, 430 f.- Farbmarke.
[9] Verordnung (EG) Nr. 40/94 des Rates über die Gemeinschaftsmarke vom 20. Dezember 1993 (ABl. EG Nr. L 11 vom 14. Januar 1994, S. 1; geändert durch Verordnung (EG) Nr. 3288/94 vom 22. Dezember 1994, ABl. EG Nr. L 349 vom 31. Dezember 1994, S. 83).

diese Vorschrift dahin gehend ausgelegt werden kann, dass sie auch abstrakte Farben erfasst. Daran schließt sich eine Auslegung der weiteren im Hinblick auf den Farbschutz relevanten Bestimmungen des Eintragungs- und Verletzungsrechts an, um die Kriterien der Schutzfähigkeit und des Schutzumfangs von abstrakten Farbmarken zu entwickeln. Den tragenden Gesichtspunkt bei der Normauslegung bildet dabei die „völlige Neugestaltung"[10] des Zeichenrechts durch das MarkenG und die Markenrichtlinie im Rahmen der gemeinschaftsweiten Harmonisierung der nationalen Markenrechtsordnungen.
Rechtsprechung gerade zum abstrakten Farbenschutz liegt nur vereinzelt vor, so dass zum Teil die Spruchpraxis zu den bereits anerkannten (traditionellen) Markenformen oder zu anderen neuen Markenformen, wie z.B. den Buchstabenmarken, auf den Farbenschutz übertragen werden muss.

Die Arbeit soll nicht nur einen Beitrag zu einer praktikablen und interessengerechten Rechtsanwendung bei abstrakten Farbzeichen leisten, sondern zugleich auch anhand dieser neuen Markenform exemplarisch neue Tendenzen und Entwicklungen im Markenrecht aufzeigen bzw. eine entsprechende Diskussion anregen. Im Vordergrund wird hier die Entwicklung der neu in das MarkenG eingeführten neuen Markenformen stehen[11]. Eng damit verbunden sind die Auswirkungen des sog. offenen und erweiterten Markenbegriffs und die zur Zeit wieder vermehrt gestellte Forderung nach einer Erweiterung der rechtlich geschützten Funktionen der Marke. Weiterhin wird auch auf die grundsätzliche Frage des Verhältnisses von Eintragungsverfahren vor dem DPMA und Verletzungsverfahren vor den ordentlichen Gerichten für Kennzeichenstreitsachen eingegangen.
Schließlich wird im Rahmen des Schutzumfanges von abstrakten Farbmarken auch das Verhältnis von UWG und MarkenG betrachtet und untersucht, inwieweit wettbewerblicher Leistungsschutz in das MarkenG integriert werden kann.

[10] Siehe die amtliche Regierungsbegründung zum Markenrechtsreformgesetz, BT-Ds 12/6581, S. 58, 59 zur Auslegung des MarkenG: „Aber auch im Übrigen soll mit der völligen Neugestaltung des deutschen Markenrechts ein Neuanfang bei der Auslegung des neuen Gesetzes gemacht werden."
[11] Z.B. Zahlen-, Buchstaben- oder Hörmarken.

2. Kapitel: Abstrakte Farbmarken in Praxis und wissenschaftlicher Theorie

I. Funktionen von Farben im Marketing

Die kommerzielle Nutzung von Farben im Rahmen des Produktmarketing kann in unterschiedlicher Art und Weise erfolgen. Bei den meisten Formen der Verwendung von Farben werde diese nicht als Marke eingesetzt, sondern dienen allgemein der Optimierung des Produktauftritts und der allgemeinen Verkaufsförderung. Im Folgenden werden diese beiden Gruppen der in der ökonomischen Realität vorhandenen Funktionen der Farben beschrieben. Der Schwerpunkt wird auf der Differenzierung zwischen dem Einsatz einer Farbe oder Farbkombination als Marke und der Verwendung einer Farbe als allgemeinem Marketinginstrument liegen, denn für den Regelungsbereich der abstrakten Farbmarke sind im Grundsatz nur diejenigen gewerblichen Nutzungsmöglichkeiten von Bedeutung, die Markenfunktionen wiederspiegeln.

1. Ökonomische Markenfunktionen

Bevor auf die einzelnen Anwendungsgebiete von Farben eingegangen wird, soll zunächst ein allgemeiner Überblick über die ökonomischen Funktionen von Marken gegeben werden. Im Anschluss daran wird zu untersuchen sein, ob diese Funktionen auch von konturlosen Farben ausgefüllt werden können.

In der Diskussion um die Weiterentwicklung des Markenrechts werden im deutschsprachigen Rechtskreis traditionellerweise die wirtschaftlichen und rechtlichen Gesichtspunkte bei der Beschreibung der Funktionen der Marke eng miteinander verknüpft[12]. So lag und liegt auch zur Zeit der Kern der wissenschaftlichen Auseinandersetzung zumeist in der Frage, ob und inwieweit wirtschaftliche Markenfunktionen auch einen rechtlichen Schutz durch das Zeichenrecht oder gar durch das Wettbewerbsrecht[13] beanspruchen können. Für die in diesem Abschnitt vorzunehmende Untersuchung der markenwirtschaftlichen Praxis soll isoliert auf die tatsächlichen Funktionen der Marke bzw. der abstrakten Farbmarke eingegangen werden, ohne dass damit bereits eine Aussage über einen etwaigen rechtlichen Schutz getroffen wird.

---

[12] Schluep, S. 265 ff.; Troller, Bd. I, S. 205; Baumbach/Hefermehl, Komm. zum WZG, Einl., Rz. 14 ff.

[13] BGH GRUR 1983, 247- Rolls-Royce; BGHZ 1993, 96- Dimple; BGH GRUR 1991, 465- Salomon.

Die Grundfunktion der Marke ist die Kennzeichnung von Waren und Dienstleistungen auf dem Markt. Die Produkte werden durch die Namensgebung aus der Anonymität des Marktgeschehens herausgehoben und somit von Produkten derselben Gattung unterscheidbar gemacht. Der Verbraucher kann nicht nur die Marke individualisieren, sondern sich auch mit dem Angebot identifizieren[14]. Die Unterscheidungsfunktion ist damit die primäre und wichtigste Funktion für das Erzielen eines dauerhaften Absatzerfolges; der Verbraucher kann das Produkt (wieder)erkennen und (wieder) kaufen.
Auf der Grundlage dieser Unterscheidungsfunktion wurden weitere wirtschaftliche Funktionen entwickelt, die allesamt den Absatzerfolg optimieren sollen.

Die Herkunftsfunktion als klassische Markenfunktion der im 19. Jahrhundert entstandenen Markenrechtsordnungen in Europa[15]. Hierbei geht es nicht nur darum, das Produkt identifizierbar zu machen, sondern weiterhin soll auf die Herkunft aus dem produzierenden oder dienstleistenden Geschäftsbetrieb hingewiesen werden. Während die Marken vor der Industrialisierung vornehmlich in einem stark regulierten Markt als Schutz- und Qualitätszeichen hauptsächlich der staatlichen Produktionskontrolle dienten, so war ab dem 19. Jahrhundert die Marke Ausdruck der unternehmerischen Freiheit, den eigenverantwortlich produzierten Gütern einen Herkunftshinweis zu geben.

Die Qualitätsfunktion[16] der Marke besteht aus Inhabersicht vor allem darin, den Abnehmern eine gleichbleibende Qualität anzukündigen, um sie damit zu weiteren Käufen zu motivieren. Aus einem durch den Zufall geleiteten Käufer soll ein dauerhafter Kunde werden. Diese Funktion kann auch als Produktverantwortung des Markeninhabers verstanden werden, der sich aus Sicht des Verbrauchers zu seinen Produkten als unternehmerische Leistung mit einem bestimmten Standard bekennt.

Aus dem Vorgenannten resultiert die Vertrauensfunktion[17], welche die Erwartungen des Konsumenten beschreibt. Der Käufer von Markenartikeln geht davon aus, dass er hochwertige Produkte in durchgängig gleichbleibender Qualität erwirbt. Darüber hinaus wird er den Produzenten auch hinsichtlich weitergehender, mit den Produktnamen verbundener Werbebotschaften binden wollen.

---

[14] Siehe zur Unterscheidungsfunktion Mellerowicz, S. 13; Lehmann, GRUR Int. 1986,14; Tilman, ZHR 158 (1994) 371.
[15] Isay, GRUR 1929, 23; Heydt, GRUR Int. 1976, 339, 342.
[16] Ingerl/Rohnke, Komm. zum MarkenG, Einl. Rz. 33
[17] Ingerl/ Rohnke, Komm. zum MarkenG, Einl. Rz. 33.

Unter der Werbefunktion wird die einer Marke eigene Suggestiv- und Attraktionskraft verstanden [18].

Die soeben skizzierten ökonomischen Markenfunktionen sind nicht statisch festgelegt, sondern verändern sich zwangsläufig mit den wirtschaftlichen Bedingungen in der Markenartikelwirtschaft. Diese Veränderungen in der Markenpraxis gilt es sich gerade im Hinblick auf die Beurteilung von abstrakten Farbmarken als neuer Markenform bewusst zu machen.
In der markenrechtlichen Praxis lässt sich eine Verlagerung von der konkreten Herkunftsfunktion hin zu einem Verständnis der Marke als einem produktidentifizierenden Unterscheidungszeichen feststellen. Dem Verbraucher kommt es neben den Bereichen, in denen die Herkunft des Produktes hauptsächlich für den Kaufentschluss entscheidend ist - man denke z.B. an die Solinger Messerwaren, bei denen es nicht zuerst auf die Kenntnis des konkreten Produkts ankommt, sondern vielmehr auf den guten Ruf der Herkunftsstätte - immer mehr auf das Produkt selbst an. Für den Verbraucher ist zunehmend von Bedeutung, welche Güte das Produkt ungeachtet der betrieblichen Herkunft hat, er identifiziert die Produkte nach ihrer individuellen Eigenart[19].
Die Identifikation einer unternehmerischen Leistung auf dem Markt bedeutet aber mehr als eine bloß einteilende und ordnende Unterscheidung der Produkte. Die Marke kann unter Umständen wie der Name eines Produkts wirken. Vergleichbar mit dem Namen einer Person gibt auch ein Unternehmenskennzeichen ein Charakterbild über Eigenschaften, Qualität, Herkunft, Ruf und Image des Namensinhabers ab. Die Markenfunktion ist mit einer reinen Ordnungsfunktion mit dem Ziel einer gesteigerten Markttransparenz nicht erschöpft, es werden zusätzlich Kommunikationswege als Marketingbestandteil in einer multimedialen Kommunikation durch Werbung geschaffen. Der kommunikative Aspekt der Marke, d.h. die Möglichkeit, Botschaften vom Zeicheninhaber an den Abnehmer zu senden ohne in persönlichen Kontakt zu treten, hat erst die modernen Formen der Produktvermarktung lohnend und wirtschaftlich sinnvoll gemacht[20].
Diese Kommunikationsfunktion als eigenständige Markenfunktion ist schon deshalb von nicht zu unterschätzender Bedeutung, da sie streng genommen logische Voraussetzung für die oben genannten Funktionen ist. Die Marke kann dem Verbraucher erst dann ein Bild über Herkunft der Ware oder Dienstleistung ge-

---

[18] Schluep, S. 76 f.
[19] Oppenhoff, GRUR Int. 1973, 433; Krüger-Nieland, GRUR 1980, 425, 428; Heydt, Festschrift für Hefermehl 1971, S. 59 ff.
Bei einer Infratestumfrage gaben lediglich 29% der Befragten an, daran interessiert zu sein, den Hersteller eines Produktes bereits aus der Produktmarke zu erfahren, weitere 13% äußerten, dass es auf die Produktart ankomme. Lebensmittel und Elektrogeräte wurden beispielhaft als die Produktgruppen genannt, in denen das Wissen um den Hersteller besonders wichtig sei;
siehe dazu auch Henning-Bodewig/Kur, S.102
[20] Dichtl, Markenartikel heute, S.18; Haseloff, S.185.

ben, wenn zunächst eine Kommunikation stattgefunden hat. Ein Vorzug dieses Ansatzes zur Funktionsbestimmung ist gerade auf den sich rasant entwickelnden multimedialen Marketingfeldern darin zu sehen, dass für den Zeichenverwender ein breites Spektrum hinsichtlich des vermittelten Botschaftsinhalts und der Mittel zur Übertragung besteht[21]. Der Markeninhaber kann sich flexibel auf neue Werbe- und Marketingmethoden einstellen, er wird nicht an eine starre Begrenzung durch einzelne Markenfunktionen, die jeweils nur einen Ausschnitt der ökonomischen Realität wiedergeben, eingeschränkt.

2. Funktionen von Farben

a. Technische Funktion

Farben können aufgrund ihrer technischen Wirkung für die gewerbliche Verwendung von Bedeutung sein. Die technische Funktion von Farben wird dann genutzt, wenn durch die Farbgebung der spezifische Zweck oder das Wesen der Ware oder Dienstleistung gefördert wird und damit zugleich eine Wertsteigerung für den Verbraucher einhergeht. Diese verbesserte Zweckerfüllung durch Farben als Teilaspekt des Wertes eines Produkts ist nach den naturwissenschaftlichen Gesetzmäßigkeiten zu beurteilen und damit objektiv feststellbar.
Die technischen Funktionen von Farben stellen keine Markenfunktionen dar, da sie das Produkt nicht als Unterscheidungszeichen des Markeninhabers identifizieren, sondern vielmehr ein Bestandteil des Produkts sind.

Die Farbe Rot hat z.B. in bestimmten Bereichen einen Gebrauchswert als Warn- und Signalfarbe. So haben Feuerlöscheinrichtungen eine rote Farbe, damit sie im Notfall schneller und einfacher zu finden sind. Im Straßenverkehr weisen rote Schilder den Kraftfahrer auf Verbote hin und warnen vor Gefahrenbereichen. Aufgrund der Signalfunktion ist das Absicherungsmaterial für Baustellen in der Regel rot oder rot/weiß gehalten. Als weiteres Beispiel für eine technisch-funktionale Verwendung von Farben kann man die bräunliche Einfärbung eines Wundpflasters anführen, da die Farbgebung in erster Linie dazu dient, ein schnelles Verschmutzen zu verhindern[22]. Die dem Herzsymbol entsprechende rote Farbe einer Herzwandvase ist ein wesensbestimmendes Merkmal der Ware, denn eine Vase, die ein Herz darstellen soll, lässt sich mit dem geringsten Aufwand durch rote Farbgebung gestalten[23]. Die gelbe oder orangefarbene Lackie-

[21] Schreiner, S. 452.
[22] RG GRUR 1941, 238- Hansaplast/Leukoplast.
[23] BGHZ 16, 296- rote Herzwandvase.

rung von Arbeitsgeräten und -fahrzeugen im Straßentiefbau dient zuvorderst dazu, Gefahrenbereiche auffällig und gut sichtbar zu gestalten, um Unfälle zu vermeiden. Das Gleiche gilt für die orangefarbene Arbeitskleidung von Straßenbauarbeitern, die das Risiko, von Kraftfahrzeugen angefahren zu werden, verringern soll. Die helle Farbe von Tropenkleidung ist dagegen deswegen in technischer Hinsicht für die Ware vorteilhaft, weil sie das Sonnenlicht reflektiert und damit die Bekleidung optimal an die klimatischen Bedingungen anpasst.[24]

b. Ästhetische Funktion

Bei der kommerziellen Verwertung können Farben auch aufgrund ihrer ästhetischen Wirkung nützlich sein. Bestimmte Farben werden vom Publikum im Verhältnis zu bestimmten Produkten als besonders ästhetisch empfunden, andere Farben wiederum nicht. Diese Neigungen beruhen nicht - wie im Fall der technischen Funktionalität - auf naturwissenschaftlichen Gesetzmäßigkeiten, sondern werden von der Mode, von geschmacklichen Gründen oder von kurzfristigen Trends beeinflusst, stellen also eine nur subjektiv messbare Größe dar.
In den Fällen der ästhetischen Funktionalität ist die Farbe zwar nicht technisch zwingend notwendig, führt aber dazu, dass die subjektiven (modischen) Bedürfnisse des Kunden besser angesprochen werden. Die Farbe ist in diesen Konstellationen eine wertsteigernde und absatzfördernde Produkteigenschaft, sie identifiziert das Produkt nicht als Unterscheidungszeichen, sondern ist mit diesem identisch und stellt keine Markenfunktion dar.

Diese Funktion von Farben soll an folgendem (fiktiven) Beispiel verdeutlicht werden:
In der Modesaison 2000 entwickelt sich aufgrund von Werbaktivitäten und Medienpräsenz von Spitzensportlern ein allgemeiner Modetrend hin zu Fußballschuhen mit einer silbern, metallisch wirkenden Farbgebung (anstatt der üblichen schwarzen Einfärbung des Obermaterials). Da das Publikum, dem Trend folgend, silberne Fußballschuhe als ansprechender empfinden wird, kann von ästhetischer Funktionalität gesprochen werden. Die Fußballschuhe werden aufgrund einer Produkteigenschaft (silberne Farbgebung) bevorzugt und nicht, weil die Farbgebung als Markenzeichen für ein bestimmtes Unternehmen aufgefasst wird.

Ebenso stellt die farbige Bemusterung von Textilerzeugnissen, bei denen die Abnehmer entscheidendes Gewicht auf das äußere Erscheinungsbild legen, ein

[24] Für weitere Beispiele zur technischen Funktionalität siehe auch Heitto, GRUR Int. 2000, 488, 489.

modisches Element der Ware selbst dar und dient nicht einer markentechnischen Differenzierungsfunktion[25].
Auch am Beispiel der Farbgebung von Bekleidungsstücken (Modefarbe der Saison), von Fahrzeugen (allgemeiner Trend hin zu silbernen Lackierungen, z.B. bei Audi und Mercedes) oder von Einrichtungsgegenständen lässt sich nachweisen, dass bestimmte Farben ästhetisch ansprechender sind als andere.

c. Werbepsychologische Funktion

Eine ökonomisch nutzbare Funktion von Farben kann auch darin liegen, die psychologisch notwendigen Voraussetzungen für den Vertrieb eines Produkts zu schaffen. So wird die Farbgebung des Produkts selbst oder der Verpackung häufig werbepsychologisch oder -taktisch bedingt sein. Die Farbgebung dient hier nicht der markentechnischen Unterscheidungsfunktion, das Produkt soll nicht identifiziert werden, sondern in verbraucherpsychologischer Hinsicht möglicht ansprechend und auffällig im Sinne einer markentechnisch optimalen Farbhygiene positioniert werden.

Aus dem psychologischen Ansatz der Farbenlehre - die Lehre vom Sinneserlebnis mit Farben und seine Wirkungen – lassen sich wertvolle Hinweise für die Bedeutung der Farbmarken in verbraucherpsychologischer Hinsicht ziehen[26].
Seit Johann Wolfgang von Goethes Farbenlehre[27] gehört es zum Allgemeinwissen, dass Farben eine Botschaft enthalten können. Die diversen Farben wecken unterschiedliche Gedanken, Emotionen, Stimmungen und Gefühlsassoziationen. Im psychologischen Teil seiner Untersuchung behandelt er die sinnlich-sittliche Wirkung und die Harmonie der Farben. Er unterscheidet zwei Hauptgruppen von Farben, zum einen die Plus-Seite, bestehend aus Gelb, Rotgelb, Gelbrot, welche regsam, lebhaft und strebend stimmen. Im Gegensatz dazu steht die Minus-Seite, bestehend aus Blau, Rotblau und Blaurot, sie stimmt zu einer unruhigen, weichen und sehnenden Empfindung.
Selbst wenn Goethes Farbenharmonie bei Physikern auf wenig Entgegenkommen stieß, so besteht doch dahin gehend Einigkeit, dass Harmonie gleichbedeutend mit Gesetzmäßigkeit ist und somit ein gesetzmäßiger Zusammenhang zwischen den Farbmesszahlen einer Farbskala und dem Grad des Wohlbefindens besteht[28]. Heute wird der Farbigkeit eines Produkts, dem Farbklima, immer mehr Bedeutung als psychologisch wirksamer Faktor im Marketing beigemes-

---

[25] BGHZ 35, 341, 347- Buntstreifensatin.
[26] Brockhaus-Enzyklopädie, Bd. 7, Stichwort Farbenlehre.
[27] Johann Wolfgang von Goethe, Zur Farbenlehre, S.5 ff.
[28] Ostwald, S.1918 f.

sen. Z.B werden Farben im Vertrieb bewusst als Blickfänger eingesetzt, um aus der Fülle des unüberschaubaren Angebots in einem Supermarkt das bekannte Produkt gut sichtbar zu platzieren.

Man kann Farben also nach bestimmten Farbharmonien einteilen, die dann mitursächlich für als angenehm oder unangenehm empfundene Gefühlszustände angesehen werden können. Ausgehend von diesen Grundsätzen lassen sich unter anderem die folgenden Beispiele für den Einsatz von Farben innerhalb einer Marketingstrategie der „emotionalen Produktdifferenzierung“[29], d.h. einer Differenzierung von Waren und Dienstleistungen, die allein auf der Ansprache affektiver und emotionaler Elemente beruht, aufführen.

Es ist besonders häufig zu beobachten, dass ein hellgrüner Farbton von der Markenartikelwirtschaft genutzt wird, um bei dem Konsumenten Assoziationen wie Gesundheit, Fitness, Sportlichkeit, Jugend und Dynamik hervorzurufen. Da das Spektrum der angestrebten Botschaften hier sehr breit angelegt ist, ist dementsprechend der Einsatz dieser Farben auf unterschiedliche Marktsegmente verteilt. So tritt dieser Farbton sowohl bei der Kennzeichnung von Fitnessgeräten und Zubehör auf, als auch bei der Markierung von besonders magenschonendem und leicht bekömmlichen Kaffee. Das Spektrum der Einsatzgebiete geht dann weiter von Diätprodukten, „Lifestyle“-Produkten" und Küchen über Wohnaccessoires und Geschirrkollektionen.

Angelehnt an dieses Beispiel lässt sich gut demonstrieren, dass allein schon die Veränderung von Farbnuancen ausreicht, um eine komplett unterschiedliche emotionale Rückkopplung beim Verbraucher zu erreichen. So steht ein dunkelgrüner Farbton[30] für gänzlich entgegenstehende Gefühlsassoziationen wie Eleganz, Tradition, Klassik, Understatement und Luxus. Dementsprechend werden diese Farbtöne von der Markenartikelwirtschaft für den Bereich der Luxusgüter, wie z.B. bei hochwertigen Schreibgeräten, Süßwaren, Tabak- oder Lederwaren genutzt.

Wiederum andere emotionale Bereiche sprechen Neonfarben jeder Farbschattierung an (hier seien Rückkopplungen u.a. auf Vitalität, Modernität, Funktionalität und Innovation genannt). Demzufolge liegen die Verwendungsmöglichkeiten unter anderem gerade auch im Bereich der Sportartikelindustrie bei den durch häufige Saisonwechsel geprägten Geschäftsfeldern wie Skiausrüstungen oder dem Segment der Trendsportarten.

---

[29] Kroeber-Riel, S.295.

[30] Z.B. das sogenannte racing-green bei klassischen Sportwagen für Eleganz oder die dunkelgrüne Stadionausstattung in Wimbledon für Tradition und Exklusivität (bei einem Stadionneubau in Deutschland mit einem ähnlichen Konzept wurde deshalb die gesamte Farbgestaltung übernommen); dunkelgrüne Farbgebung der Verpackung von „After Eight“ (Süßwaren) zur Unterstützung von Assoziationen, wie Understatement und klassischer Lebensweise.

Ein warmer gelber Farbton wird beim Publikum Gefühlsassoziationen von Wärme und Geborgenheit vermitteln, wohingegen ein helles Gelb eher Assoziationen im Hinblick auf Weiträumigkeit, Frische, Frühling, Licht oder Helligkeit motivieren wird[31].
Diese Aufzählung ließe sich für andere Wirtschaftsbereiche fortführen. Festzuhalten bleibt die besondere Eignung von Farben und Farbkombinationen für eine emotional und affektiv ausgestaltete Marketingstrategie.

d. Symbolfunktion als Markenfunktion

Farben können aber auch – abweichend von den vorgenannten Fallgruppen – gewerblich genutzt werden, ohne selbst ein notwendiger Bestandteil der Ware oder Dienstleistung zu sein. Diese Funktion wird dann nutzbar gemacht, wenn der Verwender die Farbe als ein Symbol einsetzt, um das Produkt zu identifizieren[32]. Bei der markentechnischen Nutzung von konturlosen Farben oder Farbkombinationen wird die Farbe als Wiedererkennungssymbol hinsichtlich eines bestimmten Produkts oder Unternehmens bei den Konsumenten eingesetzt. Das Kriterium zur Produktunterscheidung ist hier nicht, wie traditionell üblich, ein Wortzeichen (Firmenname) oder ein Bildzeichen (Logo), sondern eine abstrakte Farbe ohne jegliche gegenständliche Fixierung.
Wenn eine Farbe mit einer Symbolik belegt ist, die Rückschlüsse von der Farbe zu dem Herkunftsunternehmen oder dem Unternehmen, welches die Produktverantwortung trägt, zulässt, dann kann der Verbraucher in Verbindung mit einem Herkunftsbewußtsein anhand der abstrakten Farbgebung ein entsprechend gekennzeichnetes Produkt von anderen Produkten unterscheiden.
Voraussetzung für die Nutzung von Farben als Wiedererkennungssymbol ist die gedankliche Verbindung der Farbe mit dem Herkunftsunternehmen der Ware oder Dienstleistung[33]. Wenn der Verbraucher eine Farbe wiedererkennt, wird er bei einem entsprechendem Bedeutungsgehalt (Verkehrsgeltung) des Farbsymbols das Produkt von anderen Produkten unterscheiden können.
Dieser informative Gehalt als Kriterium des Produktdifferenzierung ist abstrakten Farben nicht inhärent, sondern muss vielmehr erst aufgrund der individuellen Erfahrungen der Konsumenten gebildet werden. Die markentechnische Wiedererkennungsfunktion muss dementsprechend zuvor künstlich von dem Mar-

---

[31] Z.B. verwendet die Energiewirtschaft unterschiedliche Gelbtöne im Rahmen des Markenauftritts: helle Gelbfärbung bei Yello-Strom, warmer Gelbton beim lokalen Energieversorger BEWAG.
[32] Jaeger-Lenz spricht insoweit von der besonderen Assoziationskraft von Farben (WRP 1999, 290, 291 f.); Heitto geht auch in Einzelfällen von einer „kommerziellen Symbolfunktion" von Farben aus (GRUR Int. 2000, 488, 489).
[33] Siehe zur Herkunftsfunktion: Fezer, Komm. zum MarkenG, Einl. Rz. 30; Vanzetti, GRUR Int. 1965, 128, 132 f.; Henning-Bodewig/Kur, S. 6.

keninhaber durch intensive Werbeanstrengungen geschaffen werden[34]; erst dann, wenn bei dem Kunden aufgrund der abstrakten Farbe des Produkts eine gedankliche Assoziation zu einem bestimmten herstellenden oder verantwortlichen Unternehmen hervorgerufen wird, erfüllt die Farbe eine kennzeichnende Funktion.
Bei der Verwendung als Wiedererkennungssymbol erfüllen Farben keinen spezifischen Gebrauchszweck des markierten Produkts. Als willkürlich gewähltes Unterscheidungszeichen zwischen den Angeboten verschiedener Unternehmen sind die Farben im Verhältnis zur Ware oder Dienstleitung eigenständig und können als Marke eingesetzt werden. In dieser Fallgruppe fallen somit die Funktionen von Farben und die Funktion einer Marke zusammen.

Als Beispiel für die Verwendung von konturlosen Farben oder Farbkombinationen als markentechnisches Unterscheidungszeichen lässt sich die Etablierung von sog. Hausfarben oder von farblich dominierten Produktlinien in der Markenartikelwirtschaft anführen. Die Nutzung von abstrakten Farben als Markensymbol lässt sich in den unterschiedlichsten Wirtschaftsbereichen nachvollziehen, so werden sie unter anderem in der Mineralölwirtschaft[35], bei Energieversorgungsunternehmen[36], bei Banken[37] und Fernsehsendern[38], bei den Herstellern landwirtschaftlicher Arbeitsgeräte[39] oder in der Konsumgüterindustrie[40] eingesetzt.

Im Bereich der alltäglichen Massenprodukte werden sich bei der Schaffung der kommerziellen Wiedererkennungsfunktion in erster Linie Großunternehmen durchsetzen können, weil nur sie in der Regel die Finanzkraft haben, um mit großen Werbeanstrengungen eine abstrakte Farbmarke beim Verbraucher zu etablieren. Auf Märkten mit einem spezialisierten Produktangebot und einem durch das Fachgebiet eingeschränkten Konsumentenkreis können aber auch

---

[34] Das BPatG spricht davon, dass abstrakten Farben eine Unterscheidungskraft nicht schon „von Haus aus" zukomme, siehe BPatG GRUR 1998, 574, 577- Schwarz/Zink-Gelb; BPatG GRUR 1998, 1016, 1018- Grün/Gelb.

[35] Z.B. Blau/Weiß für die ARAL AG; Rot/Weiß für ESSO; Grün/Gelb für die BP AG, Rot/Gelb für SHELL.

[36] Gelb für Yello-Strom, ineinander verlaufendes Dunkelrot für e.on, Azurblau für RWE-Avanza.

[37] Die Dresdner Bank bezeichnet sich selbst als „die grüne Bank"; auch die Konkurrenzinstitute haben Hausfarben etabliert: Commerzbank: Gelb, Deutsche Bank: Blau, Sparkassen: Rot, Volksbanken: Blau/Orange.

[38] Blau für die ARD und Orange für das ZDF; Orange für Radio 1 vom ORB und Rot/Gelb für den Pay-TV-Sender Premiere.

[39] Ford Motor Company: Blau; Case: Rot; John Deere: Gelb/Grün; Fendt: Rot/Grün; Deutz-Fahr: Hellgrün; New-Holland: Gelb (Mähdrescher), Blau (Schlepper).

[40] Z.B. Lila für Schokoladenprodukte (Kraft/Jacobs/Suchard); Rot/Gelb für für Lebensmittel in Convenience-Bereich (Maggi/Nestle); Blau für die Marke Nivea (Beiersdorf AG („die blaue Marke", Tagesspiegel vom 4.9.2000)).

kleinere, mittelständische Unternehmen mit einem weitaus geringerem Werbeaufwand, allein durch die Gewöhnung eines leichter ansprechbaren begrenzten Verbraucherkreises (insbesondere Fachpublikum), sogenannte Hausmarken etablieren[41]. Die lila Einfärbung von „Abformmassen für zahnärztliche und zahntechnische Zwecke“ hat z.B. innerhalb des begrenzten Abnehmerkreises von Zahnärzten eine herkunftshinweisende Wirkung[42].

In der Markenpraxis sind abstrakte Farben gerade auch deshalb interessant, weil es für den Markeninhaber immer schwieriger wird, sein Angebot auf dem Markt von anderen Anbietern abzugrenzen und zu unterscheiden.
Diese Problematik wirkt sich in besonders prägnanter Weise in dem expandierenden Dienstleistungssektor aus. Dienstleistungsunternehmen sehen sich im Marketingbereich einem Dilemma gegenüber, da sie keine „Waren“ herstellen, die sich in einem Gegenstand materialisieren. Die Service- oder Beratungsdienstleistungen haben keine verfestigte Gestalt, die man mit einem Markenzeichen versehen könnte, sondern sind ohne Konturen und gegenständlich nicht fassbar. Eine Signalwirkung für die Kommunikation zwischen Anbieter und Verbraucher kann hier nicht von einer festen Form der Ware ausgehen. Es müssen vielmehr neue Wege und Formen einer von einem gegenständlichen Bezugspunkt losgelösten Markenkommunikation gefunden werden. Um wettbewerbsfähig zu bleiben, müssen auch Dienstleistungsanbieter ihrem Produkt durch eine Marke eine „Persönlichkeit“ geben, anhand derer der potenzielle Kunde sich eine Vorstellung von dem anbietenden Unternehmen oder auch nur dem Dienstleistungsprodukt machen kann. Dies kann unter anderem dadurch geschehen, dass man beim Publikum ein Symbol für die angebotene Dienstleistung einführt, das beispielsweise im Rahmen einer Wort- oder Bildmarke in der Werbung platziert werden kann[43]. Gerade in diesem Anwendungsbereich bieten sich aber auch für konturlose Farben markentechnisch gut umsetzbare Einsatzmöglichkeiten. Wenn schon das zu kennzeichnende Dienstleistungsprodukt wesensmäßig konturlos und gegenständlich nicht greifbar ist, dann bietet es sich in der Konsequenz an, auch bei der Gestaltung des Markenauftritts auf eine figürlich nicht begrenzte, konturlose Markenform zurückzugreifen[44]. Mit einer derar-

[41] Siehe dazu auch Krüger-Nieland, GRUR 1980, 428.
Rot gilt z.B. in dem Warengebiet von hochwertigen Bohrmaschinen für gewerbliche Zwecke als Hinweis auf das Unternehmen HILTI.
Bei dem Fachpublikum für Gewerblichen Rechtsschutz gilt Grün als Hinweis auf die Zeitschrift GRUR bzw. GRUR Int. (Hellgrün).
[42] Beschl. des BPatG vom 30.12.1999, 30 W (pat) 287/96; siehe auch Grabrucker, GRUR 2000, 366, 367 zu einer Meinungsumfrage bei Zahnärzten bzgl. der eingefärbten Abformmassen.
[43] Z.B. die Wortmarke Consors für Finanzdienstleistungen oder eine Comicfigur (Fuchs) als Bildmarke für die Bausparkasse Schwäbisch Hall.
[44] Siehe auch Jaeger-Lenz, WRP 1999, 290, 291 zu den besonderen Anwendungsmöglichkeiten von konturlosen Farbmarken bei Dienstleistungsmarken.

tigen Markenkonzeption macht man sich die Unbestimmtheit des Kennzeichnungsgegenstandes zunutze, denn spiegelbildlich bedeutet der Einsatz einer unbestimmten Markenform einen viel größeren Gestaltungsspielraum beim Markenauftritt, der nicht durch eine gegenständlich gebundene Markenform, wie z.B. bei einem Bildzeichen, begrenzt wird[45] [46].

e. Konkurrenz der Funktionen von Farben

Wenn man sich die große Bandbreite der kommerziellen Verwendungsmöglichkeiten bei abstrakten Farben vor Augen führt, wird deutlich, dass die unter den Gliederungspunkten a) bis d) skizzierten Funktionen in Bezug auf eine bestimmte Ware oder Dienstleistung nicht immer isoliert auftreten werden, sondern auch in Kombination auftreten können. Eine potenziell unterscheidungskräftige Farbe oder Farbkombination kann dementsprechend auch zugleich eine emotionale Funktionalität für den Kunden aufweisen, indem bestimmte Stimmungen oder Gefühle angesprochen werden[47]. Eine Benutzung der Farbe als Marke wird in diesen Fällen nur dann anzunehmen sein, wenn die produktdifferenzierende Funktion der Farbe aus Sicht des Verbrauchers im Vordergrund steht[48].

II. Wirtschaftliche Sinnhaftigkeit der Gewährung eines Ausschließlichkeitsrechts für abstrakte Farben

Die Zuteilung von ausschließlichen Markenrechten für abstrakte Farben oder Farbkombinationen ist nur dann aus ökonomischer Sicht sinnvoll und zweckmäßig, wenn dadurch ökonomische Rahmenbedingungen geschaffen werden, die

---

[45] Z.B. das Dienstleistungsunternehmen UPS (Paketzustelldienst) gleicht die Abstraktheit des angebotenen Produkts markentechnisch aus, indem es auch auf der Marketingebene auf eine abstrakte Kennzeichnungsförm zurückgreift und dadurch im Markenauftritt einen weiten Gestaltungsspielraum hat, weil es gegenständlich nicht gebunden ist. Der braune Farbton als abstrakte Farbmarke wird in den unterschiedlichsten Facetten eingesetzt: Unter anderem beim Anstrich der Auslieferungsfahrzeuge, bei der Kleidung der Mitarbeiter, auf den Geschäftspapieren (Lieferscheine), bei der Gestaltung der Außenfassaden von UPS etc.

[46] Für weitere Beispiele zu Farben als produktunterscheidendem Wiedererkennungssymbol siehe unten, Kapitel 4, I, 2, b.

[47] In diesem Sinne erfüllt die Farbe Gelb bei dem Markenauftritt von Yello-Strom zwei Funktionen: Zum einen soll sie als Wiedererkennungssymbol für das Unternehmen Yello-Strom etabliert werden, indem im Rahmen der Werbekampagne eine gedankliche Verbindung zwischen der Farbe und dem Unternehmen aufgebaut wird. Zum anderen werden durch die den gelben Farbton gegenüber dem Konsumenten auch Emotionen angesprochen (werbepsychologische Funktionalität), die mit den Eigenschaften des Produkts Energie in unmittelbarer Beziehung stehen (z.B. Helligkeit, Licht, Wärme).

[48] Siehe dazu unter Kapitel 5, III, 3, d, cc.

sich effizienzsteigernd auf die Markenartikelwirtschaft auswirken und zu einer optimalen Ausnutzung der knappen markentechnischen Ressourcen (Erschöpfung des Farbreservoirs) beitragen.
An dieser Stelle soll zunächst im Wege einer ökonomischen Analyse die Problematik des abstrakten Farbschutzes untersucht werden[49]. Es soll festgestellt werden, unter welchen Voraussetzungen der Schutz konturloser Farben mit dem wirtschaftlichen Effizienzziel in Einklang zu bringen ist.

Diese Erkenntnisse werden im Rahmen der juristischen Analyse in die Auslegung des Rechts einfließen. Anhand der hier gefundenen Ergebnisse soll überprüft werden, ob die bestehenden gesetzlichen Regelungen mit dem ökonomischen Effizienzziel in Einklang stehen. Falls die gesetzlichen Regelungen oder die Rechtsanwendung mit den ökonomischen Erfordernissen nicht in Einklang stehen, ist dann aufzuzeigen, ob es nach markenrechtlichen Wertungsgesichtspunkten interessengerecht erscheint die bestehende Rechtsauslegung bzw. -anwendung zu ändern.

Ausgehend von den hier zu untersuchenden ökonomischen Gegebenheiten wird die Frage zu beantworten sein, ob es ökonomisch effizient ist und gleichzeitig den Wertungen des MarkenG entspricht, in Abweichung zur Rechtslage unter der Geltung des Warenzeichengesetzes (WZG) abstrakte Farben - in der Terminologie der ökonomischen Analyse des Rechts ausgedrückt - aus dem Bereich der Externalitäten herauszulösen und zu internalisieren. Bislang waren konturlose Farben markenrechtlich nicht schutzfähig und damit für alle Mitbewerber frei zugänglich und nutzbar (Externalität). Fraglich ist, ob unter der Geltung des MarkenG konturlose Farben weiterhin für jedermann frei verfügbar sein sollen, oder ob sie nunmehr den Gegenstand eines förmlichen Markenschutzes durch Registereintragung (Internalisierung einer Externalität) darstellen können. Darauf aufbauend wird zu klären sein, in welchem Umfang ein ausschließliches Recht an abstrakten Farben (Property Right) mit Handlungsrechten (Action

---

[49] Siehe für das amerikanische Schrifttum zur Economic Analysis of Law (Auswahl):
Posner, Economic Analysis of Law, 4 ff; Coase, 3 Journal of Law an Economics 1 ff. (1960); Calabresi, 70 Yale Law Review 499, 553 ff. (1961); ders., Harvard Law Review 78 (1965), 713 ff; Dworkin, 9 Journal of Legal Studies 191, 226 ff. (1980); Scherer, 86 Yale Law Review 974, 1002 ff. (1977).
Rezeption in Deutschland:
Assman/Kirchner/Schanze, S. 4 ff; Behrens, Rechtstheorie 1981, 472 ff; Gotthold, ZHR 144 (1980), 545 f; Horn, AcP 1976, 377 f; Kirchner, ZHR 144 (1980), 563 f; Fezer, JZ 86, 817 f; Lehmann, Vertragsanbahnung durch Werbung, S. 1 ff; ders., Bürgerliches Recht und Handelsrecht, S. 27 ff; ders., Verbraucherschutz und Schutz des Schwächeren, S. 35 f.

Rights) auszustatten ist, und welche Reichweite diese Handlungsrechte gegenüber anderen Markenrechten haben sollen[50].

1. Freihaltebedürfnis bei Farben

Farben und Farbverbindungen gehören zu den wichtigsten und gebräuchlichsten Werbemitteln. Sie lenken nicht nur die Aufmerksamkeit des Publikums auf sich, sondern schaffen vielfach erst die psychologischen Voraussetzungen für den Absatz einer Ware. Dementsprechend besteht in der Markenwirtschaft ein vitales Interessen daran, die Nutzung von Farben weitgehend für die Wettbewerber freizuhalten. Bei der Beurteilung eines Freihalteinteresses im Hinblick auf abstrakte Farben muss deshalb ein strenger Maßstab angelegt werden, um ökonomisch effiziente Rahmenbedingungen zu gewährleisten.

Wenn Farben im Verhältnis zum Produkt technisch, emotional oder ästhetisch funktional sind, werden sie zu einem wertsteigernden und zweckfördernden Bestandteil des Produkts selbst, indem sie die Ware oder Dienstleistung für den Kunden attraktiver machen[51].
Bei der Verwendung von Farben als kommerziellem Unterscheidungssymbol hingegen dient die Farbe nur der Vermarktung des Produkts ohne auf dessen Eigenschaften Einfluss zu nehmen. Die Farbe ist im Verhältnis zu dem Produkt selbständig. In diesen Fällen verbindet der Verbraucher die Farbe nicht mit vorteilhaften Produkteigenschaften, sondern mit einer Assoziation zu einem bestimmten Herkunftsunternehmen[52].

---

[50] Zum Property Rights-Approach und zur Internalisierung von Externalitäten bei gewerblichen Schutzrechten siehe für das amerikanische Schrifttum (Auswahl):
Furubotn, Pejovich, The Economics of Property Rights, S. 15 f; Demsetz, 57 American Economy Review 347, 350 ff. (1967).
Für die Rezeption in Deutschland siehe (Auswahl):
Lehmann, GRUR Int. 1983, 356 f.; ders., Schriften des Vereins für Sozialpolitik, Bd. 140, S. 519 f; ders., GRUR 1984, 313 f.; ders., GRUR Int. 1986, S. 6 f.; Schüller, Property Rights und ökonomische Theorie; Hutter, Die Gestaltung von Property Rights als Mittel gesellschaftlicher, wirtschaftlicher Allokation; Horn, AcP 1976, 307 ff; Tietzel, Zeitschrift für Wirtschaftspolitik, 1981, 207 ff; Lösch, Wirtschaftsdienst 1983, 623 ff.; Fezer, JZ 1986, 816 f; Schmidtchen, Property Rights, Freiheit und Wettbewerbspolitik; Assmann/Kirchner/Schanze, Ökonomische Analyse des Rechts; Schäfer, Ökonomische Verhaltenstheorie 1983, 149 ff; Koboldt, Allgemeine Wirtschaftstheorie, 1995, S. 355 f.; siehe auch Jickeli (Marktzutrittsschranken im Recht der Wettbewerbsbeschränkungen, S. 4, 13, 14) zur Property Rights-Theorie im Rahmen der wirtschaftstheoretischen Betrachtung von Marktzutrittsschranken.

[51] Siehe dazu BGH GRUR 1952, 516, 518- Hummelfiguren I; BGH GRUR 1964, 621, 623- Klemmbausteine; BGH GRUR 1972, 546, 547- Trainingsanzug.

[52] Zum Erfordernis der Selbständigkeit der Farbe vom Produkt siehe unten, Kapitel 4, II, 3.

Bei der Verwendung von Farben als Unterscheidungssymbol ist sie Gewährung eines ausschließlichen Markenrechts gerechtfertigt, denn in diesem Konstellationen fallen die Funktion der Farbe und die Funktion der Marke zusammen. Wenn dagegen die Farbe einen spezifischen Zweck für das Produkt selbst erfüllt, dann haben alle Wettbewerber, die ein vergleichbares Produkt herstellen wollen, ein Interesse an der Nutzung dieser Farbe. Die Funktionen der Farbe und die einer Marke weichen hier voneinander ab, weswegen die Zuteilung eines exklusiven Markenrechts für einen Wettbewerber nicht zu rechtfertigen wäre. Die Mitbewerber hätten im Falle der Gewährung eines Markenrechts für eine funktionale Farbgebung gegenüber dem Markeninhaber einen Wettbewerbsnachteil, weil eine vorteilhafte Farbgebung für bestimmte Produkte aufgrund eines Ausschließlichkeitsrechtes für die Mitbewerber gesperrt wäre. Dieser Nachteil der Mitbewerber würde zusätzlich noch dadurch verstärkt, dass im MarkenG keine zeitlichen Grenzen für die Monopolisierung von Kennzeichnungen vorgesehen sind und damit die Konkurrenten auf unabsehbare Zeit von der Nutzung funktionaler Farben ausgeschlossen wären. Derartige Auswirkungen des Markenrechts stünden in systematischem Widerspruch zu den Patent- oder Musterrechten, die vorteilhafte Produkteigenschaften nur mit einer zeitlichen Begrenzung dem allgemeinen Nutzungsrecht entziehen.

Funktionale Farben können zu einem Freihaltebedürfnis führen und müssen in diesen Fällen für die Konkurrenten frei zugänglich sein[53]. Nur unter dieser einschränkenden Prämisse ist ein markenrechtlicher Schutz von abstrakten Farben wirtschaftlich angemessen und vertretbar. Allein in den Konstellationen, in denen Farben als Unterscheidungssymbol verwendet werden, ist die Gewährung eines Markenrechts ökonomisch zweckmäßig und effizienzsteigernd. Sämtliche anderen Funktionen von Farben begründen ein Freihaltebedürfnis und führen im Falle ihrer exklusiven Zuteilung zu einer Störung des Wettbewerbs.

2. Erschöpfung des Vorrats an markentechnisch nutzbaren Farben

Der markenrechtliche Schutz von abstrakten Farben hat die Monopolisierung einer bestimmten Farbe oder einer bestimmten Farbnuance zur Folge. Dies ist indes keine Spezifität bei Farbmarken, die gegen diese Markenform spräche, sondern gehört zum Wesen von gewerblichen Schutzrechten, die darauf gerichtet sind, dem Markeninhaber die Nutzung des Schutzgegenstandes exklusiv zuzuweisen.

---

[53] Zur Funktion des Freihaltebedürfnisses siehe Ingerl/Rohnke, Komm. zum MarkenG § 8, Rz. 52 ff.; BGH GRUR 1991, 136, 137- New Man; BGH GRUR 1992, 515, 516- Vamos; BGH GRUR 1997, 634, 636- quattro II; BPatG GRUR 1996, 131, 133- Fernettchen.

Die Einführung von abstrakten Farben als neuer Markenform wird aber nur dann ökonomisch zweckmäßig sein, wenn auch ausreichend markentechnisch einsetzbare Farben als Kennzeichnungsmittel für die Markenartikelwirtschaft zur Verfügung stehen. Wie bei den traditionellen Kennzeichnungsformen (z.B. Wort- oder Bildmarken), muss bei Farbmarken eine große Bandbreite an potenziellen Markierungsmöglichkeiten bestehen. Anderenfalls könnten nur wenige Marktteilnehmer konturlose Farbmarken als Marketinginstrument einsetzen, die Konkurrenten wären dagegen wegen der geringen Variationsmöglichkeiten gänzlich von dieser Markenform ausgeschlossen. Eine neue Markenform muss aber grundsätzlich der breiten Masse der Markenartikelunternehmen zur Verfügung stehen, damit für alle Marktteilnehmer die gleichen Wettbewerbsvoraussetzungen gegeben sind. Die ausschließliche Nutzung von konturlosen Farbmarken durch eine exklusive Gruppe von Unternehmen würde zu Wettbewerbsverzerrungen führen.
Außerdem muss ein breites Farbspektrum vorhanden sein, damit die eingetragenen Farbzeichen auseinander zu halten sind und nicht ständig der Gefahr von Verwechslungen mit anderen konturlosen Farbzeichen ausgesetzt werden.

Bei Farbmarken wird wegen der Abstraktheit der Farbe als Kennzeichnungsmittel die Frage nach einer möglichen Erschöpfung des im markenrechtlichen Zusammenhang nutzbaren Farbenvorrats aufgeworfen. Eine Variationsmöglichkeit besteht bei dieser Markenform nur durch die verschiedenen Farbtöne; bei Bildmarken dagegen besteht aufgrund der Möglichkeit einer zusätzlichen graphischen Variation eine größere Bandbreite bei der Gestaltung der Marke.

Der Mensch kann im sichtbaren Spektralbereich ca. 7 Millionen Farbtöne wahrnehmen[54]. Diese Zahl dürfte allerdings im praktischen Leben bei der Konfrontation mit Marken nur eine geringe Rolle spielen. Gerade im Konsumverhalten ist zu berücksichtigen, dass der Kunde die Marke nur beiläufig und flüchtig wahrnimmt und einen Farbton deshalb als Wiedererkennungssymbol häufig nicht exakt memorieren kann. Zudem sind einige Farbtöne einander so ähnlich, dass sie vom Betrachter kaum auseinandergehalten werden können[55].
In der Praxis ist deshalb die Anzahl der Farben, die ein Konsument im Zusammenhang mit Marken differenzieren kann, als wesentlich geringer zu veranschlagen. Eine mit einem durchschnittlichen Sehvermögen ausgestattete Person wird circa 200 bis 300 Farbtöne auseinanderhalten können und bei einer späteren Konfrontation wiederzuerkennen vermögen[56]. Diese Anzahl verringert sich

---

[54] Brockhaus-Enzyklopädie, Bd. 7, Stichwort Farbenlehre.
[55] Siehe auch Ströbele, GRUR 1999, 1041, 1048; Winkler, MA 1996, 516, 518; Heitto, GRUR Int. 2000, 488, 490; eine liberalere und großzügigere Praxis vertreten Fezer, MarkenR 1999, 73, 78 und Völker/Semmler, GRUR 1998, 93, 99.
[56] Brockhaus- Enzyklopädie aaO.

noch weiter, wenn man einbezieht, dass diese verbleibenden Farben unter Umständen einem Freihaltebedürfnis unterliegen und somit in ihrer Gesamtheit nicht zur Verfügung stehen.
Demzufolge kann man von ca. 150 bis 200 Farbtönen ausgehen, aus denen der Markeninhaber letztlich effektiv zur Gestaltung einer abstrakten Farbmarke auswählen kann. Die Markenwirtschaft kann sich zur genauen Konkretisierung der verwendeten Farben auf die einheitlich genormten und allgemein anerkannten Farbklassifikationssysteme RAL, Pantone, HKS und K+E stützen[57].

Wenn man eine abstrakte Einfarbenmarke zugrunde legt und annimmt, dass eine Anmeldung im Durchschnitt 2 von insgesamt 42 Warenklassen betrifft, so ergibt sich für die Höchstzahl von Farbmarken (für alle Waren und Dienstleistungen) eine Summe von 3150 (150x21). Die Anzahl der möglichen abstrakten Einfarbenmarken ist dabei wesentlich höher, als bei Buchstabenmarken, die nur aus einem Buchstaben bestehen (28x21= 588). Dies Zahlenverhältnis zwischen Farb- und Buchstabenmarken ist für die Frage der Angemessenheit des Schutzes von abstrakten Farben aufschlussreich, denn in der Rechtsanwendung unter der Geltung des MarkenG ist es allgemein anerkannt, dass Buchstabenmarken als ausschließliches Markenrecht geschützt werden können.
Dieses Potenzial an Gestaltungsmöglichkeiten bei konturlosen Farben wird noch potenziert durch die Möglichkeit des Markeninhabers mehrere Farben innerhalb einer Farbkombinationsmarke zu verwenden. Geht man wiederum von 150 zu Verfügung stehenden Farben aus, ergibt sich für die Anmeldung in einer speziellen Warengruppe für die Höchstzahl von denkbaren Farbmarken eine Summe von 11.175 (150x149:2). Unter der Prämisse, dass eine Anmeldung im Durchschnitt 2 von 42 Warenklassen betrifft, gibt sich für die Höchstzahl von Farbmarken in Bezug auf alle Warenklassen eine Gesamtsumme von 234.675 (150x149x21:2).
Daraus folgt, dass bei abstrakten Einfarbenmarken wesentliche höhere Eintragungsanforderungen als bei Farbkombinationsmarken anzusetzen sind.

Anhand der oben skizzierten Beispiele wird deutlich, dass auch bei konturlosen Farben als einer einfachen Grundform ein ausreichender Vorrat an potenziell markenrechtlich nutzbaren Farbvalenzen besteht. Im Verhältnis zu geometri-

---

[57] Bei dem sog. RAL-Farbregler handelt es sich um eine systematische Zusammenstellung von ca. 200 verschiedenen Farben mit praxisnaher Bezeichnung, der von dem RAL (Deutsches Institut für Gütesicherung und Kennzeichnung e.V.) herausgegeben und vor allem zur Bezeichnung von Standardlacken verwendet wird.
Daneben gibt es auch das Farbsystem Pantone, das ebenfalls verschiedene Farbtöne bestimmten Registerwerten zuordnet; die Pantone-Normen sind international etabliert und betreffen einschränkend die Farbbezeichnung für den Druck, also Farbe auf Papier. Daneben gibt es auch noch andere Farbsysteme zur Erfassung von Farben, die teilweise bis zu 4000 unterschiedliche Farben umfassen.

schen Grundformen und Buchstaben, deren zeichenrechtliche Schutzfähigkeit allgemein anerkannt ist, weisen Farben sogar eine größere Bandbreite an Wahlmöglichkeiten auf. Dies gilt für Einfarbenmarken und in weitaus größerem Maße auch für Farbkombinationen, die eine große Variationsbreite an Farbverbindungen gewährleisten.

Als Besonderheit des konturlosen Farbenschutzes gilt es indes festzuhalten, dass die Anzahl der denkbaren Farbmarken begrenzt ist, wohingegen sich z.B. bei Bildmarken nahezu unbegrenzte Variationsmöglichkeiten ergeben. Ökonomisch gesehen sind damit konturlose Farben eine knappe Ressource, die im Rahmen der Gewährung von Ausschließlichkeitsrechten (Property Rights) einer möglichst gewinnmaximierenden und effizienten Nutzung durch die Marktteilnehmer zuzuführen ist. Um zu einer bestmöglichen Allokation des begrenzten Gutes Farbe zu gelangen, muss die Rechtsordnung eine interessengerechte Verteilung der knappen Menge an Ausschließlichkeitsrechten gewährleisten. Nur bei demjenigen, der mit großem Marketingaufwand eine konturlose Farbe beim Publikum als Herkunftshinweis durchsetzt, ist die Zuteilung eines Ausschließlichkeitsrechts als Lohn für eine Leistung im Wettbewerb gerechtfertigt und wirkt ökonomisch effizienzsteigernd. Dient die Farbe anderen Zwecken als der Produktdifferenzierung, so wirkt sie bei einer Monopolisierung wettbewerbsverzerrend und rechtfertigt keine Gewährung eines Markenrechts.
Der Schutz von abstrakten Farbmarken ist damit wirtschaftlich nur dann zweckmäßig, wenn die Rechtsordnung, orientiert an der Verkehrsaufassung hinsichtlich der Marke, Kriterien bereitstellt, die eine interessengerechte Verteilung der Markenrechte gewährleistet und einen wettbewerbsstörenden Missbrauch bei funktionalen Farben ausschießt.

3. Schutzumfang von abstrakten Farbmarken

Die Zuteilung von Markenrechten für abstrakte Farben ist ökonomisch nur dann zweckmäßig, wenn die Reichweite der aus dem Ausschließlichkeitsrecht fließenden Handlungsrechte (action rights) nicht soweit geht, dass Konkurrenten des Markeninhabers über Gebühr behindert werden. Markenrechte sind vom Sinn und Zweck her darauf gerichtet, dem Markeninhaber für die Investitionen bei der Etablierung einer Marke beim Verbraucher zu belohnen und ihn vor der Ausnutzung seines Kennzeichens durch Dritte zu schützen. Die Gewährung von Markenrechten soll den Wettbewerb fördern und anspornen, nicht dagegen

Wettbewerbsvorteile für den Markeninhaber schaffen, die von den Konkurrenten nicht ausgeglichen werden können[58].
Der Schutz von Farbmarken wird nur dann die ökonomische Effizienz im Markenbereich steigern, wenn er zusätzlich zu den traditionell anerkannten Markenformen eine weitere Kennzeichnungsform für die Markenwirtschaft schafft. Wettbewerbsschädigend wird sich der Schutz von Farbmarken dagegen dann auswirken, wenn deren Reichweite so weit ausgedehnt wird, dass Verbotsrechte des Markeninhabers gegenüber jeglicher Verwendung von Farben in Kennzeichen von Konkurrenten bestehen. Im Extremfall könnte der Inhaber einer konturlosen Farbmarke dann mit einer Verletzungsklage vor den ordentlichen Gerichten gegen eine Verwendung des geschützten Farbtons in sämtlichen Wort- oder Bildzeichen von Mitbewerbern vorgehen. Eine derartige Machtfülle würde den Wettbewerb nicht mehr fördern, sondern zu einer ungerechtfertigten Behinderung der Inhaber von farblich ausgestalteten Wort- oder Bildzeichen führen.
Der Schutz von konturlosen Farben ist nur dann zweckmäßig, wenn er für die Markenwirtschaft neue Markierungsformen schafft und nicht bereits bestehende Zeichenformen beschränkt. Demzufolge ist es im Hinblick auf die wirtschaftliche Effizienz notwendig, den Schutzumfang von konturlosen Farben durch die Rechtsordnung zu begrenzen. Abstrakte Farbmarken stellen eine eigene Markenform dar und dürfen somit auch nur Verbotsrechte gegenüber der Benutzung von Farben, die zumindest durch die Form der abstrakten Verwendung wesentlich geprägt wird, gewährleisten. Wort- oder Bildzeichen dürfen im Grundsatz nicht von dieser Markenform berührt werden.
Im Rahmen der juristischen Analyse wird zu untersuchen sein, ob das MarkenG Instrumentarien bereitstellt, um den Schutzumfang konturloser Farben, orientiert an den wirtschaftlichen Erfordernissen und den markenrechtlichen Wertungen, angemessen zu begrenzen.

4. Internalisierung von Externalitäten

Solange konturlose Farbmarken nicht durch die Rechtsordnung geschützt werden, sind sie ein sogenanntes freies Gut, welches der Allgemeinheit kostenlos zur Verfügung steht. Wenn jeder Marktteilnehmer für die Ausgestaltung seiner Marke ohne Beschränkungen auf Farben zurückgreifen kann, dann bleiben die „Kosten" der Benutzung von Farben unberücksichtigt, weil niemand für ihre Verwendung ein Nutzungsentgelt verlangt und rein rechtlich ohne ein Exklusivrecht auch nicht verlangen kann. Bei den abstrakten Farben als Allgemeingut handelt es sich um eine „Externalität"; die Kosten der Nutzung von abstrakten Farben zur Ausgestaltung von Kennzeichen werden bei den ökonomischen Entscheidungen der Markenwirtschaft nicht berücksichtigt. Die begrenzte Ressour-

[58] Lehmann, Bürgerliches Recht und Handelsrecht, S.43 f.

ce Farbe wird bei dieser Ausgangslage nicht einer effektiven Verwendung zugeführt, sondern verschwendet. Die Kosten der Nutzung von konturlosen Farben für Marken werden den Marktteilnehmern erst bewusst, wenn die Nutzung einer Farbe für eine Marke ausschließlich einem Wirtschaftssubjekt in Form eines Ausschließlichkeitsrechts zugewiesen werden kann. Damit wird ihnen erst ermöglicht, die Kosten für die Nutzung von konturlosen Farben ökonomisch in Relation zu dem zu erwartenden Ertrag dieser Verbesserung des Markenauftritts in Relation zu setzen.

Ohne Nutzungsentgelt für die Verwendung von abstrakten Farben zur Markenbildung bleibt der damit verbundene Wertverzehr ökonomisch unberücksichtigt, obwohl ein knappes Gut konsumiert wird. Die Zuweisung eines Markenschutzes für konturlose Farben versetzt die Markenwirtschaft in die Lage, die Kosten der Nutzung dieses knappen Gutes mit anderen Medien im Marketing zu vergleichen. Als rational handelnde Nutzenmaximierer werden sich die Wirtschaftssubjekte entsprechend den Gesetzen der Preistheorie verhalten. Das heißt, eine konturlose Farbmarke wird nur dann im Sinne eines Ausschließlichkeitsrechts monopolisiert, wenn die Kosten der Etablierung einer Farbmarke am Markt unter dem zu erwartenden wirtschaftlichen Ertrag durch den Einsatz dieser Markenform bleiben. Durch die Zuweisung an ein Unternehmen als nutzenmaximierenden Funktionsträger wird die effiziente Verwendung von konturlosen Farben in der Markenwirtschaft gewährleistet.

Da gerade abstrakte Farben zur Verwendung in der Markenwirtschaft nur in begrenztem Maße vorhanden sind, ist ein ökonomisch möglichst effizienter Umgang mit diesem Gut, gewährleistet durch die Zuweisung eines property rights an einen Marktteilnehmer als Nutzenmaximierer, erforderlich.[59]

5. Konzentration bei den Marktteilnehmern - Property Rights an abstrakten Farben als Marktzutrittsschranke

Die Zuweisung von Ausschließlichkeitsrechten bei Farbmarken kann auch Auswirkungen auf den Konzentrationsgrad der beteiligten Unternehmen in der Markenartikelwirtschaft haben. Im Rahmen einer Produktdifferenzierung durch Markenzeichen können Marktzutrittsschranken für potenzielle Konkurrenten des Inhabers einer abstrakten Farbmarke geschaffen werden.

Insbesondere die durch die Marke eröffnete Möglichkeit, selbst objektiv ähnlichen Produkten ein unterschiedliches Image oder ein besonderes emotionales

[59] Lehmann, GRUR Int. 1983, 356, 358 f. allgemein für gewerbliche Schutzrechte.

Umfeld - eine sogenannte Produktpersönlichkeit - zu verleihen, kann zu sog. Meinungsmonopolen[60] führen. Dies bedeutet, dass ein Produkt in den Augen vieler Abnehmer als konkurrenzlos erscheint, obwohl es mehrere ähnliche oder identische Produkte gibt, die den angestrebten Zweck in gleichem Maße erfüllen können. Der Imagewert einer Marke kann so stark sein, dass der Verbraucher vergleichbare Konkurrenzprodukte nicht oder kaum wahrnimmt.
Dadurch entsteht das Phänomen, dass die Abnehmer diese Produkte nicht mehr als Konkurrenzprodukte empfinden. Bezüglich des von ihnen präferierten Produkts entsteht vielmehr ein Quasi-Monopol, das zum Entstehen gesonderter Märkte führen kann. Für neue Anbieter auf einem Markt mit starker Präferenzbildung werden dadurch hohe Schranken für den Zugang zum Markt („barriers of entry") errichtet; sie werden nur dann Erfolg haben, wenn sie die bestehenden Präferenzen durch Etablierung einer eigenen Markenpersönlichkeit aufbrechen können. Die dadurch bedingten Werbe- und Marketingkosten können allerdings, wenn sie eine gewisse Größenordnung überschreiten, häufig nur von wenigen marktstarken Großunternehmen getragen werden.
Auf einem stark werbeintensiven Markt mit vorhandenen Meinungsmonopolen kann es somit zu tatsächlichen Marktzutrittsschranken kommen[61]. Der Markenschutz von abstrakten Farben darf somit nicht dazu führen, dass potenziellen Wettbewerbern in unbilliger Weise der Marktzutritt versperrt wird.

Diese konzentrationsfördernde und marktabschottende Wirkung von Markenrechten kommt insbesondere bei abstrakten Farbmarken zum Tragen, da diesen keine originäre Unterscheidungskraft innewohnt und Rückkopplungseffekte von einer Farbe zu einem Produkt erst durch intensive Werbemaßnahmen aufgebaut werden müssen. Die hohen Kosten zum Aufbau einer Farbe als Wiedererkennungssymbol für ein Produkt werden deshalb häufig nur markt- und finanzstarke Großunternehmen aufbringen können. Dies bestätigt sich auch in der markenwirtschaftlichen Praxis. So wurden Farbmarken[62] in der Vergangenheit besonders häufig von marktstarken Großunternehmen als sogenannte Hausfarben verwendet. Stellvertretend sei hier das Blau/Gold der „4711"-Ausstattung[63], das

---

[60] Loewenheim, S. 64 ff.
[61] Vgl. Jickeli (Marktzutrittsschranken im Recht der Wettbewerbsbeschränkungen, S. 63 ff., 82 ff., 182 ff.) zur Wirkung von Property Rights als Marktzutrittsschranke; siehe auch Jickeli, WuW 1992, 101-107; ders. WuW 1992, 195, 198 zur psychischen Produktdifferenzierung aufgrund eingeführter Marken als tatsächlicher Marktzutrittsschranke.
[62] In diesem Zusammenhang sind nicht abstrakte Farbmarken gemeint, sondern sogenannte farbliche Aufmachungen, die schon unter dem WZG als Ausstattung gemäß § 25 WZG warenzeichenrechtlichen Schutz genossen. Unter farblichen Aufmachungen versteht man den Schutz einer Farbe, der räumlich oder figürlich begrenzt ist.
[63] RG GRUR 1931, 1290, 1291.

Gelb/Rot der Shelltankstellen[64] und das Weiß/Olivgrün der „Kaloderma"-Seifenpackungen[65] genannt.
Neben den bereits genannten Gründen war für diese Entwicklung auch die Rechtslage unter dem WZG ursächlich, denn Farbmarkenschutz war nur in eingeschränktem Maße über § 25 WZG als Ausstattung bei Vorliegen von überdurchschnittlicher Verkehrsgeltung[66] zu verwirklichen. Bei dieser Rechtslage war es kleineren, mittelständischen Markenartiklern nicht bzw. nur in eingeschränktem Umfang möglich, einen zeichenrechtlichen Schutz für ihre Farbmarken zu erlangen, weil die Etablierung einer überdurchschnittlichen Verkehrsgeltung mit hohem Marketingaufwand verbunden war und zudem durch eine demoskopische Verbraucherumfrage nachgewiesen werden musste. Somit konnten häufig nur finanzstarke Großunternehmen den hohen Investitionsbedarf bei der Durchsetzung eines Farbzeichens als Hausmarke und dem sich anschließenden gutachterlichen Nachweis aufbringen.

Durch die Zuweisung eines Registerschutzes anstatt des bisherigen Ausstattungsschutzes für Farbmarken könnte diese Entwicklung entschärft werden. Der entscheidende Vorteil im Sinne einer konzentrationshemmenden Stärkung der kleineren Unternehmen und eines leichteren Marktzugangs ist darin zu sehen, dass im Gegensatz zum früheren Ausstattungsschutz bei dem Registerschutz von Farbmarken kein Nachweis einer Verkehrsgeltung erforderlich ist (vgl. §§ 25 WZG, 3 Abs. 1, 8 Abs. 2, 3 MarkenG), sondern nur die allgemeinen Schutzvoraussetzungen für Marken gegeben sein müssen. Damit haben auch weniger finanzstarke mittelständische Markenartikler grundsätzlich auch die realistische Möglichkeit, ihre Farbmarke schützen zu lassen, weil das angemeldete Zeichen „nur" unterscheidungskräftig sein muss. Zudem entfallen auch die beträchtlichen Kosten für die Vorlage eines demoskopischen Gutachtens zur Darlegung der Verkehrsgeltung. Der Markeninhaber kann seine Farbmarke in der betreffenden Waren- oder Dienstleistungsgruppe einführen und eine Bekanntheit beim Publikum anstreben, die nicht nur auf aufwendigen und kostspieligen Marketinganstrengungen beruht, sondern hauptsächlich auf der Rückkopplung positiver Erfahrungen des Kunden hinsichtlich des markierten Produkts basiert.[67]
Die Senkung der Transaktionskosten zum Aufbau einer Farbmarke öffnet damit auch weniger marktstarken Unternehmen den Zugang zum Markt.

---

[64] RG GRUR 1933, 39.
[65] OLG Karlsruhe GRUR 1932, 587.
[66] Im Ausstattungsrecht des WZG wurden bei der Feststellung der Verkehrsgeltung einer Farbe hohe Anforderungen gestellt (mindestens 50 % Verkehrsdurchsetzung), wobei der Ausstattungsinhaber beweispflichtig war. In den meisten Fällen wurde zur Darlegung der Verkehrsgeltung die Erstellung eines demoskopischen Gutachtens verlangt.
[67] Vgl. Martino, MA 1979, 637, 638.

6. Konturlose Farbmarken und Markttransparenz

Grundvoraussetzung für das Modell eines vollständigen Wettbewerbs ist unter anderem auch die Möglichkeit der vollständigen Informationsbeschaffung für jeden einzelnen Marktteilnehmer. Wenn beispielsweise die Qualität der angebotenen Waren für den Konsumenten nicht unterscheidbar ist, muss er Suchkosten aufwenden, um sich über die Beschaffenheitsmerkmale des Produkts zu informieren. Die sogenannte Informationsökonomie beschäftigt sich mit diesen Informationsdefiziten[68]. Nach diesem Ansatz setzt sich der volle Preis eines Angebots aus dem nominalen Preis (Marktpreis) und einem Zuschlag für die von Käufer aufgewendeten Suchkosten oder die ihm aufgebürdeten Informationskosten zusammen. Eine optimale Wettbewerbssituation setzt voraus, dass alle Marktteilnehmer die wesentlichen Informationen ohne hohe Suchkosten abrufen können.

Diese angestrebte Markttransparenz zur Senkung der Suchkosten kann auch durch die Markierung von Waren oder Dienstleistungen mit konturlosen Farben gefördert werden. Das Publikum kann anhand der Farbe auf unterschiedliche Produkte oder Herkunftsstätten schließen, wenn sich eine abstrakte Farbmarkierung etabliert hat. Der Kunde will nicht „Blau/Weiß“ tanken, sondern er geht davon aus, Kraftstoff aus dem Hause "ARAL“ zu tanken. Wenn ein Kunde Telekommunikationsdienstleistungen der unterschiedlichen Anbieter miteinander vergleicht, wird er bei einem Angebot, welches in Grau/Magenta unterlegt ist, auf die Dienstleistungsanbieterin Deutsche Telekom schließen. Im Convienence-Bereich des Lebensmitteleinzelhandels wird der Verkehr eine rot-gelbe Aufmachung von Fertigprodukten mit dem Unternehmen „MAGGI“ verbinden, welches seine Produkte unter einer Dachmarke mit rot-gelber Aufmachung zusammenfasst.

Auch abstrakte Farbmarkierungen versetzen den Verbraucher in die Lage, Informationen des Herstellers oder von dritter Seite auf das konkrete Produkt zu beziehen. Hat der Verbraucher bereits eigene Erfahrungen mit dem Produkt gemacht, so verstärkt sich die transparenzfördernde Wirkung noch beträchtlich, er kann zufriedenstellende Produkte „wieder“finden und andere meiden, d.h. er kann seine gesammelte Produkterfahrung kostensparend und nutzenbringend einsetzen. Der Rückkopplungseffekt zwischen Farbmarkierung, eigener Erfahrung und dem konkreten Produkt kann somit als effizienzsteigernder Faktor zur Einsparung von Informationskosten angesehen werden.

---

[68] Zur Informationsökonomie siehe: Stigler, Journal of Political Economy, 1961, 213, 225 f; Lehmann, GRUR Int. 1992, 588, 589 f.

Dies wird besonders deutlich bei der farblichen Herausstellung von Waren im Lebensmittelbereich als Dachmarke, damit sich ein derart gekennzeichnetes Produkt im Regal eines Supermarktes von den Konkurrenzprodukten absetzt. Zudem kommt es bei konturlosen Farbmarken auf die besondere Verkaufssituation an. So setzen die Mineralölgesellschaften zur Gestaltung ihrer Tankstellen Farbmarken ein, da sie ihre potenziellen Kunden, die Autofahrer, aus dem fließenden Verkehr heraus ansprechen müssen. Der Kunde kann durch eine prägnante, flächige Farbgebung der Verkaufsstellen die Produktart (Treibstoffvertrieb) und das Herstellerunternehmen (z.B. bei einer gelb-grünen Farbgebung BP) schon frühzeitig am Straßenrand erkennen und sich darauf im Hinblick auf einen Kaufentschluss einstellen.

7. Konturlose Farbmarken als Wertschöpfungssystem

Der Prozess der Markenbildung lässt sich markentechnisch mit einer aufladbaren Batterie, mit dem Laden eines Akkus, vergleichen. Die einzelnen Zellen des Akkus sind die Konsumenten. Wenn das angebotene Produkt durch gute Qualität, ein gutes Image und u.a. eine gute Distribution das Interesse und die Kaufbereitschaft der Konsumenten bindet, laden sich die Zellen mit Energie auf. Die Käufer bzw. Kunden bilden durch ihre nach außen in ihre Umgebung kundgetane Zustimmung bzgl. des Produkts Energie und geben diese an den Akku weiter. Auf diese Weise formt sich der Hyperorganismus Kundschaft aus allen Konsumenten, die willentlich um das Produkt versammelt sind[69].

Ziel der Markenführung muss es sein, den Akku Kundschaft fortlaufend mit Energie zu versorgen, um das Gesamtsystem aufrecht zu erhalten. Energie wird dadurch erzeugt, dass die Marke gestärkt wird. Stark sind Marken, die ihre Gestalt diszipliniert führen, die gestaltdicht und gestalttreu ihren ursprünglichen Einfall verwirklichen und bei dem Verbraucher einen abgeschlossenen und gleichbleibenden Eindruck hinterlassen[70].
Diese sogenannte Selbstähnlichkeit von Marken lässt sich insbesondere mit abstrakten Farbzeichen fördern und unterstützen. Wenn eine Farbe als Wiedererkennungssymbol für ein Produkt oder ein Unternehmen in einem bestimmten Marktsegment beim Kunden bekannt ist, dann wird sie die Gestalt einer Marke in wesentlich höherem Maße prägen können, als beispielsweise ein Logo, welches nur aus Buchstaben oder einem Bild besteht. Abstrakte Farben sind allein durch die Flächigkeit für den Kunden präsent und bilden eine selbstähnliche, der

[69] Dieses Bild für die Markenführung verwendet Deichsel, GRUR 1998, 336, 337.
[70] Deichsel a.a.O.

Gestalt der Marke entsprechende Atmosphäre im Umfeld des angebotenen Produktes. Beispielsweise ist im Bereich der Drogeriekette zu beobachten, dass die konkurrierenden Filialisten Farben als Unternehmenssymbol etablieren, die im gesamten Umfeld der Verkaufsstellen - Kleidung der Angestellten, Außenanstrich der Filiale, Inneneinrichtung, Werbetafeln, Warenschütten etc. - verwendet werden, um durch die spezielle und einzigartige Farbgestaltung von Konkurrenten auf dem Drogeriemarkt abgrenzbar zu sein[71]. Abstrakte Farben können in hohem Maße dazu beitragen, eine eigene Identität und Unverwechselbarkeit, eine sogenannte Corporate Identity, zu schaffen. Abstrakte Farbzeichen lassen sich durch ihre Eignung, die Markengestalt zu verstärken, in eine die Selbstähnlichkeit steigernde Markennutzungsstrategie einbinden.

Die Wachstumsenergie einer Marke geht von der selbstähnlichen Gestalt und ihren Impulsen aus. Bei jedem Kauf wird eine einmal geschaffene Selbstähnlichkeit aus sich selbst heraus verstärkt; dem System wird Energie zugefügt, ohne dabei Energie zu verbrauchen [72]. Das so geführte Markensystem nimmt eine Eigendynamik an und verstärkt sich durch Gestaltdichte aus sich selbst heraus. Die konstante und einprägsame Gestalt einer Marke schafft Vertrauen und sogenannte positive Vorurteile[73] bei dem Verbraucher. Markenstrategien, die auf Stärkung der Selbstähnlichkeit - hier durch konturlose Farbmarken - basieren, haben eine hohe ökonomische Effizienz, weil durch eine sich selbst vermehrende Markenstärke die eingesetzten Ressourcen zur Etablierung einer Marke optimal verwendet werden.

Diese auf einer selbstähnlichen Gestalt der Marke beruhenden Wertschöpfungssysteme funktionieren nur bei ausreichendem Schutz von Medien, hier abstrakten Farben, die die Selbstähnlichkeit von Marken stützen können. Das Markenrecht muss sich dieser Entwicklung mit einer erheblichen Ausweitung judiziabler Sachverhalte anpassen und von einem reinen Schutzrecht zu einem Gestaltungsrecht und auf diesem Wege zum markenwertfördernden Instrument werden, das in engstem Zusammenspiel mit den Herstellungs- und Verkaufstaktiken eines Unternehmens eingesetzt wird. Als Wertschöpfungssystem muss die Marke auch in Bereichen aktiv geschützt werden, die bislang eher beim Marketing, nicht aber in der zentralen Aufmerksamkeit der Juristen lagen.

---

[71] Für bundesweit agierende Unternehmen: Schlecker: Blau, Rossmann: Hellrot. Lokale Anbieter: Kaisers-drugstore: Dunkelrot, Drospa: Hellgrün.

[72] Deichsel a.a.O., S. 337.

[73] Deichsel a.a.O., S. 337,338.

In der Zunahme des Einsatzes von abstrakten Farben als Wertschöpfungssystem in der Markenpraxis[74] spiegelt sich eine wirtschaftlich-gesellschaftliche Bedürfnislage wieder, die von der Rechtsordnung nicht ignoriert werden kann. Es ist Aufgabe der Rechtsordnung und der Rechtsanwendung, sich durch eine „evolutive Weiterbildung“[75] immer wieder neu dem sozialen und wirtschaftlichen Wandel anzupassen. Wenn sich konturlose Farbmarken als markentechnische Weiterentwicklung in der Praxis zunehmend durchsetzen und zur Wertschöpfung in der Markenwirtschaft beitragen, so muss dieser Prozess auch in der Rechtsanwendung bei der Beurteilung der Marken- und Eintragungsfähigkeit berücksichtigt werden.
Die Markenwirtschaft wird Neuentwicklungen in der Markenführung nur effizient betreiben können, wenn Innovationen im Bereich neuer Markenformen durch Property Rights geschützt werden und nicht ein für Jedermann frei zugängliches Allgemeingut bleiben.

3. Kapitel: Der Schutz von Farben und Farbkombinationen nach dem WZG und dem MarkenG

I. Der Schutz von Farben und Farbkombinationen nach dem WZG

Das MarkenG löste das geltende WZG in der Fassung der Bekanntmachung vom 2. Januar 1968 ab[76]. Das MarkenG trat am 1. Januar 1995 in Kraft.
Bevor auf die aktuelle Rechtslage unter dem MarkenG eingegangen wird, soll ein kurzer rechtsgeschichtlicher Einblick in den Farbschutz unter Geltung des früheren WZG gegeben werden.

---

[74] Siehe die Beispiele in Kapitel 2, I, 2. Gerade auf dem Markt der Energieversorgung zeigt sich momentan die wachsende Bedeutung von konturlosen Farben, so versuchen Yello-Strom Gelb, e.on ein changierendes Rot und RWE/Avanza Azurblau als Unternehmenssymbol zu etablieren.
[75] Lehmann, a.a.O.
[76] BGBL I. S 3082

1. Der Schutz von Farben und Farbkombinationen gemäß § 1 Abs. 1[77] WZG

Die abstrakte Farbe einer Ware oder Verpackung ohne jegliche graphische Darstellung durch Linien, Kurven oder Zeichen wurde als nicht zeichenfähig zur Eintragung in die Zeichenrolle nach § 1 Abs. 1 WZG angesehen.
Erst dann, wenn die Farbe bzw. Farbkombination figürlich begrenzt war, wurde sie als eintragungsfähig angesehen[78]. Eine von einer bestimmten Form unabhängige Farbgebung einer Ware wurde selbst dann nicht als zeichenfähig qualifiziert, wenn sie sich im Verkehr als Hinweis auf den Herkunftsbetrieb zur Unterscheidung von anderen Waren durchgesetzt hatte. Konturlosen Farbgebungen fehlte es nach der Rechtsprechung schon an den allgemeinen zeichenrechtlichen Voraussetzungen, so dass es auf eine Prüfung der konkreten Unterscheidungskraft gemäß § 4 Abs. 2 Nr. 1 WZG nicht mehr ankam; eine Eintragung aufgrund von Verkehrsdurchsetzung gemäß § 4 Abs. 3 WZG wurde folglich auch nicht in Betracht gezogen.[79]

2. Ausstattungsschutz für Farben gemäß § 25 WZG

Durch das grundlegende Urteil des Bundesgerichtshofs über den Schutz der gelb-roten Ausstattung der Firma Maggi[80] wurde die in den fünfziger und sechziger Jahren lebhaft geführte Kontroverse um Schutzfähigkeit, Gegenstand und Umfang des Farbenschutzes in den wesentlichen Fragestellungen beendet[81].

Der Bundesgerichtshof hat mit der Maggi-Entscheidung einen Schlusspunkt unter die bis dato geführte Diskussion gesetzt und Leitlinien aufgestellt, die unter Geltung des WZG für den Ausstattungsschutz von Farben und Farbkombinationen nach § 25 WZG bestimmend bleiben sollten.

---

[77] § 1 Abs. 1 WZG: „Wer sich in seinem Geschäftsbetrieb zur Unterscheidung seiner Waren von den Waren anderer eines Warenzeichens bedienen will, kann dieses Zeichen zur Eintragung in die Zeichenrolle anmelden".

[78] RPA MuW 32, 314- farbiger Einlegestoff; RPA MuW 32, 314- Hänsel/Ross.

[79] BPatG 7, 137, 139- gelb/rot; ebenfalls als zeichenunfähig wurde die Kennzeichnung von Blumensamen durch Beimischung einiger gefärbter Samenkörner eingestuft, nur die bildliche Darstellung der Buntfärbung einzelner Samenkörner wäre als zeichenfähig angesehen worden, PA Bl. 59, 13.

[80] BGH GRUR 1968, 371- Maggi.

[81] Siehe zu der Debatte um den Schutz von Farbausstattungen:
Möhring, MA 1950, 139 f.; Blasendorff, GRUR 1954, 294 f.; Tetzner, WRP 1956, 93 f; Dietze GRUR 1959, 410 f.; Utescher, Mitt. 1959, 293 f.; Schulze zur Wiesche, GRUR 1965, 129 f.; Hefermehl in FS Möhring, S. 225 f.

a. Voraussetzungen des Ausstattungsschutzes

Eine Ausstattung ist nach der Rechtsprechung des Bundesgerichtshofs die eigenartige Form der Aufmachung, in der ein Unternehmen seine Waren in den Verkehr bringt oder für sie wirbt, um sie von gleichen oder gleichartigen Waren anderen Ursprungs zu unterscheiden[82]. Das Ausstattungsrecht wird nicht durch eine Registereintragung begründet, sondern durch die tatsächliche Benutzung der Marke (§ 25 WZG).
Nach dieser Definition konnten auch Farben oder Farbkombinationen als Ausstattung warenzeichenrechtlichen Schutz nach § 25 WZG genießen, wenn sie sich im Rahmen einer Produktaufmachung als Kennzeichen für die betriebliche Herkunft der Ware im Verkehr durchgesetzt hatten. Ein abstrakter Schutz von Farben wurde dabei abgelehnt. Geschützt als Ausstattung war eine Farbe oder Farbkombination nur in ihrer konkreten Erscheinungsform, in der sie zur Produktdifferenzierung eingesetzt wurde. Die farbige Aufmachung musste gegenständlich individualisiert sein, sei es durch Konturen, die graphische Anordnung, die Farbfläche oder die Farbaufteilung. Nur die individualisierte Einheit von Farbe und Form war als Ausstattung schutzfähig.[83]
§ 25 WZG setzte für die Ausstattung voraus, dass sie innerhalb beteiligter Verkehrkreise als Kennzeichen gleicher oder gleichartiger Waren eines anderen galt. Zum Erwerb der Verkehrsgeltung war nach einhelliger Auffassung in Rechtsprechung und Literatur erforderlich, dass „bei einem nicht unerheblichen Teil“ der beteiligten Verkehrskreise eine bestimmte farbliche Aufmachung als Kennzeichen zur Einordnung der betrieblichen Herkunft bekannt war[84]. Der Bundesgerichtshof verlangte diesbezüglich in der grundlegenden Nährbier-Entscheidung[85] die Anwendung eines strengen Maßstabes und übertrug diese Rechtsprechung auch auf Farbausstattungen[86].

---

[82] BGH GRUR 1952, 516- Hummelfiguren; BGH GRUR 1954, 121- Zählkassetten.
[83] Siehe aus der Rechtsprechung:
RG GRUR 1929, 710- Gelbe Packung; RG GRUR 1931, 1290- Blau-Gold; RG GRUR 1938, 607-Luhns Goldband; RG GRUR 1940, 45- Grüne Lavendelflasche; RG GRUR 1933, 39- Shell; RG GRUR 1937, 311- Degea- Torol; RG GRUR 1938, 523- PB Spezialpistole; RG GRUR 1941, 238-Leukoplast; RG GRUR 1941, 217- Goldbronzierte Likörflasche; BGH GRUR 1953, 40- Gold- Zack; BGH GRUR 1955, 406- Wickelsterne; BGH GRUR 1955, 418- Rote Herzwandvase; BGH GRUR 1957, 369- Rosa-Weiß Packung; BGH GRUR 1962, 144- Buntstreifensatin; BGH GRUR 1962, 2998-form strip; BGH GRUR 1979, 853- Lila; BGH NJW RR 1992, 1519- Gelbe Seiten.
[84] Baumbach/Hefermehl, Komm. zum WZG, § 25, Rz. 41; BGH GRUR 1969, 345, 347- red white.
[85] BGH GRUR 1960, 83, 86- Nährbier.
[86] BGH GRUR 1962, 144, 148- Buntstreifensatin; BGH GRUR 1979, 853, 854- Lila.

Der Schutzgegenstand von farblichen Ausstattungen wurde dabei nicht durch eine Eintragung in der Zeichenrolle bestimmt, sondern vielmehr durch die Auffassung der beteiligten Verkehrskreise hinsichtlich der Kennzeichnungskraft einer Farbaufmachung.[87]

b. Gegenstand und Umfang des Ausstattungsschutzes bei Farben

aa. Gegenstand des Schutzes

(1) Unselbständiger Schutz im Rahmen der Gesamtaufmachung

Schutzgegenstand waren in dieser Fallgruppe Farben oder Farbzusammenstellungen als Teil einer Gesamtausstattung, die z.B. aus Wort-, Form- oder Bildelementen nebst farblicher Aufmachung bestehen konnte[88]. Die Gewichtung der einzelnen Komponenten der Gesamtausstattung richtete sich nach dem Einzelfall; so konnte bei entsprechender Gewöhnung des Verkehrs auch eine Farbe oder Farbkombination innerhalb der Gesamtaufmachung eine herausragende Rolle bei der Kennzeichnungskraft zukommen, welche dann auch maßgebend für den Schutzumfang war[89].

(2) Selbständiger Schutz als Teil der Gesamtaufmachung

Farben und Farbkombinationen konnten auch schon unter dem WZG Gegenstand eines selbständigen Ausstattungsschutzes sein. Dieser selbständige Ausstattungsschutz war aber nur in den seltenen Fällen gegeben, in denen eine Farbe alleiniges Differenzierungsmerkmal eines Kennzeichens war und sich im Verkehr als Unterscheidungszeichen im Hinblick auf den Herkunftsbetrieb durchgesetzt hatte[90].
Die weitaus häufigsten Fälle waren durch die Verwendung von Farben in Kombination mit Wort- oder Bildzeichen als Teil einer Gesamtausstattung geprägt. Der Unterschied zu der oben genannten Fallgruppe des unselbständigen Schutzes von Farbausstattungen bestand darin, dass hier die farbliche Aufmachung allein, ohne das Zusammenspiel mit Wort- oder Bildzeichen, eine ausreichende Kennzeichnungskraft als Hinweis auf die Herkunft der Ware aus einem be-

---

87 BGH GRUR 1968, 371, 375- Maggi; BGH GRUR 1979, 853, 854- Lila.
88 Zur Einteilung des Ausstattungsschutzes bei Farben in Fallgruppen siehe Hefermehl, FS Möhring, S. 225, 229.
89 Siehe z. B. BGH GRUR 1956, 183, 185- 3 Punkt Farben.
90 RG MuW 1929, 229- gelbe Packung; LG Düsseldorf GRUR 1954, 27- Grüner Kohlepapierrücken; BGH GRUR 1972, 122- Schablonen.

stimmten Unternehmen besaß. Bei einer derartigen, von der Gesamtausstattung losgelösten, Bedeutung eines Teils einer Aufmachung sprach man von einem sog. Elementenschutz, den die Gerichte schon frühzeitig anerkannt hatten[91].

(3) Selbständiger, von der Benutzungsform unabhängiger Schutz

Ein weitergehender Farbenschutz als der zuvor beschriebene war im Bereich des Ausstattungsschutzes nach § 25 WZG ein zuweilen diskutiertes Thema[92], im Ergebnis bestand zwischen Rechtsprechung und Schrifttum aber Einigkeit, dass ein abstrakter Farbenschutz im Rahmen einer Ausstattung einhellig abgelehnt wurde.[93]
Bei der Qualifizierung des Schutzgegenstandes einer Farbausstattung ging man von folgendem Grundsatz aus: Farbaufmachungen, die unabhängig von einer bestimmten Flächenanordnung, Farbaufteilung oder anders ausgestalteten Konturen gestaltet waren, wurden als Träger einer Ausstattung abgelehnt[94].

Diese Grenzziehung im Ausstattungsschutzrecht wurde in der Literatur an dem Begriff und dem Wesen einer Ausstattung als gegenständlicher Aufmachung festgemacht. Es wurde die Auffassung vertreten, eine farbige Aufmachung trete

---

[91] RG GRUR 1931, 1290, 1291- "4711"; RG GRUR 1933, 39- Rot/Gelb; OLG Düsseldorf MuW 1930, 540- Aral; OLG Karlsruhe GRUR 1932, 587- Kaloderma; LG Düsseldorf vom 19.4.1963, 4 Q 79/63 (unveröffentlicht)- Ernte 23; BGH NJW RR 1992, 1519- Postgelb.

[92] Siehe nur Beier, GRUR 1980, 600, 606 mwN.

[93] Zur Klarstellung der Begrifflichkeiten sei hier bemerkt, dass seinerzeit in der Diskussion um den Schutz von Farben der Begriff des abstrakten Farbschutzes anders verwendet wurde als in der heutigen markenrechtlichen Terminologie. Anknüpfungspunkt für einen abstrakten oder absoluten Farbenschutz war nicht der Schutzgegenstand einer Ausstattung, sondern der Schutzumfang. Von einem abstrakten Farbschutz wurde somit nur gesprochen, wenn eine Farbausstattung ohne Prüfung der Verwechslungsgefahr im Einzelfall ohne weiteres gegen jede Aufmachung eines Mitbewerbers durchgriff, welche die gleichen oder ähnliche Farben als kennzeichnende Merkmale enthielt (Hefermehl, Anm. zur Maggi-Entscheidung des BGH, GRUR 1968, 378; ders., Fs Möhring, S. 225, 233, 238)

[94] Siehe für das Schrifttum:
Hefermehl, Fs Möhring, S. 225, 232 f.; ders., Komm. zum WZG, § 25, Rz. 61; Gloy, Anm. zur Lila-Entscheidung des BGH in GRUR 1979, 856 f.; Möhring, MA 1950, 139 f.; Göbel, WRP 1966, 227, 228; Dietze, GRUR 1969, 410 f.; Blasendorff, GRUR 1954, 294 f..
Demgegenüber erkannte Beier (GRUR 1980, 600, 606) bei entsprechender Verkehrsgeltung schon eine bloße Farbe oder Farbkombination ohne jede weitere Konkretisierung als alleinigen Schutzgegenstand einer Ausstattung an, ohne damit ihren absoluten Schutz zu bejahen.
Siehe auch für die Befürworter eines abstrakten Farbenschutzes:
Eisenführ, FS 100 Jahre Deutsche Vereinigung für gewerblichen Rechtsschutz und Urheberrecht, S. 765, 797; Chrocziel, Götting, Katzenberger, FS für Beier, S. 199, 222 f.; Beier/Reimer, GRUR 1955, 266 ff.
Für die Rechtsprechung siehe die grundlegende Entscheidung BGH GRUR 1968, 371, 374- Maggi. Siehe auch BGH GRUR 1953, 40, 41- Gold- Zack; BGH GRUR 1979, 853, 855- Lila; BGH NJW RR 1992, 1519- Postgelb.

notwendigerweise in einer bestimmten figürlichen oder flächenmäßigen Umgrenzung auf der Ware, ihrer Verpackung oder ihrer Ankündigung in Erscheinung. Die von einer Farbe bedeckte Fläche stelle zusammen mit der figürlichen Gestaltung, beispielsweise einer Verpackung, das äußere Erscheinungsbild eines Produkts dar, das den Inhalt einer farbigen Ausstattung absteckt und begrenzt. Eine Farbe werde naturgemäß durch die Form präzisiert; Farbe und Form würden eine Einheit bilden . Die Farbe werde im Zusammenwirken mit dem jeweiligen Gegenstand, auf dem sie sich befindet, durch das Ausmaß und die Art, wie die Farbe verteilt und verwendet wird, geprägt. Ein konturloser Farbschutz liefe schließlich auf einen "Motivschutz" hinaus, der sich nicht mehr auf eine tatsächlich benutzte farbige Aufmachung, sondern nur noch auf die begriffliche Verallgemeinerung einer der Aufmachung entnommenen Vorstellung bezöge[95].
Die Rechtsprechung betonte ebenfalls den gegenständlichen Bezug des Ausstattungsrechts. Träger sei immer nur die gegenständliche Aufmachung, in der ein Unternehmen seine Ware in den Verkehr bringt, um sie von gleichartigen Waren anderer zu unterscheiden. Davon ausgehend sei auch ein Schutz von konturlosen Farbgestaltungen, ebenso wie ein allgemeiner Motivschutz zu verneinen, weil eine farbige Aufmachung nach richtiger Definition stets in bestimmten Umgrenzungen in Erscheinung trete und Träger einer Ausstattung nur die in ihrer konkreten Individualität kennzeichnende Einheit von Farbe und Form sein könne[96].

bb. Schutzumfang

Der Schutzumfang einer Farbausstattung hing wie der jedes anderen Zeichens von der Kennzeichnungskraft im Verkehr ab[97]. Hatte eine Farbgestaltung durch längere Benutzung und intensive Hinweiswerbung eine starke Kennzeichnungskraft erlangt, so wurde der Schutzbereich entsprechend weit gefasst. Eine starke Kennzeichnungskraft der Ausstattung konnte aber nicht soweit gehen, dass im Sinne eines sog. absoluten Farbenschutzes, ohne Prüfung einer Verwechslungsgefahr im Einzelfall, der Inhaber einer farbigen Ausstattung gegen jede farbliche Aufmachung eines Mitbewerbers vorgehen konnte, die die gleiche oder eine ähnliche Farbe enthielt[98].
Die Rechtsprechung legte dem Schutzbereich von Farbausstattungen großzügig aus. Er bestimmte sich nicht allein nach dem gegenständlichen Träger, sondern umfasste alle farbigen Aufmachungen, die ihrem Gesamteindruck nach verwechslungsfähig waren[99]. Auch wenn eine farbige Ausstattung nur in der durch

---

[95] Baumbach/Hefermehl, Komm. zum WZG, § 25, Rz. 61 m.w.N.
[96] BGH GRUR 1968, 371, 374- Maggi.
[97] Baumbach/Hefermehl, Komm. zum WZG § 31, Rz. 120 f.
[98] Hefermehl, FS Möhring, S. 225, 238.
[99] BGH GRUR 1968, 371, 374- Maggi; BGH GRUR 1963, 630, 631- Polymar.

den Farbton, die Farbfläche, die Farbaufteilung und -anordnung konkretisierten Erscheinungsform schutzfähig war, so konnte doch im einzelnen Kollisionsfall die Kennzeichnungskraft so stark sein, dass der Berechtigte unter dem Titel der Verwechslungsgefahr in weitem Umfang gegen die Benutzung ähnlicher farbiger Ausstattungen geschützt war.

II. Der Schutz von abstrakten Farben und Farbkombinationen nach dem MarkenG

1. Eintragungspraxis des Deutschen Patent und Markenamtes (DPMA)

Mit dem MarkenG vom 25. Oktober 1994, in Kraft getreten am 1. Januar 1995, begann auch im DPMA eine lebhafte interne Diskussion um neue Markenformen im Zusammenhang mit den Herausforderungen, die der erweiterte Markenbegriff des neuen Markengesetzes mit sich brachte. Für den Bereich der abstrakten Farbmarken innerhalb der neuen Markenformen kristallisierten sich schnell zwei Positionen heraus[100].
Teilweise wird vertreten, der Markenbegriff des § 3 Abs. 1 MarkenG erfasse nicht nur die bereits nach § 25 WZG schutzfähigen konkreten und figürlich begrenzten farbigen Ausstattungen einer Ware oder Dienstleistung, sondern sei im Rahmen eines erweiterten, offenen Markenbegriffs extensiver auszulegen. Mit der neuen Rechtslage seien nunmehr auch abstrakte Farben und Farbkombinationen als solche, ohne Festlegung der räumlichen und figürlichen Ausgestaltung der Farbgebung, als Kennzeichen gemäß § 3 Abs. 1 MarkenG markenfähig.
Die Gegenposition lässt sich am einfachsten in der Fortschreibung der alten Rechtslage nach dem WZG zum Ausstattungsschutz skizzieren. Farben und Farbkombinationen sind nach dieser Ansicht nur als Aufmachung mit einer bestimmten figürlichen Begrenzung der Farbgebung markenfähig. Die Rechtsanwendung, die sich zum Ausstattungsschutz unter dem WZG entwickelt hatte, solle nun auch unter Geltung des MarkenG und dem damit einhergehenden erweiterten Markenbegriff implementiert werden.
Letztendlich hat sich im DPMA die letztgenannte, die traditionelle Ansicht zur Markenfähigkeit von konturlosen Farbzeichen durchgesetzt. Die Gründe für die restriktive Eintragungspraxis sind vielschichtig und nicht nur auf die materiellen Fragen, wie beispielsweise der fehlenden Unterscheidungskraft gemäß § 8 Abs. 2 Nr. 1 MarkenG, zurückzuführen.

Ein Beweggrund bei der zurückhaltenden Eintragungspraxis war die als untragbar empfundene Situation der Rechtsunsicherheit bei den abstrakten Farbmar-

[100] Zur Eintragungspraxis des DPMA siehe den Überblick bei Winkler, MA 1996, 516, 517 f.

ken. Es wurde eine schnellstmögliche höchstrichterliche Klärung der Rechtsfrage angestrebt. Durch eine großzügige Eintragungspraxis wäre indes eine höchstrichterliche Klärung verzögert worden, da sowohl Erinnerungen gemäß § 64 MarkenG gegen Beschlüsse der Markenstellen, als auch Beschwerden nach § 66 MarkenG zum Patentgericht bei einer großzügigen Eintragungspraxis ausgeblieben wären. Damit zusammenhängend wollte das DPMA auch im Interesse der Anmelder handeln, die ebenfalls kein Interesse an einer unsicheren und letztlich nicht abschließend geklärten Anmeldung haben konnten, die womöglich zudem noch Widersprüchen gemäß § 42 MarkenG ausgesetzt ist. So hoffte man durch die Zurückhaltung bei der Eintragung Irritationen in der Markenwirtschaft und kostspielige Rechtsstreitigkeiten vermeiden zu können.[101]

Ausschlaggebend für die Entscheidungspraxis des DPMA dürften im Ergebnis aber die verfahrenstechnischen und materiellrechtlichen Vorbehalte gegen die abstrakten Farbmarken sein. So wird vorgebracht, aufgrund des gänzlich unbestimmten Schutzbereichs bei Farbmarken sei der Schutzumfang uferlos. Zudem wird konturlosen Farbmarken grundsätzlich jegliche Unterscheidungskraft im Hinblick auf die Herkunftsstätte abgesprochen. Aus verfahrenstechnischer Sicht wird schließlich auf eine angeblich nicht mögliche Wiedergabe der Marke gemäß § 32 Abs. 2 Nr. 2 MarkenG wegen der fehlenden Eignung zur graphischen Darstellung verwiesen.[102]

In der Anfangszeit nach Einführung des MarkenG ist es dennoch vereinzelt zur Eintragung von abstrakten Farbmarken gekommen, welche dann in der Rückschau aber als " Ausreißer"[103] abgetan wurden.
Als eintragungsfähig angesehen wurde ein lila Farbton für Schokoladenprodukte als durchgesetzte Marke gemäß § 8 Abs. 3 MarkenG[104]. Als IR-Marke wurde die Farbkombination Hellgrün/Weiß für Maschinen der Warenklasse 7 eingetragen[105]. Weiterhin wurde ein abstraktes Farbzeichen für Bekleidung und Schuhwaren der Firma C&A Mode & Co, die Farbe Orange für Lebensmittel der Warenklasse 29 sowie einige Farbzeichen in der Warenklasse 30 eingetragen. Schließlich gab es auch eine Eintragung im Bereich der pharmazeutischen Industrie für die Farbkombination Grün/Grau[106].

---

[101] Siehe Winkler aaO.
[102] Winkler a.a.O.
[103] Winkler a.a.O., der sich auf die Eintragung von Lila für Kraft/Jacobs/Suchard und Blau/Grau/Weiß für die Firma Gubor in der Warenklasse 30 bezog.
[104] MaBl. 1995, 4106, Nr.2906959, auch als Gemeinschaftsmarke (MaBl. HABM 1997, 70, Nr. 31419).
[105] WIPO Gazette of International Marks No. 25, 1997, 292, Nr. 641447.
[106] Lila/Blau/Grün/Gelb/Orange/Rot (Regenbogenfarben) für Bekleidungsstücke, Schuhwaren, Kopfbedeckungen sowie Waren der Klassen 3 und 18 der Firma C&A Mode & Co, MaBl. 1996, 3729, Nr. 39543043;

Nach diesen Einzelentscheidungen ist das DPMA wieder zu der zuvor skizzierten traditionellen Haltung zurückgekehrt und verfolgt seitdem eine sehr restriktive Eintragungspraxis. In den meisten Fällen scheitern die Eintragungsanträge schon an den verfahrenstechnischen Erfordernissen für eine Anmeldung als Marke gemäß § 32 Abs. 2 MarkenG. Zur Begründung wird angeführt, die Anmeldung verstoße bereits gegen das Bestimmtheitserfordernis des § 32 Abs. 2 Nr. 2 MarkenG. Die Anmeldung müsse eine Wiedergabe der einzutragenden Marken enthalten; die Anmelder begehrten jedoch nicht Schutz für die aus den beigefügten Darstellungen ersichtlichen Zeichenformen, sondern nur für die sich daraus theoretisch ergebenden Farbkombinationen[107]. Da der Anmelder sich letztendlich nicht auf eine bestimmte Anwendungsform der geschützten Farbe oder Farbkombination festlegen wolle, könne er diese in der Konsequenz auch nicht graphisch darstellen[108].

Abstrakte Farbkombinationen ließen sich auch nach § 8 Abs. 1 MarkenG nicht graphisch darstellen, denn das Schutzbegehren sei nicht auf die aus den eingereichten Darstellungen ersichtlichen Formen beschränkt. Vielmehr erstrebe der Anmelder Schutz für die angegebene Farbe oder Farbkombination schlechthin. Dem Erfordernis des § 8 Abs. 1 MarkenG könne auch nicht durch eine ergänzende Beschreibung der Ausgestaltung des Farbzeichens Rechnung getragen werden, da eine Beschreibung der Marke nur zusätzlich zu deren Wiedergabe, nicht jedoch an deren Stelle zulässig sei[109].

Wenn sich die jeweiligen Markenstellen des DPMA, meistens im Zusammenhang mit hilfsweisen Erwägungen, auf materielle Prüfungspunkte beziehen, wird stereotyp auf die grundsätzlich fehlende konkrete Unterscheidungskraft im Hinblick auf die Herkunft des Produkts bei abstrakten Farbmarken verwiesen[110]. Zudem seien Farben und Farbkombinationen nicht schlechthin, sondern nur als

---

Blau/Weiß/Schwarz für Milchprodukte der Firma Zott KG, MABl. 1997, 565, Nr. 39624997;

Orange für Lebensmittel der Firma N.V. Master Foods S.A., MaBl. 1997, 565, Nr. 39612698;

Grün/Gelb für Brennstoffe und Dienstleistungen der Deutschen BP Holding AG, MaBl. 1997, 3685, Nr. 39626203;

Grün/Grau für chemische, pharmazeutische und veterinärmedizinische Erzeugnisse der Firma Merck & Co, MaBl. HABM 1997, 137, Nr. 77701.

[107] Siehe BPatG GRUR 1998, 574, 575- Schwarz/Zink-Gelb zur Begründung der Registerversagung durch das DPMA.

Der Anmeldung wurde die Abbildung eines Quadrates von 8 x 8 cm Größe, bestehend aus zwei ohne Zwischenraum aneinandergefügten farbigen Rechtecken in der Größe von je 8 x 4 cm beigefügt (Schwarz: RAL 9005, Zink-Gelb RAL 1018).

[108] Siehe auch zur Begründung durch das DPMA: BPatG GRUR 1998, 1015, 1016- Weiß/Zink-Gelb (Parallelverfahren zu dem oben genannten Verfahren); BPatG WRP 1999, 334- Blau/Weiß II.

[109] Siehe zur Begründung durch das DPMA: BPatG GRUR 1998, 1016, 1017- Grün-Gelb; BPatG, Beschluss vom 11. 6. 1997, 32 w (pat) 439/ 95- Gold-Gelb.

[110] Siehe BPatG GRUR 1998, 574, 575- Schwarz/Zink-Gelb zur Begründung durch das DPMA.

Aufmachung schutzfähig und daher stets an eine bestimmte Form und Gestalt gebunden[111].

2. Rechtsprechung des Bundespatentgerichts

Im Folgenden werden einige exemplarische Beschlüsse des BPatG herausgestellt, die die Rechtsauffassung der einzelnen Senate skizzieren und auch die Entwicklung in der Rechtsprechung des BPatG beschreiben.

Gegenstand einer vor dem 32. Senat verhandelten Beschwerde gemäß §§ 152, 66 MarkenG war die Anmeldung einer Farbkombination, bestehend aus den Farben Schwarz (RAL 9002) und Zinkgelb (RAL 1018), für maschinelle Sprüh-, Spül- und Reinigungsgeräte, Fahrzeugwaschanlagen und Geräte zur Entkonservierung von Fahrzeugen[112]. Die Beschreibung der Marke hatte folgenden Wortlaut: „Durch die Marke soll die Farbkombination der in der Darstellung wiedergegebenen Farbe geschützt werden, nicht die konkrete Zusammenstellung“[113].
Die zulässige Beschwerde wurde als unbegründet zurückgewiesen. Es fehle bereits an der gemäß §§ 8 Abs. 1, 32 Abs. 2 Nr. 2 MarkenG erforderlichen graphischen Darstellbarkeit, die im Rahmen der Prüfung einer Anmeldung nach § 3 Abs. 1 MarkenG auf ihre grundsätzliche Markenfähigkeit vorliegen müsse. Die Anmelderin begehre Schutz der Farbkombination im Hinblick auf die freie Verteilung der Farbe; die dadurch möglichen Gestaltungen seien unüberschaubar zahlreich und geeignet, einen jeweils sehr unterschiedlichen optischen Eindruck hervorzurufen. Die beliebige Verteilung der Farben auf der Ware ließe sich nicht graphisch darstellen, die eingereichte Abbildung könne allenfalls zur Annahme einer je hälftigen Aufteilung der Farbkombination führen. Diesem Verständnis der Anmeldung sei die Anmelderin aber durch die Beschreibung ihres Zeichens, wonach jede Farbkombination geschützt sein soll, entgegengetreten. Insoweit fehle es an der Konkretisierung der Farben zueinander, die Vielfalt ihrer Kombinationen sei graphisch nicht darstellbar[114].
Die vom Gesetzgeber in § 3 Abs. 1 MarkenG gewählte Formulierung „....als Marken können alle Zeichen, insbesondere Wörter.....sowie sonstige Aufmachungen einschließlich Farben und Farbzusammenstellungen geschützt werden....“ bringe zum Ausdruck, dass Farben auch nach dem neuen Recht nur im

[111] Siehe BPatG WRP 1999, 334- Blau/Weiß II zur Begründung durch das DPMA.
[112] BPatG GRUR 1998, 574 f.- Schwarz/Zink-Gelb.
[113] Der Anmeldung wurde eine Abbildung, bestehend aus zwei (je 8x 4 cm) ohne Zwischenraum aneinandergefügten farbigen Rechtecken beigefügt.
[114] BPatG GRUR 1998, 574, 575, 576- Schwarz/Zink-Gelb.

Zusammenhang mit der konkreten Aufmachung der Waren, vergleichbar dem Ausstattungsschutz unter § 25 WZG, schutzfähig seien.
Aus dem Gesetzestext folge, dass die „Aufmachung“ der Waren neben den anderen Markenformen als Schutzgegenstand festgelegt sei und Farben oder Farbkombinationen nur als Regelbeispiel für als Marken eintragungsfähige Aufmachungen gelten sollen. Der Wegfall des Begriffes der Ausstattung in der markenrechtlichen Terminologie spreche nicht zwingend für eine neue Rechtsanwendung, da der neue Begriff der „Aufmachung“ vom Regelungsgehalt her mit der Ausstattung übereinstimme und synonym gebraucht werde[115].
In einer hilfsweisen Begründung seiner Entscheidung führt der 32. Senat weiter aus, die Unterscheidungskraft gemäß § 8 Abs. 2 Nr. 1 MarkenG sei bei abstrakten Farbzeichen nicht gegeben. Farben und Farbzusammenstellungen komme eine individualisierende Kennzeichnungskraft „von Haus aus nicht zu“[116], eine Überwindung des Schutzhindernisses komme nur infolge Verkehrsdurchsetzung gemäß § 8 Abs. 3 MarkenG in Betracht.[117]

---

[115] BPatG GRUR 1998, 574, 576- Schwarz/Zink-Gelb.

[116] Hier beruft sich das BPatG auch auf den BGH, der in einer wettbewerbsrechtlichen Entscheidung Ausführungen zur Unterscheidungskraft von Farben machte, siehe BGH GRUR 1997, 754, 756- grau-magenta.

[117] Siehe zur Rechtsprechung des BPatG auch weitere Beschlüsse:
BPatG, Beschluss vom 2.7.1999 – 33 W (pat) 194/98- rosa Isoliermaterial, Verfahrensgegenstand war die Anmeldung der Farbe Rosa für Isoliermaterial aus Fiberglas zur Isolierung von Gebäuden. Der Hersteller färbt die gesamte Oberfläche der Dämmstoffplatten in einem rosa Farbton ein. Wegen der Bedenken gegen die Eintragbarkeit einer abstrakten Farbmarke wurde eine Bildmarke (rosa eingefärbte Platte) angemeldet. Der 33. Senat versagte die Eintragung wegen fehlender Unterscheidungskraft.
Siehe auch BPatG GRUR 1996, 881- Farbmarke (inzwischen vom BGH aufgehoben und zurückverwiesen, BGH GRUR 1999, 491- Farbmarke Gelb/schwarz), zur daraufhin ergangenen Entscheidung des BPatG siehe BPatG GRUR 2000, 428 ff.;
BPatG 32 w (pat) 439/ 95- goldgelb, Nachweis bei Grabrucker GRUR 1998, 625:
Der Schutz eines konkreten Farbtons für Vorwandinstallationsinstrumente für die Sanitärinstallation sei als Ausstattung der gesamten Ware grundsätzlich markenfähig, Zurückweisung an die Markenstelle zur Prüfung des § 8 Abs. 2, 3 MarkenG;
BPatG GRUR 1999, 60- Rechteck in Pink: Pink als Hausfarbe für ein Unternehmen der Bekleidungsindustrie;
BPatGE 39, 247- magenta/grau (inzwischen durch den BGH aufgehoben und gemäß § 89 Abs. 4 MarkenG zur anderweitigen Verhandlung und Entscheidung an das BPatG zurückverwiesen): Eintragung mit folgenden Farben: Magenta/Grau unter Angabe der RAL Nummern 4010, 7045 für die Waren und Dienstleistungen der Klassen 9, 16, 36- 38, 41, 42;
BPatG GRUR 1998, 1016, 1017- grün/ gelb: Der 32. Senat hatte über eine Farbkombination Grün/Gelb (Korpus: Grün, Räder: Gelb) für land- und forstwirtschaftliche Arbeitsmaschinen zu entscheiden. Der Senat wertete das Farbzeichen wegen der genauen Angabe der Verteilung der Farben als konkrete Aufmachung der Ware im Verkehr. Das Schutzbegehren ziele nicht auf die Farbkombination Grün/Gelb in jeglicher Konstellation, sondern auf eine spezielle Gestaltung ab und sei damit graphisch darstellbar;
Beschl. vom 14.4.1999, 32 W (pat) 180/98 betreffend die Farben Dunkelrot, Hellrot, Gelbgold, Schwarz, Weiß für die Waren der Klasse 30 „insbesondere Mozartkugeln“: Der Senat hatte schon

Gegenstand eines anderen Verfahrens vor dem 28. Senat des BPatG war die Beschwerde gegen die Ablehnung einer Eintragung des abstrakten Farbzeichens Blau/Weiß für Brennstoffe, Kraftfahrzeugwäsche und Kraftfahrzeugreparatur durch die Markenstelle des DPMA für die Klasse 4 [118].
Als Anlage fügte die Anmelderin eine Abbildung, unterteilt in zwei gleich große Rechtecke - das Obere in der Farbe Blau, das Untere in der Farbe Weiß, bei.
Im Gegensatz zu den bisherigen Entscheidungen, insbesondere des 30. und 32. Senats, ist der 28. Senat der Auffassung, dass auch abstrakte Farben und Farbkombinationen von § 3 Abs. 1 MarkenG erfasst würden und neben der in der Rechtsprechung bereits anerkannten Aufmachungsfarbmarke allgemein markenfähig seien[119]. Obwohl der 28. Senat die Markenfähigkeit nach § 3 Abs. 1 MarkenG bejahte, war die Beschwerde letztlich unbegründet, da die Mindestvoraussetzung einer ordnungsgemäßen Anmeldung nach § 32 Abs. 2 Nr. 2 MarkenG, die Wiedergabe der Marke, nicht erfüllt gewesen sei[120].
Der Senat führte aus, dass die graphische Darstellbarkeit gemäß § 8 Abs. 1 MarkenG als weiteres Erfordernis der allgemeinen Markenfähigkeit nicht grundsätzlich verneint werden dürfe. Eine Farbe oder Farbkombination könne durch Bestreichen einer Oberfläche, im Regelfall Papier, dargestellt werden. Um eine beliebig gestaltbare abstrakte Farbkombination als Marke festzulegen und damit dem im registerrechtlichen Verfahren herrschenden Grundsatz der Bestimmtheit der Anmeldung genüge zu tun, seien aber zusätzliche Maßnahmen erforderlich, um den Schutzgegenstand der Marke festzulegen. Um einerseits den rechtlichen Möglichkeiten einer Farbkombinationsmarke gerecht zu werden, andererseits aber auch dem registerrechtlichen Bestimmtheitsgrundsatz genüge zu tun, müssten gewisse Mindestkriterien für die Wiedergabe der Marke erfüllt sein. Dazu gehöre eine Angabe zum quantitativen Verhältnis der Farben innerhalb einer Farbkombination untereinander sowie zusätzlich zu ihrer Abfolge nacheinander, in der sie auf der Marke in Erscheinung treten. Damit sei sichergestellt, dass für das Publikum ein gleichbleibender Eindruck von dem so bestimmten Farbzeichen ausgehe; das Zeichen werde hinsichtlich seiner Hinweisfunktion festgelegt und die Einheitlichkeit der Marke gesichert. Davon ausgehend könne es für eine Anmeldung nach §§ 3 Abs. 1, 32 Abs. 2 Nr. 2 MarkenG ausreichend sein, wenn zwei gleich große Rechtecke als Farbbeispiel in Verbindung mit der Angabe ihrer proportionalen Verteilung, z.B. der optisch wiedergegebenen Rei-

---

Zweifel an der Wiedergabe der Marke gemäß § 32 Abs. 2 Nr. 2 MarkenG, zudem wurde eine fehlende Unterscheidungskraft angenommen und ein Freihaltebedürfnis bejaht.

[118] BPatG WRP 1999, 329 f.- Blau/Weiß I;
siehe für ähnliche Verfahren auch BPatG Mitt. 1999, 180- violettfarben; BPatG GRUR 2000, 428 ff.- Farbmarke gelb/schwarz.

[119] BPatG WRP 1999, 329, 331- Blau/Weiß I.

[120] BPatG, WRP 1999, 329, 333- Blau/Weiß I.

henfolge von links nach rechts, beigefügt werden. Ob sich die Verteilung der Farbe schon allein aus der Abbildung ergebe oder erst im Zusammenhang mit schriftlichen Ausführungen, sei unbeachtlich.[121]

In einer weiteren Entscheidung zum Schutz von abstrakten Farbmarken[122] bestätigt der 28. Senat seine bereits skizzierte Rechtsprechung im Hinblick auf die allgemeine Markenfähigkeit und die Probleme bei der graphischen Darstellbarkeit . Diese Beschwerde gegen eine Entscheidung des DPMA betraf den gleichen Sachverhalt wie in der zuvor geschilderten Entscheidung, allerdings mit der Besonderheit, dass hier hilfsweise die Eintragung der Farbkombination aufgrund von Verkehrsdurchsetzung gemäß § 8 Abs. 3 MarkenG begehrt wurde.
In diesem Verfahren wurden die verfahrenstechnischen Anforderungen nach § 32 Abs. 2 Nr. 2 MarkenG nicht zum Hinderungsgrund für die Eintragung, da die Anmelderin die genaue Aufteilung der Farben angegeben hatte. Gescheitert ist die Eintragung, weil die Farbkombinationsmarke nach Auffassung des Senats keine Unterscheidungskraft gemäß § 8 Abs. 2 Nr. 1 MarkenG habe. Dabei hat der Senat grundsätzliche Zweifel an der Eignung von Farben als Herkunftshinweis für Waren- und Dienstleistungen geäußert. Dies mit dem Argument, die Konkurrenten wären gehindert, bestimmte gewünschte Farben im Zusammenhang mit ihren eigenen Waren oder Dienstleistungen zu verwenden. Gerade in einem Fall von so gebräuchlichen Grundfarben wie Blau und Weiß sei dies bedenklich. Hierzu führt der Senat eine Reihe von Beispielen aus dem automobilen Bereich heran, in denen die Farbzusammenstellung Blau/Weiß verwendet werden (von Automobilherstellern wie Ford und BMW bis hin zu Verkehrsschildern in Blau und Weiß).
Aus diesen Gründen sei eine Eintragung nur im Wege der Verkehrsdurchsetzung nach § 8 Abs. 3 MarkenG zu rechtfertigen. Ein im vorliegenden Fall bei 69 %[123] liegender Durchsetzungsgrad wurde als zumindest zweifelhaft bewertet; es müsse sich am Maßstab einer „nahezu einhelligen" Verkehrsdurchsetzung orientiert werden. Die Voraussetzungen der Verkehrsdurchsetzung habe der Anmelder bereits im Vorfeld im Ansatz schlüssig darzulegen und glaubhaft zu machen. Dazu seien bestimmte Angaben zu Umsatz und Werbeaufwendungen und zu einer in Auftrag gegebenen bzw. durchgeführten Verkehrsbefragung zu machen.[124]

---

[121] Siehe zum Ganzen BPatG WRP 1999, 329, 333- Blau/Weiß I.
[122] BPatG WRP 1999, 334 f.- Blau/Weiß II.
[123] Die Antragstellerin legte eine Verkehrsbefragung der Gesellschaft für Marketing-, Kommunikations- und Sozialforschung vor, aus der sich auf der Grundlage eines Bildes einer Tankstelle eine Bekanntheit für die von ihr betriebskennzeichnend eingesetzte Farbkombination von 69,2 % bei der Gesamtbevölkerung der Bundesrepublik Deutschland ab 14 Jahren und bei KfZ-Nutzern eine Bekanntheit von 82,7 % bei den Befragten ergeben hat.
[124] BPatG WRP 1999, 334, 338- Blau/Weiß II;
Siehe auch ähnlich gelagerte Beschlüsse:

3. Rechtsprechung des Bundesgerichtshofs

Der I. Zivilsenat des BGH hat sich in den Beschluss Farbmarke gelb/schwarz[125] zu der markenrechtlichen Schutzfähigkeit von konturlosen Farbmarken geäußert. Diese Entscheidung führte zur Aufhebung des streitgegenständlichen Beschlusses und gemäß § 89 Abs. 4 MarkenG zur Zurückverweisung der Sache zur anderweitigen Verhandlung und Entscheidung an das BPatG. Der I. Zivilsenat hat in dieser Entscheidung Aussagen über die allgemeine Markenfähigkeit mit den damit zusammenhängenden Fragen des § 3 Abs. 1 MarkenG und der Wiedergabe von Farben und Farbkombinationen nach § 32 Abs. 2 Nr. 2 MarkenG getroffen. Der gesamte Bereich der Eintragungsfähigkeit mit den damit zusammenhängenden Fragen der Schutzfähigkeit und des Schutzumfanges ist in diesem Beschluss nicht behandelt worden[126].

In dem Verfahren „Farbmarke gelb/schwarz"[127] begehrte die Anmelderin die Eintragung einer Farbkombination bestehend aus den Farben RAL 1018 (Gelb) und RAL 9005 (Schwarz). Die Anmelderin fügte keine Abbildungen bei und hatte unter der Rubrik „Zur Marke werden folgende Angaben gemacht" das Kästchen „sonstige Markenform" angekreuzt und das Wort „Farbmarke" hinzugefügt. Das beigefügte Warenverzeichnis umfasste Mess-, Steuer-, Signal-, Kontroll- und Registriergeräte sowie eine Fülle weiterer Waren der Klasse 9.

Der BGH sah in verfahrenstechnischer Hinsicht die Anforderungen des § 32 Abs. 2 Nr. 2 MarkenG in Bezug auf die Bestimmtheit bei der Wiedergabe des Schutzgegenstandes als gegeben an[128].
Der BGH bejahte die allgemeine Markenfähigkeit von abstrakten Farben und Farbkombinationen gemäß § 3 Abs. 1 MarkenG. Nach § 3 Abs. 1 MarkenG seien alle Zeichen als Marke schutzfähig, die geeignet sind, Waren oder Dienstleistungen eines Unternehmens von denjenigen anderer Unternehmen zu unterscheiden. Für die allgemeine Markenfähigkeit der Anmeldungen von konturlosen Farben oder Farbkombinationen bestünden im Vergleich zu anderen

---

BPatG, Beschluss vom 9.12.1998, 28 w (pat) 108/96- BP grün/gelb; BPatG Mitt. 1999, 180- violettfaren.

[125] BGH WRP 1999, 430- Farbmarke gelb/schwarz;
siehe auch die Entscheidungen BGH GRUR 1999, 730- Farbmarke magenta- grau; BGH I ZB 5/98- schwarz/zink-gelb; I ZB 24/98- magenta.

[126] Diese Einschätzung teilt auch das BPatG : „....weil der BGH die im Zusammenhang mit den Farbmarken aufgeworfenen Fragen bislang nicht alle behandelt hat. Ob Farben als solchen Unterscheidungskraft zukommt, ist weiterhin ungeklärt.", siehe BPatG 2000, 428, 432- Farbmarke gelb/schwarz.

[127] BGH WRP 1999,430- Farbmarke gelb/schwarz.

[128] BGH WRP 1999, 430, 431- Farbmarke gelb/schwarz.

Markenformen, wie Bild-, Wort- oder Hörmarken, keine besonderen Schutzvoraussetzungen.[129]

In einer weiteren Entscheidung zum Schutz von konturlosen Farbmarken bestätigt der I. Zivilsenat des BGH in einer Hilfserwägung die restriktive Haltung des BPatG bei der Prüfung des § 8 Abs. 2 Nr. 1-3 MarkenG und hält eine restriktive Beurteilung des Erfordernisses der konkreten Unterscheidungskraft für angebracht[130].

Farben seien für sich genommen „von Haus aus nicht geeignet", Waren und Dienstleistungen zu unterscheiden und damit eine Herkunftsfunktion zu entfalten, da ihnen weitgehend zusätzliche und identifizierende Merkmale fehlten. Der Verkehr messe Farben aufgrund seiner Erfahrung mit deren regelmäßig nicht kennzeichnenden Verwendung ohnehin nur ausnahmsweise eine herkunftshinweisende Bedeutung zu. Letztendlich würden bei konturlosen Farbmarken die Voraussetzungen des § 8 Abs. 2 Nr. 1 MarkenG regelmäßig nicht vorliegen, so dass es bei diesen Fallkonstellationen immer maßgebend auf eine vom Anmelder darzulegende Verkehrsdurchsetzung nach § 8 Abs. 3 MarkenG ankomme.

4. Meinungsstand im Schrifttum

Die vehementeste Kritik am Schutz von konturlosen Farbmarken kommt namentlich aus den Interessenkreisen der Angehörigen des DPMA und des BPatG. Es ist die Bestrebung festzustellen, den Ausstattungsschutz von Farbmarken, welcher unter der Geltung des WZG entwickelt wurde, auch unter Geltung des MarkenG fortzuführen, bzw. die maßgebenden Normen des MarkenG (wie u.a. die Bestimmungen in den §§ 3, 8, 14, 32 MarkenG) so auszulegen und anzuwenden, dass jedenfalls im Ergebnis die Rechtslage nach dem WZG konserviert wird.[131]

Vereinzelt wird § 3 Abs. 1 MarkenG noch als abschließende Norm gewertet, die nur einen Schutz von Farbaufmachungen, nicht aber von abstrakten Farben umfasse[132].

Überwiegend wird die Auffassung vertreten, mit der mangelnden Bestimmtheit würde bei abstrakten Farbmarken ein unüberschaubarer Schutzumfang mit in seinen Auswirkungen unkalkulierbaren Markenkollisionsfällen einhergehen.

---

[129] BGH a.a.O., S. 431.

[130] BGH GRUR 1999, 730, 731- Farbmarke magenta-grau.

[131] Siehe Winkler, MA 1996, 516, 517f.; Ströbele, GRUR 1997, 355f.; ders. GRUR 1999, 1041 ff.; v. Gamm, GRUR 1994, 775, 779; Schmieder, NJW 1999, 3088, 3089.
zurückhaltender Ingerl/Rohnke NJW 1994, 1247,1249; Stauder GRUR Int. 1976, 116, 118; Troller Bd. I, S. 244; Migosa, S. 33.

[132] v. Gamm, GRUR 1994, 775, 779.

Zudem sei bei dieser Markenform nicht in praktikabler und auch die Interessen der Mitbewerber berücksichtigender Weise festzulegen, welche Anforderungen an den Benutzungszwang, insbesondere im Hinblick auf die tatsächlichen Anforderungen zur Führung eines abstrakten Farbzeichens in der Markenpraxis, zu stellen seien.
Ein Schutz von konturlosen Farben sei allenfalls bei Verkehrsdurchsetzung gemäß § 8 Abs. 3 MarkenG möglich. Dabei müsse der Maßstab sehr hoch im Sinne einer einhelligen Verkehrsdurchsetzung angesetzt werden.

Einige Autoren in der markenrechtlichen Literatur stehen einem Schutz von abstrakten Farbmarken aufgeschlossener gegenüber.
Diese Form der Farbmarke sei, abweichend von den unter Geltung des WZG entwickelten Grundsätzen zum Ausstattungsschutz, nach Einführung des MarkenG neu im Sinne eines offenen und erweiterten Markenbegriffs zu beurteilen. So erfasse § 3 Abs. 1 MarkenG neben den nicht abschließend aufgeführten Markenformen auch die abstrakten Farbmarken als sonstige Markenform[133]. Einige Autoren berufen sich zusätzlich auf eine entsprechende europäische und internationale Tendenz zum erweiterten Schutz neuer Markenformen[134].
Wenn auch von den meisten dem abstrakten Farbschutz wohlwollend gegenüberstehenden Autoren die allgemeine Markenfähigkeit gemäß § 3 MarkenG anerkannt wird, so gewinnt bei der Beurteilung der absoluten Schutzhindernisse (§ 8 MarkenG) und des Schutzumfanges (§ 14 MarkenG) eine zurückhaltende Einschätzung die Oberhand.
Auch die Möglichkeit der graphischen Darstellung von konturlosen Farben wird als ein gewichtiges Problem angesehen; die bloße Angabe der betreffenden Registernummern der Farbklassifikationssysteme reiche jedenfalls bei abstrakten Farbkombinationen nicht aus, weil wegen der fehlenden Konkretisierung des Verhältnisses zueinander eine hinreichende Bestimmung der Ausgestaltung der Marke nicht möglich erscheint[135].
Teilweise wird vertreten, dass eine bestimmte Farbe an sich zwar im Sinne von § 3 Abs. 1 MarkenG allgemein markenfähig sein könne, aber regelmäßig der konkreten Unterscheidungskraft entbehren würde oder freihaltebedürftig sei, so dass eine Eintragung in der Regel nur bei Verkehrsdurchsetzung gemäß § 8 Abs. 3 MarkenG in Betracht komme[136].

---

[133] Siehe zum Schrifttum: Berlit, Rz. 7; Marx, Rz. 55, 436; Fezer, Komm. zum MarkenG, § 8, Rz. 89ff.; Wittenzellner, S. 333, 334; Kur, FS Markenamt S. 175, 185, Fußn. 45; Bauer GRUR 1996, 319, 320; Dreiss/ Klaka, S. 14 f.; Jaeger-Lenz WRP 1999, 290 f.; Grabrucker, GRUR 1999, 850, 851, 854.
[134] v. Schultz, GRUR 1997, 714 f.; Völker/Semmler, GRUR 1998, 93 f.; Heitto, GRUR Int. 2000, 488, 491.
[135] Althammer, Bearbeiter Ströbele, § 3, Rz. 18; für die Gegenposition siehe Jaeger-Lenz, WRP 1999, 290, 297: keine Angabe der Verteilung der Farbe auf dem Produkt erforderlich.
[136] Heitto, GRUR Int. 2000, 488, 491. Siehe aber auch Fezer, Komm. zum MarkenG § 8, Rz. 90 d f., für eine differenziertere Auffassung.

Zur näheren Bestimmung der Rechtsanwendung hinsichtlich der Eintragungshindernisse solle zudem nach der Meinung einiger Autoren weiter an die bisherige Rechtsprechung zum Ausstattungsschutz von farblichen Aufmachungen nach dem WZG angeknüpft werden[137].

4. Kapitel:
Schutzfähigkeit von konturlosen Farben und Farbkombinationen als Registermarke

Im Anschluss an die bisherige Rechtspraxis zum MarkenG ist zu untersuchen, ob und unter welchen Voraussetzungen abstrakte Farben in das Markenregister eingetragen werden können (förmlicher Markenschutz).

I. Begriff und Erscheinungsformen

1. Begriff

In der Einführung[138] wurden zur genauen Umschreibung des Themas dieser Arbeit bereits zwei Begriffe eingeführt: Die abstrakte und die konturlose Farbmarke. Beide Begriffe werden in der markenrechtlichen Terminologie verwendet, um den Schutz farblicher Gestaltungen, die keine konkrete, körperliche Begrenzung aufweisen, zu beschreiben. Auch in den vorstehenden Ausführungen wurden die beiden Begriffe nebeneinander im Sinne eines identischen Bedeutungsgehalts verwendet.

In der Linguistik wird der Begriff "Abstraktum" als eine semantisch bestimmte Klasse von Substantiven mit begrifflicher Bedeutung definiert. Abstrakta bezeichnen Vorstellungen, Eigenschaften, Beziehungen, Konzepte u.a., aber keine konkreten Objekte. Hingegen ist ein "Konkretum" die semantisch definierte Klasse von Substantiven mit gegenständlicher Bedeutung. Konkreta sind Eigennamen, Gattungsnamen, Stoffnamen oder u.a. Sammelnamen[139].
Die Definitionen aus der Linguistik im Kontext mit der juristischen Terminologie führen zu dem Schluss, dass eine abstrakte Farbe nur aus einer oder mehreren Farben schlechthin bestehen kann. Entsprechend muss eine konkrete Farbe gegenständlich erfasst, und damit sprachlich an ein entsprechendes Wort für eine sich figürlich konkretisierende Farbe gebunden sein. Die Farbe Grün gehört

137 Wittenzeller, S. 337 f.
138 Siehe oben, Kapitel 1.
139 Vgl. Bußmann, S. 3.

damit zur Kategorie der Abstrakta, wohingegen "der grüne Punkt" eine objektgebundene Farbe bezeichnet, also ein Konkretum ist.

An diesem Begriffsverständnis orientieren sich auch die beiden Hauptkriterien bei der Definition des Schutzgegenstandes der abstrakten Farbmarke. Der Schutzgegenstand darf nicht mit einem wie auch immer ausdrückbaren, dem Gegenständlichen zuzuordnenden Begriff zu benennen sein, d.h. etwas Bildhaftes in seiner Wirkung bezeichnen wollen, wenn er abstrakt sein soll. Diese Abkoppelung von einer gegenständlichen Verknüpfung der Farbe wird in zweierlei Hinsicht deutlich: Die abstrakte Farbmarke steht in keinerlei Beziehung zu einem Objekt, welches mit ihr zusammen Träger des Gegenstandes der Marke ist. Aus der fehlenden Fixierung der Farbe durch ein Objekt folgt, dass die abstrakte Farbmarke keine Konturen aufweist, weil diese sich nur durch den Bezug zu einem Gegenstand, hier die Ware oder eine Verpackung, ergeben könnte[140]. Eine abstrakte Farbmarke kann ihre wirtschaftliche Funktion auf dem Markt nur realisieren, wenn sie für den Verbraucher wahrnehmbar gemacht wird. Das Wesen der neuen Kennzeichnungsform der Farbmarke liegt nun gerade darin begründet, das Zeichen in der Praxis zu beliebigen und nicht festgelegten Variationen verwenden zu können. Auch wenn die Visualisierung des Farbzeichens im Einzelfall des Marktauftritts zu einer fest umrissenen Kontur führt (z.B. die braunen Auslieferungsfahrzeuge von UPS), so bleibt die Eigenart der abstrakten Farbmarke, sich in der Gesamtheit des Markenauftritts auf keine bestimmte Kontur festzulegen (der gesamte Markenauftritt von UPS ist bestimmt von der braunen Farbgebung, z.B. Kleidung der Mitarbeiter, Geschäftspapier, Außenfassaden etc.), letztlich wesensbestimmend.

[140] Siehe auch Grabrucker GRUR 1999, 850, 852.

2. Erscheinungsformen

a. Konkrete Aufmachungsfarbmarke

Der Schutzgegenstand der abstrakten Farbmarke ist von dem der konkreten Aufmachungsfarbmarke zu unterscheiden und abzugrenzen. Die farbliche Gestaltung weist hier bestimmte Konturen auf und ist damit zwangsläufig mit einem Gegenstand, auf welchen die Farbe aufgetragen wird - z.B. Verpackungen oder Hinweisschilder - untrennbar verbunden[141]. Bei dieser Zeichenform gehört für Farbmarken die konkrete Angabe des quantitativen Verhältnisses der Farben untereinander, sowie der räumlichen und figürlichen Begrenzung der Farbe zu den Voraussetzungen der Eintragung im Rahmen der graphischen Darstellbarkeit nach § 8 Abs. 1 MarkenG.
In diesem Sinn hat der 32. Senat des BPatG die Voraussetzungen für die Eintragung einer konkreten Aufmachungsfarbmarke - ohne allerdings auf die Abgrenzungsfrage zwischen abstrakten und konkreten Farbzeichen einzugehen - in der Entscheidung Grün/Gelb[142] festgelegt. Die Anmeldung betraf eine Mehrfarbenmarke für land- und forstwirtschaftliche Arbeitsmaschinen, der ein grünes und ein gelbes Quadrat als Farbmuster sowie eine Beschreibung mit Zeichnungen, in der Pfeile anzeigten, wie die Farbe sich auf der Ware verteilen sollte, beigefügt war. Die grüne Farbe war für den Fahrzeugkorpus der jeweiligen Arbeitsmaschinen, die gelbe Farbe für die Räder vorgesehen. Der Senat hielt eine derartige Beschreibung nach § 12 Abs. 3 MarkenV, um das Erfordernis der graphischen Darstellbarkeit nach § 8 Abs. 1 MarkenG zu erfüllen, für ausreichend, da im Zusammenspiel zwischen Farbmuster und den erläuternden Skizzen der Gegenstand des Markenschutzes eindeutig festgelegt wurde.

b. Konturlose Farbmarke

Der unter Gliederungspunkt 1.) definierte Schutzbereich der konturlosen Farbmarke ist allein Gegenstand der durch das MarkenG eröffneten neuen und erweiterten Schutzmöglichkeiten bei Farben.

Entsprechend der gefundenen Definition für den Gegenstand des abstrakten Farbzeichens gibt es Beispiele für die praktische Anwendung:
Besonders vielfältig sind die Einsatzmöglichkeiten im Bereich der elektronischen Darstellung von Marken; markentechnisch besonders interessant sind die

---

[141] Siehe oben, Kapitel 3, I, 2 zum Schutzgegenstand unter dem Ausstattungsrecht.

[142] BPatGE 39, 192- Grün/Gelb; siehe auch BPatG, Beschluß vom 11. Juni 1997, 32 W (pat) 439/95-gold-gelb zur Ausstattungsfähigkeit von Vorwandinstallationselementen bei Sanitäreinrichtungen.

Möglichkeiten, welche das Internet und das Fernsehen bei Fraktaldarstellungen im sog. GIF[143] bietet. Die Werbeaussagen zu den Waren oder Dienstleistungen werden vor einem ständig sich in Nuancen verändernden Farbhintergrund bzw. vor einem sich ständig dynamisch verändernden Pool mehrerer Farbtöne, die ineinander verlaufen oder anderweitig miteinander kombiniert werden, platziert[144].
Ähnliche Gestaltungsmöglichkeiten ergeben sich in Kombination mit Bewegungs- oder dreidimensionalen Marken. Solche sind z.B. unablässig ineinander und nacheinander fließende Farben, wie in Neonröhren oder Lavalampen. Gleiches gilt für Tisch- oder Thekenauflagen, die mit Luftblasen in unterschiedlichen Farben gefüllt sind, und sich stets bei Druck oder Berührung der Auflage in ihrer Form verändern.
Weiterhin ist eine Marmorierung oder Fleckung mit einer Farbe oder Farbkombination, die auf der Ware oder ihrer Verpackung jeweils bei dem einzelnen Produkt in wechselnder Erscheinungsform auftritt, denkbar. Vorstellbar ist dies bei Schokolade oder zahlreichen anderen Waren, die z.B. in rot/grün geflecktes oder marmoriertes Papier eingewickelt sind. Jedes einzeln angebotene Produkt kann eine andere Fleckung oder Marmorierung aufweisen, wenn insgesamt ein stets gleichbleibender Eindruck vermittelt wird, der von unterscheidungskräftiger Funktion sein kann.

Optimal einsetzbar sind abstrakte Farbzeichen auch bei Stoffen in Granulat- oder Pulverform, die in keiner Lebens- oder Gebrauchsphase jemals eine definierbare Gestalt einnehmen. Durch Einfärbung oder Beimischung von farbigen Partikeln, wie dies bereits bei Geschirrspülmitteln und Waschpulvern gemacht wird, können Farben als Symbol zur Produktunterscheidung eingesetzt werden. In diesem Zusammenhang ist auch an eingefärbte Flüssigkeiten, Pasten oder Cremes zu denken: Azurblaue Färbung von Kraftstoff in Frankreich, Färbung von Hautcremes, Seife oder Parfum sowie die Einfärbung von Lebensmitteln, wie z.B. Brotaufstriche, Bonbons und Getränke.
Vorstellbar sind auch sogenannte Camouflagemuster, die in einer spezifischen Ausgestaltung als Tarnfarben auch beim Militär verwendet werden. Hier wird eine festgelegte Farbkombination oder ein einzelner Farbton immer wieder in unterschiedlichen und nicht festlegbaren Ausformungen wiedergegeben, die nie präzise in einer graphischen Darstellung erfassbar sind.
Schließlich werden in der Markenpraxis auch zunehmend konturlose Farben oder Farbkombinationen im Rahmen eines Produktdesigns verwendet. Hier ist z.B an die extravagante farbliche Gestaltung von Kühlschränken in Türkis

143 Graphics Interchange Format.
144 Z.B. der Markenauftritt der Energieversorgers e.on: Das Wortzeichen e.on und der Werbetext wird vor dem farblichen Hintergrund von zwei roten Farbtönen eingeblendet, die ineinander verlaufen.

(Bosch) zu denken oder an die von dem üblicherweise allenthalben verwendeten Grau abweichende farbliche Gestaltung von Computern des Unternehmens Apple.
Gerade bei diesen Marketingstrategien wird die deutliche Zunahme auch des Einsatzes konturloser Farben im Zusammenhang mit dem Produktdesign deutlich. Wenngleich ein Produktdesign in den meisten Fällen durch ein Geschmacksmuster oder die ebenfalls neue Zeichenform der dreidimensionalen Marken, (beispielsweise die Anmeldung einer besonderen Flaschenform für Fruchtsaftgetränke des Unternehmens Granini) geschützt wird, so kann grundsätzlich auch eine Farbe oder Farbkombination für sich genommen Funktionen im Produktdesign übernehmen[145]. In diesen Konstellationen wird allerdings ein besonderes Augenmerk darauf zu legen sein, ob eine die Markenfähigkeit ausschließende ästhetische Funktionalität[146] des Farbdesigns gegeben ist.

In der Diskussion um die Schutzfähigkeit von Farbmarken wurde bislang hauptsächlich die Verwendung von sog. Hausfarben durch große und mittlere Unternehmen behandelt. Die Unterscheidungsfunktion der Farbe ist in diesem Bereich weniger produktbezogen, sondern schwerpunktmäßig auf die Differenzierung von ganzen Unternehmen gerichtet (Z.B. Rot/Gelb für alle Produkt von Maggi, oder Blau/Weiß für alle Waren oder Dienstleistungen der ARAL AG). In diesem Bereich angesiedelt sind die Hausfarben der großen Mineralölgesellschaften[147], die bisher Schrifttum und Rechtsprechung in erster Linie beschäftigten. Hausfarben sind aber nicht nur im produzierenden Gewerbe üblich, sondern in zunehmendem Maße auch im Dienstleistungsbereich; man denke z.B. nur an die Hausfarben der Bankinstitute[148] oder der großen Fernsehgesellschaften im Medienbereich[149].[150]

Aus der Betonung der Hausfarben in der Kontroverse mag es auch herrühren, dass die Hausfarben innerhalb der abstrakten Farbzeichen als eigene, isoliert zu behandelnde Fallgruppe angesehen werden[151]. Hausfarben seien als "abstrakte Aufmachungsfarbmarke" zwar konturlos bzw. konturunbestimmt, konkretisierten sich aber immer in der Form berechenbarer geometrischer Figuren, wie z. B.

---

145 Siehe hierzu auch Fezer, WRP 1998, 1, 13 zum markenrechtlichen Designschutz von konturlosen Farbmarken.
146 Zur ästhetischen Funktionalität siehe oben, Kapitel 2, I, 2, b.
147 Shell: Rot/Gelb; ARAL: Blau/Weiß; Esso: Rot/Weiß; BP: Grün/Gelb.
148 Deutsche Bank: Blau; Dresdner Bank: Grün; Sparkassen (einschließlich Deka-Fonds innerhalb der Sparkassengruppe): Rot; Volksbanken und Raiffeisenbanken: Blau/Orange; Commerzbank: Gelb.
149 ARD: Blau; ZDF: Orange; Pro Sieben: Gelb.
150 Für weitere Beispiele siehe Kapitel 2, I, 2, d.
151 Grabrucker, GRUR 1999, 850, 853f., die von einer sog. abstrakten Aufmachungsfarbmarke spricht.

an Zapfsäulen, auf Quittungen, Öldosen etc. und seinen damit gegenständlich fixiert ("objektgebunden")[152].
Dagegen spricht zunächst, dass bei einem gegenständlichen Bezug der Farbe nicht mehr von einem abstrakten Farbzeichen, auch nicht einschränkend von einer abstrakten Aufmachungsfarbmarke, gesprochen werden kann. Entweder liegt eine konkrete Aufmachung vor, d.h. der gegenständliche Bezugspunkt der Farbgebung ist in der Anmeldung bestimmt worden, oder eine abstrakte, von einer räumlichen Fixierung losgelöste, Farbmarke. Beides schließt sich gegenseitig aus, weswegen die Etablierung einer zwischen diesen beiden Extremen liegenden Fallgruppe wenig hilfreich erscheint.
Dies im Übrigen auch, weil im Bereich der Hausfarben eine abstrakte Aufmachung vor dem Hintergrund der erweiterten gesetzlichen Möglichkeiten in der Markenpraxis nicht gewollt sein wird, denn dies liefe auf den schon unter dem WZG geltenden Ausstattungsschutz von Farben hinaus. Die einzige Neuerung bzw. Erleichterung wäre in der Möglichkeit der Anmeldung von mehreren Aufmachungen zur gleichen Zeit zu sehen. Aus den Anmeldungen für Hausfarben geht indes die Intention der Anmelder hervor, sich gerade nicht auf eine oder mehrere festgelegte farbliche Aufmachungen zu beschränken, sondern losgelöst von jeglicher gegenständlichen Bindung frei über die markentechnische Ausgestaltung ihres Farbzeichens zu disponieren[153].
Die Reduzierung der Problematik der abstrakten Farbmarken auf die Fallkonstellationen im Bereich der sog. Hausmarken in der soeben skizzierten Form liefe im Ergebnis auf die Konservierung der alten Rechtslage zum Ausstattungsschutz nach § 25 WZG im neuen MarkenG hinaus, die in diesem Maße mit dem Markenrechtsreformgesetz nicht beabsichtigt wurde.

II. Allgemeine Markenfähigkeit der konturlosen Farbmarke

§ 3 Abs. 1 MarkenG enthält eine Definition der Markenfähigkeit für alle Marken, also nicht nur für die durch Eintragung entstehenden Marken im Sinne von § 4 Nr. 1 MarkenG, sondern auch für Benutzungsmarken (§ 4 Nr. 2 MarkenG) und für notorisch bekannte Marken (§ 4 Nr. 3 MarkenG). Insoweit weicht das MarkenG nicht nur vom früheren WZG, sondern auch von Art. 2 MarkenRL und Art. 4 GMarkenV ab, die lediglich die Markenfähigkeit eingetragener Marken regeln. Bei der hier gebotenen richtlinienkonformen Auslegung des § 3 MarkenG darf die durch die MarkenRL vorgegebene begriffliche Unterscheidung zwischen allgemeiner Markenfähigkeit und absoluter Schutzfähigkeit (vgl. § 8 Abs. 2 MarkenG) nicht aus der Augen verloren werden. In der MarkenRL sind

152 Grabrucker aaO. S. 853.
153 Siehe nur BPatG GRUR 1998, 574, 575- Schwarz/ Zink- Gelb, zu dem Begehren des Anmelders.

in Art. 2 MarkenRL die Voraussetzungen der allgemeinen Markenfähigkeit geregelt, während Art. 3 MarkenRL die eigentliche Eintragungsfähigkeit einer Marke zum Gegenstand hat, d.h. die Voraussetzungen der absoluten Schutzhindernisse normiert. Somit kann insbesondere aus der Feststellung der allgemeinen Markenfähigkeit im Sinne von § 3 Abs. 1 MarkenG noch nichts über das Vorliegen absoluter Schutzhindernisse im Sinne von § 8 Abs. 2 MarkenG abgeleitet werden[154].

Marke zu sein bedeutet, als Unterscheidungszeichen zur Identifikation von Unternehmensprodukten im Marktwettbewerb benutzt werden zu können. Die Markenfähigkeit einer Bezeichnung oder eines sonstigen Merkmals ist zudem von den beiden Eigenschaften der Einheitlichkeit und Selbständigkeit der Marke abhängig.

In der Amtspraxis des DPMA und auch in den bisher ergangenen Entscheidungen von BPatG und BGH wurde es versäumt - und dies gilt nicht nur für den abstrakten Farbenschutz - im Eintragungsverfahren Beurteilungskriterien der Markenfähigkeit zu entwickeln und damit Rechtssicherheit zu schaffen.
Die bisherige restriktive Eintragungspraxis[155] wurde in der Regel mit Erwägungen zu den absoluten Schutzhindernissen nach § 8 Abs. 2 Nr. 1-3 MarkenG begründet, ohne - wie es systematisch angezeigt gewesen wäre - vorab auf die allgemeine Markenfähigkeit nach § 3 Abs. 1 MarkenG einzugehen. Dies führte zur Vermengung der Erfordernisse der Markenfähigkeit einerseits und Eintragungsfähigkeit andererseits, bzw. zu einer Prüfung der Voraussetzungen des § 3 Abs. 1 MarkenG innerhalb des § 8 Abs. 2 MarkenG. Das Ausweichen der Registerbehörde allein auf die Kriterien der absoluten Schutzhindernisse kann keine sachgerechte Lösung des Problems darstellen.

Zu untersuchen ist, ob konturlose Farbmarken dem einheitlichen Markenbegriff in § 3 Abs. 1 MarkenG unterfallen.

---

[154] In der Rechtsprechung des BGH wird dieses Verhältnis der Normen noch nicht deutlich. Dies mag in erster Linie daran liegen, dass in den bisherigen Verfahren diese Differenzierung noch nicht entscheidungserheblich war; siehe BGH GRUR 1995, 408- Protech; BGH WRP 1999, 430- Farbmarke gelb-schwarz; BPatGE 39, 238- POP swatch.

[155] Siehe oben, Kapitel 3, II, 1, zur Eintragungspraxis des DPMA.

In § 3 MarkenG wurde die gemeinschaftsrechtliche Vorgabe aus Art. 2 MarkenRL fast wörtlich übernommen, die Auslegung des MarkenG hat sich somit maßgeblich an den Vorgaben der MarkenRL zu orientieren. Nach Art. 234 EGV ist der EuGH zur Letztentscheidung über die Auslegungsfrage der allgemeinen Markenfähigkeit von abstrakten Farbmarken berufen. In der Frage des Schutzes dieser Markenform wird daher erst eine noch ausstehende letztinstanzliche Entscheidung des EuGH den Rahmen der Schutzfähigkeit abstecken und damit Rechtssicherheit schaffen.

1. Abstrakte Farbzeichen als Marken im Sinne von § 3 Abs. 1 MarkenG

a. Wortlaut des § 3 Abs. 1 MarkenG

§ 3 Abs. 1 MarkenG gliedert sich in den Hauptsatz "als Marke können alle Zeichen, insbesondere Wörter einschließlich Personennamen....." und einen eingeschobenen Nebensatz "sowie sonstige Aufmachungen einschließlich Farben und Farbzusammenstellungen geschützt werden,.....".
Die Verwendung des Begriffs "insbesondere" verdeutlicht die nur beispielhaft aufzufassende Aufzählung von einzelnen Markenformen, wie u.a. Hörzeichen und dreidimensionalen Gestaltungen. Dieser Bedeutungsgehalt des Wortes "insbesondere" ist im fachsprachlichen Kontext des Markenrechts im Sinne von "beispielsweise" zu verstehen[156]. Dies lässt sich am Aufbau des markenrechtlichen Warenverzeichnisses belegen, da dort zwischen dem Gebrauch des Wortes "insbesondere" im Sinne einer beispielhaften Aufzählung von mehreren unter einen Oberbegriff fallenden Waren und "nämlich" im Sinne von bestimmte Waren abschließend und eingrenzend nennend, differenziert wird. Die Aufzählung der einzelnen Markenformen ist nicht abschließend und ermöglicht grundsätzlich in der Konsequenz eines offenen Markenbegriffs auch die Einbeziehung von neuen Markenformen, wie abstrakte Farbmarken, in das MarkenG.

Nach dem Wortlaut sind ohne Einschränkungen "alle Zeichen" markenfähig, sofern sie - dies ist die einzige Voraussetzung – zur Unterscheidung von Waren oder Dienstleistungen geeignet sind. Etwaige weitere Voraussetzungen für die Markenfähigkeit von abstrakten Farbzeichen, wie z.B. das Erfordernis einer konkreten Aufmachung des Kennzeichens, lassen sich jedenfalls aus dem Wortlaut nicht ableiten[157].

[156] Vgl. Larenz, Methodenlehre S. 320f., der ausführt, dass unter dem Wortsinn die Bedeutung eines Ausdrucks oder einer Wortverbindung im Allgemeinen oder im besonderen Sprachgebrauch des Gesetzes zu verstehen sei.
[157] BGH Mitt. 1999, 108, 109- Farbmarke gelb-schwarz.

Das Gesetz nennt die Farben und Farbzusammenstellungen im Zusammenhang mit dem Begriff der Aufmachung („....sowie sonstige Aufmachungen einschließlich....“). Farben und Farbzusammenstellungen werden demnach begrifflich als eine Form oder Untergliederung des Oberbegriffs der Aufmachung verstanden.
Wenn man Aufmachung mit dem Begriff der Ausstattung gleichsetzte, so könnte man argumentieren, durch die Begriffswahl wolle der Gesetzgeber Farbzeichen nur entsprechend dem früheren warenzeichenrechtlichen Ausstattungsschutz schützen, womit nur konkrete Farbgestaltungen markenfähig wären. Die synonyme Verwendung der beiden Begriffe überzeugt aber schon in linguistischer Hinsicht nicht. Der Begriff der Ausstattung wurde in Deutschland in generalisierender Hinsicht zur Umschreibung der äußeren Gestaltung benutzt, in der ein Unternehmen seine Waren und Dienstleistungen in den Verkehr bringt. Der Begriff der Ausstattung wurde dabei als Unterbegriff der Aufmachung verwendet, wenn es darum ging, unter welchen Voraussetzungen eine Produktaufmachung gemäß § 25 WZG Schutz als Ausstattung genießt[158]. Der Begriff der Ausstattung ist demnach wesentlich enger und umfasst nur den Teil der Aufmachungen, die unter der Geltung des WZG gemäß § 25 schutzfähig waren. Obwohl der Begriff der Aufmachung früher auch zur - wenn auch ungenauen - Umschreibung des Rechts der Ausstattung[159] verwendet wurde, kann aus seiner Verwendung nicht gefolgert werden, der Markenschutz beziehe sich nur auf die als Ausstattung bekannten Kennzeichnungsmittel im Sinne von § 25 WZG. Der Begriff der Aufmachung wurde vom Gesetzgeber aufgrund der Vorgabe in Art. 2 MarkenRL übernommen und entspringt somit dem gemeinschaftsrechtlichen Regelungsbereich. Schon von daher verbietet es sich mit dem Verhältnis zum Ausstattungsbegriff zu argumentieren, da der Ausstattungsschutz gemäß § 25 WZG eine deutsche Eigentümlichkeit darstellte und von dem europäischen Gesetzgeber bei der Wahl des Begriffs der Aufmachung sicherlich nicht zu Grunde gelegt wurde. Wenn der deutsche Gesetzgeber den Farbenschutz auf Ausstattungen hätte beschränken wollen, so hätte er dies durch die Verwendung des Fachbegriffs klarstellen können, es wurde aber stattdessen der weitergehende Begriff der Aufmachung gewählt[160].
Farben, die Konturen aufweisen und gegenständlich begrenzt sind, fallen vom Wortlaut schon unter den Begriff eines Bildes oder einer Abbildung. Der Gesetzgeber verwendet in § 3 Abs. 1 MarkenG den Begriff der Abbildungen als Regelbeispiel und erfasst damit bereits gegenständlich fixierte Farben. Das weitere Regelbeispiel der Farben und Farbzusammenstellungen wäre somit doppelt und überflüssig, wenn damit nur farbliche Abbildungen gemeint wären, die

---

[158] Baumbach/Hefermehl, § 25, Rz. 1; BGHZ 5, 1, 6- Hummel-Figuren; BGHZ 11, 129, 131- Zählkassetten; BGHZ 29, 62, 64- Rosenthalvase.
[159] BGH GRUR 1968, 371, 374 f.- Maggi:
[160] Siehe auch die amtliche Begründung zum Regierungsentwurf, BT-Ds. 12/6581, S. 64, 65.

schon an anderer Stelle geregelt sind. Wenn der Gesetzgeber Farben extra aufführt, so spricht einiges dafür, dass er den Regelungsbereich über die farbigen Abbildungen hinaus auf abstrakte Farben erweitern möchte.

b. Bedeutungszusammenhang des Gesetzes (systematische Auslegung)

In gesetzessystematischer Hinsicht[161] fällt auf, dass der Ausschlusstatbestand des § 3 Abs. 2 MarkenG nur Zeichen umfasst, die ausschließlich aus einer Form bestehen, die durch die Art der Ware bedingt ist (Nr. 1), technisch erforderlich ist (Nr. 2) oder wertbestimmend ist (Nr. 3). Hätte der Gesetzgeber einen Schutz absoluter Farben ausschließen wollen, so hätte sich eine Regelung vergleichbar mit der in § 3 Abs. 2 MarkenG angeboten. Stattdessen weist die Aufzählung der Farben und Farbzusammenstellungen in § 3 Abs. 1 MarkenG - wenn auch nicht ausdrücklich von abstrakten Farben die Rede ist - von der Tendenz her eher in die andere Richtung.

Die in § 3 Abs. 1 MarkenG verwendete Regelbeispielstechnik kann als Zeichen für einen im MarkenG intendierten offenen Markenbegriff gewertet werden[162]. Der Sinn von Regelbeispielen ist in der flexiblen Handhabung eines Tatbestandes zu sehen; eine starre Regelung, die abschließend einzelne Beispielsformen nennt, sollte gerade vermieden werden. Es wiederspräche damit der gewählten Systematik in § 3 Abs. 1 MarkenG, wenn man die dort aufgeführten Markenformen als abschließend betrachtete und aus der fehlenden Nennung eines speziellen abstrakten Farbschutzes folgerte, dieser sei damit ausgeschlossen. Regelbeispiele können einen Tatbestand allenfalls dahin gehend begrenzen, dass die einzelnen Beispiele für die Ausformung weiterer möglicher Formen innerhalb des Tatbestandes als Auslegungsmaßstab gelten können[163]. Wenn aber schon Farben und Farbzusammenstellungen als Regelbeispiel in § 3 Abs. 1 MarkenG enthalten sind, dann spricht - wenn man dies als Auslegungsleitlinie nehmen möchte - mehr für die Gewährung eines abstrakten Farbschutzes. Für den Fall, dass der Gesetzgeber einen abstrakten Farbschutz ausschließen wollte, wäre es widersprüchlich, ausdrücklich Farben und Farbzusammenstellungen in die Gruppe der Regelbeispiele aufzunehmen. Bei einem derartigen gesetzgeberischen Ziel wäre es stattdessen weitaus sinnvoller gewesen, Farben zur Klarheit erst gar nicht in den Regelbeispielskatalog aufzunehmen, zumal die Markenfähigkeit konkreter farblicher Gestaltungen - eine diesbezügliche Klarstellung

[161] Zu den Kriterien der systematischen Auslegung siehe Larenz, Methodenlehre S. 324 ff.
[162] Siehe dazu die amtliche Begründung zum Regierungsentwurf a.a.O. S. 56.
[163] Zur Regelbeispielstechnik siehe auch v. Schultz GRUR 1997, 714, der erwägt, ob in § 3 Abs. 1 MarkenG Farben als Regelbeispiel von Aufmachungen verstanden werden.

hätte einen Grund für die Aufnahme von Farben als Regelbeispiel darstellen können - nie in Frage stand.

Nach der Systematik des § 3 Abs. 1 MarkenG kommen vielmehr Farben und Farbzusammenstellungen schlechthin als markenfähige Zeichen in Betracht. Den Ausgangspunkt hierfür bildet die Erkenntnis, dass figürlich und räumlich begrenzte farbliche Gestaltungen letztlich nichts anderes als Bildmarken sind, deren Markenfähigkeit ohne Zweifel gegeben ist. Ginge der Gesetzgeber von der Markenfähigkeit von Farben nur bei einer gewissen flächen- oder formenhaften Gestaltung aus, so wäre es überflüssig gewesen, sie neben Bildmarken als eigenständige Zeichenform aufzuführen. Das Farbzeichen mit einer gegenständlichen Begrenzung ist in der Bildmarke enthalten und kann damit keinen isolierten Regelungsanspruch für sich begründen, es sei denn man wollte die Markenfähigkeit dieser Fallgruppe besonders betonen. Dies erscheint indes unwahrscheinlich, da schon unter der Geltung des WZG insoweit die Markenfähigkeit von farblichen Aufmachungen als Benutzungsmarke unstreitig war.

c. Teleologische Auslegung

Die teleologische Auslegung ist auf die Ermittlung des Gesetzeszwecks, orientiert an der Suche nach einer sachgerechten Lösung des gestellten Regelungsproblems, gerichtet, wobei für die Auslegung nach dem Sinn und Zweck des Gesetzes gegenüber den anderen Auslegungsmethoden ein Primat besteht. Zur ratio legis gehören die mit der konkreten Norm verfolgten Zwecke, es ist abzuwägen, welche Auslegung am zweckmäßigsten und gerechtesten ist und sich am besten in den Gesetzeszusammenhang der Rechtsordnung einfügt[164].

Mit dem MarkenG sollte nach dem Willen des Gesetzgebers das deutsche Markenrecht nicht nur in einer Kodifikation (vgl. nur die Einbeziehung des früheren § 16 UWG in das MarkenG) zusammengefasst und neu geordnet werden, sondern darüber hinaus auch einer grundlegenden Reform unterzogen werden[165]. Diese Neugestaltung bedingt auch einen Neuanfang bei der Auslegung des Gesetzes, ein Rückgriff auf die Auslegung der Vorschriften nach dem WZG kommt nur noch insoweit in Betracht, als das MarkenG ausdrücklich an das WZG anknüpft[166]. Da § 3 Abs. 1 MarkenG eine fast wörtliche Umsetzung des Art. 2 MarkenRL darstellt, kann für die Markenfähigkeit von vornherein nicht auf die Grundsätze zum Farbschutz nach dem WZG rekurriert werden. Dies bedeutet in

---

[164] Larenz, Methodenlehre; S. 333 ff.

[165] Siehe die amtliche Begründung zum Regierungsentwurf BT-Ds. 12/6581, S. 58, 59, 53.

[166] Siehe die amtliche Begründung zum Regierungsentwurf, a.a.O. S. 59.

der Konsequenz, dass man nicht nahtlos die Rechtsprechung zum Farbschutz im Rahmen des Ausstattungsrechts nach dem WZG in das MarkenG übernehmen kann, denn dies würde die Neukonzeption, welche der Gesetzgeber mit dem MarkenG beabsichtigt hat, konterkarieren.

Bei einer von dem Ausstattungsrecht nach dem WZG losgelösten Betrachtungsweise muss man von einem offenen Markenbegriff als ratio legis ausgehen, der durch § 3 Abs. 1 MarkenG verwirklicht werden soll. Nach Abs. 1 sollen alle Zeichen ohne Einschränkung zum Formalschutz durch Eintragung zugelassen werden, soweit es sich um Zeichen handelt, die zur Unterscheidung von Waren oder Dienstleistungen eines Unternehmens von den Waren oder Dienstleistungen eines anderen Unternehmens geeignet sind[167]. Das MarkenG weist damit die Tendenz zu einer erheblichen Erweiterung und Verstärkung des Kennzeichenschutzes auf. Dies manifestiert sich nicht allein in der Aufgabe des begrenzten Zeichenbegriffs des WZG, sondern auch in der Zulassung völlig neuer Zeichenformen, wie etwa Geruchs-, Geschmacks-, Tast- oder Bewegungsmarken[168]. Es wird sogar die Schutzfähigkeit von Zeichen erwogen, die von Menschen nicht selbst, sondern nur mit Unterstützung von technischen Hilfsmitteln wahrgenommen werden können[169]. Wenn der Gesetzgeber schließlich Farben und Farbzusammenstellungen, ohne dass dies als Umsetzungsverpflichtung in nationales Recht durch Art. 2 MarkenRL vorgegeben wurde, explizit in den Beispielskatalog des § 3 Abs. 1 MarkenG aufnimmt, so spricht dies umso mehr für einen Normzweck, der von einer offenen Haltung zum konturlosen Farbschutz geprägt ist.

In Abweichung zu Art. 2 MarkenRL wurde in § 3 Abs. 1 MarkenG eine etwas ausführlichere Aufzählung von Regelbeispielen eintragbarer Markenformen, darunter Farben und Farbzusammenstellungen, vorgenommen. Dies ist nicht in einem einschränkenden Sinne, sondern nur zur Klarstellung geschehen[170]. Zu einer Klarstellung in der Frage des zeichenrechtlichen Schutzes von Farben hätte keine Veranlassung bestanden, wenn der Gesetzgeber es bei der alten Rechtslage nach dem WZG hätte belassen wollen. Wenn dagegen in dem offenen Tatbestand speziell Farben angesprochen werden, so spricht dies für einen erweiterten Farbschutz. Bei dieser Vorgehensweise des Gesetzgebers darf nicht außer Acht gelassen werden, dass ihm die seit den fünfziger Jahren andauernde Diskussion um einen abstrakten Farbschutz bekannt war[171]. Hätte es ihm daran gelegen, ei-

---

[167] Siehe die amtliche Begründung zum Regierungsentwurf a.a.O. S. 65.
[168] Zu den Veränderungen durch Einführung der neuen Markenformen siehe Fezer, § 3, Rz. 280 ff.
[169] Ingerl/Rohnke, NJW 1994, 1247, 1249 mit dem Beispiel der Softwarebefehle.
[170] Siehe die amtliche Begründung zum Regierungsentwurf, a.a.O. S. 65.
[171] Beier, GRUR Int. 1963, 83 f. zur Diskussion um eine europaweite Vereinheitlichung des Markenbegriffs:".... dass zwar Farbkombinationen für sich allein markenschutzfähig sind, dass aber die ein-

nen abstrakten Farbschutz für das MarkenG auszuschließen, so wäre vor dem Hintergrund der bestehenden Diskussion eine eindeutige Aussage hierzu zumindest in den Materialien des Gesetzes zu erwarten gewesen. Mit der eher unbestimmten Formulierung in § 3 Abs. 1 MarkenG zeigt der Gesetzgeber hingegen, die Diskussion zumindest nicht im Sinne eines restriktiven Farbschutzes abbrechen zu wollen, sondern vielmehr im Sinne eines erweiterten Schutzes offen zu halten.

Der Hauptzweck des Markenrechtsreformgesetzes ist in der Umsetzung der Vorgaben der MarkenRL mit dem Ziel einer gemeinschaftsweiten Markenrechtsharmonisierung zu sehen. Damit verbunden ist die Zielsetzung, die nationalen Markenrechtsordnungen in den Mitgliedstaaten der Europäischen Union anzugleichen und zu harmonisieren, um eine Verfälschung des freien Waren- und Dienstleistungsverkehrs durch divergierende nationale Markenordnungen zu verhindern[172]. Mit dieser Zielsetzung ist ein deutscher Sonderweg bei der Beurteilung des abstrakten Farbmarkenschutzes nicht zu vereinbaren. Diese Markenform hat in den europäischen Nachbarländern zum Teil eine lange Tradition oder wurde im Rahmen der MarkenRL in die nationalen Markenrechtsordnungen umgesetzt.

In Frankreich sind gemäß Art. L. 711-1 Abs. 2 lit. c)[173] des französischen MarkenG Farbnuancen und Farbzusammenstellungen grundsätzlich markenfähig[174]. Das Markenrecht in den Benelux-Staaten geht beim abstrakten Farbschutz noch weiter, wenn es nicht nur Farbnuancen, sondern auch Grundfarben als marken- und eintragungsfähig ansieht. Nach Art. 1 des Loi cen forme benelux sur les marques telle que modifé par les protocoles du 10 novembre 1993 et 2 decembre 1992 vom 1. 1. 1996 wird allen unterscheidungskräftigen Zeichen Markenfähig-

---

zelne Farbe nur als Merkmal einer der vorstehend aufgeführten Zeichenkategorien Schutz genießen soll.";
siehe auch die Beschlüsse der internationalen Vereinigung für Gewerblichen Rechtsschutz in Berlin, Juni 1963, abgedruckt in GRUR Int. 1963, 490, 492:
Frage 23 B, II, Ziffer 7 und 8 zu den einzelnen Markenformen:
"7. Farben in Kombination mit Zeichen;
8. Farbkombinationen".

[172] Erwägungsgründe zur MarkenRL.
siehe auch amtliche Begründung zum Regierungsentwurf, a.a.O. S. 53 f..

[173] Der Wortlaut des Gesetzestextes lautet: "Peuvent notamment constituer un tel signe:......c) combinaison ou nuances de couleurs".

[174] Tribunal Civil de Poutoise, ANN 1938, 140 zur Farbe Azurblau für Treibstoffe;
Cour de Paris, ANN, 971, 41 zur Farbkombination Gelb- Rot (Maggi);
Tribunale de Grande Instance des Pais, PIBD 1997, 627- Marques Tresor;
vgl. auch Stauder, GRUR Int. 1976, 116;
Grundfarben sind im französischen Recht allerdings generell vom Markenschutz ausgenommen.

keit zuerkannt[175]. Farben oder Farbkombinationen sind markenfähig, die erforderliche Unterscheidungskraft für die Eintragungsfähigkeit hängt von den besonderen Umständen des Einzelfalles ab[176]. Hauptgesichtspunkt dafür ist, ob die angemeldete Farbe für eine Anzahl ganz spezieller Waren oder aber für eine große Zahl unterschiedlicher Waren benutzt wird[177].

In Italien sind abstrakte Farbkombinationen und Farbnuancen nach § 16 des italienischen Markengesetzes markenfähig und bei Unterscheidungskraft eintragungsfähig[178].

Das österreichische Markengesetz stellt in § 1 Abs. 1[179], ohne Farben und Farbkombinationen zu nennen, als einziges Kriterium der Markenfähigkeit auf die Unterscheidungskraft des Kennzeichens ab. Nach § 1 Abs. 2 MSchG soll es bei der Beurteilung der Unterscheidungskraft auf alle Tatumstände, insbesondere die Dauer des Gebrauchs des Zeichens, sowie die Auffassung der beteiligten Verkehrskreise ankommen[180].

Im finnischen Recht ist die prinzipielle Markenfähigkeit abstrakter Farbmarken anerkannt (siehe § 13 des finnischen Markengesetzes): stehen der Erteilung eines Markenrechts keine funktionalitätsbezogenen Bedenken entgegen und kann der Anmelder eine hinreichende Verkehrsbekanntheit nachweisen, erfolgt die Eintragung[181].

Diese Beispiele aus dem Bereich der Mitgliedstaaten der Europäischen Union mögen hinreichend die bestehende Tendenz zum abstrakten Farbschutz in Europa bestätigen. Ein deutscher Sonderweg mit einer restriktiven Haltung zum Farbenschutz kann nicht dem Sinn und Zweck einer mit dem MarkenG intendierten europaweiten Markenrechtsharmonisierung entsprechen.

---

175 Art. 1 Abs. 1 Benelux Markengesetz (BMG) lautet: "Sont considerees comme marques individuelles...formes de produit ou de conditionnement et tous autres signes servant a distinguer les produits d 'une entreprise".

176 Cour de Justice Benelux, Ingenieur Conseil 1977, 64- Capsule Coloree pour Antibiotique.

177 Cour de Justice Benelux, Ingenieur Conseil 1977, 67- Couleur d´ une bonbonne de gaz.

178 Zur Eintragungspraxis des italienischen Markenamtes:
Les marques internationales 1996, 29, Nr. 652 897 (IR Marke: IR 647 827);
Gazette OMPI des Marques internationales 1996, 109, 228, Nr. 679 569 (IR Marke: IR 655 898).

179 „...solche Zeichen, die dazu dienen, zum Handelsverkehr bestimmte Waren oder Dienstleistungen eines Unternehmens von gleichartigen Waren und Dienstleistungen anderer Unternehmen zu unterscheiden".

180 Schon 1964 wurde aufgrund eines Verkehrsdurchsetzungsnachweises die Farbmarke "Lila" (Nr. 52977) eingetragen.
Zur Rechtsprechung siehe ÖOGH Beschluss vom 25. 2. 1997- 4 ob 28/97;
ÖOGH GRUR Int. 1998, 331- Manz-Rot; ÖOGH GRUR Int. 1970, 58- Aral Blau- Weiß.
siehe auch Koppensteiner, Österreichisches und europäisches Wettbewerbsrecht, § 38, Rn.13 ; Wiltscheck, WRP 1998, 698, 713.

181 Zur Rechtslage in Finnland siehe Heitto, GRUR Int. 2000, 488, 493 f.

d. Richtlinienkonforme Auslegung

Die Regelung der allgemeinen Markenfähigkeit in § 3 Abs. 1 MarkenG ist eine Umsetzung der Vorgabe der MarkenRL in Art. 2 in nationales Recht und unterliegt damit der richtlinienkonformen Auslegung[182].

Das MarkenG vom 25. Oktober 1994 hat die Vorgaben des gemeinschaftsweiten Markenrechts umgesetzt. Auf Grund des die Mitgliedstaaten verpflichtenden Charakters der MarkenRL ist das neue deutsche Markenrecht - soweit die Vorgaben des europäischen Markenrechts reichen - gemeinschaftsrechtlich bestimmt[183]. Das Gebot der richtlinienkonformen Auslegung bewirkt eine gemeinschaftsrechtliche Dimension der nationalen Regelungsinhalte des MarkenG für den Fall, dass die Art. 1- 17 der MarkenRL im MarkenG umgesetzt wurden[184].

Der EuGH wacht in der Europäischen Union über die Einhaltung der den Mitgliedstaaten obliegenden Verpflichtungen (Art. 220, 234 EGV), ihm kommt die Aufgabe zu, gemeinschaftsrechtliche Begriffe letztinstanzlich auszulegen sowie die Ausgestaltung von Beurteilungskriterien durch die nationalen Gerichte auf die Vereinbarkeit mit den verbindlichen Vorgaben der Markenrechtsrichtlinie zu überprüfen. Bei Auslegungszweifeln hinsichtlich gemeinschaftsrechtlicher Rechtsbegriffe des umgesetzten nationalen Rechts besteht eine Vorlagepflicht an den EuGH nach Art. 234 Abs. 3 EGV[185]. Letztlich kann nur der EuGH die MarkenRL als Bestandteil des Gemeinschaftsrechts auslegen und damit auch, im Wege mittelbarer Beeinflussung, die darauf beruhenden nationalen Bestimmungen richtlinienkonform ausgestalten[186].
Als herausragende gemeinschaftsrechtlich durch die MarkenRL vorgegebene Bereiche seien hier nur die Regelung der Markenformen in § 3 MarkenG (Art. 2 MarkenRL), die Eintragungshindernisse in § 8 MarkenG (Art. 3 MarkenRL), das Kollisionsrecht in § 14 MarkenG (Art. 4, 5 MarkenRL) und die Lizenzvergabe in § 30 MarkenG (Art. 8 MarkenRL) genannt[187].

---

[182] Zu den Kriterien der richtlinienkonformen Auslegung siehe Callies/Ruffert(Hrsg.), EUV/EGV, Art. 249, Rn 106 ff.; Bleckmann NJW 1982, 1117 f.; EuGH Slg. 1989, 4135- Marleasing; EuGH Slg. 1977, 747- Marshal; EuGH Slg. 1974, 1207- Haaga.
Zur Rechtsprechung des EuGH vgl. nur EuGH Slg. 1988, 4635- Bemtjes/ Niederlande.
[183] Tilmann, ZHR 1994, 371, 373.
[184] Diese Einschränkung ist wichtig: Die MarkenRL betrifft nicht den Schutz nicht eingetragener Marken und anderer Unternehmenskennzeichen.
[185] Siehe zur Vorlagepflicht Wohlfahrt in Grabitz/ Hilf, EUV Art. 177 Rdnr. 48 ff.; Daig in Groeben/Thiesing/Ehlermann Art. 177 Rdnr. 38 ff.
[186] Taschen in Groeben/Thiesing/Ehlermann EWG Vertrag Art. 100 Rdnr. 8; Bleckmann NJW 1982, 1177 ff.
[187] Auf die weiteren gemeinschaftsrechtlich bestimmten Regelungsbereiche wird im Rahmen der folgenden Untersuchung eingegangen.

Im Zuge der europäischen Rechtsangleichung hat der BGH, im Gegensatz zur Situation unter Geltung des WZG, nicht mehr das „letzte Wort" in weiten Bereichen der Auslegung und Anwendung des deutschen Markenrechts. Für die Rechtsanwendung ergibt sich hieraus die Notwendigkeit, gemeinschaftsrechtlich bestimmte Vorschriften des MarkenG von vornherein im Blick auf die von der MarkenRL gewollte Rechtsangleichung auszulegen und anzuwenden sowie von der Entwicklung nationaler Eigenarten abzusehen[188].

In der Amtlichen Begründung der Bundesregierung zum Markenrechtsreformgesetz (im Folgenden Amtliche Begründung)[189] wird das Erfordernis einer europarechtskonformen Auslegung des MarkenG ebenfalls betont. Mit der völligen Neugestaltung des MarkenG solle auch ein Neuanfang bei der Auslegung des Gesetzes gemacht werden. In vielen wichtigen Bereichen könne nicht mehr unbesehen an die bisher geltende Rechtslage im WZG angeknüpft werden; die überkommene Doktrin des deutschen Warenzeichenrechts sei allenfalls noch insoweit maßgeblich, als dies von der MarkenRL zugelassen oder vom Markengesetz ausdrücklich oder implizit vorgesehen ist[190].

In Art. 2 MarkenRL werden alle Zeichen als markenfähig angesehen, soweit sie geeignet sind, Waren oder Dienstleistungen eines Unternehmens von denjenigen anderer Unternehmen zu unterscheiden. Abweichend von § 3 Abs. 1 MarkenG werden Farben und Farbzusammenstellungen nicht im Gesetzestext aufgeführt. Art. 2 MarkenRL enthält aber in Bezug auf Farben auch keine Einschränkungen, denn die Unterscheidungskraft ist das alleinige Kriterium der Markenfähigkeit. Der Rat der Europäischen Gemeinschaften ist bei der Konzeption des Art. 2 MarkenRL von einem erweiterten, offenen Markenbegriff zur Angleichung der Rechtssysteme in den Mitgliedstaaten ausgegangen. Ausweislich der Erwägungsgründe zur MarkenRL sind die einzelnen aufgeführten Markenformen[191] nur als Beispiele für Zeichen zu verstehen, die eine Marke darstellen können. Art. 2 MarkenRL ist nicht als abschließend im Hinblick auf weitere mögliche Markenformen aufzufassen.

---

[188] Siehe zur sog. rechtsangleichenden Auslegung Fezer, WRP 1999, 1, 6.

[189] Begründung der Bundesregierung zum Entwurf eines Gesetzes zur Reform des Markenrechts zur Umsetzung der Ersten Richtlinie 89/104/EWG des Rates vom 21. Dezember 1988 zur Angleichung der Rechtsvorschriften der Mitgliedstaaten über die Marke (Markenrechtsreformgesetz), BT-Drucksache 12/6581, S. 58.

[190] Dies ist z.B. bei den Vorschriften der Fall, die den Schutz von Unternehmenskennzeichen und Werktiteln betreffen, aber auch beim Schutz geographischer Herkunftsangaben. Insoweit handelt es sich im Wesentlichen nur um eine Zusammenfassung des bisher schon geltenden Rechts, ohne dass damit eine Abkehr oder ein Neuanfang herbeigeführt werden soll.

[191] Wortlaut des Art. 2 MarkenRL: " Marken können alle Zeichen sein, die sich graphisch darstellen lassen; insbesondere Wörter einschließlich Personennamen, Abbildungen, Buchstaben, Zahlen und die Form oder Aufmachung der Ware, soweit solche Zeichen geeignet sind, Waren oder Dienstleistungen eines Unternehmens von denjenigen anderer Unternehmen zu unterscheiden".

Davon abgesehen muss die unbestimmt und allgemein gehaltene Formulierung des Art. 2 MarkenRL konzediert werden; das Schweigen der Fassung der MarkenRL wird aber durch die Materialien zur MarkenRL einer Klärung zugeführt. Um Unklarheiten zu beseitigen, die sich aufgrund der Fassung der MarkenRL ergeben könnten, wurde vom Rat und von der Kommission das Markenrichtlinienprotokoll[192] erlassen. In der dortigen Ziffer 2 zu Art. 2 MarkenRL wird die allgemeine Fassung des Art. 2 MarkenRL konkretisiert: "Der Rat und die Kommission sind der Auffassung, dass Art. 2 MarkenRL nicht die Möglichkeit ausschließt, als Marke eine Farbzusammenstellung oder eine einzige Farbe einzutragen....". Der europäische Gesetzgeber knüpft demgemäß nicht an die Grundsätze des Farbschutzes nach früherem deutschen Ausstattungsrecht an; dafür wäre eine Erklärung überdies nicht notwendig gewesen, da der Schutz von konkret farblichen Gestaltungen allgemein anerkannt und in der Rechtsprechung der Mitgliedstaaten etabliert war.

Der Schutz von abstrakten Farben war im Übrigen auch zu lange Gegenstand der rechtspolitischen Diskussion gewesen[193], als dass der Richtliniengeber ihn einfach schweigend hätte übergehen können. In Verbindung mit den Materialien zur MarkenRL ist das Schweigen damit als Anerkennung eines förmlichen abstrakten Farbschutzes durch Registereintragung aufzufassen. Die eindeutigen Aussagen im Markenrichtlinienprotokoll können auch nicht einfach mit dem Argument der fehlenden Rechtsverbindlichkeit übergangen werden[194], stellen doch die Gesetzesmaterialien, ihre rechtliche Unverbindlichkeit zugestanden, methodisch den Hauptansatzpunkt zur Bestimmung des gesetzgeberischen Willens (historische Auslegung) innerhalb der Normauslegung dar[195].

Das gesetzgeberische Anliegen der MarkenRL ist in der Harmonisierung der europäischen Markenrechtsvorschriften zu sehen; die Zielvorstellung lässt sich mit einem gleichmäßigen Markenschutzniveau in allen Mitgliedstaaten umschreiben[196]. Mit dieser Regelungsabsicht sind nationale Sonderwege - soweit sie die Vorgaben der MarkenRL betreffen - nicht zu vereinbaren. Die Ablehnung des abstrakten Farbenschutzes durch die deutsche Rechtsanwendung würde im Verhältnis zu dem Stand des Farbschutzes in den europäischen Nachbar-

---

[192] Abgedruckt in HABM Abl. 1996, 606.
[193] Siehe nur Beier, GRUR Int. 1963, 83, 85;
Bericht über die Internationale Vereinigung für Gewerblichen Rechtsschutz, Tagung Berlin 1963, GRUR Int. 1963, 490, 492.
[194] So aber BPatG GRUR 1996, 881, 882- Farbmarke.
[195] Siehe Larenz, Methodenlehre, S. 328 f. für Rückschlüsse auf die richtlinienkonforme Auslegung.
[196] Erwägungsgründe zur MarkenRL.

staaten[197] zu einem Rechtsschutzgefälle innerhalb der Europäischen Union führen, das vom Rat der Europäischen Gemeinschaften so nicht gewollt sein kann. Ein deutscher Sonderweg bei der Beurteilung des abstrakten Farbschutzes würde z.B. dazu führen, dass Anmelder aus dem europäischen Ausland über eine dort angemeldete Heimatmarke für eine konturlose Farbe oder Farbkombination über eine IR-Marke Schutz auch in der Bundesrepublik Deutschland erlangen könnten[198]. Deutsche Anmelder wären dagegen in den Möglichkeiten der Markenführung bei Farbzeichen auf einen gegenständlich fixierten Farbschutz beschränkt, von einem freien Waren- und Dienstleistungsverkehr, den die MarkenRL gerade gewährleisten soll, könnte dann keine Rede mehr sein.

e. Verordnung des Rates über die Gemeinschaftsmarke (EG Nr. 40/94)

Die GMarkenV[199] regelt keine Rechtsmaterien, die zur Umsetzung in die nationalen Markenrechtsordnungen bestimmt sind und ist von daher auch nicht direkt in eine richtlinienkonforme Auslegung des MarkenG einzubeziehen. Da die GMarkenV aber parallel zu den gemeinschaftsrechtlich geprägten, nationalen Markengesetzen ein selbständiges, europäisches Markenrecht schafft, können im Rahmen einer rechtsangleichenden Auslegung[200] Wertungen aus der GMarkenV für das Verständnis der MarkenRL und der nationalen Markengesetze hilfreich sein.
Die die Markenfähigkeit betreffenden Bestimmungen der GMarkenV entsprechen denen der MarkenRL. Durch den Umstand, dass die Bestimmungen der GMarkenV als solche vom HABM angewendet werden, wird die Autorität der MarkenRL verstärkt. Somit liegt es nahe, sich bei der Auslegung der MarkenRL auf die vom HABM unter Anwendung der entsprechenden Bestimmungen der GMarkenV gefassten Entscheidungen zu berufen. Die Begründungen der HABM-Entscheidungen sind als Aussagen über die Bedeutung des beiden Regelungen gemeinsamen Textes als Argument bei der Auslegung der MarkenRL verwendbar. Durch die richtlinienkonforme Auslegung des MarkenG gewinnt damit die Praxis des HABM einen gewissen Einfluss auf die deutsche Praxis[201].

---

[197] Siehe oben im vorstehenden Abschnitt.
[198] Siehe Les Marques Internationales, Nr. 8/1998, S. 169, 170, für die Veröffentlichung der IR-Marke (mit britischer Heimatmarke) "Purple" für die Cadbury Ltd. Diese Marke besteht aus einem pupurfarbenen Farbfeld mit der Unterschrift "The mark consists of the colour purple" und beansprucht Schutz für bestimmte Waren aus dem Lebensmittelbereich.
[199] ABL. EG Nr. L 11 vom 14. Januar 1994, S. 1, geändert durch Verordnung EG Nr. 3288/ 94 vom 22. Dezember 1994, ABL. EG Nr. L 349 vom 31. Dezember 1994, S. 83.
[200] Fezer, WRP 1998, 1, 6.
[201] So auch der BGH, GRUR 1999, 491, 492- Farbmarke gelb/schwarz; siehe auch Heitto, GRUR Int. 2000, 488, 495.

Die Voraussetzungen für die allgemeine Markenfähigkeit sind in Art. 2 MarkenRL und Art. 4 GMarkenV wortgleich geregelt. Auch im Bereich der Gemeinschaftsmarke lässt sich die Unklarheit des Gesetzestextes durch die Gesetzgebungsmaterialien erhellen; so haben der Rat und die Kommission im Protokoll zur GMarkenV festgelegt, dass im Rahmen des Art. 4 GMarkenV „auch Farbzusammenstellungen oder einzelne Farben“ eingetragen werden[202] könnten.

Diese Vorgaben hat das HABM auch konsequent in den Entscheidungen „orange“[203], „Light-Green[204] und „Schwarz-Grün-Schwarz“[205] umgesetzt, indem es auch konturlosen Farben und Farbzusammenstellungen die allgemeine Markenfähigkeit zuerkannte.

f. Internationale Auslegung

aa. TRIPS-Abkommen

Mit der Umformung des Welthandelsabkommens (GATT) in die Welthandelsorganisation (World Trade Organization WTO) im April 1994 endete die im September 1986 eingeleitete Uruguay-Runde des GATT. Auf dieser Konferenz wurden erstmals die handelspolitischen Aspekte der gewerblichen Schutzrechte in die GATT Verhandlungen mit einbezogen[206]. Bis dahin war die WIPO (World Intellectual Property Organization)[207] für den gewerblichen Rechtsschutz allein zuständig[208]. Das "Agreement on Trade Related Aspects of Intellectual Property Rights", TRIPS, ist als Anhang 1 c des Übereinkommens zur Errichtung der Welthandelsorganisation (WTO Übereinkommen) vom 15. April 1994 beschlossen worden[209]. Das Übereinkommen wurde am 1. Januar 1995 für die

[202] HABM ABl. 1996, 612.
[203] HABM ABL. 1998, 898, 900- orange.
[204] HABM Mitt- 1999, 187, 188- Light-Green.
[205] HABM GRUR Int. 2000, 556, 557- Scharz-Grün-Schwarz; bei dieser Entscheidung ist indes zu berücksichtigen, dass die Behörde anscheinend von der Anmeldung einer Farbkombination als Bildmarke ausging).
[206] Katzenberger, GRUR Int. 1995, 447.
[207] Bzw. OMPI (Organisation Mondiale de la Propriete Intellectuelle).
[208] Die WIPO ist eine Dachorganisation für alle internationalen Übereinkommen auf dem Gebiet des gewerblichen, literarischen und künstlerischen Eigentums. Das Übereinkommen zur Errichtung des Weltorganisation für geistiges Eigentum vom 14. Juli 1967 (WIPO Konvention) wurde von 43 Staaten, darunter die Bundesrepublik Deutschland, unterzeichnet und ratifiziert. Es trat am 19. September 1970 in Kraft (BGBl. II, S. 293, 434). Seit dem 17. Dezember 1974 ist die WIPO eine Sonderorganisation der Vereinten Nationen; das zur Wahrnehmung der Aufgaben der WIPO zuständige internationale Büro hat seinen Sitz in Genf. Der WIPO gehören heute 171 Staaten an.
Siehe auch Krieger/Rogge, GRUR Int. 1967, 462; Krieger/Mast/Tilmann, GRUR Int. 1971, 29, 35, 37.
[209] BGBl. 1994 II, S. 1730.

Bundesrepublik Deutschland und 79 weitere Mitglieder, darunter alle EU-Staaten und die Europäischen Gemeinschaften, wirksam[210].

Das TRIPS-Abkommen verfolgt nach seiner Präambel das Ziel, Verzerrungen und Behinderungen des internationalen Handels zu verringern. Zum einen sollen die Rechte des geistigen Eigentums wirksamer geschützt werden, um technische Innovationen und ihre Verbreitung zum beiderseitigen Vorteil von Erzeugern und Nutzern zu fördern (Art. 7), zum anderen soll sichergestellt werden, dass die Durchsetzung der gewerblichen Schutzrechte nicht selbst den rechtmäßigen Handel beschränkt[211]. Das TRIPS-Abkommen begründet nur Mindestverpflichtungen zum Schutz des geistigen Eigentums (Prinzip des Mindestschutzes, Art. 1 Abs. 1 S. 2, der allerdings im Vergleich zu den sonstigen internationalen Abkommen auf sehr hohem Niveau steht; die Mitglieder können überdies einen weitergehenden Schutz gewähren (Art. 1 Abs. 1 S. 2)).

Über die richtlinienkonforme und rechtsangleichende Auslegung der nationalen Markengesetze hinaus ist eine „internationalrechtliche Auslegung“[212] auf der Grundlage des TRIPS-Abkommens geboten. Ohne die allgemeine Frage zu diskutieren, ob und inwieweit die WTO rechtsverbindliche Verpflichtungen für die Europäische Union begründet und von einer unmittelbaren Anwendbarkeit der Regelungen des TRIPS-Abkommens auszugehen ist, bleibt festzuhalten, dass die Rechtsordnung des Europäischen Binnenmarktes gegenüber dem Liberalisierungszustand der WTO Regeln kompatibel zu gestalten ist[213]. Das Gebot der TRIPS-konformen Auslegung bedeutet, bei der Auslegung des Gemeinschaftsrechts und damit auch der gemeinschaftsrechtlichen Begriffe der nationalen Rechtsordnungen der Mitgliedstaaten die immaterialgüterrechtlichen Regelungen des TRIPS-Abkommens zu berücksichtigen.

Das Abkommen enthält in Teil II, Abschnitt 2 (Art. 15-21) markenrechtliche Bestimmungen, die weitgehend der MarkenRL nachgebildet sind. Damit hat sich das europäische Markenrecht auch international als Mindeststandard durchgesetzt. Art. 15 Abs. 1 enthält eine einheitliche Definition der Marke als eintragungsfähigem Zeichen :"Any signs, or any combination of signs, capable of distinguishing the good or services of one undertaking from those of other undertakings, shall be capable of constituting a trademark. Such signs, in particular

[210] Siehe BGBl. 1995 II, S. 456.
[211] Ausschnitt aus der Präambel: "Desiring to reduce distortions and impediments to international trade, and taking into account the need to promote effective and adequate protection of intellectual Property Rights, and to ensure that measures and procedures to enforce intellectual Property Rights do not themselves become barriers to legitimate trade....".
[212] Zum Begriff siehe Fezer, WRP 1998, 1, 6.
[213] Siehe dazu Ebenroth, FS Piper, S. 133, 169; ders. RIW 1995, 1, 2; Koos, S. 42 f.

words including personal names, letters, numerals, figurative elements and combinations of colour as well as any combination of such signs, shall be eligible for registration as trademarks".
Grundsätzlich sind alle Zeichen markenfähig, soweit sie geeignet sind, die Waren und Dienstleistungen des eigenen Unternehmens von den Produkten eines anderen Unternehmens zu unterscheiden. Innerhalb der im Anschluss an die Grunddefinition aufgeführten Regelbeispiele werden Farbverbindungen als denkbare Markenform genannt.

In diesem Zusammenhang sind auch die Protokolle im vorbereitenden Verfahren des Abkommens aufschlussreich: So waren in den markenrechtlichen Reformvorschlägen der US-Delegation und der EU-Delegation auch selbständige Farben und Farbkombinationen als mögliche Markenformen ausdrücklich genannt[214]. Bei einem beabsichtigten völligen Ausschluss des Schutzes von konturlosen Farben wäre vor dem Hintergrund der vorangegangenen Diskussion eine unmissverständliche Regelung in der Präambel oder direkt in Art. 15 zu erwarten gewesen. Mit der Einbeziehung von Farbkombinationen spricht die momentane Fassung des TRIPS-Abkommens in Art. 15 für die Anerkennung des Schutzes von konturlosen Farben.

bb. Internationale Rechtsanwendung am Beispiel der USA

Der internationale Standard bei der markenrechtlichen Beurteilung des Schutzes konturloser Farbmarken soll hier anhand der Rechtsanwendung in den USA veranschaulicht werden.

Kennzeichnend für die gegenwärtige Rechtslage in den USA ist die "Qualitex" Entscheidung[215] aus dem Jahre 1995, in der der Supreme Court die grundsätzliche Schutzfähigkeit der für Überzüge von Kleiderpressen in Reinigungen angemeldeten abstrakten Farbmarke Grün/Gold bejahte[216].
Begründet wurde diese Entscheidung mit dem Lanham Act, der dem Händler oder Hersteller das ausschließliche Recht gibt, eine Marke eintragen zu lassen, vgl. 15 U.S.C. § 1052 (1988 ed. and Supp. V.), und seine Mitbewerber daran zu hindern, diese Marke zu benutzen, 15 U.S.C § 1114 (1). Sowohl der Gesetzestext als auch die dem Markenrecht zugrundeliegenden Grundsätze dürften eine Farbe in den Bereich der Schutzgegenstände, die als Marke angesehen werden

---

[214] Siehe zur Entstehungsgeschichte Fezer, MarkenG, Vorb. Int. MarkenR, Rz. 22.
[215] Qualitex Co. v. Jacobsen Produkts Co. Inc., 34 USPQ, 2d, 1161 (1995), GRUR Int. 1996, 961- grün-goldene Farbe.
[216] Siehe zur Rechtslage in den USA auch die Übersicht bei Ropski/Wettermann, Mitt. 1995, 295, 309.

können, einbeziehen. Im Lanham Act würden diese Gegenstände in den weitesten Begriffen beschrieben, wenn es heißt, dass eine Marke "...jedes Wort, jeden Namen, jedes Symbol oder Kennzeichen oder jede Kombination von ihnen..." einschließt, 15 U.S.C. § 1127. Da Menschen fast alles, was geeignet sei, eine Benutzung aufzuweisen, als Symbol oder Kennzeichen benutzten, bewirke der Gesetzestext wörtlich genommen keine Einschränkung[217].
Eine abstrakte Farbe sei abgesehen von ihrer generellen Markenfähigkeit überdies auch grundsätzlich geeignet, eine bestimmte Ware zu identifizieren oder zu unterscheiden (15 U.S.C. § 1127). Der Supreme Court schränkt seine Auffassung allerdings dahin gehend ein, dass nur dann keine Einwände gegen die grundlegenden Zielsetzungen des Markenrechts vorlägen, wenn die in Rede stehende Farbe eine gewisse Bekanntheit erlangt habe und auf Grund dessen eine Ware oder Dienstleitung identifizieren oder unterscheiden könne[218].

g. Zwischenergebnis

Als Gesamtergebnis der Auslegung des § 3 Abs. 1 MarkenG bleibt somit festzuhalten, dass abstrakte Farbmarken dem einheitlichen Markenbegriff unterfallen und damit grundsätzlich mit der allgemeinen Markenfähigkeit dem Eintragungsverfahren zugänglich sind.

---

[217] Siehe auch Court of Appeals, Federal Circuit, In re Owens v. Corning Fiberglas Corp., GRUR Int. 1987, 116, 117-Rosa.

[218] ".....um ihre Waren, einschließlich eines einmaligen Erzeugnisses, zu identifizieren und von denen zu unterscheiden, die von anderen hergestellt oder verkauft sind, und die Herkunft anzuzeigen, selbst wenn diese Herkunft unbekannt ist", 15 U.S.C. § 1127; siehe auch US Supreme Court a.a.O., S. 962;
siehe allgemein zur Rechtslage in den USA:
Callmann, Vol. 3, § 18.13;
zum südamerikanischen Rechtskreis siehe:
Zorraquin, GRUR Int. 1996, 405.

2. Abstrakte Unterscheidungseignung

Marken können nur diejenigen Zeichen sein, die geeignet sind, Waren und Dienstleistungen eines Unternehmens von denjenigen anderer Unternehmen zu unterscheiden, § 3 Abs. 1 MarkenG. Im Rahmen der Beurteilung der allgemeinen Markenfähigkeit nach § 3 Abs. 1 MarkenG hat sich terminologisch die Bezeichnung "abstrakte Unterscheidungskraft" durchgesetzt[219].

Dieser Begriff ist abzugrenzen von der konkreten Unterscheidungskraft, die erst im Rahmen der Eintragungsfähigkeit einer Marke zu untersuchen ist. Dogmatisch lässt sich die konkrete Unterscheidungskraft als absolutes Schutzhindernis nach § 8 Abs. 2 Nr. 1 MarkenG einordnen, setzt demgemäß die allgemeine Markenfähigkeit einschließlich der abstrakten Unterscheidungskraft voraus. Bei der Feststellung der Voraussetzungen für die Registrierung ist dogmatisch zwischen den unterschiedlichen Begriffen der Unterscheidungskraft - erster Prüfungsschritt Markenfähigkeit, zweiter Prüfungsschritt Eintragungsfähigkeit - zu differenzieren[220].

Die Aufspaltung des Prüfungskriteriums der Unterscheidungskraft in zwei selbständige Bereiche ist nicht Selbstzweck, sondern durch die Möglichkeit bedingt, gemäß § 8 Abs. 3 MarkenG das Zeichen auch bei fehlender konkreter Unterscheidungskraft nach § 8 Abs. 2 Nr. 1 MarkenG infolge von Verkehrsdurchsetzung durch Benutzung eintragen zu lassen. Die fehlende konkrete Unterscheidungskraft eines Zeichens nach § 8 Abs. 2 Nr. 1 MarkenG kann durch § 8 Abs. 3 MarkenG überwunden werden; die abstrakte Unterscheidungskraft als Kriterium der allgemeinen Markenfähigkeit nach § 3 Abs. 1 MarkenG hingegen kann nicht durch die Durchsetzung des Zeichens im Verkehr überwunden werden. Ein abstrakt unterscheidungsunfähiges Zeichen ist unabhängig von einer großen Bekanntheit, etwa infolge langjähriger Benutzung mit hohem Werbeaufwand, gänzlich vom Markenschutz ausgenommen[221].

Vor diesem Hintergrund ist die Definition der abstrakten Unterscheidungskraft sehr weit zu fassen, um nicht eine große Zahl von Kennzeichen von vornherein vom Markenschutz auszugrenzen. Die Unterscheidungseignung im Sinne von § 3 Abs. 1 MarkenG wird nur in den Fällen zu verneinen sein, in denen unter allen denkbaren Umständen ausgeschlossen werden kann, dass das fragliche Zeichen in der Lage ist, zur Identifikation der betrieblichen Herkunft oder der

[219] Amtliche Begründung zum Regierungsentwurf, a.a.O. S. 56, 59.
[220] Fezer, FS Piper, S. 525, 528f..
[221] Fezer, FS Piper, S. 525, 529.

Identifikation der Ware oder Dienstleistung selbst zu dienen. Davon wird allenfalls in extremen Ausnahmefällen auszugehen sein[222].

In der Rechtsprechung des BGH wurde diese Differenzierung bislang nicht hinreichend deutlich[223].
Diese undifferenzierte Abhandlung der Unterscheidungskraft im Rahmen des § 3 Abs. 1 und § 8 Abs. 2 Nr. 1 MarkenG hat der BGH aber nunmehr in den neueren Entscheidungen zu der Problematik des abstrakten Farbschutzes aufgegeben. In den Entscheidungen Farbmarke gelb/ schwarz[224] und Farbmarke magenta/grau[225] differenziert der BGH zum ersten Mal zwischen abstrakter und konkreter Unterscheidungskraft. Die allgemeine Markenfähigkeit im Sinne des § 3 Abs. 1 MarkenG wird bei konturlosen Farbmarken noch bejaht, im Bereich der Eintragungsfähigkeit nach § 8 Abs. 2 Nr. 1 MarkenG werden hinsichtlich der Unterscheidungskraft aber sehr starke Bedenken seitens des BGH geäußert. Die allgemeine Markenfähigkeit wird als ein erster Zwischenschritt zum eigentlichen Markenschutz angesehen, wobei die in diesem "Auffangbecken" zusammengefassten Zeichen für den "eigentlichen" Markenschutz mit seinen Ausschließlichkeitsrechten (vgl. § 14 MarkenG) noch die weitaus restriktiver angewendete Hürde der absoluten Eintragungshindernisse nach § 8 Abs. 2 MarkenG überwinden müssen.

Wenn man sich vergegenwärtigt, in welchem Maße im geschäftlichen Verkehr derartige Kennzeichnungsmittel zur Unternehmens-, Waren- oder Dienstleistungsidentifizierung verwendet werden[226], so ist unzweifelhaft, dass konturlose Farbmarken jedenfalls als abstrakt unterscheidungskräftig anzusehen sind. Nicht anders als Wörter, Bilder oder Töne sind Farben Unterscheidungsmittel zur Produktidentifikation im Marktwettbewerb. Die Figuration der Farbe ist keine rechtliche Voraussetzung der Markenfähigkeit. Farben als Marke begründen nicht mehr und nicht weniger als andere Unterscheidungszeichen aus Gründen einer etwaigen Farbtonverwechslung ein Problem der rechtssichernden Identifikation, da die reale Vielfalt der Lichtverhältnisse im Hinblick auf Farben den ebenfalls differenzierten Sicht-, Lese- oder Hörverhältnissen bei anderen Markenformen entspricht.
Auch die allgemeine Markenfähigkeit von Grundfarben stellt sich als unproblematisch dar. Nicht anders als bei zweidimensionalen oder dreidimensionalen Grundformen, wie Punkt, Dreieck, Rechteck, Quadrat, Würfel oder Kegel, Grundzahl oder Einzelbuchstabe, besteht auch bei Grundfarben die generelle

[222] Fezer, FS Piper S.525, 528; Kur, Fs 100 Jahre DPA, S.175, 185.
[223] BGH GRUR 1995, 408- protech; BGH GRUR 1995, 410-Turbo.
[224] BGH Mitt. 1999, 108, 109- Farbmarke gelb/schwarz.
[225] BGH GRUR 1999, 730- Farbmarke magenta/grau.
[226] Siehe oben Kapitel 2, I, 2; Kapitel 4, I, 2, b.

Markenfähigkeit. Eine andere Frage ist, ob und inwieweit die Eintragungsfähigkeit von Grundfarben ohne weiteres anzunehmen ist, oder ob nicht und inwieweit der Farbmarkenschutz an Grundfarben zumindest regelmäßig nur bei dem Erwerb von Verkehrsdurchsetzung besteht. Auf diese Fragestellungen wird bei der Untersuchung der Eintragungsfähigkeit zurückzukommen sein.

3. Selbständigkeit der abstrakten Farbe als Marke

a. Allgemeines Kriterium der Markenfähigkeit

Die konturlose Farbe oder Farbverbindung als Marke muss als Markenzeichen etwas von dem Wesen der Ware oder Dienstleistung Verschiedenes sein; sie darf nicht Bestandteil des zu kennzeichnenden Produkts sein, sondern muss eine selbständige Zutat darstellen. Die konturlose Farbe muss gegenüber dem Produkt selbständig erfassbar sein und darf nicht zu deren unentbehrlichen, funktionell notwendigen Bestandteilen gehören[227]. Dieses Grunderfordernis folgt daraus, dass eine Marke dazu dient, die Waren oder Dienstleistungen eines Unternehmens von den Waren und Dienstleistungen eines anderen Unternehmens zu unterscheiden. Das Produkt als Objekt dieser Kennzeichnung kann nicht sein eigenes Kennzeichnungsmittel sein.

Die Selbständigkeit der Farbe als Marke gegenüber dem Produkt ist eine zwingende Folge der Unterscheidungsfunktion der Marke. Die Farbe, die als Unterscheidungszeichen Unternehmensprodukte des Markeninhabers auf dem Markt identifiziert, darf nicht mit der Ware, die sie kennzeichnet, identisch sein. Um die markenmäßige Funktion zu erfüllen, muss die abstrakte Farbe als ein gegenüber dem Produkt willkürlich gewähltes Merkmal erscheinen. Eine Farbe erfüllt nur dann die Voraussetzungen der allgemeinen Markenfähigkeit, wenn sie als Unterscheidungssymbol im Verhältnis zum Produkt frei gewählt, funktional unabhängig und damit selbständig ist.

Das Postulat der Selbständigkeit der Marke von dem Produkt schließt nicht aus, dass die abstrakte Farbe als Marke ein Bestandteil der Ware ist. Nach der Rechtsprechung des BGH kommt es nicht auf eine körperliche oder gegenständliche Selbständigkeit der Marke an, sondern vielmehr auf eine begriffliche Verschiedenheit[228]. Maßgebend ist die aus der Identifizierungsfunktion der Marke folgende funktionale Verschiedenheit von dem gekennzeichneten Produkt. Für eine Kennzeichnung müssen zwei verschiedene Gegenstände vorhanden sein, die in gedanklicher Verbindung zueinander stehen: das Subjekt und das Objekt der

[227] BGHZ 35, 341, 345- Buntstreifensatin I; BGH GRUR 1970, 141- Europharma; BGH GRUR 1975, 550, 551- Drahtbewehrter Gummischlauch; BPatGE 40, 98- Trafogehäuse
[228] BGHZ 5, 1, 6- Hummel-Figuren; BGHZ 27, 387- Nelkenstecklinge.

Kennzeichnung. Auf diese Weise wird gewährleistet, dass die konturlose Farbe als Kennzeichnungsmittel nicht zu einem Alleinherstellungsrecht an dem Produkt selbst führt, sondern ausschließlich dazu dient, Waren oder Dienstleistungen verschiedener Unternehmen zu unterscheiden. Deshalb bezeichnet der BGH die Marke auch als „äußere Zutat“ zu dem gekennzeichneten Produkt. Dabei genügt es für die allgemeine Markenfähigkeit, wenn sich die abstrakte Farbe von dem Produkt, welches sie identifizieren soll, begrifflich trennen lässt[229]. Der farbige Anstrich als körperlicher Bestandteil einer Ware kann demgemäß eine kennzeichnende Funktion haben, wenn er nur der Unterscheidungsfunktion dient und kein z.B. technisch funktionales Element der Ware darstellt.

b. Funktionalität von abstrakten Farben

Entscheidend für die Beurteilung, ob eine konturlose Farbe als Marke selbständig erscheint und damit die Voraussetzungen der allgemeinen Markenfähigkeit erfüllt, ist die Frage nach der Funktionalität der Farbgebung in Bezug auf das zu kennzeichnende Produkt.

Eine Farbe als Produktmerkmal ist dann funktional und kann nicht als Marke dienen, wenn sie wesentlich für die Benutzung oder den Zweck des Artikels ist, oder wenn sie die Kosten oder die Qualität des Artikels beeinflusst[230]. In diesen Konstellationen benötigen der Wettbewerber ebenfalls eine bestimmte Farbe, um ein Produkt überhaupt herstellen oder vermarkten zu können. Die exklusive Zuweisung einer funktionalen Farbe an einen Mitbewerber würde gegenüber den Konkurrenten eine unbillige Marktzutrittsschranke darstellen[231].

Konturlose Farbmarken sind nicht zwangsläufig beschreibend in Bezug auf Produkteigenschaften, sondern können auch willkürlich gewählt sein[232]; sie können als Symbol dienen, das die Produkte eines Unternehmens von den Produkten

[229] BGHZ 5, 2, 6- Hummel-Figuren: „ Die Ausstattung muss etwas von dem Wesen der Ware, so wie der Verkehr dieses wertet, zwar nicht körperlich, so doch begrifflich verschiedenes sein“.

[230] Vgl. BGH GRUR 1962, 299, 300- form-strip; BGH GRUR 1972, 122, 123- Schablonen; BGHZ 35, 341, 346- Buntstreifensatin; BGH GRUR 1962, 459, 460- Lichtkuppeln.

[231] Siehe Jickeli, Marktzutrittsschranken im Recht der Wettbewerbsbeschränkungen, S. 63 ff., 82 ff., 182 ff.; WuW 1992, 101-107 und WuW 1992, 195, 198, zur Wirkung von Property Rights als Marktzutrittsschranke.

[232] Ein Beispiel: Die Außenfarbe von Kühlschränken ist traditionellerweise weiß, aber grundsätzlich ohne technische Bedenken frei wählbar. Aus diesem Grund wird mit der Farbe Weiß für Kühlschränke keine kennzeichnende Wirkung zu erzielen sein. Dies wäre anders, wenn sich ein Hersteller entscheiden würde, seine Kühlschränke z.B. rot, grün oder gelb zu gestalten. In diesem Fall könnte der Verkehr mit einer bestimmten Farbgebung einen bestimmten Hersteller verbinden. Ein anderes Bild ergäbe sich wiederum, wenn ein Hersteller Blau für die Gestaltung seiner Kühlschränke wählte, denn Blau vermittelt Assoziationen wie Kälte, Frische und Kühle und ist damit, jedenfalls für Kühlschränke, funktional. Siehe BPatG GRUR 1996, 883 f.- Blue Line.

Das Unternehmen Apple als Hersteller von Computern hat eine kennzeichnende Wirkung bei dem Marktauftritt seiner Produkte dadurch erreicht, dass es die hardware nicht wie üblich grau gestaltete, sondern in bestimmten, für dieses Marktsegment gänzlich untypischen Farbgebungen.

Dritter unterscheidet und identifiziert, ohne irgendeiner anderen wesentlichen Funktion zu dienen. Die Farbe Braun zur Identifikation eines bestimmten Herstellers von Schokolade dürfte nicht kennzeichnungsfähig sein, weil das Produkt selbst in der Regel herstellerübergreifend braun gefärbt ist. Mit der Farbe Braun für Schokolade wird daher das Produkt selbst beschrieben und keine bestimmte Herkunft assoziiert.
Anders ist es bei der Farbe Lila, die als Verpackungsfarbe für Schokolade frei wählbar und willkürlich ist. Die Farbe hat nichts mit den Produkteigenschaften zu tun und kann daher Kennzeichnungskraft entfalten.

Die im Folgenden zu entwickelnden Kriterien der Funktionalität von konturlosen Farbmarken sollen verhindern, dass das Markenrecht, welches den Wettbewerb durch den Schutz einer Kommunikationsbeziehung zu fördern bestimmt ist, stattdessen legitimen Wettbewerb verhindert, indem es ausschließlich einem Hersteller die Kontrolle eines nützlichen Produktmerkmals gestattet. Es ist Aufgabe des Gebrauchs- oder Geschmacksmusterrechts, nicht des Markenrechts, Innovationen dadurch zu ermutigen, dass z.B. Entwicklungen von neuen Produktdesigns ein zeitlich begrenztes Monopol eingeräumt wird, nach dessen Beendigung es dann den Mitbewerbern freisteht, die Innovation zu kopieren. Könnte die funktionale Farbe eines Produkts als Marke benutzt werden, so würde bezüglich der Farbe, unabhängig davon, ob sie für einen Patent- oder Gebrauchsmusterschutz in Frage käme oder nicht, ein Monopol errichtet und zeitlich unbegrenzt ausgedehnt werden können, da Markenrechte unendlich erneuerbar sind. Eine funktionale Farbgebung ist aber ein wichtiger und zuweilen zwingend notwendiger Aspekt für den kommerziellen Erfolg des Produkts und muss deshalb mit Ablauf eines insoweit Ausschließlichkeitsrechte zuweisenden Patent-, Geschmacks-, oder Gebrauchsmusterrechts aus dem Eigentum des Schöpfers herausgelöst werden.

aa. Die amerikanische Rechtsprechung nach dem Lanham Act zur Funktionalität von abstrakten Farbmarken (functionality doctrine)

Die Rechtsprechungspraxis zu § 25 WZG liefert eine umfangreiche Fallkasuistik zur Funktionalität von Farbaufmachungen im Rahmen der Voraussetzungen des Ausstattungsschutzes[233]. Diese Spruchpraxis ist aber aufgrund der Entwicklung eines konturlosen Farbschutzes durch Registereintragung unter dem MarkenG nur noch bedingt auf die heutige Rechtslage übertragbar. Der Ausstattungsschutz nach § 25 WZG erfasste insoweit nur den Schutz von Farben und

[233] Siehe nur BGHZ 16, 296- rote Herzwandvase; BGH GRUR 1964, 621, 623- Klemmbausteine; siehe auch oben, Kapitel 3, I, 2.

Farbverbindungen, die eine figürliche Begrenzung aufwiesen. Der abstrakte Farbenschutz dagegen ist als neue Markenform als eine wesenseigene und komplett verschiedene Dimension des Schutzes von Farben anzusehen. Demgemäß müssen für die Markenform auch andere Kriterien gelten als für den Schutz von Farben im Rahmen einer Ausstattung.

Im Gegensatz zur Rechtsanwendung in Deutschland entwickelte sich in den USA mit der Neufassung des amerikanischen Markenrechts durch den Lanham Act im Jahre 1946[234] schon frühzeitig eine Diskussion um die Schutzfähigkeit von abstrakten Farbmarken[235]. Nach jahrelangen Debatten in den USA kann diese Streitfrage als entschieden gelten: Nach dem Lanham Act besteht im Grundsatz die Möglichkeit eines markenrechtlichen, abstrakten Farbenschutzes. Dieser Prämisse folgend hat der Federal Circuit for the Court of Appeals schon in den achtziger Jahren die Schutzfähigkeit der Farbe Rosa[236] für Hausisoliermaterial aus Fiberglas bejaht. Bestätigt wurde diese grundsätzliche Anerkennung eines abstrakten Farbenschutzes durch den Court of Appeals for the 8th Circuit in der Qualitex-Entscheidung[237], die weltweit Beachtung gefunden hat. Im Rahmen dieser Entscheidungen wurde von der Rechtsprechung und der Lehre die sogenannte functionality doctrine oder doctrine of necessity entwickelt[238]. Dementsprechend setzt vor allem die letztgenannte Entscheidung Maßstäbe zur Funktionalitätsdogmatik bei Farbzeichen, die im Folgenden neben anderen Gesichtspunkten für Erwägungen nach dem MarkenG nutzbar gemacht werden sollen.
Die deutsche Rechtsprechung hat bislang lediglich praktikable Funktionalitätskriterien für farbliche Aufmachungen im Rahmen eines Ausstattungsschutzes, vgl. § 25 WZG, aufgestellt; für den Bereich der abstrakten Farbmarken fehlt bislang weitgehend eine Ausfüllung des unbestimmten Rechtsbegriffs der funktionalen Verwendung von Zeichen oder Angaben. Die amerikanische Rechtsprechung zum Lanham Act hat schon vor fünfzehn Jahren die Problematik des abstrakten Farbenschutzes in wohlwollender Weise beurteilt. Deshalb ist es in den USA eher möglich als im europäischen Rechtskreis, auf eine Kasuistik und dementsprechend entwickelte Dogmatik zur Funktionalität bei ab-strakten Farben zurückzugreifen. Unter der Vorgabe der Berücksichtigung der Besonder-

---

[234] 15 USC §§ 1051, 1127.
[235] Siehe zum Diskussionsstand Ropski/Wettermann, Mitt. 1995, 295, 309; Hudis, 86, TMR 1 ff.(1996); Samuel/Samuel, 83 TMR 554, 569 f. (1993) als Vertreter der neueren Lehre, die einen abstrakten Farbschutz befürworten.
Für die gegenteilige Auffassung siehe Miller, § 16.7; Callmann, Volume 3, § 18.13; Mc Charty, Volume 2, § 7.16; Henry 76 TMR 289 ff. (1986).
[236] In re Owen-Corning Fiberglas Corp. 774 F 2d 1116, 227 USPQ 417 (Fed. Cir. 1985), GRUR Int. 1987, 116- Rosa.
[237] USPQ 2d 1161 (S. Ct. 1985) abgedruckt in GRUR Int. 1996, 961;
siehe zu diesem Urteil auch Thilo, S. 243 f.; Wachter, DAJV Newsletter 1997, 36, 44.
[238] Siehe Ropski/Wettermann, Mitt. 1995, 295, 309.

heiten des MarkenG im Rahmen der Vorgaben der MarkenRL kann diese Rechtsprechung auch für die Funktionalitätsbestimmung nach § 8 Abs. 2 Nr. 2 MarkenG nutzbar gemacht werden.

Die functionality doctrine in der amerikanischen Rechtsprechung basiert auf folgenden Grundannahmen: Eine markentechnisch genutzte konturlose Farbe kann als funktional angesehen werden, wenn sie für die Benutzung oder den Zweck der Ware wesentlich ist, oder wenn sie den Preis oder die Qualität der Waren beeinflusst. Diesem Ansatz folgend kann man drei Faktoren zur Feststellung der Funktionalität von Farben herausarbeiten: 1. bringt eine bestimmte farbliche Gestaltung einen Nutzungsvorteil mit sich, 2. stehen andere alternative Gestaltungen zur Verfügung, um eine Behinderung des Wettbewerbs zu vermeiden, und 3. bringt die farbliche Gestaltung einen Kostenvorteil bei der Herstellung oder dem Gebrauch mit sich[239].
Wenn eine willkürliche Farbanordnung die Waren bzw. Dienstleistungen von anderen Produkten unterscheidet oder wenn eine große Vielfalt von Farbgestaltungen unter Herstellern identischer Produkte benutzt wird, dann haben die Markenstellen und Gerichte dies als ein Indiz für die überwiegend nicht funktionale Natur solcher Gestaltungsmerkmale auszulegen. Dabei ist auf den Einzelfall abzustellen sowie die Markenpraxis und die Wettbewerbssituation der jeweiligen Branche zugrunde zu legen.
Eine Farbgebung ist dann funktional, wenn ihr technischer oder ästhetischer Wert in der Fähigkeit liegt, einen wesentlichen Nutzen zu übermitteln, der praktisch nicht durch die Benutzung alternativer Farbgebungen erzielt werden kann.[240]

Wenn diese funktionalen Zeichen von der Eintragung ausgeschlossen werden, können die verbleibenden willkürlichen Farbgebungen[241], die dem Markenschutz durch Eintragung zugänglich sind, kein wettbewerbsschädigendes Monopol in Form einer Schranke für den Marktzutritt darstellen. Der Mitbewerber hat bei dem markenrechtlichen Schutz einer im Sinne der soeben skizzierten Funk-

[239] Mortan-Norwich Produkts Inc., 671, F 2d 1322, 1340 f., 213 USPQ 9, 15 f. (CCPA 1982); Qualitex Co v. Jacobsen Produkts Co 34 USPQ 2d 1161 (S. Ct. 1995) GRUR Int. 1996, 961, 962 f. zur grüngoldenen Farbe für Auflagen von Reinigungspressen in chemischen Reinigungen.
[240] Zu den Kriterien der Funktionalität in der amerikanischen Rechtsprechung zum abstrakten Farbenschutz siehe nur Qualitex Co. v. Jacobsen Products Co 34 USPQ 2d 1161 (S. Ct. 1995).
[241] In dem Fall In re Owens-Corning Fiberglas Corp aaO. stand fest, dass die rosa eingefärbten Fiberglasisolierungen normalerweise eine leicht gelblich-weiße Färbung haben. Darüber hinaus fanden sich keine Beweise für eine weit verbreitete Industriepraxis, Fiberglasisolierungen in eine andere Farbe einzufärben als diejenige, die sie als Ergebnis des Herstellungsprozesses haben; zudem gab es keine Hinweise im Hinblick auf die technische Notwendigkeit einer rosa Einfärbung bei Isoliermaterialien. Damit erfüllt die rosa Einfärbung in diesem Fall keinen Gebrauchszweck und muss als Marke eingetragen werden können.

tionalitätslehre willkürlich gewählten Farbe alle Möglichkeiten eine andere Farbgebung zur Kennzeichnung seines Produkts zu wählen.

So wurde z.B. die Eintragung der Farbe "John Deere Grün" als Common law Warenzeichen für landwirtschaftliche Arbeitsgeräte mit der Begründung abgelehnt, die Farbe Grün sei "ästhetisch funktional", weil die Käufer ihre gesamten Ackerbaugeräte zusammenpassend in grüner Farbe haben wollten[242].
Als vornehmlich Gebrauchszwecken dienend wurden auch eine gelb-orange Farbkombination für Korkschwimmer[243] zum Angeln, ein reflektierender Überzug für Zaunpfosten[244] in einer bestimmten Farbe sowie ein blauer Punkt auf einem Blitzlichtgerät[245] nicht zum Markenschutz zugelassen. Ebenfalls als funktional angesehen wurde die braune Farbe eines Chininpräparates, die auf der Verwendung von Schokolade als Umhüllungsmittel und Suspersionsmedium beruhte[246].
Die Benutzung der Farbe Schwarz als Marke für Außenbordmotoren[247] wurde ebenfalls nicht zugelassen, weil Schwarz bei Motoren produktbezogen verwendet werden könne, um die tatsächliche Größe des Motors kleiner und kompakter erscheinen zu lassen und um Kompatibilität mit vielen verschiedenen Bootsfarben sicherzustellen.
Die Ausgestaltung von Schrauben mit farbigen Ringen als Schraubensicherungsmittel wird ebenfalls als funktional bewertet, da auch bei anderen Hersteller die Praxis besteht, ihre Schrauben mit farbigen Ringen zu versehen (u.a. um die Einschraubtiefe festzulegen)[248].

Eine kennzeichnungsfähige willkürliche Farbgebung wurde in der Rechtsprechung hingegen bei einer grüngoldenen Auflagenfarbe für Reinigungspressen bejaht[249]. Die grüngoldene Farbe wurde als nicht funktional für die Verwendung eines Maschinenüberzuges gewertet; technisch notwendig sei nur die Verwendung irgendeiner dunklen Farbe, um Flecken zu vermeiden. In diesem Rahmen könne eine konturlose Farbe als Marke verwendet werden, da insoweit kein spezieller Gebrauchszweck tangiert werde. Die grüngoldene Farbe diene somit als Symbol, um das Produkt als von Qualitex stammend zu identifizieren.

---

242 Deere & Co v. Farmhand Inc. 560 F. Supp. 85, 217 USPQ 252, 261 f. (S.D. Iowa 1982 721 aff'd 721 F 2d 253 (8 th Cir. 1983).
243 Plastilite Corp. v. Kassna Imports, 508 F. 2d 824, 184 USPQ 348 (CCPA 1975).
244 In re Pollack Steel Co. 314 F. 2d 566, 136 USPQ 651 (CCPA 1963).
245 Sylvana Electric Products Inc. v. Pura Electric Lamp Co 247 F 2d 114 USPQ 434 (3d Cir. 1957).
246 William R. Warner & Co v. Eli Lilly & Co 265 U.S. 526 (1924).
247 Brunswik Corp. v. British Seagull Ltd. 35 F 3d 1527, 1532, 32 USPQ 2d 1120, (Ca Fed. 1994) cert. pending, Nr. 94- 1075.
248 Siehe 33 W (pat) 52/99, 54/99- Schraube mit grünem, gelbem und blauem Ring (Eine der wenigen Entscheidungen des BPatG zur Funktionalität bei abstrakten Farben).
249 Qualitex Co. v. Jacobsen Produkts Co aaO.

Als kennzeichnungsfähige Farbgestaltung wurde weiter die in dem betreffenden Warensegment ungewöhnlich erscheinende Farbe Rosa auf dem Fiberglasisoliermaterial eines Unternehmens[250], das Rot auf dem Kopf eines großen Industriebolzens oder die Farbe Hellgrün für Kabel von Schweißlampen[251] angesehen.
Weiter wurde Markenschutz für ein willkürliches Farbschema bei Unterlegscheiben gewährt, wobei jeweils eine Farbe die vierzehn verschiedenen Scheibenstärken repräsentierte[252].
Die Beurteilung der Farbgebung von Pharmaprodukten gab und gibt in der Rechtsprechung immer wieder Anlass zu Abgrenzungsproblemen bei der Funktionalität. Grundsätzlich haben Farben für Tabletten oder Pillen keinen Gebrauchszweck, da die Effektivität der Medikamente auf den Inhaltsstoffen beruht. Die Funktionalität einer Farbgebung wird aber beispielsweise dann anzunehmen sein, wenn die Farbe einer Tablette dazu dient, neben ihrer Herkunft auch die Art des Medikaments (z.B. einen Typ von Blutmedizin in roter Tablettenform) zu bestimmen. Einige Patienten vermischen auch die Medikamente in einem Behälter und verlassen sich auf die Farbe, um sie voneinander zu unterscheiden. Wenn diese Vorgehensweise für bestimmte Arzneitypen allgemeine Verkehrsübung geworden ist, wird man auch hier Funktionalität bei bestimmten Farbgebungen annehmen müssen.

In der amerikanischen Rechtsprechung werden nicht nur produktbezogene Funktionalitätskriterien zur Feststellung eines Freihaltebedürfnisses herangezogen. Auch innerhalb der oben dargestellten Systematik verbleiben Randbereiche, die nicht allein mit Funktionalitätskriterien gelöst werden können, sondern einer flexibleren Handhabung bedürfen. Diese Flexibilität wird dadurch erreicht, dass wettbewerbsrechtliche Gesichtspunkte - tritt durch den Schutz einer konturlosen Farbe eine unlautere Beeinträchtigung des Wettbewerbs ein? - in die Prüfung einbezogen werden. Es ist zu fragen, ob durch die exklusive Zuteilung einer Farbe an einen Wettbewerber eine nachhaltige Störung des Wettbewerbs eintritt. Dies wird regelmäßig der Fall sein, wenn es dem Mitbewerber nicht mehr mög-

---

[250] In re Owens Corning Fiberglas Corp aaO.;
Die Farbe Gelb für Glaswolle als Hausisoliermaterial wäre technisch funktional, weil dies die ursprüngliche Produktfarbe von Glaswolle ist. Den Wettbewerbern auf diesem Markt bleibt es aber unbenommen, zur Abgrenzung ihrer Produkte die Glaswolle mit anderen Farbtönen einzufärben; diese Farbgebungen wären rein kennzeichnend und dienten keinen technischen oder ästhetischen Gebrauchszwecken.
[251] In re Torch Co., Inc., 143 USPQ 124 (TTAB 1964).
[252] Artus Corp. v. Nordic Co., Inc., 512 F. Supp. 1184, 213 USPQ 568 (W.D. Pa. 1981).

lich ist, in ökonomisch vertretbarer Weise produktbezogene Waren- oder Dienstleistungseigenschaften zu replizieren[253].

Diese Einbeziehung wettbewerbsrechtlicher Gesichtspunkte in die Tatbestände des MarkenG ist mit der Neukonzeption des deutschen Markenrechts nach Umsetzung der Vorgaben der MarkenRL durchaus zu vereinbaren. Im neuen MarkenG gehört nicht nur die Herkunftsfunktion zu den rechtlich geschützten Funktionen der Marke, sondern auch der Schutz der wettbewerblichen Leistung, der hinter der Etablierung einer Marke steht[254]. Die Berücksichtigung wettbewerbsrechtlicher Einflüsse wird unter anderem im Kollisionsrecht, vgl. § 14 Abs. 1 Nr. 2, 3 („Gefahr der gedanklichen Verbindung", „Wertschätzung der Marke") und § 23 MarkenG („sofern die Benutzung nicht gegen die guten Sitten verstößt") deutlich.
Der ergänzende Markenschutz durch Normen des UWG - hier insbesondere die Fälle der markenbezogenen Anlehnung und Rufausbeutung gemäß § 1 UWG[255] - wurde im Wege der Markenrechtsreform wieder, systematisch konsequent, in das MarkenG zurückverlagert.
Mit dem Wandel der Markenfunktionen muss sich auch die Auslegung der Funktionalitätskriterien bei § 8 Abs. 2 Nr. 2 MarkenG anpassen. Es geht nicht mehr allein um die statische Verknüpfung von der Marke zum Herstellungsbetrieb, sondern im Rahmen moderner Markenführungskonzepte unter anderem um den Schutz des Good Will, einer Corporate Identity und des besonderen Images eines Produkts. Da Produktimages zumeist affektiv motiviert sind, lässt sich die wettbewerbsschädigende Auswirkung einer abstrakten Farbmarke immer schwerer ausschließlich an technischer oder ästhetischer Funktionalität festmachen, sondern hauptsächlich daran, ob die Konkurrenten des Markeninhabers durch die exklusive Zuteilung einer Farbe an einen Konkurrenten einen Nachteil im Wettbewerb haben[256].

---

[253] Inwood Laboratories Inc. 456 U.S. 850 Nr. 10 zum Einfluss von wettbewerbsrechtlichen Erwägungen bei Beurteilung des Freihaltebedürfnisses.

[254] Zu den rechtlich geschützten Funktionen der Marke unter dem MarkenG, die auch den Schutz der wettbewerblichen Leistung beinhalten, siehe nur: Kunz-Hallstein, S. 147 f.; Tilmann, ZHR 158 (1994), S. 371 f.; Harte-Bavendamm, GRUR 1998, 335 f.; Fezer, Einleitung MarkenG, Rz. 30-41. Siehe auch unten Kapitel 5, II, b, aa.

[255] Im UWG diente § 1 UWG mit der Fallgruppe der unlauteren Rufausbeutung und den Spezialtatbeständen des Schutzes der „berühmten" und der „bekannten" Marke als Anspruchsgrundlage mit Bezug zum Markenrecht.

[256] Die exklusive Zuteilung eines silbernen Farbtons im Warenbereich Autolackierungen würde wettbewerbsschädigende Auswirkungen haben, da momentan silberne Lackierungen im Trend liegen und nicht auf eine spezielle Fahrzeugmarke beschränkt werden können. Diese Modeerscheinung wurde nicht durch einen Wettbewerber, sondern durch allgemeine Werbemaßnahmen und Trends auch außerhalb der Automobilbranche gefördert. Für den Fall einer exklusiven Zuteilung dieser Farbe an einen Automobilhersteller in dem genannten Warenbereich wäre eine ernsthafte wettbewerbliche Beeinträchtigung der Mitbewerber zu befürchten, weil der Verbraucher allein aufgrund der Farbpräferenz

bb. Beurteilungsmaßstab für die Funktionalität von abstrakten Farben und Farbkombinationen

Die allgemeine Markenfähigkeit einer abstrakten Farbe setzt voraus, dass sie vom Publikum nicht als wesensmäßiger Bestandteil der Ware oder Dienstleistung angesehen wird. Diese Feststellung ist der Wertung, ob es sich objektiv um eine funktional bedingte Farbe handelt, vorgeordnet. Entscheidend für die Feststellung, ob eine Farbe einen wesensbestimmenden Bestandteil einer Ware oder Dienstleistung bildet, ist der Zweck, den sie erfüllen soll und ferner, ob dieser Zweck für die Wertschätzung des Produkts nach der Verkehrsauffassung von entscheidender Bedeutung ist[257]. Schon dann, wenn der Verkehr eine funktionale Farbgebung als eine wesensbestimmende Eigenschaft des Produkts ansieht, ist sie nicht eintragungsfähig. Dies gilt unabhängig davon, ob die Verkehrsauffassung – objektiv und fachkundig betrachtet – richtig oder unrichtig ist, ob also der Farbe tatsächlich die ihm vom Verkehr beigemessene funktionale Bedeutung zukommt oder nicht. Sieht der Verkehr eine Farbgebung als Wesensbestandteil der Ware oder Dienstleistung an, so ist daraus zwingend der Schluss zu ziehen, dass sie nicht geeignet ist als kommerzielles Unterscheidungssymbol zu dienen. So wurde die Orangefärbung von durchsichtigen Zeichen- und Schreibschablonen als eine wesensbestimmende Eigenschaft angesehen, weil ein nicht unerheblicher Teil des Verkehrs die Einfärbung psychologisch als besonders angenehm empfinde und daher gerade diese Farbgebung als besonders zweckmäßig erachte. Auf eine Prüfung, ob die Orangefärbung tatsächlich funktional bedingt ist (was zu verneinen wäre) kam es nicht an[258].

Farben, die durch den mit ihnen verfolgten Zweck in Bezug zum Produkt technisch, ästhetisch oder emotional bedingt und nicht willkürlich wählbar sind, fehlt die allgemeine Markenfähigkeit[259]. Dies ist evident, wenn sie nach der Auffassung des Publikums schon das Wesen des Produkts ausmachen. Rechnet der

---

eher zu den Fahrzeugen neigen wird, die in der für ihn ansprechendsten Farbe angeboten werden. Zur Förderung des Wettbewerbs erscheint es interessengerecht, hier ein Freihaltebedürfnis anzunehmen, wenngleich eine silberne Lackierung weder technisch- noch ästhetisch funktional für ein gebrauchstüchtiges Kraftfahrzeug ist.

257 BGH GRUR 1962, 299, 300- form-strip; BGH GRUR 1962, 459, 460- Lichtkuppeln.
Die einem Herzsymbol entsprechende rote Farbe einer Herzwandvase wurde als wesensbestimmendes Merkmal der Ware beurteilt (BGHZ 16, 296- rote Herzwandvase); Als nicht markenfähig wurde auch die weiße Farbe von Spielzeugbausteinen beurteilt, wenn die Farbe einem üblichen Verputz von Gebäuden entspreche (BGH GRUR 1964, 621, 623- Klemmbausteine); Schon das RG hatte die bräunliche Färbung eines Wundpflasters, das der Verhinderung des Einschmutzens diente, als nicht markenfähig beurteilt, da die Farbgebung technisch-funktionell bedingt sei (RG GRUR 1941, 238- Leukoplast/Hansaplast).

258 BGH GRUR 1972, 122, 123- Schablonen.

259 Vgl. BGHZ 11, 129, 132- Zählkassetten; BGH GRUR 1957, 603- Taschenstreifen; BGH GRUR 1976, 434, 435- Merkmalklötze; BGH GRUR 1981, 517, 519- Rollhocker.

Verkehr eine funktionale Farbe nicht den Eigenschaften der Ware oder Dienstleistung zu, ist jedoch objektiv gesehen eine die Eintragung hindernde Funktionalität gegeben, so ist allein die objektiv gewonnene Erkenntnis maßgebend und die Farbe nicht eintragungsfähig. Würde man hier allein die Verkehrsauffassung entscheiden lassen und demzufolge die allgemeine Markenfähigkeit verneinen, so würde dies über den Registerschutz zu einem Monopol an einer Farbe als Produkteigenschaft führen. Eine derartige Wirkung ist nicht dem zeitlich unbegrenzten Markenrecht, sondern den Patent- und Musterrechten vorbehalten.
Insoweit sind Farben als funktionale Produkteigenschaften anzusehen, die erforderlich sind, damit ein Produkt überhaupt hergestellt und vermarktet werden kann.
Farben, die nach der Verkehrsauffassung als Unterscheidungszeichen dienen und einen selbständigen Zusatz zum Produkt bilden, begründen dagegen kein Freihaltebedürfnis; dies auch dann nicht, wenn sie zugleich den Gebrauchszweck der Ware oder Dienstleistung fördern oder unterstützen.

Im Folgenden sind Kriterien zu entwickeln, um zwischen der Fallgruppen der zwingenden Farbgebungen und der willkürlichen Farbgebungen zu differenzieren.

(1) Zwingende Farbgebung

Stellt sich ein Farbelement einer Ware oder Dienstleistung als das einzig brauchbare Mittel dar, um eine bestimmte technische, emotionale oder ästhetische Wirkung zu erzielen, so ist es ein wesensbestimmendes Merkmal des Produkts und daher objektiv ungeeignet, als abstrakte Farbe geschützt zu werden[260].

(2) Willkürliche Farbgebung

Gibt es mehrere konstruktiv und wirtschaftlich gleichwertige Farbgebungen, um eine bestimmte technische, emotionale oder ästhetische Wirkung zu verwirklichen, so wird es sich gewöhnlich nicht um wesensbestimmende Gestaltungen der Ware oder Dienstleistung handeln, so dass ein Registerschutz bestehen kann[261]. Der Markeninhaber gewinnt kein Gestaltungsmonopol an dem Produkt,

---

[260] Vgl. BGHZ 5, 1, 6- Hummel-Figuren; BGHZ 11, 129- Zählkassetten; BGH GRUR 1972, 122, 123- Schablonen.

[261] Vgl. BGH GRUR 1969, 541, 542- Grüne Vierkantflasche: Die Form einer grünen Vierkantflasche hat den besonderen technischen Vorteil raumsparender Verwendungsmöglichkeit, ist aber deshalb noch nicht markenunfähig, weil dieser Verzug, wie die zahllosen im Verkehr befindlichen runden Flaschen zeigen, kein solches Gewicht hat, dass der die Annahme ausschließt, es könne der Verpackungszweck nicht auch durch die Wahl einer anderen Flaschenform erreicht werden.

wenn den Mitbewerbern genügend gleichwertige Gestaltungsmöglichkeiten zur Verwirklichung der technischen, emotionalen oder ästhetischen Funktionen verbleiben.

(3) Wertungsmaßstab zur Bestimmung der Funktionalität von abstrakten Farben

Die Entscheidung, ob eine Farbe oder Farbverbindung wegen einer technischen, emotionalen oder ästhetischen Funktion zwingend geboten oder willkürlich wählbar ist, kann im Einzelfall schwierig sein und zu Abgrenzungsproblemen führen. Die im Folgenden zu entwickelnden Kriterien sollen einen sachgerechten Interessenausgleich zwischen Markeninhaber und den Konkurrenten gewährleisten.
Für die Schutzfähigkeit einer abstrakten Farbe genügt es m.E. noch nicht, dass außer ihr noch andere Möglichkeiten zweckmäßiger und funktionsgerechter Ausführung eines Produkts mit einer Farbe bestehen. Die anderen Gestaltungsmöglichkeiten mit Farben müssen auch gleichwertig sein, so dass es einem Mitbewerber zumutbar ist, auf sie auszuweichen. Bei der Feststellung der Gleichwertigkeit kommt es nicht nur auf den Gebrauchs- oder Verwendungszweck an, sondern auch die Kosten der Herstellung des Produkts mit einer alternativen Farbgebung müssen eine Rolle spielen. Eine wirtschaftlich unrationelle oder kostspieligere Farbgebung ist keine gleichwertige. Als willkürlich gewählt ist eine abstrakte Farbe für ein Produkt nur dann anzusehen, wenn das Produkt sowohl unter dem Gesichtspunkt des Gebrauchszwecks als auch unter dem der Kosten ohne einen ins Gewicht fallenden Nachteil anders gestaltet werden kann[262]. Schutzfähig ist eine Farbe nur, wenn zumindest eine gleichwertige andere Gestaltungsmöglichkeit zur Verwirklichung des technischen, ästhetischen oder emotionalen Funktionen der Farbe verbleibt.

[262] Vgl. BGH GRUR 1962, 459, 460- Lichtkuppeln.

Das Markenrecht muss als Teilbereich des Wettbewerbsrechts neben den Interessen der Markeninhaber auch das Interesse an der Wahrung gleicher Wettbewerbsvoraussetzungen für alle Marktteilnehmer berücksichtigen. Den konkurrierenden Unternehmen müssen gleiche Ausgangsvoraussetzungen im Wettbewerb gewährt werden; es muss ihnen möglich sein, alle Farben, die eine notwendige Funktion für die Ware oder Dienstleistungen haben, frei zu verwenden ohne einem Verbotsrecht eines Markeninhabers ausgesetzt zu sein. Nur soweit dieser Grundsatz gewahrt bleibt, ist einer abstrakten Farbe Markenschutz zuzuerkennen.[263]

c. Generelles Freihaltebedürfnis bei abstrakten Farbmarken (Farberschöpfung)

Von den Gegnern eines abstrakten Farbschutzes wird als Hauptargument zumeist vorgetragen, es gebe nur einen begrenzten Vorrat an Farben, der bald erschöpft wäre, wenn einer von vielen Mitbewerbern sich eine besondere Farbe zum Zwecke der Benutzung als Marke aneignen könnte[264]. Dies wiege besonders schwer, da nicht nur die eingetragene Farbvalenz geschützt wäre, sondern zudem im Ähnlichkeitsbereich die gesamte Farbpalette der betroffenen Grundfarbe. Schon allein aus marketingtechnischen Gründen seien nicht alle Farben zur Kennzeichnung eines Produkts geeignet, zudem könne der Mitbewerber wegen des hohen Risikos der Verletzung eines eingetragenen Farbtons im Ähnlichkeitsbereich auch nicht alle frei verfügbaren Farbtöne verwenden. Eine Eintragungsmöglichkeit für abstrakte Farben würde letztlich Farben als Kennzeichnungsmittel derart verknappen, dass bei dem Mitbewerber wegen der Unmöglichkeit, eine passende Farbe für den Markenauftritt zu finden, ein Wettbewerbsnachteil - z.B. als Schranke für den Marktzutritt - entstünde. Demgemäß wird bei abstrakten Farbzeichen zumeist schon die allgemeine Markenfähigkeit in Zweifel gezogen.

Dieser Ansatz der sog. Farberschöpfung, der seine Parallele in den USA, maßgebend beeinflusst durch die Entscheidung Campell Soup Co. v. Armour Co.[265],

---

[263] Die Einfärbung von Fiberglasdämmplatten zur Hausisolierung in der Farbe Rosa ist z.B. nach den oben vorgeschlagenen Wertungskriterien nicht als funktional zu qualifizieren. Sie dient keinerlei technischen oder ästhetischen Zwecken, die Mitbewerber sind damit nicht zwingend auf diese Farbgebung angewiesen. Die Produktion der Dämmplatten in einer anderen Farbe als Rosa ist auch nicht mit höheren Herstellungskosten verbunden, da es sich bei dieser Farbe nicht um die natürliche Farbe nach der Herstellung (dies wäre bei Fiberglas bzw. Glaswolle Gelb), sondern um eine Einfärbung handelt (BPatG GRUR 2000, 147- rosa Isoliermaterial).

[264] Siehe nur Ströbele, GRUR 1999, 1041, 1045; Winkler MA, 1996, 518 f.;
siehe oben 3. Kapitel, II.

[265] 175 F. 2d 795, 798 ; 81 USPQ 430, 432 (3d Cir.),

mit der Color Depletion Theory hat[266], ist bei angemessener Anwendung zwar nicht verfehlt, führt aber schließlich bei seiner Anhängerschaft dazu, abstrakte Farben generell vom Markenschutz auszuschließen und steht damit im Widerspruch zu den Liberalisierungszielen des MarkenG.

Wenn eine konturlose Farbe als Marke genutzt wird, wird schon durch die vorstehend skizzierten Funktionalitätskriterien sichergestellt, dass keine unabwendbaren Nachteile für die Mitbewerber entstehen. Danach kann eine Farbmarke nur unter der einschränkenden Voraussetzung eingetragen werden, dass für Konkurrenten alternative Farbgestaltungsmöglichkeiten zur Verfügung stehen, zudem sind Gebrauchszwecken dienende Farben ebenfalls vom Register ausgeschlossen. Die hier vertretene Ausgestaltung der Funktionalitätskriterien würde das scheinbare Problem der Farbknappheit im Sinne der Wettbewerbsverträglichkeit selbst regulieren.
Ein gelegentlich auftretendes Problem des konturlosen Farbschutzes, zumeist bei Einfarbenmarken im Grundfarbenbereich, wird herangezogen, um ein unverhältnismäßiges Totalverbot zu rechtfertigen.

Die Benutzung einer konturlosen Farbe als Marke schließt nicht generell die Nutzung dieser Farbvalenz zu Kennzeichnungszwecken aus. Die Neuheit im Bereich des Kennzeichenrechts ist nicht gleichzusetzen mit der Neuheit einer Erfindung, die für ein Patent erforderlich ist, denn sie beinhaltet nur die Neuheit der Anwendung. Derjenige, der zuerst ein Zeichen zur Unterscheidung seiner Produkte verwendet, schafft allein durch diese Tatsache ein auf das Verhältnis zwischen Zeichen und Produkt beschränktes Markenrecht. Wegen des Prinzips der Spezialität kann niemand verhindern, die gleiche Farbmarke zur Unterscheidung nicht verwechslungsfähiger Produkte zu verwenden. Dem Ansatz der Farberschöpfung liegt der Trugschluss einer allgemeinen Betrachtungsweise zugrunde, da sie in unzutreffender Weise eine generelle Disqualifikation von Farben vornimmt und sie nicht in zutreffender Weise produktbezogen untersucht.

Die Gegner eines abstrakten Farbenschutzes gehen offenbar davon aus, bei der Verwendung einer abstrakten Farbe als Marke auf einem bestimmten Waren- oder Dienstleistungsgebiet seien alle anderen Mitbewerber gezwungen, nunmehr zwangsläufig auch konturlose Farben zur Kennzeichnung ihrer Produkte zu

---

Der Schutz der roten und weißen Farben von Campbell's Etiketten wurde danach mit der Begründung versagt, dass dieser zu einer Monopolisierung der Farbe Rot in allen Schattierungen führen werde und damit die Mitbewerber beeinträchtigt würden; siehe auch Callmann, Volume 3, § 18.3; Gilson, Volume 1 § 2.11.

[266] Siehe dazu Fischer, GRUR Int. 1989, 522, 526; Wachter, DAJV Newsletter 1995, 91, 93; siehe auch International Braid Co. v. Thomas French & Sons, Ltd. 150 F, 2d 142; 66 USPQ 109 (CCPA 1945).

verwenden. Es gibt aber in der Praxis keine Notwendigkeit, auf abstrakte Farben zurückzugreifen, um eine eigene Marke in Abgrenzung zur abstrakten Farbmarke eines Mitbewerbers zu positionieren. Falls jemand den abstrakten Farbschutz als Markenform nicht benutzen kann, um ein bestimmtes Produkt zu identifizieren, weil eine bestimmte Farbe schon von einem Dritten benutzt wird und auch für diesen registriert ist, wird dadurch nicht das Prinzip des freien Wettbewerbs verletzt. Es gibt eine Fülle alternativer, nicht abschließend festgelegter Markenformen, um sein Produkt zu kennzeichnen. Die praxisferne und eindimensionale Sichtweise, auf ein konturloses Farbzeichen müsse der Konkurrent in allen Fällen ebenfalls mit einem solchen Zeichen reagieren, verzerrt das Problem und gerät in den Verdacht, eine Situation der Farbenknappheit künstlich konstruieren zu wollen.

Um die Gesamtkonstellation bei abstrakten Farbmarken sachgerecht zu beurteilen, kann man nicht verallgemeinernd nur auf den in der Tat im Sinne eines Freihaltebedürfnisses bedenklichen Extremfall einer Einfarbenmarke im Grundfarbenbereich abstellen. Bereits im 2. Kapitel wurde gezeigt, wie viele unterscheidbare Farbtöne die in der Industrie verwendeten Farbklassifikationssysteme bereitstellen und welche Potenzierungsmöglichkeiten sich durch Farbkombinationen ergeben[267]. Es überstrapaziert die markenwirtschaftliche Realität, die Problematik der Grundfarben bei Einfarbenmarken zum Standardfall des Farbenschutzes zu stilisieren[268].

Vielmehr sollten die Möglichkeiten, die die neuen Markenformen mit sich bringen, als Chance zur Vielfalt begriffen werden. Vor dem Hintergrund einer immer stärker expandierenden Markenartikelwirtschaft und einer damit wachsenden Anzahl von Markenprodukten führt die restriktive Eintragungspolitik bei abstrakten Farben und anderen neuen Markenformen letztlich selbst zu der beklagten Verknappung der Kennzeichnungsmöglichkeiten für Markenartikler. Neben den traditionellen Markenformen können keine neuen, innovativen Zeichenformen entwickelt werden, wenn ihnen der Registerschutz generell verweigert wird. Im Endeffekt erreicht das DPMA mit der zurückhaltenden Eintragungspraxis bei konturlosen Farbmarken genau das Gegenteil der angestrebten Ziele: Die für einen funktionierenden Wettbewerb erforderliche Vielfalt an Kennzeichnungsmöglichkeiten wird durch die Blockade bei der Entwicklung alternativer Markenformen praktisch verringert und nicht - wie eigentlich mit der derzeitigen Praxis der Markenstellen intendiert - vergrößert.

---

267 Siehe oben, Kapitel 2, II.

268 Was in Wirklichkeit begrenzt ist, sind die Bezeichnungen für Farben; dies stellt sich als Konsequenz der Armut der menschlichen Sprache dar, denn die Farben an sich sind von einer solchen Vielzahl, dass jeder die Möglichkeit hat, seine Wahl zu treffen. Hierauf weist zutreffend Zorraquin, GRUR Int. 1996, 405, 406 hin.

Mit der Reduzierung der Problematik der konturlosen Farbmarken auf das Phänomen der Farberschöpfung wird von den Gegnern ein Sonderstatus kreiert, der zu der gesetzgeberischen Grundentscheidung in § 3 Abs. 1 MarkenG in deutlichem Widerspruch steht. Konturlose Farben sind ein gleichwertiges Medium zur Markenbildung, wie auch Wörter, Bilder, Töne, Gerüche, Zahlen etc. Das Argument der Knappheit von Kennzeichnungsmitteln ist keine Spezifität dieser Markenform, sondern gehört zum Wesen von Markenrechten. Die exklusive Zuteilung ebendieser Rechte beinhaltet notwendigerweise auch eine gesetzgeberisch bezweckte Verknappung der zur Verfügung stehenden Kennzeichnungsmöglichkeiten[269]. Im Rahmen der Prüfung der Voraussetzungen der allgemeinen Markenfähigkeit muss eine Abwägung zwischen dem Allgemeininteresse an der Freihaltung von funktionalen Angaben und dem Interesse des Anmelders an seinem grundsätzlichen Recht auf Erteilung eines Markenrechts getroffen werden. Diese Abwägung wäre eindimensional, führte sie stets zur Ablehnung eines abstrakten Farbschutzes, schließlich ist sowohl bei Farben, als auch bei anderen Kennzeichenformen, z.B. geometrischen Grundformen wie Dreiecken, Quadraten, Sternen, Kugeln etc. oder Grundformen, wie Buchstaben oder Zahlen, die gleiche Schwierigkeit gegeben: Sie alle werden durch eine wachsende Verwendung als Marke in ihrer Anzahl begrenzt und dennoch würde niemand ernsthaft daran denken, ihre Verwendung als Marke zu verbieten oder zur extremen Ausnahmekonstellation zu degradieren.
Wenn eine abstrakte Farbe im Hinblick auf das Produkt, für das sie verwendet wird, neu und speziell erscheint, gibt es keinen Grund, die Registrierung abzulehnen.

Die besondere Kennzeichnungskraft abstrakter Farben liegt gerade darin begründet, nur von bestimmten Unternehmen als Kennzeichnungsform verwendet werden zu können, weil sie sich vor den Konkurrenten ein Zeichen im Rahmen dieser Markenform angeeignet haben. Diese Verknappung der Ressourcen ist den gewerblichen Schutzrechten immanent, durch die Zuteilung von Property Rights für die Produktionsmittel wird eine nutzenoptimierende Verwendung ebendieser Ressourcen erreicht.[270]

Es steht außer Frage, dass die Monopolbildung bei abstrakten Farben zur Wahrung eines funktionierenden Wettbewerbs bei extremen Ausformungen (z.B. Einfarbenmarken im Grundfarbenbereich) durch eine sachgerechte Anwendung der Funktionalitätslehre zu begrenzen ist. Das Argument der Farberschöpfung

[269] Siehe oben Kapitel 2, II, zur optimalen Allokation der zur Verfügung stehenden Ressourcen bei der ökonomischen Analyse.
[270] Siehe oben Kapitel 2, II zur Anwendung des Property Rights Ansatzes auf Farbmarken.

vermag aber dogmatisch kein totales Eintragungsverbot zu rechtfertigen: In den Konstellationen, in denen eine abstrakte Farbe keine Funktionalität in Bezug auf das gekennzeichnete Produkt aufweist, besteht keine Notwendigkeit, den Konkurrenten des Inhabers der konturlosen Farbmarke zu schützen, denn dieser kann auf eine beliebige andere Farbe ausweichen, falls er auch ein abstraktes Farbzeichen im gleichen Produktsegment installieren möchte. Wenn Farben keine technische, emotionale oder ästhetische Funktionalität für den Kennzeichnungsgegenstand aufweisen, stellt sich das Problem der Farberschöpfung nicht, da den Wettbewerbern dann das gesamte Farbspektrum zur Verfügung steht. Durch die Funktionalitätslehre wird sichergestellt, dass funktionale Farbgebungen keinen Registerschutz für die betreffenden Produkte erlangen können.

Eine zweifelsohne notwendige Beschränkung des Markenschutzes von abstrakten Farben in Fällen einer wettbewerbsschädigenden Verknappung von Farben als Kennzeichnungsmittel darf m.E. auch nicht ausschließlich mit dem Argument der fehlenden allgemeinen Markenfähigkeit im Rahmen der Registerversagung durchgesetzt werden. Dies stünde nicht nur mit der Anerkennung des abstrakten Farbschutzes in § 3 Abs. 1 MarkenG in Widerspruch, sondern ließe auch das Nebeneinander von Eintragungsverfahren nach § 8 MarkenG und Kollisionsverfahren nach § 14 MarkenG außerhalb der Betrachtung.
Bei der Dualität von Eintragungs- und Kollisionsverfahren kann es nicht gesetzeskonform sein, alle irgend denkbaren Behinderungsmöglichkeiten bei Farbzeichen im Eintragungsverfahren abschließend lösen zu wollen[271]. Diese Vorgehensweise beinhaltet - entgegen den Liberalisierungszielen des Gesetzgebers - den weitgehenden Ausschluss neuer Markenformen, wie auch der abstrakten Farbzeichen, aus dem Schutzsystem des Markenrechts. Zudem bietet das Eintragungsverfahren nicht die Möglichkeit einer abgestuften Behandlung von funktionalen Marken, es steht nur die Radikallösung einer Versagung als Instrumentarium zur Verfügung. Das Kollisionsverfahren nach § 14 MarkenG bietet hier eine einzelfallbezogene und flexible Lösung an, denn eine eventuell bestehende (geringe, kein Eintragungsverbot rechtfertigende) Funktionalität von konturlosen Farbzeichen führt in der Konsequenz auch zu einem geringeren Schutzumfang bei Kollision mit anderen Markenrechten[272]. Die sachnäheren ordentlichen Gerichte können im Einzelfall die Kennzeichnungskraft besser einschätzen und auf den konkreten Sachverhalt bezogen die Durchsetzungskraft einer Farbmarke beurteilen.

[271] Siehe auch den BGH in GRUR 1998, 465, 467- Bonus zu den Aufgaben des Registerverfahrens; Jonas, Anmerkung zum Bonus-Beschluss des BGH in GRUR 1998, 468 f..

[272] In dieser Tendenz auch Ingerl/Rohnke § 8, Rz. 54; Beyerle, S. 71 sieht ebenfalls einen Zusammenhang zwischen dem Freihaltebedürfnis an einer Marke und der Kennzeichnungskraft im Rahmen der Festlegung des Schutzumfanges (zu den Einzelheiten des Schutzumfanges siehe Kapitel 7).

Man wird den Herausforderungen des für neue Markenformen offenen und insgesamt liberalisierten MarkenG nur gerecht werden können, wenn der Kreis der eintragungsfähigen Marken weiter gezogen wird und den ordentlichen Gerichten im Kollisionsverfahren eine wachsende Rolle bei der Korrektur von Marktbehinderungen, die mit einer liberaleren Eintragungspraxis verbunden wären, zubilligt.

d. Generelles Freihaltebedürfnis wegen der Gefahr der sog. Farbverwirrung

Im Zusammenhang mit dem Freihaltebedürfnis im Rahmen der allgemeinen Markenfähigkeit wird als Argument gegen den abstrakten Farbschutz auch häufig auf das Problem einer möglichen „Farbverwirrung" (shade confusion) verwiesen[273].
In der Markenpraxis sei die Beurteilung, wann und unter welchen Umständen ein Farbton mit anderen Farben ähnlich oder identisch sei, besonders schwierig und mit Unwägbarkeiten behaftet. Unsicherheiten und vermehrte Rechtsstreitigkeiten bei Farbmarken seien die Folge einer kaum nachzuvollziehenden Differenzierung von Farbtönen; wegen einer vielfach breit gestreuten Verwendung einer abstrakten Farbmarke bei jeweils unterschiedlichen Lichtverhältnissen würden Verbraucher, Mitbewerber und Gerichte Schwierigkeiten bei der Identifizierung eines bestimmten Farbtons haben (sog. Farbtonverwirrung).

Diese Konstruktion einer Sonderstellung von abstrakten Farbzeichen vermag nicht zu überzeugen; Abgrenzungsprobleme im Ähnlichkeitsbereich von Marken treten sowohl bei Wort- oder Bildzeichen, als eben auch bei Farbmarken auf. Eine Anlehnung an erfolgreiche fremde Marken durch eine Zeichenwahl im Ähnlichkeitsbereich ist ständige Praxis in der Markenführung und beschäftigt in allen Bereichen - auch bei den traditionellen Markenformen - die Markenstellen und Gerichte[274]. Da sich Farben gerade durch die allgemein üblichen Farbskalenwerte exakt bestimmen lassen, ist nicht zu erkennen, warum Farbmarken untereinander schwieriger abzugrenzen sein sollen, als z.B. Wort- oder Bildzeichen.

Das Problem der „Farbtonverwirrung" ist nicht neu und keineswegs nur in Verbindung mit konturlosen Farben zu sehen. Die gleiche Problematik gab es auch

---

[273] Siehe nur Winkler, MA 1996, 516 f.; siehe oben Kapitel 4, II.

[274] Die gleiche Problematik tritt z.B. bei Wortmarken auf. Als verwechselbar wurden Vita-Med und Medi-Vitan wegen der Inversa Stellung der Zeichenbestandteile Vita und Med beurteilt, OLG München GRUR 1990, 685- Vita-Med; siehe auch Coffeospirin und Hegospirin als Abwandlung von Aspirin, RG JW 1925, 1285; Wagnella als Abwandlung von Wagner für Magarine RG MuW 1926- Wagner/Wagnella; siehe auch RG GRUR 1937- Romi/Romeria.

bei dem Zusammentreffen von Produktdesign und Farben in Form einer farblichen Aufmachung. Die unbestreitbare Schwierigkeit der Abgrenzung von Farbtönen bestand schon im Ausstattungsrecht nach § 25 WZG und gewinnt durch die bei abstrakten Farben fehlende Figürlichkeit keine andere Qualität. Die reale Vielfalt der Lichtverhältnisse bei der Beurteilung von Farben entspricht ohne qualitativen Unterschied den in der Praxis sich ständig entsprechend den Umweltbedingungen verändernden Sicht-, Lese- oder Hörverhältnissen bei anderen Markenformen und vermag eine Sonderstellung von abstrakten Farbzeichen nicht zu begründen.

e. Einfarbenmarken und Mehrfarbenmarken

Die vorstehenden Äußerungen zu der allgemeinen Markenfähigkeit bezogen sich sowohl auf einzelne Farben oder Farbtöne als Marke (Einfarbenmarke) als auch auf Farbkombinationen, besehend aus zwei oder mehreren Farben (Mehrfarbenmarke). Aus § 3 Abs. 1 MarkenG lassen sich über die bereits behandelten Kriterien hinaus keine besonderen Schutzvoraussetzungen für die sog. Mehrfarbenmarken herleiten.

Der 28. Senat des BPatG hat aber gerade in dem Beschluss „Blau-Weiß II" für Mehrfarbenmarken besondere Schutzvoraussetzungen, wie etwa Angaben über die Zuordnung, das Verhältnis oder die Gewichtung der Farben zueinander, entwickelt[275].
Dieser Entscheidung, die hier im Hinblick auf die Differenzierung Mehrfarben- und Einfarbenmarken hin untersucht werden soll, liegt ein unzutreffendes Verständnis des abstrakten Farbschutzes zugrunde. Diese vom BPatG gestellten Anforderungen bedeuten praktisch die Aufgabe der allgemeinen Markenfähigkeit einer abstrakten Mehrfarbenmarke. Wenn Angaben zur Farbverteilung bei der Anmeldung gefordert werden, liegt nämlich keine konturlose Farbmarke, sondern lediglich eine konkrete Aufmachung vor.
Der 28. Senat des BPatG hat durch seine neueren Entscheidungen[276], in denen die allgemeine Markenfähigkeit von abstrakten Farbzeichen grundsätzlich bejaht wird, das Tor zum abstrakten Markenschutz geöffnet. Mit den für erforderlich erachteten Angaben zur Farbrelation bei Mehrfarbenmarken wird dieses Tor im Rahmen des Anmeldeverfahrens sogleich wieder geschlossen. Im Ergebnis führt das BPatG seine Rechtsprechung zu § 3 Abs. 1 MarkenG nicht konsequent fort und kommt im Ergebnis lediglich zu einer Fortführung des Schutzes von Farbzeichen als Ausstattung nach § 25 WZG.

---

[275] BPatG WRP 1999, 334, 337- Blau/Weiß II; siehe auch BPatG Mitt. 1999, 180, 182- violettfarben.
[276] BPatG WRP 1999, 334 f.- Blau/Weiß II; Siehe oben Kapitel 3, II, 2.

Der BGH ist in den Entscheidungen "Farbmarke gelb-schwarz"[277] und "Farbmarke magenta-grau"[278] bisher von einer Gleichbehandlung der Einfarben- und Mehrfarbenmarken ausgegangen. Dies mag verwundern, da gerade in der diesem Beschluss zugrundeliegenden Entscheidung "Farbmarke"[279] des 30. Senats des BPatG die Differenzierung zwischen Einfarben- und Mehrfarbenmarken einer der tragenden Gründe war, so wurden für die angemeldete Mehrfarbenmarke spezielle Angaben zur Farbrelation gefordert. Man wird letztlich auch nicht die Entscheidungen des BGH soweit interpretieren können, dass er abschließend zur Problematik der Farbrelationen entschieden hätte, bzw. sie überhaupt als entscheidungserheblich angesehen hätte. Wenn der BGH in der Entscheidung "Farbmarke gelb-schwarz" Ein- und Mehrfarbenmarken gleich behandelte, so wird dies hauptsächlich darin begründet gewesen sein, dass er die abstrakte Schutzfähigkeit von Farben nur an dem allgemeinen Kriterium des § 3 Abs. 1 MarkenG, also der abstrakten Unterscheidungskraft der Marke, ableitete. Auf die Problematik der Angaben von Farbrelationen im Zusammenhang mit der graphischen Darstellbarkeit von Marken kam der BGH in der besagten Entscheidung nicht zu sprechen. Insoweit bleibt abzuwarten wie der BGH in dieser Frage letztlich entscheiden wird.

4. Graphische Darstellung von konturlosen Farbmarken, § 8 Abs. 1 MarkenG

a. § 8 Abs. 1 MarkenG als allgemeines Kriterium der Markenfähigkeit

Der Gesetzgeber behandelt die Frage der graphischen Darstellbarkeit von Marken in § 8 Abs. 1 MarkenG als absolutes Schutzhindernis im Rahmen der Eintragungsfähigkeit. Der Grund für diese systematische Einordnung erschließt sich nicht unmittelbar. In den Gesetzesmaterialien findet sich lediglich der Hinweis, die Regelung sei innerhalb der absoluten Schutzhindernisse deshalb angezeigt, weil man das Erfordernis der graphischen Darstellung des Zeichens nicht für alle Markenformen nach § 4 MarkenG, sondern nur für die Registermarke gemäß § 4 Nr. 1 MarkenG i.V.m. § 8 MarkenG festschreiben wollte[280].

Vor dem Hintergrund der MarkenRL kann allerdings bei der systematischen Einordnung nicht unberücksichtigt bleiben, dass nach Art. 2 MarkenRL die graphische Darstellbarkeit einer Marke eine zwingende Voraussetzung der allge-

[277] BGH Mitt. 1999, 108 f.
[278] BGH GRUR 1999, 730 f.
[279] BPatG GRUR 1996, 881, 882.
[280] Siehe amtliche Begründung zum Regierungsentwurf a.a.O. S 65.

meinen Markenfähigkeit ist. Die richtlinienkonforme Anwendung der §§ 3 Abs. 1 und 8 Abs. 1 MarkenG verlangt demnach eine entsprechende Einordnung der Prüfung der graphischen Darstellbarkeit[281].
Eine derartige Beurteilung ergibt sich aber auch aus der Systematik des MarkenG selbst, denn die graphische Darstellbarkeit gilt als allgemeines Merkmal der Markenfähigkeit nicht nur für die Registermarke, sondern für alle Markenformen nach § 4 MarkenG. Die Benutzungsmarke gemäß § 4 Nr. 2 MarkenG entsteht zwar allein aufgrund ihrer Verkehrsgeltung und der Benutzung; dennoch ist letztlich auch diese Markenform ohne eine - hinzugedachte - graphische Darstellbarkeit nicht denkbar (z.B. sind Hörmarken graphisch darstellbar durch ein Sonagramm, Geruchsmarken durch chemische Formeln). Auch ein Markenrecht, welches nur durch die subjektiven Meinungselemente im Rahmen einer auf dem Markt bestehenden Verkehrsgeltung festgelegt wird, muss notwendigerweise, auch wenn dies mangels Eintragung praktisch nicht erforderlich ist, graphisch darstellbar sein. Jede Markenform hat fixier- und greifbar im Sinne eines einheitlichen Markenauftritts zu sein[282]. Art. 2 MarkenRL gibt zwar nur für Registermarken zwingende Umsetzungsvorschriften für die nationalen Rechtsordnungen vor; insoweit könnte man dem deutschen Gesetzgeber eine abweichende Regelung der Benutzungsmarken gemäß § 4 Nr. 2 MarkenG zubilligen. Ein Markenrecht jedoch, welches durch Benutzung Verkehrsgeltung erlangt hat, muss sich unabhängig von seiner Entstehung, dessen Regelung dem deutschen Gesetzgeber allein überlassen bleibt, im Ergebnis als besondere Markenform am Begriff der Markenfähigkeit in Art. 2 MarkenRL messen lassen. Damit zwingt die gemeinschaftsrechtliche Vorgabe zu einer Einordnung der graphischen Darstellbarkeit als Voraussetzung der Markenfähigkeit.

b. Art der graphischen Darstellung

Die konkreten Anforderungen für die Ausgestaltung der graphischen Darstellung des angemeldeten Zeichens sind weder in Art. 2 MarkenRL noch in § 8 Abs. 1 MarkenG geregelt. Die graphische Darstellung wird allgemein als Wiedergabe der Marke durch Schriftzeichen im weitesten Sinne, oder durch Schaubilder, Notenbilder, Klangaufzeichnungen etc. umschrieben[283].

Besondere Bedeutung hat dieses Erfordernis der Markenfähigkeit für die im Rahmen des offenen Markenbegriffs in § 3 Abs. 1 MarkenG und Art. 2 Mar-

---

[281] Althammer/Ströbele/Klaka, Komm. zum MarkenG § 3 Rz. 10.
[282] Fezer, FS Piper, S. 525, 534 f. zu dieser Systemwidrigkeit des MarkenG.
[283] Althammer/Ströbele/Klaka, Komm. zum MarkenG § 3, Rz. 10, 11; Fezer, Fs Piper, S. 525, 534 f..

kenRL entstandenen oder noch in der Entwicklung befindlichen neuen Markenformen, wie u.a. Hörzeichen, dreidimensionale Zeichen, Geruchs- bzw. Tastmarken und eben auch konturlose Farbmarken[284]. Dies liegt einmal in der zuweilen noch bestehenden Unsicherheit über die materiellen Voraussetzungen für diese Markenformen begründet, die sich auch auf die formalen Anforderungen auswirken; man denke nur an die schwierige Bestimmung des Schutzgegenstandes bei den neuen Zeichenformen. Ein weiterer Grund mag in der Tendenz der Eintragungspraxis des DPMA liegen, ein traditionelles oder restriktives Verständnis bei den neuen Markenformen im Wege von übersteigerten Anforderungen bei den formalen Anmeldevoraussetzungen durchzusetzen[285].

Die konkrete Ausgestaltung der Art der graphischen Darstellung hat der Gesetzgeber gemäß § 65 MarkenG an das Bundesministerium der Justiz per Verordnungsermächtigung delegiert. Insoweit wurden in der MarkenV[286] als Ausführungsverordnung zum MarkenG spezifische Regelungen getroffen.
Bei der Anmeldung einer Marke ist anzugeben, ob sie als Wortmarke, dreidimensionale Marke, Kennfadenmarke, Hörmarke oder sonstige Markenform in das Register eingetragen werden soll, vgl. § 6 MarkenV. Für diese speziell aufgeführten Markenformen sind die Voraussetzungen der graphischen Darstellung in den §§ 7- 11 MarkenV positiv geregelt. Der offene Tatbestand des § 3 MarkenG eröffnet durch seine nicht abschließende, über die in den §§ 7 bis 11 MarkenV geregelten Markenformen hinausgehende Fassung eine unbegrenzte Palette von weiteren denkbaren Markenformen, wie u.a. auch Bewegungsmarken (z.B. in den Farbtönen changierende Lavalampen in Verkaufsräumen), konturlosen Farbzeichen, Tastmarken etc.. Da sich die neuen Markenformen evolutiv mit den dynamischen Entwicklungen in der Markenpraxis fortentwickeln, hat der Verordnungsgeber mit § 12 MarkenV einen Auffangtatbestand für unbenannte Markenformen geschaffen. Danach sind vier übereinstimmende zweidimensionale Wiedergaben der Marke einer Anmeldung beizufügen und die verwendeten Farben zu bezeichnen. Gemäß § 12 Abs. 2 MarkenV gelten bestimmte Anforderungen der §§ 7- 11 MarkenV entsprechend.

[284] So auch die amtliche Begründung zum Regierungsentwurf, a.a.O. S. 70.
[285] Winkler MA 1996, 516, 517 zur Eintragungspraxis des DPMA.
[286] MarkenV vom 30. 11. 1994, BGBl. I S. 3555, geändert durch VO vom 3. 12. 1996 BGBl. I S. 1826.

c. Graphische Darstellung im Rahmen der Markenanmeldung

§ 4 MarkenG regelt abschließend die unterschiedlichen Möglichkeiten der Entstehung von Markenschutz. Vorgesehen ist die Entstehung von Markenschutz qua Eintragung in das Markenregister (§ 4 Nr. 1 MarkenG), durch Benutzung eines Zeichens soweit Verkehrsgeltung besteht (§ 4 Nr. 2 MarkenG) sowie durch notorische Bekanntheit im Sinne des Art. *6bis* der Pariser Verbandsübereinkunft zum Schutz des Gewerblichen Eigentums (Pariser Verbandsübereinkunft), § 4 Nr. 3 MarkenG.
Für die Registermarke sind die Erfordernisse der Anmeldung in § 32 MarkenG geregelt.
Der förmliche Markenschutz entsteht mit konstituierender Wirkung nicht schon mit der Anmeldung beim DPMA, sondern erst mit der Eintragung in das Markenregister, sogenanntes Eintragungsprinzip. Der Zeitrang der Anmeldung dagegen, durch den unter Umständen die Priorität zu anderen jüngeren Markenrechten begründet wird, bestimmt sich nicht nach der Eintragung, sondern nach dem Zeitpunkt des Eingangs der Anmeldung (Anmeldepriorität)[287].
Mit der Entstehung des Markenrechts steht dem Inhaber ein ausschließliches und absolut wirkendes Recht mit den Handlungs- und Verbietungsrechten nach § 14 MarkenG zu.

Im gesamten Anmeldeverfahren gilt der sogenannte registerrechtliche Bestimmtheitsgrundsatz[288]. Danach müssen Form und Inhalt der eingereichten Anmeldung den Schutzgegenstand des begehrten Markenrechts eindeutig bestimmen. Im Bestimmtheitsgrundsatz enthalten ist die Maxime der Unveränderlichkeit der einmal mit einem bestimmten Inhalt angemeldeten Marke.

d. Wiedergabe der Marke

Die in einer Anmeldung enthaltene Wiedergabe der Marke nach § 32 Abs. 2 Nr. 2 MarkenG gehört zu den formellen Mindestanforderungen bei der Anmeldung eines Zeichens. Die Erfüllung der Anforderungen des § 32 Abs. 2 Nr. 2 MarkenG ist wiederum Voraussetzung für die Anerkennung des Anmeldetages gemäß den §§ 33 Abs. 1, 36 Abs. 1 MarkenG. Die Wiedergabe der Marke hat damit nicht nur Bedeutung im Rahmen der allgemeinen Markenfähigkeit, sondern auch bei der Anmeldepriorität im Registerverfahren.

---

[287] Berlit, S. 163 ff.

[288] Althammer/Ströbele/Klaka, aaO. §3, Rz. 12; BPatG WRP 1999, 329, 331- Blau/ Weiß I; BGH Mitt. 1999, 108, 109- Farbmarke gelb-schwarz

Die Marke ist im Rahmen der Anmeldung nach § 32 Abs. 2 Nr. 2 MarkenG als schutzfähiges Zeichen im Sinne von § 3 Abs. 1 MarkenG anzugeben. Die weiteren Erfordernisse bei der Anmeldung ergeben sich aus § 32 Abs. 3 MarkenG, welcher auf § 65 MarkenG und damit auf die bereits erwähnte Regelung in den §§ 6- 12 MarkenV verweist.

e. Stand der Eintragungspraxis und der Rechtsprechung zur Frage der graphischen Darstellung bei konturlosen Farben

Das DPMA hat die bisher zur Anmeldung gekommenen konturlosen Farbzeichen in der Regel mit einer formalen, registerrechtlichen Begründung zurückgewiesen. Die Markenstellen schlossen gemäß § 37 Abs. 1 MarkenG eine Eintragung in das Markenregister aus, ohne auf die Frage der absoluten Schutzhindernisse im Rahmen der Eintragungsfähigkeit einzugehen. Es wurden Zweifel an der Markenfähigkeit von konturlosen Farbzeichen gemäß § 3 Abs. 1 MarkenG angeführt und zudem maßgebend auf die mangelnde Möglichkeit der graphischen Darstellung gemäß § 8 Abs. 1 MarkenG sowie - damit zusammenhängend - die fehlende Möglichkeit der Wiedergabe der Marke nach § 32 Abs. 2 Nr. 2 MarkenG abgestellt[289].

Der 30. und der 32. Senat des BPatG schlossen sich dieser Argumentation der Markenstellen an: Die ohne Prinzip oder Proportion beliebige Verteilung der Farbe auf den Waren lasse sich in keiner Weise - insbesondere nicht durch eine in einem Rechteck flächig aufgetragene Farbprobe - graphisch darstellen[290].
Der 28. Senat[291] dagegen bejaht im Grundsatz die graphische Darstellbarkeit von abstrakten Farbzeichen gemäß § 8 Abs. 1 MarkenG durch Bestreichen oder Bedrucken einer Oberfläche (im Regelfall Papier). Bei Mehrfarbenmarken seien aber weitere, zusätzliche Maßnahmen erforderlich, um eine Farbenkombination als Marke festzulegen und dem registerrechtlichen Grundsatz der Bestimmtheit der Anmeldung genüge zu tun. Dazu gehöre vor allem die graphische Wiedergabe der Farbe, eine Angabe zum quantitativen Verhältnis der Farben innerhalb der Farbkombination untereinander sowie zusätzlich ihre Abfolge nacheinander, in der sie auf der Marke in Erscheinung treten. Damit sei das abstrakte Farbzeichen in seiner Wirkung auf den Verkehr hinsichtlich seiner Hinweisfunktion festgelegt und die Einheitlichkeit der Marke gesichert.

---

[289] BPatG WRP 1999, 329- Blau/Weiß I; BPatG GRUR 1998, 574, 575- Schwarz/ Zink-Gelb zu der Begründung des DPMA;
zur Praxis des DPMA Winkler MA 1996, 516, 517 f.; zur Eintragungspraxis siehe auch Kapitel 3,II, 1.
[290] BPatG GRUR 1998, 574, 575- Schwarz/Zink-Gelb; BPatG GRUR 1996, 881, 882- Farbmarke.
[291] BPatG WRP 1999, 329, 333- Blau/Weiß I; BPatG Mitt. 1999, 180, 181, 182- violettfarben

Der BGH hat in seinen bisherigen Entscheidungen zu dem Standpunkt des 28. Senats des BPatG in der Frage der Angabe der Farbrelation bei Mehrfarbenmarken noch nicht Stellung genommen. Den Entscheidungen "Farbmarke gelbschwarz"[292] sowie "Farbmarke magenta-grau"[293] lagen jeweils Beschlüsse zugrunde, die sich mit den spezifischen Anforderungen zur Angabe einer Farbrelation gar nicht beschäftigten, sondern schon im Ansatz eine graphische Darstellbarkeit gemäß § 8 Abs. 1 MarkenG verneinten. Nur der grundsätzlichen Ablehnung der Möglichkeit der Wiedergabe von konturlosen Farbmarken durch das BPatG ist der BGH entgegengetreten.

f. Gesetzeskonforme Auslegung des § 8 Abs. 1 MarkenG bei konturlosen Farbmarken

aa. Auswirkungen der Rechtsprechung des BPatG

Auch der 28. Senat des BPatG, mit seiner gegenüber den anderen Senaten differenzierenden Haltung, reduziert mit seiner restriktiven Auffassung zu den Erfordernissen der graphischen Darstellung die konturlose Farbmarke zu einer abgewandelten Form der Bildmarke.
In den praktischen Auswirkungen besteht nach dieser Rechtsprechung die einzige Neuerung bei den Farbmarken im neuen MarkenG darin, die Möglichkeit zu gewähren, anstatt einer einzigen Bildmarke eine mehr oder weniger überschaubare endliche Anzahl von einander ähnlichen Bildmarken anzumelden. Von dem Schutz einer Farbkombination in völlig beliebiger Anordnung und wechselndem quantitativen Verhältnis der Farben zueinander ist man immer noch weit entfernt.

Das BPatG war zwar der Meinung, einen gewissen Spielraum bei der praktischen Verwendung einer konturlosen Farbkombination hinnehmen zu müssen, jedoch ist unverkennbar, dass dieser Spielraum bei der Verwendung der Farbkombination im Sinne einer unerwünschten, aber unvermeidlichen Konzession an den Markeninhaber verstanden worden ist. Im Ergebnis soll es beim Farbschutz in der Art eines einigermaßen eindeutig festgelegten, flächigen oder räumlich fixierten Aufmachungsfarbschutzes, vergleichbar mit dem Rechtszustand unter § 25 WZG, bleiben. Was dem potenziellen Markeninhaber durch die extensivere Auslegung des § 3 Abs. 1 MarkenG im Sinne einer Anerkennung eines konturlosen Farbschutzes gegeben wurde, wird ihm durch die Beurteilung des § 8 Abs. 1 MarkenG mit der anderen Hand wieder genommen.

[292] BGH Mitt 1999, 108, 109- Farbmarke gelb-schwarz.
[293] BPatG GRUR 1999, 730, 731- Farbmarke magenta-grau.

In der Praxis stellt sich nach der Lesart des BPatG der abstrakte Farbmarkenschutz bei Mehrfarbenmarken als bloße Erleichterung im Eintragungsverfahren dar: Anstatt nur einer farbigen Bildmarke können nunmehr eine überschaubare endliche Anzahl von farbigen Bildmarken, die eine ähnliche Gestaltung aufweisen, in einem Verfahren angemeldet werden.

Die Rechtsprechung des 28. Senats des BPatG kann bei konsequenter Anwendung nicht auf die graphische Darstellung von Mehrfarbenmarken beschränkt bleiben. Die besagten Entscheidungen ergingen zwar allesamt in Fallkonstellationen mit Farbkombinationen als Gegenstand der Anmeldung, dennoch wird aus den Gründen hinreichend deutlich, dass auch bei Einfarbenmarken besondere Anforderungen an die graphische Darstellbarkeit gestellt werden.

Das Zeichen solle in seiner Wirkung auf den Verkehr hinsichtlich seiner Hinweisfunktion festgelegt und die Einheitlichkeit der Marke gesichert werden. Diese Prämisse des BPatG muss bei konsequenter Anwendung aus der Sicht des Gerichts für alle Formen des abstrakten Farbschutzes gelten, also auch für die Einfarbenmarken, bei denen eine Fixierung des einheitlichen Erscheinungsbildes beispielsweise durch eine Angabe der räumlichen Aufteilung auf den zu kennzeichnenden Objekt erfolgen kann.
Schließlich wäre es widersprüchlich, bei dem Erfordernis der Konkretisierung der farblichen Gestaltung zwischen Einfarben- und Mehrfarbenmarken zu differenzieren, zumal Einfarbenmarken einen weitaus höheren Abstraktionsgrad als Farbkombinationen aufweisen und damit - aus der Sicht des BPatG - noch kritischer im Hinblick auf die Markenfähigkeit zu beurteilen wären. Wenn das BPatG für Farbkombinationen bei der Wiedergabe besondere Anforderungen stellt, so wird es konsequenterweise diese Anforderungen - a majore ad minus - auch bei einzelnen Farben anzuwenden gedenken.

bb. Sinn und Zweck der registermäßigen Wiedergabe der Marke

Um im Folgenden zu einer gesetzeskonformen Beurteilung der Frage der graphischen Darstellung abstrakter Farbzeichen zu kommen, ist zunächst die ratio legis der Wiedergabe einer Marke als formelle Voraussetzung im Registerverfahren herauszuarbeiten. Der Inhalt und die Bedeutung des Erfordernisses der graphischen Darstellbarkeit ergibt sich maßgebend aus dem Zweck des Registerverfahrens an sich.
Das angemeldete Zeichen soll in einer bestimmten Form und Ausgestaltung festgelegt werden, um eine Eintragung in das Register zu ermöglichen. Das Register dient durch die Veröffentlichung der Eintragung dem Interesse der Allge-

meinheit an der Unterrichtung über die in Kraft stehenden Marken. Letztlich wird durch die formalen Anforderungen im Registerverfahren eine Dokumentation des Zeichens intendiert, die Rechtssicherheit für alle Beteiligten schaffen soll, nicht aber eine Erschwerung des Registerschutzes markenfähiger Zeichen[294].

Das MarkenG gibt in § 3 Abs. 1 MarkenG eine weite Definition der möglichen Zeichenformen vor, die grundsätzlich alle unterscheidungskräftigen Kennzeichen einbezieht. In der amtlichen Begründung zum Regierungsentwurf[295] wird dieser offene Markenbegriff mit den Erfordernissen des § 8 Abs. 1 MarkenG dergestalt verknüpft, dass die Beurteilung der Art und Weise der graphischen Darstellung konform gehen muss mit der Entstehung von neuen Markenformen, wie z.B. Tast-, Geruchs-, Form-, Hör- oder Farbmarken. Weil das MarkenG keine genaue Definition der graphischen Darstellbarkeit vorgibt - gemäß § 65 MarkenG wird die genauere Ausgestaltung an das Bundesministerium der Justiz als Verordnungsgeber delegiert - bleibt genug Raum, um flexibel auf die Integration der neuen Markenformen in das Registerverfahren zu reagieren. Wenn durch § 3 Abs. 1 MarkenG kein numerus clausus der markenfähigen Kennzeichen vorgegeben wird, so muss sich dies konsequenterweise auch im Registerverfahren durch Aufgabe des numerus clausus der anerkannten Wiedergabemöglichkeiten - zweidimensionale direkte Wiedergabe eines Zeichens - fortsetzen. Das Registerrecht muss für jede denkbare Markenform, die das MarkenG als markenfähig ansieht, eine zweidimensionale Darstellungsmöglichkeit finden, um den Registerschutz des Zeichens zu ermöglichen. Anderenfalls stellte die Einführung der neuen Markenformen im Rahmen des offenen Markenbegriffs einen bloßen Programmsatz dar, weil in der Praxis die Markenfähigkeit schon regelmäßig an den formalen Voraussetzungen der Wiedergabe des Zeichens scheitern würde.

Als Prämisse gilt es, die umfassende Markenfähigkeit aller unterscheidungskräftigen Zeichen zu verwirklichen, anstatt die Registrierung durch übersteigerte formale Anforderungen zu erschweren. Ziel der registerrechtlichen Bestimmungen muss es sein, für jede markenfähige Zeichenform eine praktikable Darstellungsform zu finden; nicht aber materiell über den Schutz bestimmter neuen Markenformen zu entscheiden[296].

Abstrakte Farbmarken weisen naturgemäß keine Konturen oder Umgrenzungen auf, eine direkte graphische Wiedergabe steht dem Wesen dieser Zeichenform diametral entgegen. Diese Besonderheit kann aber nicht dazu führen, durch die

---

[294] BGH GRUR 1999, 730, 731- Farbmarke magenta-grau.

[295] a.a.O. S. 70.

[296] Ingerl/Rohnke, NJW 1994, 1247, 1249 zum Registerverfahren.

ablehnende Haltung bei der graphischen Darstellbarkeit den als neue Markenform in das MarkenG eingeführten abstrakten Farbzeichen den Markenschutz gänzlich zu versagen. Da die markentechnische Innovation bei abstrakten Farbmarken gerade darin liegt, die Farben ohne einen gegenständlichen Bezug zu verwenden, ist eine mittelbare Darstellung durch Farbmuster oder die Bezugnahme auf ein anerkanntes Farbklassifikationssystem der Eigenart dieser Markenform entsprechend und zudem auch registerrechtlich zur Wiedergabe des Zeichens ausreichend. Auch eine mittelbare Beschreibung gibt das Kennzeichen wieder, es ist kein Rechtssatz ersichtlich, der die Darstellung der Marke in ihrer konkreten Erscheinungsform festschreibt.
Die konkrete Erscheinung der Marke in der Markenführungspraxis ist im Übrigen keine Frage der allgemeinen Markenfähigkeit, sondern der Kennzeichnungskraft der Marke im Rahmen des Schutzumfanges. Durch die Angabe der Farbskalenwerte sind die konturlosen Farbzeichen entsprechend ihrer Eigenarten im Sinne des § 8 Abs. 1 MarkenG wiedergegeben und damit auch der Eintragung in das Register zugänglich.

Auch bei anderen neuen Markenformen ist die mittelbare Beschreibung die einzig gangbare Möglichkeit der zweidimensionalen Darstellung. So können Formmarken durch graphische Strichzeichnungen aus unterschiedlichen Perspektiven (§ 9 Abs. 2 MarkenV) dargestellt werden. Bei Geruchs- und Geschmacksmarken bietet sich eine indirekte Darstellung durch chemische Formeln an, Marken im Internet können in der Programmiersprache wiedergegeben werden und Tastzeichen durch Vergrößerung der dreidimensionalen Struktur der Oberfläche mit Schaubildern.

Das MarkenG eröffnet nach Sinn und Zweck der Regelungen auch die Möglichkeit einer indirekten Umschreibung mit hinreichend deutlichen Symbolen.

cc. Überdehnung des registerrechtlichen Bestimmtheitsgrundsatzes

Dem BPatG genügt die mittelbare Wiedergabe eines konturlosen Farbzeichens nicht, vielmehr wird die Angabe der Farbrelation bei Mehrfarbenmarken bzw. eine Angabe zur räumlichen Aufteilung bei Einfarbenmarken als zusätzliches formales Hindernis auf dem Weg zur allgemeinen Markenfähigkeit installiert. Nur eine direkte Beschreibung des Zeichens gebe die unterschiedlichen Erscheinungsformen in der Praxis wieder und ermögliche somit eine Festlegung des Zeichens für das Registerverfahren.

Nach Ansicht des BPatG sind diese zusätzlichen Anforderungen notwendig, um die Marke als Einheit innerhalb eines Gesamteindrucks fassbar zu machen[297]. Dies bedeutet für die Praxis in der Konsequenz die Ablehnung eines abstrakten Farbschutzes, da diese Anforderungen nur noch Bildmarken erfüllen können. Konturlose Farbzeichen lassen sich aber nach zutreffender Einschätzung mittelbar darstellen; eine direkte Beschreibung durch Angabe der Farbaufteilung ist bei dieser Markenform nicht denkbar, da dann zwangsläufig eine Bildmarke entsteht. Die Farbrelation oder die räumliche Aufteilung einer Farbe tritt bei konturlosen Farbzeichen erst als Prüfungspunkt bei der Kennzeichnungskraft der Marke auf. Die praktische Verwendungsvielfalt der Farbmarken beim Einsatz innerhalb der Markenstrategie hat mit der Bestimmtheit einer Markenanmeldung nichts zu tun, sondern erlangt Bedeutung nur beim Schutzumfang für den Fall der Kollision mit anderen Zeichenrechten[298].

Im Ergebnis instrumentalisiert das BPatG den registerrechtlichen Bestimmtheitsgrundsatz, der in erster Linie nur der Unveränderlichkeit der Anmeldung dient[299], zu einer Schranke des konturlosen Farbschutzes.

dd. Verordnung zur Ausführung des MarkenG (MarkenV)

§ 65 Abs. 2 MarkenG enthält eine Rechtsverordnungsermächtigung für das Bundesministerium der Justiz unter anderem zur Regelung der weiteren Erfordernisse für die Anmeldung von Marken, vgl. § 65 Abs. 1 Nr. 2 MarkenG. In § 65 Abs. 2 MarkenG ist die Erteilung einer Unterermächtigung zum Erlass von Rechtsverordnungen auf den Präsidenten des Patentamts vorgesehen. Das Bundesministerium der Justiz hat die in § 65 Abs. 1 Nr. 2- 12 MarkenG enthaltenen Ermächtigungen auf den Präsidenten des Patentamts übertragen[300]. Der Präsident des DPMA hat 1994 die MarkenV verordnet.[301]

---

[297] Siehe oben 4. Kapitel 6, II, f, aa.
[298] So schon der BGH GRUR 1968 371, 374- Maggi; siehe auch die Anmerkung von Hefermehl zur Maggi-Entscheidung in GRUR 1968, 378 f.
[299] Siehe oben Kapitel 4, II, 4, c zum Bestimmtheitsgrundsatz.
[300] Von der Möglichkeit zur Übertragung der Ermächtigung auf den Präsidenten des DPMA ist in § 20 Abs. 3 DPMAV vom Bundesministerium der Justiz weitgehend Gebrauch gemacht worden. Es hat eine Übertragung in sehr viel weiterem Umfang stattgefunden, als noch in der Gesetzesbegründung avisiert worden war (siehe amtliche Begründung zum Regierungsentwurf a.a.O. S. 103). Lediglich hinsichtlich der Regelung der Einrichtung und des Geschäftsganges des DPMA in Markensachen (Nr. 1) und der Erhebung von Verwaltungsgebühren (Nr. 13) hat sich das Bundesministerium der Justiz die Rechtsverordnungsermächtigung vorbehalten.
[301] Durch das 2. PatGÄndG vom 16. Juli 1998 (BGBl. I S. 1827) wurde das Deutsche Patentamt (DPA) in Deutsches Patent- und Markenamt (DPMA) umbenannt.

(1) Regelungslücke bei abstrakten Farbmarken

Das DPMA hat als Erlasserin der MarkenV von einer spezifischen Regelung der Anmeldevoraussetzungen bei konturlosen Farbmarken bzw. Farbmarken überhaupt abgesehen. In § 12 MarkenV werden lediglich die Anmeldevoraussetzungen - vier übereinstimmende zweidimensionale Wiedergaben der Marke - für sonstige, von den §§ 7- 11 MarkenG nicht erfasste Markenformen normiert. Aus dem Schweigen des Verordnungsgebers darf sich kein Nachteil für den Markenanmelder ergeben. Allein aus der Tatsache, dass in der MarkenV keine ausreichend deutliche Maßregel für die Anmeldung von Farbmarken zu finden ist, kann jedenfalls entgegen dem BPatG nicht geschlossen werden, dass Farbmarken graphisch nicht darstellbar sind.

Bei dieser Regelungslücke handelt es sich nicht um ein Versehen des Verordnungsgebers, der etwa die Problematik der konturlosen Farbmarken übersehen hat, sondern um eine bewusste Regelungslücke[302], deren Ausgestaltung der Rechtsprechung überlassen werden soll.
Diese Einschätzung des sog. Regelungsplanes[303] des Verordnungsgebers ergibt sich schon aus der oben[304] vorgenommenen teleologischen Auslegung des MarkenG: Ein offener Markenbegriff in § 3 Abs. 1 MarkenG, der neue Markenformen in den markenrechtlichen Schutz einbezieht, muss in einem für neue Marken- und Darstellungsformen offenen Registerrecht seine Entsprechung finden. Der Verordnungsgeber musste davon ausgehen, nicht für alle denkbaren Markenformen die formalen Anforderungen für die graphische Darstellbarkeit regeln zu können. Dies wird schon dadurch deutlich, dass in den §§ 7- 11 MarkenV die speziellen Markenformen, wie z.B. die Bildmarke, geregelt werden, und § 12 MarkenV als Auffangtatbestand für alle unbenannten Zeichenformen konzipiert wurde. Dem Verordnungsgeber war schon bei dem Erlass der MarkenV die Lückenhaftigkeit der Verordnung bewusst, da es durchaus denkbar war, dass in Zukunft neue unterscheidungskräftige Markenformen nach § 3 Abs. 1 MarkenG entwickelt werden konnten, die bei der Konzeption der MarkenV noch gar nicht bekannt waren.

---

302 Palandt-Heinrichs, Vorb. § 1, Rz. 47 zur Ausfüllung von Regelungslücken.

303 Eine Lücke im Gesetz oder einer Verordnung liegt nicht schon vor, wenn es für eine bestimmte Fallgestaltung keine Regelungen enthält. Sie ist nur bei einer "planwidrigen" Unvollständigkeit gegeben. Dabei muss der dem Gesetz oder der Verordnung zugrundeliegende Regelungsplan im Wege historischer und teleologischer Auslegung ermittelt werden. Die Regelungslücke kann von Anfang an bestanden haben, wobei zwei Unterarten zu unterscheiden sind: die bewusste und die unbewusste Regelungslücke. Die Erstere liegt vor, wenn der Gesetz- oder Verordnungsgeber eine Frage offengelassen hat, um sie der Ausgestaltung durch Rechtsprechung und Lehre zu überlassen;
Siehe auch Larenz, Methodenlehre S. 366 ff.

304 Siehe oben unter Kapitel 4, II, 4, f, bb.

Im Rahmen einer Rechtsfortbildung liegt es in der Kompetenz des Richters, diese Regelungslücke der MarkenV hinsichtlich der neuen Zeichenformen auszufüllen. Über eine Lückenfüllung hinaus besteht für den Richter auch die Möglichkeit - dies allerdings nur im Rahmen der ratio legis und der Wertentscheidungen des Verordnungsgebers - die Regelungslücke auszudifferenzieren und zu ergänzen[305].

Die Möglichkeiten der Rechtsfortbildung hat der 28. Senat des BPatG in den Entscheidungen "Blau/Weiß I"[306] und "Violettfarben"[307] aufgenommen und die Erfordernisse der graphischen Darstellung von konturlosen Farbmarken, wie bereits skizziert, konkretisiert.
Diese Rechtsfortbildung des BPatG vermag im Hinblick auf die oben definierten Vorgaben bei der Ausfüllung von Regelungslücken nicht zu überzeugen.
Abgesehen von der inhaltlich unzutreffenden Ausgestaltung der graphischen Wiedergabe von Farbzeichen, setzt sich der 28. Senat mit seiner Auslegung der Anmeldeerfordernisse in Widerspruch zu seiner eigenen Entscheidung. Eingangs der Gründe wird die Markenfähigkeit von konturlosen Farbmarken gemäß § 3 Abs. 1 MarkenG bejaht; Farben und Farbkombinationen seien auch in beliebiger und freier Verteilung auf dem Kennzeichnungsgegenstand schutzwürdig. Dieses Bekenntnis zum abstrakten Farbschutz wird aber durch die besonderen Erfordernisse bei der graphischen Wiedergabe konterkariert, denn die formalen Anforderungen des BPatG lassen letztlich nur eine Aufmachungsfarbmarke zu.

Die Rechtsfortbildung des BPatG entspricht schließlich auch nicht der ratio legis des MarkenG, an dem, als verordnungsermächtigendem Gesetz, sich die Auslegung der MarkenV zu orientieren hat. Der offene Markenbegriff in § 3 Abs. 1 MarkenG wäre überflüssig, wenn er nicht bei den formalen Eintragungsvoraussetzungen im Registerverfahren eine Fortsetzung durch eine Auslegung der graphischen Darstellung erfahren würde, die neue Markenformen nicht schon grundsätzlich von der Registrierung ausschließt. Wie bereits gezeigt, steht eine mögliche mittelbare Wiedergabe von Farbmarken der ratio legis nicht entgegen, sondern entspricht dieser vielmehr.

---

305 Larenz, Methodenlehre, S. 401.
306 BPatG WRP 1999, 329, 333.
307 BPatG Mitt. 1999, 180, 181, 182.

(2) Mittelbare graphische Darstellbarkeit am Beispiel der Hörmarke, § 11 MarkenV

Die Ausfüllung der Regelungslücke der MarkenV bei konturlosen Farbzeichen im Sinne einer generell möglichen mittelbaren graphischen Darstellung durch Bezugnahme auf ein Farbklassifikationssystem oder Beifügung eines Farbmusters ergibt sich nicht nur aus dem Sinn und Zweck des MarkenG und der MarkenV, sondern auch aus dem systematischen Verhältnis der Normen der MarkenV untereinander. Der systematische Vergleich mit der in § 11 MarkenV speziell geregelten Hörmarke zeigt, dass die mittelbare Darstellung von Marken in der MarkenV kein Fremdkörper ist.

Die Verknüpfung zwischen konturloser Farbmarke und Hörmarke ergibt sich aus dem Verweis in § 12 Abs. 2 MarkenV auf die Regelung der Hörmarke in § 11 Abs. 2 Nr. 1, Abs. 3 und Abs. 5 MarkenV. Da die MarkenV für Farbmarken keinen speziellen Tatbestand vorsieht, ist die Regelung für die sonstigen Markenformen in § 12 MarkenV einschlägig.
Auf abstrakte Farbzeichen ist daher auch § 11 Abs. 2 Nr. 1 MarkenV entsprechend anwendbar, wonach Hörmarken in einer üblichen Notenschrift oder durch ein Sonagramm[308] dazustellen sind. In dieser Norm wird damit die mittelbare Wiedergabe eines Hörzeichens beschrieben. Die direkte Beschreibung eines Hörzeichens wäre dagegen in der klanglichen Wiedergabe des Zeichens, beispielsweise in Form einer Tonbandaufnahme (vgl. § 11 Abs. 3, 5 MarkenV) zu sehen. Die Notenschrift oder ein Sonagramm legen die Marke nicht in der konkreten Ausgestaltung fest, sondern fixieren das Hörzeichen nur in der Grundstruktur.

Abstrakte Farben und Töne sind wesensmäßig dimensionslos und ohne eine konkrete Aufmachung; ihre Gestalt ist nur durch abstrakte Ordnungsbegriffe festgelegt. Weder ein Sonagramm noch eine übliche Notenschrift können die Anmeldung eines Hörzeichens auf eine konkrete Wiedergabe festlegen. Die registermäßig fixierte Klangfolge gilt vielmehr für ein beliebiges Instrument und eine unendliche Spannbreite musikalischer Arrangements bzw. Stilrichtungen (z.B. Rock, Pop, Techno, Klassik).
Die Frage der Darstellung von Hörmarken weist durchaus Parallelen zur Problematik der abstrakten Farbzeichen auf, die ebenfalls bei der Anmeldung nicht konkret festgelegt werden und in der praktischen Verwendung eine Vielzahl von

[308] Ein Sonagramm ist ein Kurzzeitspektogramm von Schallsignalen. Im Wesentlichen handelt es sich dabei um eine Frequenzanalyse mit - je nach Wahl - schmal- oder breitbandigen Filtern. Die Abzisse des auf Papierstreifen aufgezeichneten Sonagramms repräsentieren die Zeit, die Ordinate die Frequenz; die spektrale Intensität ist durch Schwärzung angegeben, die den Formatverlauf deutlich werden lässt. Siehe Brockhaus- Enzyklopädie Bd. 17, Stichwort Sonagraph.

Gestaltungsmöglichkeiten bereitstellen[309]. Es besteht nur ein technischer Unterschied bei der mittelbaren Darstellung: Farben werden mittels Farbklassifikationssystem oder Farbmuster, Hörzeichen mittels Notenschrift oder Sonagramm indirekt wiedergegeben.

Mit § 11 Abs. 2 S. 1 MarkenV wird die Möglichkeit einer mittelbaren graphischen Darstellung von Marken, am Beispiel der Hörmarke, normativ festgelegt.
Die Rechtsprechung des 28. Senats des BPatG erweist sich vor diesem Hintergrund als angreifbar, da bei konturlosen Farbmarken eine mittelbare Darstellung nicht als ausreichend angesehen wird und zusätzliche formale Anforderungen aufgestellt werden. Wenn bei Hörzeichen eine mittelbare Wiedergabe schon durch die MarkenV vorgegeben ist, so erscheint der Sonderweg bei abstrakten Farbzeichen, insbesondere wenn man die aufgezeigte Parallele zwischen beiden Zeichenformen berücksichtigt, als wenig einsichtig.

Schließlich ist es nicht nur der systematische Vergleich, der zu einer Anwendung der mittelbaren Darstellung auch auf Farbzeichen führt, sondern überdies die Regelungstechnik des § 12 Abs. 2 MarkenV, der die Regelung der mittelbaren Wiedergabe von Hörzeichen in § 11 Abs. 2 S. 1 MarkenV für entsprechend anwendbar bei sonstigen Markenformen, hier abstrakten Farbzeichen, erkärt.

ee. Richtlinie für die Prüfung von Markenanmeldungen (MarkenanmeldungenRL)

Vor dem Hintergrund der MarkenanmeldungenRL des DPMA vom 27. Oktober 1995[310] lässt sich insbesondere die restriktive Eintragungspraxis des DPMA nur schwerlich nachvollziehen. Die Entstehungsgeschichte dieser Richtlinie jedenfalls stützt die Handhabung der Registrierung von abstrakten Farbzeichen durch das DPMA nicht. Nach dem ersten Richtlinienentwurf des DPMA[311] genügte dem Erfordernis der Wiedergabe einer Marke weder allein eine schriftliche Beschreibung der Marke noch allein die abstrakte Angabe von Eigenschaften (beispielsweise die einer Farbe, Farbzusammenstellung oder Form) oder eine Darstellung, die lediglich als Beispiel für eine abstrakte Angabe von Eigenschaften dienen kann. Nach dieser Vorgabe für die Beurteilung von Anmeldungen in der

[309] Siehe hierzu auch den grundsätzlichen Hinweis des BGH in BGH Mitt. 1999, 108, 109- Farbmarke gelb-schwarz.
[310] Abgedruckt in Bl.f.PMZ 1995, 376, 379.
[311] Entwurf einer Richtlinie für die Prüfung von Markenanmeldungen vom 21. 4. 1995, S. 5 ff.; einen Überblick über diesen Richtlinienentwurf gibt Berlit, ZRP 1995, 466.

behördlichen Praxis wäre die restriktive Haltung bei den Anforderungen an die Wiedergabe von abstrakten Farbzeichen erklärbar und gerechtfertigt.

Die geltende Richtlinie vom 27. Oktober 1995 hat diesen Teil des Richtlinienentwurfs aber bewusst nicht aufgenommen und die Problematik der Anmeldung von konturlosen Farbzeichen offengelassen. In Ziffer II, 3, c der Markenanmeldungen RL wird zu der Frage der Anforderungen an die Wiedergabe der angemeldeten Marke auf die Regelungen in §§ 7-12 MarkenV verwiesen. Wenn die strengen Anforderungen des ersten Richtlinienentwurfs in der geltenden Richtlinie nicht aufgenommen wurden, so spricht dies eher dafür, dass sich der Richtliniengeber bei der graphischen Darstellung von abstrakten Farbzeichen ein niedrigeres Anforderungsprofil vorgestellt hat.
In der Praxis des DPMA[312] indes ist diese Intention des Richtliniengebers noch nicht zum Ausdruck gekommen. Es bleibt zu hoffen, dass sich in Zukunft die Registerpraxis des Markenamtes bei konturlosen Farbzeichen konform zu der MarkenanmeldungenRL aus dem eigenen Hause gestaltet.

ff. Graphische Darstellbarkeit nach der Verordnung des Rates über die Gemeinschaftsmarke

Das Erfordernis der graphischen Darstellbarkeit wurde aufgrund der zwingenden Vorgabe des Art. 2 MarkenRL in deutsches Recht (§ 8 Abs. 1 MarkenG) umgesetzt. Von daher gilt auch im Bereich der graphischen Wiedergabe das Primat der gemeinschaftsrechtskonformen Auslegung. In Art. 4 GMarkenV wurde wiederum die Regelung des Art. 2 MarkenRL wortwörtlich übernommen; damit kann neben der MarkenRL auch die GMarkenV für die gemeinschaftskonforme Auslegung des MarkenG zumindest ergänzende Hinweise geben[313].

Für die Gemeinschaftsmarke regeln Nr. 3 Abs. 2 und Abs. 5 der DurchführungsVO zur GMarkenV[314] die graphische Darstellbarkeit der abstrakten Farbmarke im Detail. Danach ist erforderlich, die beanspruchte Farbe in Form der Wiedergabe von entsprechenden Farbquadraten auf Papier der Anmeldung beizufügen. Weiter sollte auch in Worten angegeben werden, welches die Farben sind, aus denen die Marke besteht, wobei auf die gängigen Farbsysteme Pantone, RAL oder HKS zurückgegriffen werden kann. Weitere Anforderungen im Sinne einer Angabe von Farbrelationen werden nicht aufgestellt.

---

312 Winkler MA 1996, 516, 517 ff. zur Eintragungspraxis des DPMA.
313 Siehe oben, Kapitel 4, II, e zu dem Einfluss der GMarkenV und der Praxis des HABM auf die Auslegung des MarkenG.
314 VO (EG) Nr. 2868/95 der Kommission zur Durchführung der VO (EG) Nr. 40/94 des Rates über die Gemeinschaftsmarke v. 13. 12. 1995, Abl. EG Nr. L 303 v. 15. 12. 1995.

Wenn der europäische Verordnungsgeber eine mittelbare Darstellung von abstrakten Farbzeichen als registerrechtlich unbedenklich ansieht, so kann die deutsche Rechtsanwendung hier keinen abweichenden Sonderweg beschreiten, der der gemeinschaftsweiten Praxis diametral entgegensteht. Die Umsetzung der Vorgaben der DurchführungsVO zur GMarkenV in der Frage der Anmeldung von Farbzeichen durch das Harmonisierungsamt für den Binnenmarkt wird durch die Entscheidungen "orange"[315] und "Light Green"[316] bestätigt. Diese europäischen Vorgaben sollte letztlich auch das DPMA und das BPatG zu einer dem Wesen abstrakter Farbzeichen gerecht werdenden gesetzeskonformen Reduzierung der formalen Anforderungen bei der Wiedergabe der Marke bewegen.

gg. Zwischenergebnis

Abstrakte Farbmarken lassen sich graphisch darstellen und erfüllen die Eintragungsvoraussetzungen des § 8 Abs. 1 MarkenG.
Eine unmittelbare Wiedergabe des Zeichens ist bei dieser Markenform nicht möglich, führt aber nicht zur Eintragungsunfähigkeit. Konturlose Farbzeichen lassen sich mittelbar graphisch darstellen und genügen damit dem Bestimmtheitserfordernis im Registerverfahren. Für die mittelbare Wiedergabe der Marke ist es als ausreichend anzusehen, wenn ein Farbmuster mit der Angabe der Farbbezeichnung eines anerkannten Farbklassifikationssystems der Anmeldung beigefügt wird.
Weitere Anforderungen an die Darstellung von konturlosen Farbmarken bestehen nicht; insbesondere ist es nicht erforderlich, konkrete Angaben über das quantitative Verhältnis der Farben innerhalb einer Farbkombination oder die Verteilung der Farbe bei Einfarbenmarken zu machen.

5. Schranken der allgemeinen Markenfähigkeit, § 3 Abs. 2 MarkenG

In § 3 Abs. 2 MarkenG wird ein Schutzausschließungsgrund der allgemeinen Markenfähigkeit normiert, der für alle Markenformen des § 4 MarkenG gleichermaßen gilt. Die Regelung in § 3 Abs. 2 MarkenG ist dogmatisch als Prüfungspunkt innerhalb der Markenfähigkeit einzuordnen, die hier aufgezeigten Schranken können weder durch Verkehrsgeltung infolge der Benutzung des

---

315 HABM GRUR Int. 1998, 612- orange.
316 HABM Mitt. 1999, 187, 188- Light Green.

Kennzeichens (§ 4 Nr. 2 MarkenG), noch Nachweis von Verkehrsdurchsetzung (§ 8 Abs. 3 MarkenG) überwunden werden[317].

Der Regelungsgehalt geht dahin, bestimmte dreidimensionale Gestaltungen generell von dem Markenschutz auszuschließen. In Anlehnung an die Regelung in § 8 Abs. 2 Nr. 2 MarkenG kann man von einem absoluten Freihaltebedürfnis für funktionale Formgebungen sprechen. Der Grund für diesen Ausschlusstatbestand ist darin zu sehen, dass bei der Anmeldung einer Formmarke materiellrechtlicher Schutz für Merkmale gewährleistet werden kann, die nicht in erster Linie der Kennzeichnung der Ware dienen, sondern vielmehr die physische Beschaffenheit des Produkts prägen. Das MarkenG gewährt in diesen Fallkonstellationen, im Gegensatz zu den auch einschlägigen gewerblichen Schutzrechten - wie Geschmacks- oder Gebrauchsmuster -, das Ausschließlichkeitsrecht zeitlich unbegrenzt. Der markenrechtliche Schutz von Produktformen birgt somit die Gefahr der Etablierung von Herstellungs- und Vertriebsmonopolen, obwohl diese Monopole systematisch vorrangig Gegenstand der zeitlich begrenzten Geschmacks- und Gebrauchsmusterrechte sind. Diese Gesetzessystematik darf aber nicht dahin gehend verstanden werden, eine Schutzmöglichkeit nach dem Geschmacks- oder GebrauchsmusterG schließe den Markenschutz generell aus; vielmehr können dreidimensionale Gestaltungen in Kumulation sowohl dem MarkenG als auch verwandten gewerblichen Schutzrechten unterliegen[318].

Für die Auslegung des § 3 Abs. 2 MarkenG ist die Umsetzung der zwingenden Vorgabe des Art. 3 Abs. 1 lit e MarkenRL[319] in das deutsche MarkenG zu berücksichtigen. Die Regelung der Schranken der Markenfähigkeit bei der Gemeinschaftsmarke in Art. 6 Abs. 1 lit e GMarkenV ist wortgleich mit derjenigen in der MarkenRL ausgestaltet.
Innerhalb der zwingenden Vorgaben der MarkenRL ist wiederum der EuGH letztinstanzlich zur Auslegung auch der nationalen Markenrechtsordnungen berufen (vgl. Art. 234 EGV).

---

[317] Althammer/Klaka/Ströbele, § 3 Rz. 19 f.

[318] Fezer, WRP 1998, 1, 13;
Ein Rechtssatz von der ausschließlichen Geltung der jeweiligen Immaterialgüterrechtsgesetze oder ein Rechtssatz von einem numerus clausus der Immaterialgüterrechte besteht nicht, vielmehr sind die Immaterialgüterrechtsgesetze untereinander sowie im Verhältnis zum Wettbewerbsrecht ihrem jeweiligen Normzweck entsprechend nicht nur ergänzend, sondern auch parallel, nebeneinander anzuwenden. Die Anerkennung eines geschmacks- oder gebrauchsmusterrechtlichen Designschutzes steht einer Anerkennung eines markenrechtlichen Designschutzes nicht entgegen.

[319] Art. 3 Abs. 1 lit e MarkenRL lautet:"Von der Eintragung ausgeschlossen sind Zeichen, die ausschließlich bestehen -aus der Form, die durch die Art der Ware selbst bedingt ist, oder -aus der Form der Ware, die zur Erreichung einer technischen Wirkung erforderlich ist, oder -aus einer Form, die der Ware einen wesentlichen Wert verleiht".

Im Rahmen der Auslegung des § 3 Abs. 2 MarkenG ist fraglich, ob auch konturlose Farbzeichen unter diesen markenrechtlichen Ausschlusstatbestand fallen[320]. Durch § 3 Abs. 2 MarkenG soll in der Hauptsache verhindert bzw. eingeschränkt werden, dass ein Produktdesign, welches wesensbestimmend für den Gegenstand des Zeichenrechts ist, Schutz durch das MarkenG genießt. Dies, da schutzfähig nur der Name des Produkts ist, nicht das Produkt selbst. Gerade abstrakte Farbzeichen können wegen der freien und unbegrenzten Gestaltungsmöglichkeiten durch die Farbgebung oder als Teil einer Gesamtgestaltung eines Produkts in das Produktdesign einfließen. Das Design einer Ware wird wesentlich durch die Form in Verbindung mit der Farbe geprägt, sei es die extravagante Flaschenform in Verbindung mit der passenden Farbgebung oder die ausgefallene Form einer Arzneimittelkapsel verbunden mit einer auffälligen Farbe oder Farbkombination.

Der Wortlaut der Vorschrift weist nicht zwingend auf die Einbeziehung von Farben hin. Es werden nur Zeichen vom Markenschutz ausgeschlossen, die "ausschließlich aus einer Form" bestehen. Dadurch wird einmal der abschließende Charakter der Norm deutlich; wenn Farben nicht explizit aufgeführt werden, so spricht wenig - auch wenn man einbezieht, dass sie Bestandteil einer dreidimensionalen Gestaltung sein können - für ihre Einbeziehung in § 3 Abs. 2 MarkenG.
Darüber hinaus ist § 3 Abs. 2 MarkenG als Ausnahmetatbestand mit seinen weitreichenden Auswirkungen als Schranke der allgemeinen Markenfähigkeit, die auch nicht durch die §§ 4 Nr. 2 oder 8 Abs. 3 MarkenG überwunden werden kann, in der Tendenz eng auszulegen. Wenn sich schon nach dem Wortlaut die Einbeziehung von konturlosen Farbgestaltungen nicht aufdrängt, so wird man diese Ausnahmevorschrift kaum über den Wortlaut hinaus erweiternd anwenden können.

Die amtliche Begründung zum Regierungsentwurf deutet ebenfalls nicht auf eine extensive Anwendung des Ausschlusstatbestandes des § 3 Abs. 2 MarkenG hin[321]. Diesbezüglich wird nur festgestellt, bei Auslegung der Norm könne neben den gemeinschaftsrechtlichen Vorgaben auch auf die unter dem WZG entwickelten Rechtsgrundsätze zum Schutz dreidimensionaler Gestaltungen als Ausstattung nach § 25 WZG abgestellt werden. Es wird ausdrücklich nur auf die Rechtsprechung zu den dreidimensionalen Gestaltungen verwiesen, Farben werden nicht in die Diskussion einbezogen.

[320] Siehe zur Diskussion Ingerl/Rohnke, § 3 Rz. 35 f.; Eichmann, GRUR 1995, 184, 186; ders. Fs Vieregge, S. 125, 146 f.; Fezer WRP 1998, 1, 13.
[321] A.a.O. S. 56.

Der EuGH hat in den bisher vorliegenden Entscheidungen den Gegenstand des Schutzausschließungsgrundes in § 3 Abs. 2 MarkenG bzw. Art. 3 Abs. 1 lit e MarkenRL in Bezug auf Farbzeichen noch nicht konkretisiert. Im Hinblick auf eine zu erwartende Rechtsprechung bietet sich ein Rückgriff auf die Rechtsprechung zum Benelux-Markengesetz an. Dies nicht, weil es für die Auslegung des Art. 3 Abs. 1 lit e MarkenRL entscheidend auf die nationalen, europäischen Rechtsvorschriften ankäme, sondern weil die Regelungen in Art. 3 Abs. 1 lit e MarkenRL und Art. 6 Abs. 1 lit e GMarkenV inhaltlich an Art. 1 Abs. 2 des Benelux-Markengesetzes (BMG) angelehnt sind[322]. Im Gesetzgebungsverfahren zur MarkenRL wurde die Regelung der Benelux-Staaten als Vorbild für eine europaweite Regelung angesehen[323]. Durch diese Verknüpfung können der Rechtsprechung zum BMG durch den Benelux Gerichtshof zumindest Hinweise für eine bevorstehende Entscheidung des EuGH entnommen werden.

In dem Fall Burberrys II[324] hatte der Gerichtshof Den Haag dem Benelux Gerichtshof die Frage vorgelegt, was unter "Formen von Waren" im Sinne des Art. 1 Abs. 2 BMG zu verstehen sei. Verfahrensgegenstand war die Anmeldung von drei unterschiedlichen Karomustern mit Angabe bestimmter Farbtöne und Farben; die hinterlegte Marke bestand seinerseits aus einem Farbfoto eines Teils eines bestimmten Textilmusters in Karodesign.
Der Benelux Gerichtshof hat diese Frage dahin gehend entschieden, dass unter "Formen von Ware" lediglich dreidimensionale Formgebungen von Warenzeichen zu verstehen seien[325]. Farb- oder Bildzeichen seien eine seit jeher bestehende und bekannte Markenkategorie; die Voraussetzung der Unterscheidungskraft reiche bei diesen Formen aus, um zu verhindern, dass infolge eines unbeschränkten markenrechtlichen Schutzes von Zeichen, die redlicherweise auch von anderen für ihre Waren benutzt werden sollten, die Handelsfreiheit auf ungerechtfertigte Weise beschränkt würde.

Damit ergibt sich nicht nur aus systematischen und teleologischen Argumenten, sondern auch aus der Anknüpfung an eine zu erwartende Rechtsprechung des EuGH der Gegenstand des Ausschlusses des § 3 Abs. 2 MarkenG: Regelungsgegenstand sind nur Formen, also dreidimensionale Gestaltungen; graphische

---

[322] Übersetzung des Benelux-Markengesetzes in Blf.PMZ 1970, 218 ff;
Art. 1 Abs. 2 BMG lautet:"Nicht als Warenzeichen gelten diejenigen Formen, die durch das Wesen der Ware selbst bedingt sind, ihren wesentlichen Wert beeinflussen oder gewerbliche Ergebnisse hervorbringen".
[323] Kur, Fs 100 Jahre Markenamt, S. 175, 184; Eichmann, GRUR 1995 1995, 184, 185 f.;
Siehe aber auch die abweichende Einschätzung in BPatG GRUR 1997, 133, 134- Ergo Panel.
[324] Benelux Gerichtshof GRUR Int. 1992, 552 f.
[325] Benelux Gerichtshof GRUR Int. 1992, 552, 553-Burberrys II.

Gestaltungen, auch konturlose Farbkombinationen und selbst einfarbige Gestaltungen, unterliegen keinem absoluten Freihaltebedürfnis. Unerheblich ist, ob zweidimensionale Gestaltungen auf dreidimensionale Gestaltungen appliziert sind. Streifenmuster auf Schuhen und auf Bekleidungsstücken beispielsweise können nur dann vom Markenschutz ausgeschlossen werden, wenn sie mit der Form der Gegenstände eine Verbindung eingehen, die sich auf die Form auswirkt[326]. Dient eine farbliche Ausgestaltung nur der Verzierung der Ware oder der Hervorhebung eines Merkmals, dann sind diese Gestaltungen nicht Bestandteil der Formgebung. Anders sind Konstellationen zu beurteilen, wenn die farbliche Gestaltung den Zweck hat, die Formbeständigkeit der Ware zu betonen oder zu erhalten[327]; diese Fälle sind aber im Rahmen der Funktionalität bei der Selbständigkeit der Marke zu behandeln und nicht bei § 3 Abs. 2 MarkenG.

Wenn auch § 3 Abs. 2 MarkenG nicht auf konturlose Farbmarken anzuwenden ist, so kann nicht von einer schrankenlosen Markenfähigkeit dieser Zeichenform gesprochen werden, denn letztlich ist § 3 Abs. 2 MarkenG nur eine spezielle Ausformung der allgemeinen Grundsätze der Selbständigkeit und Einheitlichkeit der Marke im Rahmen des § 3 Abs. 1 MarkenG, die für die neue Markenform der dreidimensionalen Gestaltungen aufgenommen wurde. Die Fälle der funktionalen Abhängigkeit konturloser Farben im Verhältnis zum Produkt können sachgerecht mit den allgemeinen Kriterien des § 3 Abs. 1 MarkenG[328] bzw. - der Praxis der Markenstellen entsprechend - im Rahmen der absoluten Schutzhindernisse nach § 8 Abs. 2 MarkenG[329] beurteilt werden. Dabei kann unter Umständen die Verweigerung des Registerschutzes die Folge sein[330].

III. Eintragungsfähigkeit von konturlosen Farben und Farbkombinationen, absolute Schutzhindernisse nach § 8 Abs. 2 MarkenG

1. Einleitende Überlegungen

Die Beurteilung der Eintragungsfähigkeit gemäß § 8 Abs. 2 MarkenG bildet momentan den Schwerpunkt der Rechtsprechungspraxis zu der Problematik der

[326] BGH GRUR 1959, 423, 424- Fußballstiefel; BGH GRUR 1962, 299, 301: Die Ansicht, Applikationen auf Fußballstiefeln seien technisch-funktional bedingt, dürfte heute kaum noch vermittelbar sein.
[327] Z.B. die Gestaltung von Außenbordmotoren in Schwarz, um sie u.a. kleiner erscheinen zu lassen.
[328] Siehe oben, Kapitel 4, II, 3 zur Selbständigkeit der Marke.
[329] Siehe unten Kapitel 4; III, 4 zum Freihaltebedürfnis bei beschreibenden Angaben.
[330] Siehe auch Fezer, § 3, Rz. 197 f.

abstrakten Farbmarken als neuer Markenform. Zu Beginn der einzelnen Abschnitte wird deshalb kurz der Stand der Rechtsanwendung bezüglich der in Rede stehenden Tatbestandsmerkmale dargestellt.
Die Beurteilung der Eintragungsfähigkeit von konturlosen Farbmarken muss ausgehend von den Rechtsgrundlagen in § 8 Abs. 2 MarkenG unter Berücksichtigung der momentan zu den absoluten Schutzhindernissen praktizierten Rechtsanwendung erfolgen. Anhand der Vorgaben der Rechtsprechung sind die für die Problematik der konturlosen Farbmarken relevanten allgemeinen Kriterien der absoluten Schutzhindernisse, wie z.B. der konkreten Unterscheidungskraft, herauszuarbeiten.
Diese allgemeinen Grundsätze im Registerverfahren, angewendet auf die Fallkonstellationen der konturlosen Farbmarke, stellen die Grundlage für einen Lösungsansatz in diesem Bereich dar.
Ein Schwerpunkt wird hierbei die Neuausrichtung der allgemeinen Kriterien der Eintragungsfähigkeit sein. Die neuen Zeichenformen im MarkenG werden nicht sachgerecht zu handhaben sein mit einer, insbesondere vom BPatG praktizierten, Rechtsanwendung, die die unter Geltung des WZG zur Registerfähigkeit entwickelten Grundsätze auch unter der neuen Rechtslage fortzuschreiben gedenkt.
Gerade bei den neuen Markenformen können praktikable Lösungen nur gefunden werden, wenn die mit dem Markenrechtsreformgesetz innerhalb der europäischen Markenrechtsharmonisierung intendierte Neukonzeption des Markengesetzes auch tatsächlich in die Praxis umgesetzt wird. Dies bedeutet einen Neubeginn bei der Auslegung der Tatbestandsmerkmale des § 8 Abs. 2 MarkenG im Rahmen der Vorgaben durch die MarkenRL, der sich in erster Linie am offenen Markenbegriff orientiert.

2. Überblick

a. Regelungsübersicht

§ 8 Abs. 2 MarkenG regelt die sog. absoluten Schutzhindernisse für angemeldete und eingetragene Marken. Regelungsgegenstand ist die Eintragungsfähigkeit einer Marke. Das Bestehen eines absoluten Schutzhindernisses schließt als Marke schutzfähige Zeichen von der Eintragung in das Markenregister aus. Die Prüfung einer Anmeldung im Hinblick auf § 8 Abs. 2 MarkenG erfolgt nach § 37 MarkenG von Amts wegen durch das DPMA.
In § 8 Abs. 2 Nr. 1-8 MarkenG werden spezifische Eintragungsverbote aufgezählt, die in Nr. 9 durch eine allgemeine Verweisung auf im öffentlichen Interesse bestehende Verbotsvorschriften ergänzt werden. Die absoluten Schutzhindernisse des § 8 Abs. 2 Nr. 1-3 MarkenG (fehlende Unterscheidungskraft, be-

schreibende Marken- und Gattungsbezeichnungen) können nach § 8 Abs. 3 MarkenG durch die Verkehrsdurchsetzung des Zeichens überwunden werden.

b. Absolute und relative Schutzhindernisse

Voraussetzung der Eintragung in das Markenregister ist die allgemeine Markenfähigkeit nach § 3 MarkenG und die Eintragungsfähigkeit gemäß § 8 MarkenG. Während es bei der Markenfähigkeit nur auf eine abstrakte Beurteilung der entsprechenden Anforderungen[331] ankommt, greift bei den absoluten Schutzhindernissen nach § 8 MarkenG eine konkrete Betrachtung der Voraussetzungen im Hinblick auf ein bestimmtes Zeichen und konkrete Waren oder Dienstleistungen ein[332].

Von den soeben beschriebenen Eintragungsvoraussetzungen sind die in den §§ 9-13 MarkenG geregelten relativen Schutzhindernisse abzugrenzen. Ausgangspunkt ist hier nicht eine Amtsprüfung durch das DPMA, sondern die Kollision einer eingetragenen oder angemeldeten Marke mit älteren Kennzeichenrechten. Die Geltendmachung der aus den relativen Schutzhindernissen folgenden Rechte wird nicht in ein behördliches Verfahren eingebettet, sondern ist dem einzelnen Rechtsinhaber in einem Widerspruchsverfahren gemäß § 42 MarkenG oder mit einer Nichtigkeitsklage nach § 51 MarkenG überantwortet.

c. Europarecht und internationale Abkommen

aa. Markenrechtsrichtlinie

Die MarkenRL normiert in Art. 3 die absoluten Eintragungshindernisse. Art. 3 Abs. 1 MarkenRL enthält in lit a-h sämtliche zwingenden Versagungsgründe. Diese Vorgaben wurden durch § 8 Abs. 2 MarkenG in nationales Recht umgesetzt. Lediglich die Regelung in Art. 3 Abs. 1 lit e MarkenRL wurde nicht durch § 8 MarkenG, sondern durch § 3 Abs. 2 MarkenG umgesetzt.

Laut Art. 3 Abs. 3 MarkenRL wird eine Marke nicht gemäß Art. 3 Abs. 1 lit b, c, oder d von der Eintragung ausgeschlossen, wenn sie vor der Anmeldung infolge ihrer Benutzung Unterscheidungskraft erworben hat. Trotz der terminologischen Unterschiede entspricht diese Regelung inhaltlich dem § 8 Abs. 3 des MarkenG zur Regelung der Verkehrsdurchsetzung.

---

[331] Siehe oben, Kapitel 4, II.

[332] BGH GRUR 1995, 408, 409- Protech.

Da § 8 MarkenG den Art. 3 MarkenRL in nationales Recht umsetzt, ist das Gemeinschaftsrecht im Hinblick auf die zwingenden Versagungsgründe[333] vorrangig. § 8 MarkenG ist im Lichte der MarkenRL auszulegen und anzuwenden; dem EuGH steht in letzter Instanz die bindende Interpretation der absoluten Schutzhindernisse zu (vgl. Art. 234 EGV).

bb. Gemeinschaftsmarkenverordnung

Die Regelung der absoluten Eintragungshindernisse nach Art. 7 GMarkenV entspricht im Wesentlichen der Regelung in Art. 3 MarkenRL[334].

d. Die absoluten Schutzhindernisse des § 8 Abs. 2 MarkenG in der Rechtsprechung

Schon unter Geltung des WZG existierte zu den absoluten Schutzhindernissen des § 4 Abs. 2 WZG eine ausgedehnte Rechtsprechung, deren Umfang nur noch von derjenigen zur Verwechslungsgefahr übertroffen wurde. Die Quantität der Entscheidungen verdeutlicht bereits die Bedeutung, welche die absoluten Eintragungshindernisse schon im WZG hatten. In der Grundtendenz legten sowohl das BPatG als auch der BGH die absoluten Versagungsgründe des § 4 Abs. 2 WZG extensiv aus[335] und bestätigten damit die restriktive Eintragungspraxis des damaligen DPA. So sind z.B. im Jahre 1994 - als dem letzten Jahr unter Geltung des WZG - von insgesamt 8852 erfolglosen Marken 4403 wegen absoluter Eintragungshindernisse zurückgewiesen worden[336].

Nach Einführung des MarkenG sind die Gerichte bemüht, die unter dem Dach des WZG entwickelten Rechtsgrundsätze zur Eintragungsfähigkeit von Marken fortzuschreiben. Der I. Zivilsenat des BGH und die Senate des BPatG gehen

---

[333] Nicht im Hinblick auf § 8 Abs. 2 Nr. 9 MarkenG.

[334] Siehe zum Ganzen Ingerl, Die Gemeinschaftsmarke, S. 51 f.

[335] BPatG GRUR 1973, 228- Betonfilter, für farbige Endmuffen naturgetreu abgebildeter Betonfilterrohre als nicht unterscheidungskräftige Merkmale; Streifen, Musterungen, Bänder und dgl. wurden in der Regel nicht als Herkunftshinweis angesehen, sondern als bloßer Zierrat oder technisches Hilfsmittel, siehe DPA Bl. 52, 192- Farbreinigungsröhren; BPatGE 14, 225- Grünring; Werbeslogans und -verse wurden grundsätzlich nicht als eintragungsfähig angesehen, siehe BPatGE 9, 227- Farbvariant; BPatG Mitt. 1984, 298- Vario; siehe auch Baumbach/Hefermehl § 4, Rz. 42 ff. zu weiteren Beispielen aus der Rechtsprechung.

[336] DPA Jahresbericht 1994, S. 40 f.

übereinstimmend von einer Kontinuität bei der Beurteilung der absoluten Schutzhindernisse im WZG und im MarkenG aus[337].
Für die Fortführung der Spruchpraxis unter Geltung des WZG auch im MarkenG spricht zunächst der fast identische Wortlaut der Regelung der Versagungsgründe in § 4 Abs. 2 WZG und § 8 Abs. 2 MarkenG, der auf eine Übertragbarkeit der warenzeichenrechtlichen Rechtsprechung in das MarkenG hindeuten könnte. Diese Gemeinsamkeiten konzedierend, darf der in der amtlichen Begründung betonte Neubeginn[338] bei der Auslegung des MarkenG nicht unberücksichtigt bleiben. Mit der generellen Neukonzeption des Markenrechts ist eine Neubestimmung auch der absoluten Schutzhindernisse verbunden. Der offene und erweiterte Markenbegriff des § 3 Abs. 1 MarkenG, der auch neue Markenformen (z.B. Buchstaben-, Zahlen-, Hör- oder konturlose Farbmarken) einbezieht, muss auch Auswirkungen im Hinblick auf die Bestimmung der absoluten Eintragungshindernisse haben. Anderenfalls würde das systematische Verhältnis zwischen Marken- und Eintragungsfähigkeit in ein Ungleichgewicht geraten. Die Rechtsanwendung zu den absoluten Eintragungshindernissen unter Geltung des WZG ist nur im Verhältnis zu dem begrenzten Zeichenbegriff des WZG kompatibel; sie kann nicht ohne eine Neuausrichtung in das MarkenG mit seinen neuen Markenformen eingebunden werden.

Zumindest für die hier in Rede stehenden neuen Markenformen nach dem MarkenG kann dem Postulat der Kontinuität der Rechtsprechung zu § 8 Abs. 2 MarkenG von BGH und BPatG nicht gefolgt werden.

Obwohl der BGH bislang noch von einer Fortschreibung der warenzeichenrechtlichen Grundsätze ausgeht, ist in Ansätzen eine neue Spruchpraxis zum MarkenG zu erkennen, die die extensive Anwendung der absoluten Schutzhindernisse einzudämmen versucht[339]. In der Entscheidung Bonus[340] stellt der BGH als allgemeine Anwendungsvoraussetzung für § 8 Abs. 2 Nr. 1-3 MarkenG das Kriterium des unmittelbaren Produktbezuges der Marke zu den gekennzeichneten Waren oder Dienstleistungen auf. Es kommt nicht darauf an, ob z.B. ein Zeichen allgemein unterscheidungskräftig ist, vielmehr ist lediglich die Unterscheidungskraft in Bezug auf die konkrete Warenklasse maßgebend. Das Anwendungsspektrum von § 8 Abs. 2 Nr. 1-3 MarkenG wird dadurch wesentlich von

---

[337] BGH GRUR 1995, 408, 409- Pro Tech; BGH GRUR 1995, 410- Turbo; BPatG GRUR 1997, 467- Ultimate; BPatG GRUR 1997, 133, 134- Ergo Panel; BGH GRUR 1996, 771- The Home Depot; der gleichen Ansicht auch Althammer-Ströbele, Komm. Zum WZG § 8, Rz. 4 ff; Ingerl/Rohnke, § 8, Rz. 6.
[338] Amtliche Begründung a.a.O. S. 70.
[339] BGH GRUR 1995 408, 409- Protech; BGH GRUR 1995, 410- Turbo; BGH GRUR 1998, 813- Change.
[340] BGH GRUR 1998, 465, 467- Bonus; siehe auch Jonas, Anmerkung zur Bonus Entscheidung in GRUR 1998, 468 f.

der Abgrenzung zwischen unmittelbarem und mittelbarem Produktbezug bestimmt.

Das BPatG folgt dieser restriktiveren Anwendung des § 8 Abs. 2 MarkenG nur zögernd; im Falle des § 8 Abs. 2 Nr. 3 MarkenG hat sich der entscheidende 29. Senat sogar bewusst in Widerspruch zu der Rechtsprechung des I. Zivilsenats gesetzt[341].

3. Fehlende konkrete Unterscheidungskraft als absolutes Schutzhindernis, § 8 Abs. 2 Nr. 1 MarkenG

a. Rechtsgrundlagen

Nach § 8 Abs. 2 Nr. 1 MarkenG sind Zeichen, denen für die Waren und Dienstleistungen jegliche Unterscheidungskraft fehlt, von der Eintragung in das Markenregister ausgeschlossen.
Der Gesetzgeber hat diese Formulierung weitgehend an die Fassung des Art. 6 quinquies B Nr. 2 PVÜ, betreffend die Eintragung von Handels- und Fabrikmarken, angepasst. Nach dem konventionsrechtlichen Wortlaut sind Zeichen von der Eintragung ausgeschlossen, wenn sie jeder Unterscheidungskraft entbehren[342].

Der europäische Gesetzgeber hat in der MarkenRL eine von § 8 Abs. 2 Nr. 1 MarkenG abweichende Formulierung in Art. 3 Abs. 1 lit b („....Marken, die keine Unterscheidungskraft haben....") gewählt.
Diese Abweichung des deutschen Gesetzestextes von der europäischen Vorgabe in der MarkenRL erscheint wegen des zwingenden Charakters des Art. 3 Abs. 1 lit b MarkenRL als wenig sachgerecht und zudem als missverständlich, denn letztlich ist § 8 Abs. 2 Nr. 1 MarkenG richtlinienkonform im Sinne einer Harmonisierung des Markenrechts am Maßstab der MarkenRL auszulegen. In den Gesetzesmaterialien wird in diesem Sinne auch klargestellt, dass in der Abweichung von dem seitens der MarkenRL vorgegebenen Wortlaut keine inhaltliche Abgrenzung von den europarechtlichen Vorgaben zu sehen sei[343].

---

[341] BPatG GRUR 1999, 170, 171- Advantage: "Der Senat ist sich bewusst, dass er sich mit dieser Rechtsauffassung in Widerspruch zu der in Bonus niedergelegten höchstrichterlichen Auffassung setzt".
[342] Diese Fassung der PVÜ ist nach der Entstehungsgeschichte als bewusste Einschränkung dieses Eintragungshindernisses zu verstehen, vgl. Beier, GRUR Int. 1992, 243, 244.
[343] Amtliche Begründung aaO. S. 70.

b. Begriff

Der BGH hat in der Protech-Entscheidung[344] erstmals für die Rechtslage nach dem MarkenG die Grundsätze für die konkrete Unterscheidungskraft nach § 8 Abs. 2 Nr. 1 MarkenG festgelegt. Unterscheidungskraft sei danach die einer Marke innewohnende Eignung, vom Verkehr als Unterscheidungsmittel für Waren und Dienstleistungen eines Unternehmens gegenüber solchen anderer Unternehmen aufgefasst zu werden. Die Beurteilung, wann in Bezug auf ein spezielles Waren- oder Dienstleistungssegment die Eignung zur Differenzierung gegeben ist, hänge maßgebend von der Verkehrsauffassung des beteiligten Publikums ab. Das Bestehen eines unmittelbaren Produktbezuges der Marke zu der konkreten Ware oder Dienstleistung, für die die Eintragung beantragt wird, fließe als allgemeines Merkmal der absoluten Schutzhindernisse insbesondere bei der Beurteilung der Unterscheidungskraft mit ein. Die Versagung des Rechts eines Anmelders auf Erwerb eines Markenrechts durch Eintragung in das Markenregister sei im Allgemeininteresse nur dann gerechtfertigt, wenn die Schutzunwürdigkeit der Marke ihren Grund gerade in Bezug auf die konkrete Ware oder Dienstleistung, für die die Eintragung beantragt wird, habe[345]. Das Erfordernis des unmittelbaren Produktbezuges lege eine restriktivere Auslegung des Tatbestandsmerkmals der konkreten Unterscheidungskraft nahe.

Der Markeninhaber muss das Zeichen einerseits zur Differenzierung seines Produktes einsetzen, andererseits soll diese Verwendung von den konsumierenden Verkehrskreisen auch in diesem Sinne verstanden werden.

Unter Geltung des WZG wurden die Voraussetzungen der absoluten Schutzhindernisse nach § 4 Abs. 2 Nr. 1 WZG von der Rechtssprechung bisweilen schon dann verneint, wenn die Unterscheidungskraft des Zeichens als gering eingestuft wurde[346].

Die Rechtsprechung des BGH unter Geltung des MarkenG stellt eine Erweiterung und Fortentwicklung der unter dem WZG geltenden Grundsätze dar, weil nunmehr die Notwendigkeit der restriktiven Anwendung und Auslegung des § 8 Abs. 2 Nr. 1 MarkenG besonders betont wird. In der Change-Entscheidung[347] führt der BGH aus, das Markenregistrierungsverfahren sei weder dazu geeignet

[344] BGH GRUR 1995, 408, 409- Protech.
[345] BGH GRUR 1995, 408, 409- Protech; BGH GRUR 1997, 367- quattro II; BGH GRUR 1998, 465, 466 f.- Bonus.
[346] BGH GRUR 1991, 136, 137- New Man; BGH GRUR 1969, 345, 346- red white; BGH Bl. PmZ 1984, 113- MSi; BGH GRUR 1983, 243, 244- Beka Robusta.
[347] BGH GRUR 1998, 813, 814- Change; siehe auch BGH GRUR 1998, 465, 467- Bonus.

noch dazu vorgesehen, allen nur irgendwie denkbaren Behinderungsmöglichkeiten bereits im Eintragungsverfahren vorzubeugen. Dies, da der Versuch einer derart umfassenden Beurteilung zur Folge haben könne, dass - entgegen der Zielsetzung des MarkenG im Rahmen eines offenen Markenbegriffs - Anmeldungen in größerer Zahl die Eintragung versagt werden müsse, als dies sachlich gerechtfertigt sei. Die Gleichmäßigkeit und Berechenbarkeit der Rechtsanwendung sowie allgemein eine den wirtschaftlichen Bedürfnissen entsprechende Entscheidungspraxis wäre in Frage gestellt.

Nach dieser Prämisse reicht jede Art und jeder Grad von Unterscheidungskraft, sei sie noch so gering, aus, um dem Erfordernis des § 8 Abs. 2 Nr. 1 MarkenG gerecht zu werden[348]. Der Tatbestand ist nur in Ausnahmefällen zu bejahen, wenn nicht einmal irgendeine Unterscheidungskraft ersichtlich ist. Wenn die allgemeine Markenfähigkeit nach § 3 MarkenG zu bejahen ist, dann wird es in der Regel auch nicht an der konkreten, produktbezogenen Unterscheidungskraft fehlen. § 8 Abs. 2 Nr. 1 MarkenG wird somit nur in eindeutigen Fallkonstellationen als einschlägig angesehen werden können[349]. Der BGH hat in der Bonus-Entscheidung[350] ausgeführt, die Bestimmungen über die Versagung von Markeneintragungen seien nach allgemeinen Grundsätzen - weil sie die Verweigerung eines an sich gegebenen Rechts zulassen - grundsätzlich eng auszulegen[351]. Damit hat die höchstrichterliche Rechtsprechung der Absicht des Gesetzgebers Ausdruck verliehen, die Eintragbarkeit von Marken gegenüber der früheren Praxis zum WZG zu erleichtern.

In diesem Lichte gesehen kann dem Erfordernis der konkreten Unterscheidungskraft im Eintragungsverfahren nicht mehr die entscheidende Rolle, wie unter Geltung des WZG, bei der Beurteilung der Eintragungsfähigkeit zukommen. § 8 Abs. 2 Nr. 1 MarkenG ist als Ausschlusstatbestand anzusehen, der nunmehr nur noch Extremfälle, wie z.B. geometrische Grundformen, denen jegliche Eigenart in ihrer Ausgestaltung fehlt, von der Eintragung ausschließen soll[352].

---

[348] BGH GRUR 1995, 408, 409- Protech; siehe auch die amtliche Begründung aaO. S. 70.

[349] Siehe die amtliche Begründung aaO. S. 70.

[350] BGH GRUR 1998, 465, 467- Bonus; siehe auch Jonas, Urteilsanmerkung in GRUR 1998, 468 f.

[351] Siehe auch von Mühlendahl, Deutsches Markenrecht S. 10: "Die Vorschriften in § 8 WZG über die absoluten Eintragungshindernisse der fehlenden Unterscheidungskraft.... und des Freihaltebedürfnisses...werden zu einer Neubestimmung der Bedeutung dieser Schutzhindernisse führen, nachdem die deutsche Rechtsprechung in der Vergangenheit insoweit zum Teil nur zu schwer verständlichen Ergebnissen gelangt war".

[352] Siehe zur gegenteiligen Auffassung Althammer-Ströbele, aaO. § 8, Rz 3 f., 14 f.: Ströbele will die Prüfungsgrundsätze unverändert aus der zum WZG ergangenen Rechtsprechung fortführen und sieht eher eine wachsende Bedeutung des § 8 Abs. 1 Nr. 1 MarkenG; zurückhaltender Ingerl/Rohnke § 8, Rz. 21 f.

c. Stand der Rechtsanwendung bei konturlosen Farbmarken

aa. DPMA

Bei dem DPMA sind keine Feststellungen über die Spruchpraxis möglich, da die Registerbehörde in der Regel abstrakte Farbzeichen schon aus formalen Gründen (u.a. Wiedergabe der Marke nach § 32 Abs. 2 Nr. 2 MarkenG) bzw. wegen der fehlenden allgemeinen Markenfähigkeit von der Eintragung ausschließt[353].

bb. Bundespatentgericht

Die neuen Entwicklungen bei dem Erfordernis der konkreten Unterscheidungskraft werden vom BPatG eher kritisch beurteilt.
In den Fällen der Eintragung abstrakter Farbzeichen würden nach Auffassung des BPatG die Konkurrenten für unabsehbare Zeit an der Nutzung von Farben zu Kennzeichnungszwecken gehindert. So hat sich der 28. Senat in der Entscheidung Blau/Weiß II[354] hinsichtlich der Unterscheidungskraft von Farbzeichen von einem der bisherigen Auffassung entsprechenden „nicht geeignet" nunmehr nur zu einem „für sich genommen generell nicht besonders geeignet" bewegen mögen.
Diesen strengen Maßstab bei der Beurteilung der Unterscheidungskraft von abstrakten Farbmarken begründet das BPatG mit einem als allgemeingültig für die Fallgruppe angesehenen praktischen Erfahrungssatz: Der Verkehr messe Farben aufgrund seiner Erfahrung mit deren regelmäßig nicht kennzeichnender Verwendung in der Regel keine herkunftshinweisende Bedeutung zu[355]. Die Zuordnung von abstrakten Farben oder Farbkombinationen zu einem Ursprungsbetrieb würde in der Praxis allenfalls bei einer einhelligen und durchgehenden Gewöhnung des Publikums durch entsprechende werbliche wie betriebliche Maßnahmen angenommen[356].
Ist es dem Markenanmelder gelungen, eine Gewöhnung des Verkehrs an ein abstraktes Farbzeichen zu etablieren, dann sei eine Eintragung grundsätzlich nur nach § 8 Abs. 3 MarkenG bei Verkehrsdurchsetzung des Kennzeichens möglich. Dies entspreche, so führt das BPatG aus, im Übrigen auch der Intention des Gesetzgebers, den in § 3 Abs. 1 MarkenG geregelten neuen Markenformen nur

---

353 Siehe nur Winkler, MA 1996, 516 f. zur Praxis des DPMA.
354 BPatG WRP 1999, 334, 337- Blau/Weiß II.
355 BPatG WRP 1999, 334, 337- Blau/Weiß II; BPatG Mitt. 1999, 180, 182- violettfarben; siehe auch BPatG GRUR 2000, 147, 149- rosa Isoliermaterial, für die Anmeldung einer Bildmarke.
356 BPatG WRP 1999, 334, 337, 338- Blau/Weiß II.

Schutz über die Verkehrsdurchsetzung gemäß § 8 Abs. 3 MarkenG infolge Benutzung des Zeichens zukommen zu lassen[357].

cc. Bundesgerichtshof

Der BGH hat in der Entscheidung „Farbmarke gelb-schwarz“[358] zu den Fragen der absoluten Schutzhindernisse nicht Stellung genommen und den angefochtenen Beschluss des BPatG schon aufgrund der Würdigung des § 3 Abs. 1 MarkenG zur anderweitigen Entscheidung und Verhandlung an das BPatG zurückverwiesen.

In einem weiteren Verfahren[359] führt der I. Zivilsenat in einer Hilfserwägung aus, es seien jedenfalls theoretisch Konstellationen denkbar, in denen einer konturlosen Farbe oder Farbkombination eine gewisse Unterscheidungskraft für bestimmte Warengattungen im Hinblick auf den betrieblichen Ursprung unterstellt werden könne. Für derartige Ausnahmefälle seien tatsächliche Feststellungen zur Übung im Verkehr und zum Verständnis des mit den jeweiligen Waren angesprochenen Publikums notwendig. Auch wenn der BGH hier die Rigorosität der Einschätzung des BPatG etwas abschwächt, so wird deutlich, dass er auch noch vom einem tradierten Verständnis der absoluten Schutzhindernisse ausgeht..
In diese Richtung weist auch die in einem wettbewerbsrechtlichen Fall ergangene Entscheidung „grau-magenta“[360], in der in einem obiter dictum im Rahmen einer wettbewerbsrechtlichen Prüfung im Zusammenhang mit der farblichen Ausgestaltung von Telefonbüchern der Telekom der BGH festgestellt hat, dass Farben von Haus aus keine betriebliche Herkunftsfunktion zukomme.

dd. Harmonisierungsamt für den Binnenmarkt

Die Rechtsgrundlage für die Beschwerdekammern des HABM zur Entscheidung über die Frage der absoluten Schutzhindernisse ist in Art. 7 Abs. 1 GMarkenV[361]

---

357 BPatG Mitt. 1999, 180, 182- violettfarben; BPatG WRP 1999, 334, 337, 338- Blau/Weiß II.

358 BGH Mitt. 1999, 108, 110- Farbmarke gelb-schwarz, die Unterscheidungskraft von konturlosen Farbzeichen wurde nur unter dem Prüfungspunkt der abstrakten Unterscheidungskraft im Rahmen des § 3 Abs. 1 MarkenG untersucht.

359 BGH GRUR 1999, 730, 731- Farbmarke magenta-grau.

360 BGH WRP 1997, 748- grau-magenta.

361 Abl. EG C 11 1994, S. 1 f.; Abl. EG L 349 1994, S. 83 f.

zu sehen. Nach Art. 7 Abs. 1 lit b GMarkenV sind diejenigen Marken von der Eintragung ausgenommen, die keine Unterscheidungskraft haben.

Die Beschlusspraxis des HABM weist eine etwas restriktivere Tendenz bei der Beurteilung der konkreten Unterscheidungskraft als Versagungsgrund für die Eintragung auf, als die Spruchpraxis des BPatG.

Den Anknüpfungspunkt für die Beurteilung der Unterscheidungskraft sieht das HABM in der zeichenrechtlichen Herkunftsfunktion als der Hauptfunktion der Marke im Verhältnis zum Konsumenten[362]. Die Hauptfunktion der Marke bestehe nämlich darin, dem Verbraucher oder Endabnehmer die Ursprungsidentität der gekennzeichneten Ware zu garantieren, d.h. alle Waren und Dienstleistungen, die mit ihr versehen sind, müssten unter der Kontrolle eines bestimmten Unternehmens hergestellt worden sein. Die Marke müsse von Haus aus die konkret angemeldete Ware nach ihrer betrieblichen Herkunft unterscheidbar machen, wobei einerseits auf die branchenübliche Verwendung von Marken als Herkunftshinweis, andererseits auf die Auffassung der beteiligten Verkehrskreise im Binnenmarkt abzustellen sei[363].

Bei der Einschätzung der Verkehrsauffassung bezüglich der Unterscheidungskraft von konturlosen Farbzeichen wird eine differenziertere Sichtweise als beim DPMA vertreten, wenngleich auch pauschalierend auf Erfahrungssätze aus der markenwirtschaftlichen Praxis zurückgegriffen wird. Einer Farbe an sich mangele es im Regelfall an konkret unterscheidungskräftigen Eigenschaften, da der Verkehr aufgrund seiner Erfahrung mit deren regelmäßig nicht kennzeichnender Verwendung nicht daran gewöhnt sei, Waren allein aufgrund der ihnen oder ihrer Verpackung anhaftenden isolierten Farbe ohne jedes zusätzliche, beispielsweise schriftbildliche, Element herkunftshinweisende Bedeutung beizumessen[364].

Eine andere Beurteilung der Verkehrsauffassung könne sich aber dann ergeben, wenn es sich einerseits um ganz spezielle Waren für einen ganz speziellen Kundenkreis handele, und andererseits die Farbe eine in diesem Bereich außerordentlich ungewöhnliche und eigentümliche Tönung aufweise[365].

---

362 HABM Mitt. 1999, 187- Light Green.

363 Siehe auch EuGH Rs. C-39/ 97, Canon Kabustiki Kaisha/Metro Goldwyn-Mayer Inc., Rn 28, Abl. HABM 1998, 1406.

364 HABM Mitt. 1999, 187, 189- Light Green; siehe zur Frage der konkreten Unterscheidungskraft auch HABM GRUR Int. 2000, 556 f.- Schwarz-Grün-Schwarz (hier ist aber zu berücksichtigen, dass das HABM von der Anmeldung einer Bildmarke (drei Farbstreifen als Farbkombination) ausgegangen ist).

365 HABM GRUR Int. 1998, 612, 613- orange; HABM Mitt. 1999, 187, 189- Light Green;
Siehe auch Nr. 8.3 der Prüfungsrichtlinien des HABM, wonach von dem Erfahrungssatz ausgegangen wird, einzelnen Farben, insbesondere Primärfarben, in einfacher Darstellung fehle im Allgemeinen die

Eine Verkehrsdurchsetzung des abstrakten Farbzeichens gemäß Art. 7 Abs. 3 GMarkenV[366] wird nicht als zwingende Voraussetzung der Eintragung oder als Regelvoraussetzung eingeschätzt. Die Eintragungsmöglichkeit einer konturlosen Farbmarke allein aufgrund der Abwesenheit von absoluten Schutzhindernissen nach Art. 7 Abs. 1 GMarkenV wird als gleichberechtigt neben der Eintragungsmöglichkeit nach Art. 7 Abs. 3 GMarkenV angesehen[367].

d. Würdigung der Rechtsanwendung

aa. Überdehnung der Anforderungen an die konkrete Unterscheidungskraft, § 8 Abs. 2 Nr. 1 MarkenG

Das BPatG entwickelt bei den konturlosen Farbzeichen und den anderen neuen Markenformen das Merkmal der fehlenden konkreten Unterscheidungskraft in § 8 Abs. 2 Nr. 1 MarkenG zu einem Regeltatbestand, der generell einschlägig ist, soweit nicht von den Anmeldern außergewöhnliche Umstände - in der Regel Verkehrsdurchsetzung - vorgetragen werden.
Nach der oben vorgenommenen Begriffsbestimmung kann dagegen § 8 Abs. 2 Nr. 1 MarkenG nur als Ausnahme- und Ausschlusstatbestand eingeordnet werden. Von dieser Prämisse geht auch zunehmend die Rechtsprechung des BPatG und des BGH[368] aus, allerdings nur für die unter Geltung des WZG bereits anerkannten und etablierten Markenformen. Bei die neuen Markenformen werden dagegen die aktuellen Entwicklungen bei dem Merkmal der konkreten Unterscheidungskraft nur zögerlich oder gar nicht umgesetzt.

Der Gesetzgeber hat mit der Ausgestaltung des § 3 Abs. 1 MarkenG auch abstrakten Farbzeichen generell die allgemeine Markenfähigkeit zuerkannt und ihnen damit das System des MarkenG geöffnet; die neuen Markenformen sollen den etablierten Kennzeichen in den Schutzvoraussetzungen gleichgestellt werden. Eine etwaige Absicht des Gesetzgebers, für konturlose Farben ein spezielles, von den übrigen Markenformen abweichendes Regelungssystem zu errichten, wird im MarkenG nicht deutlich. Die extensive Anwendung des § 8 Abs. 2

Unterscheidungskraft. Marken, die aus einer Kombination mehrerer Bestandteile bestünden, die für sich gesehen keine Unterscheidungskraft hätten, könnten im Gesamteindruck Unterscheidungskraft besitzen.

[366] Wortlaut des Art. 7 Abs. 3 GMarkenV: "Eine Marke wird nicht von der Eintragung ausgeschlossen..., wenn sie vor der Anmeldung infolge ihrer Benutzung Unterscheidungskraft erworben hat.".

[367] HABM GRUR Int. 1998, 612, 613- orange.

[368] BGH GRUR 1991, 136, 137- New Man ; BGH GRUR 1995, 410- Turbo I; BGH GRUR 1998, 465- Bonus; BGH GRUR 1998, 813- Change; BGH GRUR 1996, 770- Mega; BPatG GRUR 1998, 702- Protect; BPatG GRUR 1999, 58- Swiss Army.

Nr. 1 MarkenG als Schranke des Markenschutzes durch das BPatG lässt sich normativ nicht begründen, zumal der Wortlaut - „jegliche Unterscheidungskraft fehlt“ – für eine einschränkende Auslegung spricht[369].
Wenn abstrakte Farbzeichen über die allgemeine Markenfähigkeit in das MarkenG aufgenommen werden, muss mangels anderslautender Regelungen die Systematik wie bei den traditionellen Markenformen angewendet werden. Die vom MarkenG intendierte Gleichstellung der abstrakten Farbzeichen mit den traditionell anerkannten Markenformen (vgl. § 3 Abs. 1 MarkenG) wird durch die Hintertür entwertet, wenn nicht das gleiche Schutzinstrumentarium für die neuen Markenformen bereitgestellt wird.

Die dem § 8 Abs. 2 Nr. 1 MarkenG neuerdings bei konturlosen Farbmarken zugewiesene Schrankenfunktion für den Registerschutz lässt sich nicht aus dem Bedeutungszusammenhang des MarkenG herleiten. Die extensive Anwendung dieses Versagungsgrundes durch das DPMA und das BPatG lässt sich allenfalls mit der generellen Ablehnung des abstrakten Farbschutzes begründen, der mit dem Instrument der absoluten Schutzhindernisse entgegen dem Willen des Gesetzgebers Geltung verschafft werden soll. Die Auffassung des BPatG führt zu einer Relativierung der Markenfähigkeit nach § 3 Abs. 1 MarkenG, die abstrakte Farbmarke wird zu einem Schutzgegenstand minderen Rechts herabqualifiziert.

Das allgemeine Leugnen der herkunftshinweisenden Funktion von abstrakten Farbmarken überdehnt den Anwendungsbereich des § 8 Abs. 2 Nr. 1 MarkenG, der lediglich in Ausnahmefällen einzelne absolut unterscheidungsunfähige Kennzeichen ausschließen will. Durch die Anerkennung der allgemeinen Markenfähigkeit in § 3 Abs. 1 MarkenG wird schon indiziert, dass bei der Masse der angemeldeten Zeichen auch eine konkrete Unterscheidungskraft vorliegen wird bzw. zumindest die Eintragungsunfähigkeit nicht der Regelfall sein kann. Hielte der Gesetzgeber abstrakte Farbmarken für regelmäßig unterscheidungsunfähig, so machte es keinen Sinn, sie als eigenständige Markenform zu regeln. Schon aus diesem Blickwinkel heraus geht das BPatG von einer verfehlten Beurteilung des Regel-Ausnahmeverhältnisses bei § 8 Abs. 2 Nr. 1 MarkenG aus, indem es die Grundentscheidung für den abstrakten Farbmarkenschutz bei der allgemeinen Markenfähigkeit in § 3 Abs. 1 MarkenG nicht konsequent bei der Prüfung der Eintragungsfähigkeit umsetzt.

Die Etablierung einer Marke mit herkunftsunterscheidender Funktion ist gerade bei neuen Zeichenformen nur infolge einer Benutzung des Kennzeichens gegenüber dem Verbraucher möglich[370]. Der Verbraucher muss sich zunächst an die

---

[369] Amtliche Begründung aaO. S. 70.
[370] So auch Fezer, MarkenR 1999, 73, 78 f.

neuen Zeichenformen gewöhnen und sich mit ihnen auseinandersetzen, bevor man von einer ausreichenden Verkehrsauffassung im Sinne des § 8 Abs. 2 Nr. 1 MarkenG sprechen kann. Bei den traditionellen Zeichenformen besteht die herkunftskennzeichnende Funktion "von Haus aus"[371], da der Verbraucher an eine derartige Verwendung des Zeichens in der Vergangenheit gewöhnt ist. Bei konturlosen Farbmarken fehlt dieser Gewöhnungseffekt, da sie unter Geltung des WZG nicht dem Markenschutz zugänglich waren und dementsprechend selten in der Markenpraxis vorkamen.

Die betont restriktive "Eintragungspolitik" bei abstrakten Farbzeichen und anderen neuen Markenformen führt somit zu einen Zirkeleffekt[372], bei dem sich das BPatG selbst die Voraussetzungen für eine fehlende Unterscheidungskraft schafft. Die Argumentation des BPatG beruht auf der Annahme, der Verkehr sei in der Regel an eine kennzeichnende Wirkung von konturlosen Farben zur Differenzierung der Herkunftsstätte von Produkten nicht gewöhnt. Wenn man hier unterstellt, diese Annahme sei zutreffend, dann verstärkt das BPatG mit seinen hohen Anforderungen an die Unterscheidungskraft diese Sachlage: Wenn den neuen Markenformen in der Übergangszeit nach der Einführung kein Schutz durch Registereintragung gewährt wird, so wird sich ihr Einsatz in der Markenpraxis nicht ausweiten, da kein Marktteilnehmer ein Markenkonzept ohne rechtlichen Schutz realisieren wird. Dies führt dann wiederum zu der vom BPatG bemängelten geringen Verkehrsgewöhnung.

Für eine sachgerechte Beurteilung der konkreten Unterscheidungskraft bei konturlosen Farbmarken muss man berücksichtigen, dass die Gesetzesänderungen im MarkenG eine erweiterte Möglichkeit der Markenbildung auch außerhalb der traditionellen Markenformen mit sich gebracht haben. Um dieses gesetzgeberische Anliegen in die Praxis umzusetzen, müssen die Markenstellen gerade bei den neuen Markenformen einen weiteren Spielraum im Eintragungsverfahren eröffnen. Es dürfen keine, in der Übergangszeit der Einführung einer neuen Markenform unerfüllbaren Anforderungen an das Vorliegen der konkreten Unterscheidungskraft gestellt werden, wenn nicht die in der Markenanmeldung lie-

[371] Diesen Begriff verwendet der BGH im Zusammenhang mit der konkreten Unterscheidungskraft, BGH NJW 1997, 2379- grau-magenta.

[372] Vgl. BPatG GRUR 1999, 1086, 1087- Zahl 1, zu der Parallelproblematik bei den Buchstabenmarken: Der 26. Senat führt aus, der Verkehr sei bisher im Allgemeinen nicht daran gewöhnt, einfache Buchstaben oder Ziffern als Markenbezeichnungen zu verstehen; dies schon deshalb, weil solche Zeichen wegen ihrer absoluten Schutzunfähigkeit nach früherem Warenzeichenrecht nur in ganz seltenen Fällen - etwa im Wege der Durchsetzung - als Marke geschützt werden konnten. Mit der Änderung des Gesetzes, das den interessierten Kreisen erweiterte Möglichkeiten zur Markenbildung bringen sollte und gebracht hatte, müsse jedoch nunmehr auch die Registerbehörde für den Markenanmelder einen entsprechenden Spielraum eröffnen und dürfe nicht durch allzu strenge, in der Übergangszeit unerfüllbare Anforderungen an das Vorliegen von Unterscheidungskraft die in der Markenanmeldung liegende Anwartschaft auf ein herkunftskennzeichnendes Schutzrecht praktisch verhindern.

gende Anwartschaft auf ein produktunterscheidendes Schutzrecht praktisch verhindert werden soll.
Gerade bei den neuen Zeichenformen, denen von Haus aus noch keine Unterscheidungskraft zukommt, führt eine überzogene Anwendung der Schutzhindernisse dazu, dass sie sich von vornherein nicht im Sinne einer breiten Verkehrsgewöhnung entwickeln können[373]. Der Registerschutz hat aber nicht nur eine ordnende und informierende Funktion, sondern soll darüber hinaus auch neuen Zeichenformen, die noch nicht auf dem Markt etabliert sind, eine Entwicklungschance[374] geben.
In der Praxis verweigern indes die Gerichte dem abstrakten Farbmarkenschutz eine Entwicklungsmöglichkeit in den Fällen, in denen keine Verkehrsdurchsetzung gegeben ist, während de jure die Verkehrsdurchsetzung nach § 8 Abs. 3 MarkenG keine unabdingbare Voraussetzung des Markenschutzes darstellt.

bb. Bezug der Marke auf die konkrete Ware oder Dienstleistung

Eine zutreffende Beurteilung der konkreten Unterscheidungskraft von abstrakten Farbmarken kann sich nur bei konsequenter Anwendung der - zumeist im Zusammenhang mit den traditionellen Markenformen entwickelten - allgemeinen Kriterien § 8 Abs. 2 Nr. 1 MarkenG ergeben.
Die restriktive Anwendung des § 8 Abs. 2 Nr. 1 MarkenG ergibt sich neben der Definition des Begriffs der Unterscheidungskraft selbst auch aus dem unmittelbaren Bezug der angemeldeten Farbmarke zu den in der Markenanmeldung angegebenen Waren- oder Dienstleistungsklassen, für die Kennzeichenschutz begehrt wird. Die Prüfung der Unterscheidungskraft darf nur an diejenigen Waren oder Dienstleistungen anknüpfen, die mit dem angemeldeten Zeichen gekennzeichnet werden sollen[375].

Der unmittelbare Produktbezug ergibt sich einmal aus dem Wortlaut des § 8 Abs. 2 Nr. 1 MarkenG ("denen für die Waren oder Dienstleistungen jegliche Unterscheidungskraft fehlt") und zudem aus dem systematischen Verhältnis[376] der §§ 3 und 8 MarkenG zueinander: Danach ist die allgemeine Markenfähigkeit abstrakt festzustellen und die Eintragungsfähigkeit konkret in Bezug auf ein bestimmtes Produkt und einen bestimmten Abnehmer zu qualifizieren.

[373] Fezer, MarkenR 1999, 73, 78 f.; BPatG GRUR 1999, 1086, 1087- Zahl 1.
[374] Ulmer, S. 65.
[375] BGH GRUR 1995, 408, 409- Protech; BGH GRUR 410, 411- Turbo; BGH GRUR 1998, 465, 466- Bonus.
[376] Siehe oben , Kapitel 4, II, 2.; siehe auch Ingerl/Rohnke § 8, Rz. 16.

Das Erfordernis des unmittelbaren Produktbezuges relativiert die seitens des BPatG hochgesteckten Voraussetzungen der Unterscheidungsfähigkeit, denn der konkrete Bezug zu dem Gegenstand des Zeichenrechts verdeutlicht die zwingend erforderliche Einzelfallprüfung. Die konturlose Farbmarke muss nicht - wie im Rahmen der allgemeinen Markenfähigkeit gemäß § 3 MarkenG - abstrakt gesehen, ohne Begrenzung auf spezielle Produktgruppen, unterscheidungskräftig sein. Schon aus diesem Grund sind „die praktischen Erfahrungssätze", die das BPatG bei der Ermittlung der Verkehrsauffassung bezüglich der herkunftshinweisenden Funktion von Farbmarken zugrundelegt, starken Bedenken ausgesetzt. Diese Bedenken beziehen sich zum einen darauf, ob der Erfahrungssatz, Farben hätten von Haus aus keine kennzeichnende Funktion bezüglich der Herkunft eines Produktes, bei der heutigen Marketingpraxis überhaupt haltbar ist. Hierauf soll im Rahmen der Verkehrsauffassung (siehe nächster Abschnitt) näher eingegangen werden.

Weiter ergeben sich Bedenken dahin gehend, ob der Anspruch der Allgemeingültigkeit des vom BPatG zugrundegelegten Erfahrungssatzes nicht dem Erfordernis der durch § 8 Abs. 2 Nr. 1 MarkenG vorgegebenen Einzelfallprüfung zuwiderläuft.

In der sich dynamisch verändernden Markenpraxis sind keine Erfahrungssätze oder Regelannahmen schlechthin für einzelne Markenformen möglich. Es ist ohne weiteres denkbar, dass ein Zeichen für bestimmte Waren unterscheidungskräftig ist (z.B. einfaches Bild eines angebissenen Apfels für Computer und Softwaredienstleistungen), nicht aber für andere Waren (Bild eines Apfels für Obst). Weiterhin ist die parallele Verwendung einer identischen konturlosen Farbmarke in unterschiedlichen Waren- oder Dienstleistungsbereichen denkbar. Die abstrakte Farbe Gelb wird gleichzeitig von der Firma Pro Markt für die Warengruppen Computer, HiFi und Audio, von dem Unternehmen Commerzbank für den Dienstleistungsbereich Finanzen und von dem Unternehmen Yello Strom für das Dienstleistungssegment Stromhandel verwendet.

Maßgebend bei der Beurteilung der Unterscheidungskraft sind dementsprechend immer die Waren- oder Dienstleistungsklassen, die im Verzeichnis der Anmeldung aufgeführt sind. Da aber nicht alle konturlosen Farbzeichen für dieselben Waren oder Dienstleistungen angemeldet werden, ist die Regelannahme des BPatG schon aus diesem Grund nicht haltbar, denn die Beurteilung der Unterscheidungskraft kann nur an die zu kennzeichnenden Produkte im Einzelfall anknüpfen[377].

[377] In diese Richtung geht auch die Praxis des HABM bei Feststellung der Unterscheidungskraft, wenn konkret auf die speziellen Waren oder Dienstleistungen abgestellt wird; HABM GRUR Int. 1998, 612, 613- orange; HABM Mitt. 1999, 187, 189- Light Green.

Das Erfordernis des unmittelbaren Produktbezuges wirkt sich zwangsläufig auch auf den Anknüpfungspunkt für die Verkehrsauffassung aus. Der Bezug zu bestimmten Produkten führt dazu, dass im Rahmen der Verkehrsauffassung auch nur diejenigen Personenkreise in die Betrachtung einzubeziehen sind, an die sich die gekennzeichneten Produkte als Abnehmer wenden.

cc. Verkehrsauffassung als Kriterium der Unterscheidungskraft

(1) Definition

Wenn man die allgemein anerkannte Definition der Verkehrsauffassung konsequent auf die Problematik der konturlosen Farbmarke anwendet, gelangt man ebenfalls zu einer restriktiveren Beurteilung des Versagungsgrundes in § 8 Abs. 2 Nr. 1 MarkenG als die bisherige Rechtsprechung.
Die Unterscheidungskraft bemisst sich nach der Verkehrsauffassung, wobei entscheidend nicht auf die abstrakte Auffassung, sondern konkret auf die Auffassung der beteiligten Verkehrskreise, d.h. der Marktteilnehmer, an die sich das Kennzeichen als Konsumenten wendet, abzustellen ist[378].

Die Beurteilung der Verkehrsauffassung unterliegt als tatsächlicher Voraussetzung der absoluten Schutzhindernisse der vollen Überprüfung durch das DPMA bzw. durch das Gericht. Es handelt sich um eine Tatsachenfrage[379], bei deren Feststellung auf allgemeinkundige Tatsachen zurückgegriffen werden kann[380], falls sie der Markenstelle oder dem Gericht bekannt sind. Da die Verkehrsauffassung sehr komplex und objektiv schwer greifbar ist, wird häufig auf demoskopische Gutachten[381] zurückzugreifen sein. In der Praxis kommt dies in der Masse nur bei Beurteilung der Verkehrsdurchsetzung nach § 8 Abs. 3 MarkenG in Betracht. Die konkrete Unterscheidungskraft nach § 8 Abs. 2 Nr. 1 MarkenG stellt das Gericht bzw. die Markenstelle in der Regel selbst fest[382].

---

[378] BGH GRUR 1969, 345- red white; BGH GRUR 1994, 803, 804 -Trilopirox; BGH GRUR 1995, 408- Protech;
Siehe auch allgemein zur Verkehrsauffassung: Heil, GRUR 1981, 699 f.; Beier, GRUR Int. 1992, 243 f.

[379] BGH GRUR 1976, 587- happy.

[380] BGH GRUR 1973, 314- Gentry.

[381] Allgemein zur Rechtsdemoskopie Eichmann, GRUR 1999, 939, 944 f.

[382] Eine andere Praxis wäre kaum praktikabel, da die Durchführung einer Verkehrsbefragung bei jeder Markenanmeldung mit unverhältnismäßigem Aufwand und unüberschaubaren Kosten verbunden wäre.
BGH GRUR 1993, 744, 745- Micro channel; BPatG Mitt. 90, 173- Conductor II; BPatGE 32, 237- Z-Tech II; BPatG Bl. PmZ 1993, 159- New Man II;
siehe auch Beyerle, S. 67; Schmieder, GRUR 1992, 672 ff.

Wenn ein nur geringfügiger Teil des Gesamtverkehrs der Marke keine Unterscheidungskraft beimisst, dann reicht dies gewöhnlich nicht aus, um die Marke wegen Fehlens einer jeglichen Unterscheidungskraft von der Eintragung auszuschließen. Welcher Prozentsatz im Einzelnen erforderlich ist, lässt sich nicht abschließend festlegen. So vermeidet auch die Rechtsprechung eine Bindung an Prozentmargen und bestimmt der Grad der erforderlichen Verkehrsbekanntheit je nach dem zu entscheidenden Einzelfall[383].
Die Verkehrsauffassung wird regelmäßig nicht eindeutig vorliegen, sondern bei den Verkehrskreisen geteilt sein. Die eine Gruppe wird das Zeichen als produktunterscheidendes Kennzeichen auffassen, die andere nicht. In diesen Fällen ist eine ausreichende Verkehrsauffassung zu verneinen, wenn ein beachtlicher Teil der angesprochenen Verkehrskreise die Unterscheidungskraft verneint, in dem Zeichen also keine Aussage zur Herkunft aus einem bestimmten Unternehmen erkennt. Als nicht ausreichend kann es angesehen werden, wenn ein nur geringer Teil der Verkehrskreise in dem Zeichen eine unterscheidende Wirkung in Bezug auf den Ursprungsbetrieb erkennt[384].

Ausgehend davon, dass die Verkehrsauffassung auf den Einzelfall bezogen zu beurteilen ist, verbietet es sich, zur Festlegung der Anforderungen an die Verkehrsauffassung bei konturlosen Farbzeichen auf die Verkehrsdurchsetzung gemäß § 8 Abs. 3 MarkenG zu rekurrieren.
Es dominiert dennoch die Auffassung, dass zur Vermeidung von Wertungswidersprüchen bei § 8 Abs. 2 Nr. 1 MarkenG die gleichen Anforderungen zu stellen seien, wie bei der Verkehrsdurchsetzung nach § 8 Abs. 3 MarkenG[385]. Andernfalls bestünde die Gefahr, dass je nach der Art des vom Anmelder gewählten Verfahrens unterschiedliche Anforderungen an die Kennzeichnungskraft gestellt würden.
Diese Argumentation vermag nicht zu überzeugen, da sie den dogmatischen Unterschied zwischen den absoluten Schutzhindernissen der § 8 Abs. 2 Nr. 1-3 MarkenG und der Regelung in § 8 Abs. 3 MarkenG nicht hinreichend berücksichtigt. Der Gesetzgeber sieht als Regelfall des Registerverfahrens die Eintragung eines Zeichens ohne das Erfordernis der Verkehrsdurchsetzung nach § 8 Abs. 3 MarkenG vor. Dieser Grundsatz wird dahin gehend eingeschränkt, dass bei Vorliegen von absoluten Schutzhindernissen nach § 8 Abs. 2 MarkenG eine Eintragung versagt werden muss. In einer Konstellation, bei der absolute Schutzhindernisse nach § 8 Abs. 2 Nr. 1-3 MarkenG vorliegen, kann die Eintragungsunfähigkeit ausnahmsweise bei Vorliegen von Verkehrsdurchsetzung nach § 8 Abs. 3 MarkenG überwunden werden.

---

383 BPatG Mitt 1997, 70- UHQ III; BGH GRUR 1994, 908, 804- Trilopirox.
384 BPatG Mitt. 1997, 70- UHQ III; BGH GRUR 1994, 805, 807- Alphaferon; BPatG GRUR 1996, 978, 979- Ciao; BPatG GRUR 1995, 734, 736- While you wait.
385 Siehe nur Ingerl/Rohnke § 8, Rz. 25.

Systematisch stellt sich § 8 Abs. 3 MarkenG somit als Tatbestand zur Überwindung von absoluten Schutzhindernissen dar, folglich können für die absoluten Schutzhindernisse in Bezug auf die Verkehrsauffassung nicht die gleichen Anforderungen wie für § 8 Abs. 3 MarkenG gelten.
Das absolute Eintragungshindernis in § 8 Abs. 2 Nr.1 MarkenG kann sinnvollerweise nur dann überwunden werden, wenn in § 8 Abs. 3 MarkenG ein höheres Niveau hinsichtlich der Verkehrsauffassung als bei der konkreten Unterscheidungskraft (§ 8 Abs. 2 Nr. 1 MarkenG) verlangt wird. Würde für § 8 Abs. 3 MarkenG bei der Verkehrsdurchsetzung das Gleiche wie bei § 8 Abs. 2 Nr. 1 MarkenG gelten, so wäre die Regelung in § 8 Abs. 3 MarkenG überflüssig, da in § 8 Abs. 2 Nr. 1 MarkenG schon endgültig die Grenze der Eintragungsfähigkeit festgelegt wäre. Da § 8 Abs. 3 MarkenG aber gerade die fehlenden Eintragungsvoraussetzungen überwinden soll, muss als Rechtfertigung dieses Sonderstatus ein höheres Schutzniveau in Form einer gesteigerten Qualität der Verkehrsauffassung vorliegen; eine Gleichsetzung beider Tatbestände zur Begründung einer restriktiven Eintragungspraxis des DPMA bei konturlosen Farbmarken verbietet sich.

(2) Auswirkungen der Rechtsprechung

Insbesondere bei den neuen Markenformen wirken sich die hohen Anforderungen der Rechtsprechung bei Beurteilung der Verkehrsauffassung negativ aus. Naturgemäß sind neue Markenformen mangels Bekanntheit bei den angesprochenen Verkehrskreisen ohne Benutzung auf dem Markt von sich aus nicht unterscheidungskräftig. Sie können ihre kennzeichnende Wirkung erst infolge der Benutzung innerhalb der Markenführung verwirklichen; eine auf die Unterscheidungsfunktion bezogene Verkehrsgewöhnung kann zumeist erst im Laufe der Benutzung aufgebaut werden[386].
Eine extensive Auslegung der Anforderungen an die Verkehrsauffassung bei der konkreten Unterscheidungskraft führt letztlich dazu, dass sich die vom Gesetzgeber eingeführten neuen Markenformen nicht entwickeln können, weil ihnen der Registerschutz verweigert wird. Diese Rechtsposition, die durch eine Eintragung in das Markenregister gewährt wird, soll aber gerade auch den noch nicht beim Publikum durchgesetzten neuen Markenformen, wie den abstrakten Farbzeichen, eine Entwicklungschance einräumen[387]. Die überdehnten Anforderungen an die Verkehrsgewöhnung führen im Ergebnis zu einer Stagnation in der Markenentwicklung; zeichentechnische Innovationen werden erschwert und

[386] Fezer, MarkenR 1999, 73, 78 f. zur Erweiterung der Kennzeichnungsfähigkeit bei Benutzung der Marke.
[387] Ulmer, S. 65.

behindert, da neue Markenformen schon wesensmäßig über eine in der Anfangsphase nur geringe Durchsetzung im Verkehr verfügen und sie dementsprechend nur in Ausnahmekonstellationen die für den Registerschutz hoch angesetzten Eingangsvoraussetzungen bei der Unterscheidungskraft erfüllen können[388].

Der Erfahrungssatz des BPatG zur Ausfüllung der üblicherweise bei konturlosen Farbmarken vorliegenden Verkehrsauffassung hält einem Abgleich mit der markenwirtschaftlichen Praxis nicht stand. Die These, abstrakte Farbzeichen hätten grundsätzlich keine herkunftsunterscheidende Funktion, lässt sich nicht mit dem Anspruch der Allgemeingültigkeit aufstellen[389]. Erfahrungssätze aus der Praxis können nicht nur eine Differenzierung aufgrund der jeweiligen Markenform zum Leitbild haben; vielmehr muss die gesamte Marketingstrategie und Markenkonzeption in die Beurteilung einbezogen werden. Es kann nicht nur entscheidend darauf abgestellt werden, ob eine Markenform neu ist und sich damit noch nicht im Verkehr durchgesetzt hat, sondern auch Parameter wie u.a. die Einprägsamkeit und Originalität[390] einer abstrakten Farbe in der speziellen Verwendung im Hinblick auf das Produkt müssen die Anforderungen an die Verkehrsauffassung beeinflussen.

Anhaltspunkte dafür, dass abstrakte Farben und Farbkombinationen gänzlich zur Produktkennzeichnung ungeeignet seien, sind nicht ersichtlich; im Gegenteil werden im Geschäftsverkehr derartige Kennzeichnungsmittel vielfach zur Unternehmens- und Produktdifferenzierung verwendet[391]. Dieser Kennzeichnungseignung von abstrakten Farben und Farbkombinationen entspricht es auch, dass derartige Marken in verschiedenen Mitgliedstaaten der Europäischen Union bzw. nach der GMarkenV schon vor oder im Rahmen der Markenrechtsharmonisierung Schutz genießen konnten[392].

---

[388] Die kennzeichnende Wirkung eines grünen Farbtons als Farbzeichen des Mobilfunkanbieters e-plus bestand nicht schon bei Entwicklung des Markenkonzeptes, sondern hat sich erst nach und nach durch intensive Benutzung und den Bekanntheitsgrad steigernde Marketingmaßnahmen durchsetzen können.

[389] Siehe dazu auch Jaeger-Lenz WRP 1999, 290, 294; Völker/Semmler GRUR 1998, 93, 98.

[390] Die Originalität einer Farbgebung wird sich zumeist aus einem Verfremdungseffekt zwischen Farbe und Produkt ergeben; je ungewöhnlicher eine Farbgebung für das betreffende Produkt ist, desto stärker ist die Unterscheidungskraft. So ist z.B. die Farbe Rosa als Farbmarke für eine Zeitung (Financial Times) besonders ungewöhnlich und einzigartig für dieses Marktsegment.

[391] Siehe oben, Kapitel 2; Kapitel 4, I, 2, b.

[392] Siehe für die Benelux-Länder: Benelux Gerichtshof GRUR Int. 1979, 117, 119- Farben einer Gasflasche;
für die USA: US Supreme Court GRUR Int. 1996, 961- grün goldene Farbe;
zur Gemeinschaftsmarke: HABM Mitt. 1999, 187 f.- Light Green.
Siehe allgemein zur europäischen und internationalen Entwicklung: 4. Kapitel, II, 1, e, f.

Mit der extensiven Auslegung der Anforderungen an die Verkehrsauffassung wird auch das Verhältnis von Eintragungsverfahren (§ 8 MarkenG) und Verletzungsprozess (§ 14 MarkenG) in ein Verhältnis gesetzt, welches nicht mehr der Intention des Gesetzgebers entspricht. Der offene und erweiterte Markenbegriff innerhalb der neuen Markenkonzeption des MarkenG bedingt auch eine offene und liberale Eintragungspraxis, wenn die im MarkenG gesteckten Ziele des Gesetzgebers nicht leer laufen sollen[393]. Entwicklungen in der ökonomischen Praxis der Markenführung dürfen nicht länger innerhalb der Markenrechtsordnung ignoriert werden. Mit der vom Gesetzgeber beabsichtigten Öffnung des Markenregisters für neue Markenformen muss eine evolutive Anpassung des Rechts an die Rechtswirklichkeit innerhalb der Grenzen des MarkenG einhergehen. Das Markenrecht kann nicht länger allen Markenformen, die unter der Geltung des WZG keinen Schutz genossen, den Markenschutz versagen und damit einen großen Ausschnitt der ökonomischen Realität ungeregelt lassen.
Die Praxis des DPMA und die Rechtsprechung des BPatG räumen entgegen dem Willen des Gesetzgebers gerade bei den neuen Markenformen dem Eintragungsverfahren eine überproportional große Rolle im Verhältnis zum Verletzungsprozess vor den ordentlichen Gerichten ein. Das MarkenG zielt mit der Einführung von neuen Markenformen dagegen auf einen offenen und erweiterten Markenbegriff ab; damit geht indes keine Ausweitung der Kompetenzen des DPMA einher, sondern eher ein Abschied vom Verständnis des Eintragungsverfahrens bei § 8 Abs. 2 Nr. 1 MarkenG als letztentscheidendes Selektionsinstrument zum Ausscheiden von unerwünschten Markenformen aus dem Register. Auch bei konturlosen Farbmarken muss die konkrete Unterscheidungskraft als Ausnahmetatbestand begriffen werden, der nur dann einschlägig ist, wenn jede, auch noch so geringe Unterscheidungskraft fehlt.
Letztlich stellt die unzutreffende Fixierung auf die Herkunftsfunktion und die Überbewertung des Eintragungsverfahrens bei § 8 Abs. 2 Nr. 1 MarkenG ein durch das MarkenG nicht begründbares Instrument zur Durchsetzung einer nicht mehr zeitgerechten Auffassung von eintragungsfähigen Markenformen dar.

Die Neukonzeption des Markenrechts muss gerade im Zusammenhang mit dem absoluten Schutzhindernis der fehlenden Unterscheidungskraft zu einer Verschiebung der Stellung des komplexen Registerverfahrens und des Verletzungsprozesses führen. Die Überbetonung des Eintragungsverfahrens durch die restriktive Haltung des DPMA, die vom BPatG weitestgehend gebilligt wird, wird dieser Neuorientierung jedenfalls nicht gerecht. Vielmehr muss eine großzügigere Eintragungspraxis gerade im Bereich neuer Markenformen zu einer Entlastung des Registerverfahrens führen und damit einzelfallbezogene Entscheidungen über markenrechtliche Fallkonstellationen in den Verletzungsprozess vor

[393] Siehe oben Kapitel 4 II, 1, c.

den ordentlichen Gerichten verlagern, die aufgrund der Aktualität der konkreten Markenkollision sachgerechter entscheiden können[394]. Die Kennzeichenkammern bei den Landgerichten haben den Einzelfall einer Markenkollision von Augen und können einen abgeschlossenen Sachverhalt beurteilen. Die Markenstellen bei dem DPMA dagegen müssen eine Prognoseentscheidung fällen, ob in der Zukunft untragbar viele Kollisionsfälle entstehen. Sie können den konkreten Verletzungsfall nicht voraussehen.
Diese notwendige Verlagerung innerhalb des Markenrechtsgefüges wird durch die Überbewertung des § 8 Abs. 2 Nr. 1 MarkenG konterkariert, indem eine Vielzahl von Markenformen, wie auch die abstrakten Farbzeichen, schon gar nicht in das Markensystem per Registrierung aufgenommen werden.

(3) Das Verhältnis von § 8 Abs. 2 Nr. 1 MarkenG zu § 8 Abs. 3 MarkenG

Das BPatG ist in ständiger Rechtsprechung der Auffassung, die Eintragung einer konturlosen Farbmarke könne im Regelfall nur im Wege der Verkehrsdurchsetzung nach § 8 Abs. 3 MarkenG gerechtfertigt sein, was im Übrigen auch der Intention des Gesetzgebers entspreche[395]. Der BGH hat sich noch nicht direkt zum Verhältnis von § 8 Abs. 2 Nr. 1 MarkenG und § 8 Abs. 3 MarkenG geäußert; in den bisherigen Entscheidungen zur Schutzfähigkeit von Farbmarken wurde, ohne auf die absoluten Schutzhindernisse einzugehen, gemäß § 89 Abs. 4 MarkenG an das BPatG zur anderweitigen Verhandlung und Entscheidung zurückverwiesen[396].
Die Regelannahme des 28. Senats des BPatG ist nicht nur in tatsächlicher Hinsicht als Allgemeingültigkeit beanspruchender Erfahrungssatz bedenklich[397], sondern kann darüber hinaus auch in der rechtlichen Beurteilung nicht überzeugen, soweit das BPatG aus seiner tatsächlichen Beurteilung der konturlosen Farbmarken folgert, sie seien rechtlich nur über den Weg des § 8 Abs. 3 MarkenG eintragungsfähig.

---

[394] Siehe zum Verhältnis von Eintragungs- und Verletzungsverfahren auch Kapitel 4, VI, 2 und IV 3, a, ee.
[395] BPatG Mitt. 1999, 180, 183- violettfarben.
[396] Maiwald zieht m.E. die falschen Schlüsse aus der Entscheidung Farbmarke gelb- schwarz (BGH Mitt. 1999, 108, 110), wenn er aus der Begründung der Zurückverweisung an das BPatG herauslesen will, dass der BGH abstrakte Farbmarken ohne Verkehrsdurchsetzung für eintragungsfähig hält. Allein die Wendung, "das BPatG wird nunmehr der Frage von Eintragungshindernissen gemäß § 8 MarkenG nachzugehen haben und gegebenenfalls das Vorliegen der von der Anmelderin behaupteten Verkehrsdurchsetzung zu beurteilen haben", gibt für eine derartige Annahme nichts her, siehe Maiwald, Anmerkung zur Entscheidung Farbmarke gelb-schwarz, Mitt. 1999, 110 f.
[397] Siehe oben unter cc.

§ 8 Abs. 2 Nr. 1 und § 8 Abs. 3 MarkenG stehen bei zutreffender systematischer Einordnung in einem Regel- Ausnahmeverhältnis zueinander[398].
Der Regelfall ist dabei die grundsätzliche Eintragungsfähigkeit von angemeldeten Kennzeichen, die durch die absoluten Schutzhindernisse nach § 8 Abs. 2 MarkenG beschränkt wird. Zu diesem Regelfall stellt sich die Regelung in § 8 Abs. 3 MarkenG als Ausnahmevorschrift dar, deren Aufgabe darin besteht, unter bestimmten Voraussetzungen die bestehenden absoluten Eintragungshindernisse nach § 8 Abs. 2 Nr. 1-3 MarkenG zu überwinden. Dies ist nur unter der einschränkenden Voraussetzung des Nachweises der Verkehrsdurchsetzung des Kennzeichens möglich[399].

Aus tatsächlicher Blickrichtung heraus erweist sich § 8 Abs. 3 MarkenG als Ausnahmevorschrift, denn in der Praxis werden nur sehr wenige überdurchschnittlich bekannte Marken die hohen Anforderungen des § 8 Abs. 3 MarkenG (in jedem Fall ein über 50 % liegender Bekanntheitsgrad) erfüllen. Diese Ausnahmekennzeichen können nicht den in § 8 MarkenG vorgesehenen Regelfall für die Eintragungsfähigkeit darstellen.

Es handelt sich hier um zwei selbständig nebeneinander anwendbare Tatbestände. Diese Systematik muss in der Konsequenz auf alle Markenformen - auch die neuen Formen - anwendbar sein, die die Voraussetzungen der allgemeinen Markenfähigkeit gemäß § 3 MarkenG erfüllen. Die Anwendung des § 8 Abs. 2 Nr. 1-3 MarkenG ist bei konturlosen Farbzeichen nicht etwa aus Rechtsgründen ausgeschlossen.

Die Regelannahme des BPatG bei konturlosen Farbmarken im Hinblick auf die allein mögliche Lösung dieser Konstellation über § 8 Abs. 3 MarkenG berücksichtigt nicht die Systematik des § 8 MarkenG und stellt ein sachwidriges Instrument der Rechtsprechung zur Zurückdrängung neuer Markenformen dar. Bei zutreffender Beurteilung müssen auch bei abstrakten Farbzeichen die besagten Tatbestände nebeneinander ihren Anwendungsbereich finden, wobei im Regelfall die Eintragungen ohne Verkehrsdurchsetzung möglich sein müssen, denn eine Fokussierung der Eintragungspraxis auf § 8 Abs. 3 MarkenG bei den neuen Markenformen entspricht entgegen der Einschätzung des BPatG gerade nicht der Intention des Gesetzgebers. Wenn bestimmten Markenform mit der Anerkennung der allgemeinen Markenfähigkeit in § 3 Abs. 1 MarkenG die Eintragung offen steht, kann nicht für bestimmte - innerhalb der Kreise des DPMA und des BPatG als nicht opportun erachtete - Markenformen eine spezielle Sy-

---

[398] Siehe oben im vorherigen Abschnitt.
[399] Ingerl/Rohnke § 8 Rz. 132; siehe auch BGH GRUR 1991, 136- New Man; BPatG GRUR 1996 492, 493- Premiere II.

stematik entwickelt werden, die eine restriktive Eintragungsübung rechtfertigt[400].

In seinen praktischen Auswirkungen würde die ausschließliche Anwendung des § 8 Abs. 3 MarkenG bei abstrakten Farbmarken dazu führen, dass sich Anmeldungen für diese Markenform auf einem verschwindend niedrigen Niveau einpendeln würden. Dies liegt in den erheblichen Kosten begründet, die zur Durchführung eines Verfahrens nach § 8 Abs. 3 MarkenG vor dem DPMA zu veranschlagen wären und die häufig nur von marktstarken Großunternehmen aufgebracht werden könnten; die mittelständischen und kleinen Unternehmen blieben faktisch von dieser Markenform ausgeschlossen[401].
Im Regelfall ist im Anmeldeverfahren nach § 8 Abs. 3 MarkenG eine aufwendige demoskopische Befragung durch ein Meinungsforschungsinstitut durchzuführen. Davon kann nur abgesehen werden, wenn die Auffassung der Verbraucher durch andere objektive und repräsentative Feststellungen zu ermitteln sind (z.B. durch offizielle Statistiken über das Verbraucherverhalten). Die Beibringung eines demoskopischen Gutachtens obliegt ausschließlich dem nachweispflichtigen Anmelder; eine Auftragserteilung durch das DPMA kommt auch im Rahmen des Amtsermittlungsprinzips nicht in Betracht (vgl. § 59 MarkenG).[402]

Die Markenstellen des DPMA entziehen somit entgegen den gesetzlichen Vorgaben im MarkenG mit der Überbetonung des Erfordernisses der Verkehrsdurchsetzung der Eintragung von abstrakten Farbmarken die wirtschaftliche Grundlage; faktisch würde diese Markenform bei der Fortführung dieser Praxis vom Eintragungsverfahren ausgeschlossen.

---

[400] Siehe Regierungsbegründung aaO. S. 80.
Der Gesetzgeber geht im Gegensatz zum BPatG davon aus, dass sich das MarkenG für neue Markenformen, die unter der Geltung des WZG nicht oder nur mit nachgewiesener Verkehrsgeltung eingetragen werden konnten, geöffnet hat. Diese Öffnung des Markenregisters werde unter anderem im Verletzungsrecht durch § 23 MarkenG ergänzt und abgesichert (Siehe unten Kapitel 5, VI, 2). Gerade für neue Markenformen also, die bislang entweder gar nicht oder nur bei Verkehrsdurchsetzung eintragungsfähig waren, soll nach dem Willen des Gesetzgebers, mit Absicherung durch § 23 MarkenG im Verletzungsprozess, der Anwendungsbereich des § 8 Abs. 2 MarkenG eingeschränkt werden.
[401] Siehe oben, Kapitel 3, II, 3.
[402] Althammer-Ströbele, aaO. § 8, Rz. 152; Ströbele MA 1984, 127, 137;
Es empfiehlt sich, zur Vermeidung unnötiger Kosten Art und Umfang der durchzuführenden Verkehrsbefragung vorab mit dem DPMA abzustimmen, vgl. Richtlinie Markenanmeldungen, Bl. PMZ 1995, 378, 389.

(4) Verkehrsauffassung hinsichtlich der herkunftsdifferenzierenden Funktion von abstrakten Farben (qualitative Anforderungen an die Verkehrsauffassung)

In der Rechtsprechung des BPatG und des BGH wird die konkrete Unterscheidungskraft nach § 8 Abs. 2 Nr. 1 MarkenG danach beurteilt, ob ein Kennzeichen geeignet ist, eine herkunftshinweisende Funktion zu entfalten. Die Marke muss eine Unterscheidungskraft dahin gehend entwickeln, die Ware oder Dienstleistung nach ihrer betrieblichen Herkunft zu differenzieren, nicht nach ihrer Beschaffenheit oder Bestimmung[403].

Die Praxis des HABM zeichnet sich durch eine ähnliche Ausrichtung auf die Herkunftsfunktion bei der Bestimmung der konkreten Unterscheidungskraft aus[404]. Um Unterscheidungskraft im Sinne von Art. 7 Abs. 1 lit b GMarkenV zu besitzen, müsse eine Marke insbesondere geeignet ein, eine Herkunftsfunktion auszuüben. Sie müsse die fraglichen Waren aus Sicht der angesprochenen Verbraucher nach ihrer betrieblichen Herkunft, nicht nach ihren Eigenschaften oder Merkmalen unterscheidbar machen.

Ausgehend von dieser grundsätzlichen Anbindung der Unterscheidungskraft an die Herkunftsfunktion wird die Frage aufgeworfen, ob und in welchem Maße abstrakte Farbmarken eine herkunftshinweisende Wirkung für den Verbraucher haben können.

Einzelne Farben und insbesondere auch Farbkombinationen (wegen der vielfältigen Kombinationsmöglichkeiten[405]) können auch ohne jede weitere graphische Gestaltung unterscheidungskräftig sein. Wie das Wort und die verbale Bezeichnung, die spezifische Verpackung einer Ware oder ein mit der Verpackung der Ware verbundenes Bildzeichen, so gehört auch die abstrakte Farbe ohne weiteres zur Assoziationswelt[406] eines Produktes und kann zur Herkunftsdifferenzierung beitragen. Farben erfüllen genau wie andere (traditionelle Markenformen) die konstitutiven Voraussetzungen, um Marke zu sein: Sie sind grundsätzlich frei wählbar und daher willkürlich, es sei denn, dies wird durch bestimmte technische oder sonstige funktionale Begebenheiten eingeschränkt[407].

---

[403] BGH GRUR 1995, 408, 409- Protech; BPatG GRUR 1996, 883- Blue Line; speziell zur Herkunftsanknüpfung bei abstrakten Farbzeichen siehe nur BPatG WRP 1999, 334, 338 – Blau/Weiß II; BPatG Mitt. 1999 180, 183- violettfarben.

[404] HABM GRUR 1999, 1080- Granini Flasche.

[405] Siehe oben, Kapitel 2, II, III; Kapitel 3, II.

[406] Siehe zum Begriff Jaeger-Lenz WRP 1999, 290, 295.

[407] Siehe oben, Kapitel 4, II, 3.

Die Unterscheidungskraft von abstrakten Farben wird in tatsächlicher Hinsicht schon durch einen Blick in sämtliche Waren- und Dienstleistungsbereiche der Markenartikelwirtschaft bestätigt. Auch konturlose Farben werden zunehmend zur Vermittlung von Markenbotschaften im Rahmen der Markenstrategie eingesetzt[408].

Bei dem Einsatz von Farben als Transportmedium von Markenbotschaften ist der Inhalt der Botschaft nicht notwendigerweise gleichzusetzen mit der ästhetisch ansprechenden dekorativen Gestaltung eines Produkts, die häufig in werbetaktischer und -psychologischer Hinsicht zur Absatzförderung gedacht ist[409]. Die Aussage einer farblich gestalteten Marke kann gerade auch auf die Differenzierung von verschiedenen Produkten anhand ihrer betrieblichen Herkunft gerichtet sein und damit eine rechtlich geschützte Markenfunktion (Herkunftsfunktion) ausfüllen[410]. Die Hausfarben von Unternehmen[411] sind dementsprechend willkürlich gewählt und haben mit dem beworbenen Produkt in technischer oder ästhetischer, beschreibender oder emotionaler Hinsicht keine Berührung. Sie sollen lediglich in ihrer Funktion darauf ausgelegt sein, dem Konsumenten die Unterscheidung von Waren und Dienstleistungen verschiedener Unternehmen zu ermöglichen, wenn er mit einer sog. Hausfarbe Kontakt kommt[412]. Der blaue Farbton als Hausfarbe der Deutschen Bank beispielweise hat nichts mit den Dienstleistungsprodukten gemein, welche den Geschäftsgegenstand dieses Markeninhabers bilden; der Farbton weist im Zusammenhang mit Finanzdienstleistungen weder eine besondere Ästhetik auf, noch steht er in einer technisch-funktionalen Beziehung zum Geschäftsgegenstand einer Bank. Als Markensymbol hat der Farbton innerhalb der Markenführung ausschließlich die Funktion, auf die Deutsche Bank als Unternehmen in Abgrenzung zu den Mitbewerbern hinzuweisen. Der Konsument innerhalb des Produktsektors Finanzdienstleistungen erwartet aufgrund dieser Farbmarke keine "blauen" Finanzdienstleistungen, sondern er ordnet aufgrund der Farbgebung die angebotenen Finanzdienstleistungen einem bestimmten Ursprungsunternehmen, hier Deutsche Bank, zu[413].

---

408 Siehe oben , Kapitel I, 2; Kapitel 4, I, 2, b.

409 So aber Althammer-Ströbele, aaO. § 8, Rz. 11 ff., der Farben generell nur dekorative Funktionen bei der Markengestaltung einräumt und damit die vielschichtigere Markenpraxis mit Farben unberücksichtigt lässt; siehe auch Ströbele GRUR 1999, 1041 f.

410 Siehe oben, Kapitel 2, I, 2 zu den ökonomischen Markenfunktionen.

411 Siehe oben Kapitel 2, I, 2; Kapitel 4, I, 2, b.

412 Z.B. die Farbe Blau als abstrakte Farbmarke des Unternehmens Application des Gaz (AdG) für ihre Campingausrüstungsgegenstände (u.a. Gaskocher) nebst Zubehörteilen, siehe hierzu auch die Rechtsprechung zum Benelux-Markengesetz: Urteil vom 9.3.1997, NJ 1997, 416, BIE 1977, 203.

413 Die braune Farbgebung der Auslieferungsfahrzeuge von UPS beispielsweise weist ebenfalls keine besondere Ästhetik oder Funktionalität auf, sondern dient allein als Mittel zur Abgrenzung gegenüber anderen Konkurrenzunternehmen.

Eine in ihrer Art eigenwillige und gegenüber den Aufmachungen anderer Konkurrenzprodukte ungewöhnliche und originelle konturlose Farbe oder Farbzusammenstellung kann durchaus unterscheidungskräftig sein. Eine Farbgebung beim Markenauftritt beruht nicht notwendigerweise allein auf technischen, funktionalen oder praktischen Gründen. Sie dient auch nicht zwingend nur dazu, der Marke ein ästhetisch ansprechendes Aussehen oder Design zu verleihen oder auf Merkmale hinzuweisen, Teile voneinander abzusetzen oder Eigenschaften zu symbolisieren[414]. Eine schlichte und konturlose Farbgebung bei einem Kennzeichen kann zur Herkunftsdifferenzierung geeignet sein, wenn sie eine gewisse gestalterische Phantasie und Einzigartigkeit aufweist, die sich nicht in funktionaler Hinsicht auf das Produkt bezieht. Wenn eine derartige Farbgebung für das betreffende Waren- oder Dienstleistungsgebiet neuartig und ungewöhnlich ist, dann ist sie eigenständig im Verhältnis zum Produkt und kann eine Unterscheidungskraft in Bezug auf die Herkunft der gekennzeichneten Waren oder Dienstleistungen entfalten.
Die Farbe Lila des Markeninhabers Kraft/Jacobs/Suchard weist z.B. für Schokoladenprodukte eine besondere Originalität auf und ist für das Warengebiet ungewöhnlich. Als gestalterisches Element kommt hinzu, dass die abstrakte Farbmarke auch in Verbindung mit einer lila eingefärbten Kuh verwendet wird. Damit wird die Farbe von dem eigentlichen Produkt gelöst, sie dient nicht der Beschreibung des Produkts Schokoladenriegel, sondern allein als willkürlich gewähltes Unterscheidungssymbol. Durch die ausgefallene Verbindung von Farbe und Produkt wird eine besondere Einzigartigkeit der Farbmarke geschaffen, die die Wiedererkennbarkeit und die Originalität des Zeichens unterstützt. Die Farbe Lila ist ebenfalls herkunftskennzeichnend auf dem Warengebiet „Abformmassen für zahnärztliche und zahntechnische Zwecke", weil sie für diesen Bereich keine beschreibende Funktion hat und als Farbgebung für das Produkt einzigartig ist (im Rahmen einer Umfrage gaben 78,8 % der befragten Fachkreise an eine lila Farbgebung bei dem Produkt mit einem bestimmten Hersteller zu verbinden). Da Abformmassen üblicherweise grau oder transparent sind, weist die lila Farbgebung eine besondere Originalität auf und kann zur Herkunftsunterscheidung eingesetzt werden.[415]
Die Eigenwilligkeit, Ungewöhnlichkeit und Originalität einer Farbe im Verhältnis zum Produkt sind damit wichtige Kriterien zur Beurteilung der Unterscheidungskraft.

[414] So aber BPatG GRUR 1999, 61, 63- Aral Blau I; BPatGE 40, 167, 174 ff.- Farbe blau.
[415] Siehe für die Anmeldung als Bildmarke Beschl. vom 30.12.1999, 30 W(pat) 287/96.

Die Rechtsprechung und die Markenbehörden gehen davon aus, dass eintragungsfähigen Kennzeichen eine Unterscheidungskraft "von Haus aus"[416] zukommen müsse. Diese aus dem WZG stammende Prämisse ist mit den neu entstehenden Zeichenformen und der Neukonzeption des MarkenG m.E. nur noch schwerlich zu vereinbaren. Eine schon im Kennzeichen selbst angelegte, wesenseigene Unterscheidungskraft wird man nur bei Wort- bzw. Bildkennzeichen und anderen eingeführten und traditionellen Markenformen annehmen können, da hier der Verkehr an die herkunftshinweisende Funktion gewöhnt ist.
Wegen der permanenten Reizüberflutung in einer multimedialen Markenpraxis ist eine Tendenz weg von Marken mit einem hohen Informationsgehalt (z.B. der Firmenname als Marke) hin zu wortvertretenden Symbolen - u.a. die graphische Darstellung einer Firma in Form eines Logos oder eben einer Farbmarke - festzustellen[417]. Die Aufnahmefähigkeit des Konsumenten wird mit immer mehr Informationen auf allen medialen Ebenen besetzt; die Markenbotschaften müssen daher in zunehmendem Maße prägnant und damit besser "abspeicherbar" sein. Die Kennzeichen werden dadurch zwar immer markanter und leichter aufzunehmen, aber als Nebenfolge auch abstrakter in der Verbindung zum Produkt. Die herkunftshinweisende Funktion ist diesen Kennzeichen nicht immanent, erst durch Benutzung des Zeichens kann eine Gewöhnung des Verkehrs an eine Differenzierung nach Herkunftsbetrieben bewirkt werden[418].

Dieser Dualität von Marken mit einem hohem Informationsgehalt und prägnanten, symbolisch ausgerichteten Kennzeichen hat der Gesetzgeber im MarkenG durch die Einführung von neuen Markenformen, wie u.a. Buchstaben, Zahlen, Farben, Hörzeichen und dreidimensionalen Gestaltungen einschließlich der Form einer Ware, Rechnung getragen. Diesen neuen Markenformen kommt wegen ihres abstrakten und symbolischen Charakters keine naturgegebene Unterscheidungskraft "von Haus aus" zu, dennoch wurden sie über § 3 Abs. 1 MarkenG in das Markensystem eingeführt. Durch die Einbeziehung auch derartiger Kennzeichenformen in das System des Markenschutzes hat sich auch die Funktion des Eintragungsverfahrens gewandelt: Das Register soll unter dem MarkenG nicht mehr ausschließlich nur Zeichen Schutz gewähren, denen ein hoher Informationsgehalt der Markenbotschaft wesenseigen ist, sondern soll auch neuen Markenformen im Hinblick auf eine noch nicht durchgesetzte herkunftshinweisende Funktion eine Entwicklungschance geben[419].

Abstrakte Farbmarken sind in die Gruppe der zuvor beschriebenen neuen Markenformen einzuordnen. Farben an sich haben nicht notwendigerweise eine be-

[416] BPatG GRUR 1996, 883- Blue Line; BGH GRUR 1995, 408, 409- Protech.
[417] Siehe oben, Kapitel 2, II zur Markenkommunikation.
[418] Siehe oben, Kapitel 2, II.
[419] Siehe hierzu Ulmer, S. 65; die Regierungsbegründung aaO. S. 80.

schreibende Funktion, die zur Versagung der Registereintragung führen muss; sie stehen als Symbol stellvertretend für eine Botschaft, die sich auch auf die Herkunft beziehen kann. Wenn die allgemeine Markenfähigkeit zuerkannt wird, muss bei konturlosen Farbmarken das Eintragungsverfahren eine Entwicklungschance zur Gewöhnung des Verkehrs an eine Herkunftsdifferenzierung aufgrund von Farben gewähren.

Farben können wie alle Symbole im Markenrecht (z.B. Formen, Zahlen Buchstaben) als Träger der Unterscheidungsfunktion eingesetzt werden. Maßgebend ist allein, mit welchem Inhalt das Symbol Farbe durch die Markenstrategie belegt wird. Die Farbe als Mittler von Markenbotschaften kann mit unterschiedlichen Inhalten bestückt werden[420]; es ist kein Grund ersichtlich, warum eine Herkunftsinformation nicht durch Farben als Assoziationsträger vermittelt werden könnte. Farben kommt diese herkunftshinweisende Funktion zwar nicht naturgegeben zu, sie kann aber durch Benutzung auf dem Markt und der damit verbundenen Verkehrgewöhnung an einen herkunftshinweisenden Einsatz von Farben geschaffen werden.
Der Vergleich mit den Buchstaben- und Zahlenmarken zeigt, dass diese Besonderheit der symbolisch ausgerichteten Kennzeichen im Vergleich zu den traditionellen Markenformen nicht generell die Eintragungsfähigkeit ausschließen muss, denn im Gegensatz zu den Farbmarken wird Buchstaben- und Zahlenmarken von der neueren Rechtsprechung eine herkunftshinweisende Unterscheidungskraft gemäß § 8 Abs. 2 Nr. 1 MarkenG zuerkannt[421].

Das Publikum war bisher im Allgemeinen nicht an diese neuen Zeichen gewöhnt; dies schon deshalb, weil solche Zeichen wegen ihrer absoluten Schutzunfähigkeit nach früherem Warenzeichenrecht nur in ganz seltenen Fällen, etwa im Wege der Verkehrsdurchsetzung, als Marke geschützt werden konnten. Mit der Änderung des MarkenG, das den interessierten Kreisen erweiterte Möglichkeiten zur Markenbildung bringen sollte und zum Teil gebracht hat, muss jedoch nunmehr auch die Registerbehörde für die Markenanmelder einen entsprechenden Spielraum eröffnen und darf nicht durch allzu strenge, in der Übergangszeit unerfüllbare Anforderungen an das Vorliegen von Unterscheidungskraft die in der Markenanmeldung liegende Anwartschaft auf ein herkunftskennzeichnendes Schutzrecht praktisch verhindern[422].

---

[420] Siehe oben, Kapitel 2, I, 2.
[421] BPatG GRUR 1999, 1086, 1087- Zahl 1; BGH GRUR 1997, 336- quattro II; BGH Mitt. 1997, 70, 71- UHQ II;
allgemein zum Schutz von Buchstaben- und Zahlenmarken: Krings, WRP 1999, 50; Albrecht GRUR 1996, 246 f.; Eisenführ, Fs 100 Jahre Markenamt, S. 71; Bauer, GRUR 1996, 319.
[422] BPatG GRUR 1999, 1086, 1087- Zahl 1 zur Problematik der Zahlenmarken.

Den Konflikt zwischen dem Postulat einer dem Kennzeichen wesenseigen innewohnenden Unterscheidungskraft einerseits und dem Interesse am Eintragungsschutz für konturlose Farbmarken andererseits ist vom Gesetzgeber zugunsten der konturlosen Farbmarke als neuer Markenform und damit zulasten einer vom BPatG praktizierten extensiven Ausweitung der Anforderungen an die konkrete Unterscheidungskraft entschieden worden.

(5) Quantitative Anforderungen an die Verkehrsauffassung

Das MarkenG gibt für den unbestimmten Begriff der konkreten Unterscheidungskraft in § 8 Abs. 2 Nr. 1 MarkenG keine quantitativen Anforderungen für die Verkehrsauffassung vor, der für ein zur Eintragung bestimmtes Kennzeichen erforderlich ist. Eine den Wertungen des Gesetzes entsprechende Bestimmung der Verkehrsauffassung muss demnach aus dem systematischen Gesamtzusammenhang der absoluten Schutzhindernisse heraus vorgenommen werden.

Der Ansatz der Rechtsprechung, die erforderliche Verkehrsauffassung allein in Abhängigkeit zu der jeweils in Rede stehenden Markenform zu beurteilen, entspricht nicht dem Sinn und Zweck des MarkenG[423]. Das MarkenG differenziert nicht zwischen den einzelnen Zeichenformen, die im Grundsatz einer Eintragung in das Markenregister zugänglich sind. Die Bildung von Fallgruppen führte gerade bei den abstrakten Farbmarken zur Herausbildung von überdurchschnittlich hohen und speziellen Anforderungen an die Verkehrsauffassung, die sich nicht durch das Gesetz begründen lassen.

Ein zutreffender Ansatz zur Bestimmung der quantitativen Anforderungen an die bei einer Registereintragung erforderliche Verkehrsauffassung bei konturlosen Farben muss m.E. entsprechend der Intention des MarkenG von der Auffassung der beteiligten Verkehrskreise im Einzelfall ausgehen. Die Auffassung des Publikums spiegelt die Vermarktung des Produkts wieder und liefert damit den besten Anhalt zur Beurteilung eines Markenrechts.
Das Kriterium zur Bemessung der Anforderungen an dieVerkehrsauffassung liefert – aus dem Regelungszusammenhang der absoluten Schutzhindernisse heraus – das Freihaltebedürfnis, welches sich aus den berechtigten Interessen der Mitbewerber an der Nutzung der jeweiligen konturlosen Farbe ergibt[424]. Die für die Eintragung einer abstrakten Farbmarke erforderliche Verkehrsauffassung ergibt sich aus der Relation zwischen der Unterscheidungskraft des Zeichens, welches sich aus der Auffassung der beteiligten Verkehrskreise ergibt, und dem Freihal-

[423] Siehe nur BGH Mitt. 1999, 108, 110- Farbmarke gelb-schwarz; BPatG WRP 1999, 334, 337- Blau/Weiß II.
[424] BGH GRUR 1957, 369, 371- Rosa-Weiß-Packung; BGH GRUR 1962, 299, 302- form-strip; BGH GRUR 1968, 367, 374- Maggi.

tebedürfnis, welches sich nach den berechtigten Interessen der Mitbewerber richtet.
Nach dem Freihalteinteresse bestimmt sich, welche Anforderungen an die Breite und Stärke der Verkehrsauffassung zu stellen sind. Farben und Farbverbindungen gehören zu den wichtigsten und gebräuchlichsten Werbemitteln. Aus diesem Grund kann die Unterscheidungskraft als Voraussetzung der Eintragungsfähigkeit einer abstrakten Farbmarke nur in Abhängigkeit zu den Interessen der Mitbewerber an der Nutzung der jeweiligen Farbe beurteilt werden.
Anstatt eine Fallkasuistik zu propagieren, die von einer Vermutung der Eintragungsunfähigkeit abstrakter Farben ausgeht, könnten die oben ausgeführten Erwägungen zu einer flexibleren Formel zusammengefasst werden: Je mehr der freie Verkehr auf die Verwendung einer konturlosen Farbe oder Farbkombination angewiesen ist, desto höhere Anforderungen sind an die Verkehrsauffassung zu stellen. Die Frage, ob und inwieweit die Markenartikelwirtschaft auf die Verwendung einer Farbe angewiesen ist, ist dabei abhängig von der Anzahl der Unternehmen, die im Wettbewerb auf die Verwendung entsprechender Farbzeichen als Kennzeichnungsmittel angewiesen sind[425]. Zudem wird es darauf ankommen, ob in dem Waren- oder Dienstleistungsbereich im Marketing hauptsächlich Farben oder eher andere Kennzeichnungsformen eingesetzt werden[426]. Schließlich wird auch die Art und Weise des Produktvertriebs eine Rolle bei der Frage spielen, inwieweit die Wettbewerber auf die Verwendung einer Farbe oder einer Farbverbindung angewiesen sind[427].

Im Ergebnis ist die für die Eintragung erforderliche Verkehrsauffassung daran auszurichten, in welchem Maße durch eine abstrakte Farbmarke Marketinginstrumentarien, auf die alle Mitbewerber zur Verbesserung ihres Produktvertriebs zurückgreifen möchten, zugunsten eines Markeninhabers monopolisiert werden:

[425] In dem Waren- und Dienstleistungsbereich der Energieversorger gibt es aufgrund der besonderen Marktsituation (hoher Investitionsbedarf bei dem Aufbau einer effektiven Energieversorgung) nur eine verhältnismäßig geringe Anzahl von Anbietern. Dieser Aspekt spricht für geringe Anforderungen an die Verkehrsbekanntheit, da in diesem Marktsegment nicht viele konkurrierende Unternehmen auf die Verwendung von konturlosen Farben angewiesen sind.

[426] Beim Vertrieb von Lebensmitteln in Supermärkten und Discountern werden z.B Farben und Farbverbindungen anbieterübergreifend zur besseren Positionierung der Waren eingesetzt. Farben dienen hier als Blickfang, um das eigene Produkt aus dem unüberschaubaren Warenangebot herauszuheben. Zudem werden sie in verbraucherpsychologischer Hinsicht eingesetzt, indem die zum Aufbau einer emotional und appellativ ausgerichteten Kundenbindung eingesetzt werden.

[427] Die Unternehmen der Mineralölindustrie beispielsweise sind durch die besondere Vertriebssituation in hohem Maße auf die Verwendung von Farben und Farbverbindungen angewiesen. Der Kraftfahrer als Kunde muss über das Vertriebssystem der Tankstellen aus dem fließenden Straßenverkehr heraus auf die Produkte der verschiedenen Anbieter aufmerksam gemacht werden. Da der Kraftfahrer die Aufmachung der einzelnen Tankstellen nur flüchtig und beiläufig aufnimmt, muss die Werbung prägnant und schon aus weiter Entfernung erkennbar sein. Aus diesem Grunde werden in diesem Waren und Dienstleistungsbereich Farben besonders häufig verwendet und es besteht dementsprechend ein verhältnismäßig großes Interesse der Wettbewerber an der Nutzung von Farben.

Je umfassender die betroffene Waren- oder Dienstleistungsgruppe (Waren oder Dienstleistungsverzeichnis) und je breiter der zu monopolisierende Abschnitt des Farbenraums, desto höher sind die Anforderungen an die erforderlichen Verkehrsauffassung .

Hat sich eine deskriptive abstrakte Farbe innerhalb beteiligter Verkehrskreise trotz eines Freihalteinteresses der Konkurrenten tatsächlich als Kennzeichen für die Herkunft einer Ware oder Dienstleistung durchgesetzt, so kann ihr der Registerschutz nicht mit der Begründung versagt werden, dass ein vorrangiges Bedürfnis der Allgemeinheit nach Freihaltung solcher Angaben für den allgemeinen Gebrauch bestehe[428]. Dies besagt nicht, dass dem Freihaltebedürfnis bei abstrakten Farben keine sachliche und rechtliche Bedeutung zukommt, sondern soll nur den rechtlichen Ansatzpunkt beschreiben. Das Freihalteinteresse wird in diesen Konstellation schon erschöpfend bei der Prüfung der Verkehrsauffassung berücksichtigt. Mit zunehmender Unterscheidungskraft der konturlosen Farbe wird eine eventuelle Funktionalität der Farbe ersetzt und das damit zusammenhängende Freihaltebedürfnis überholt. Wenn die beteiligten Verkehrskreise einer Farbe z.B. keine ästhetische oder technische Funktion mehr zuschreiben, sondern als Hinweis auf ein Unternehmen auffassen, ist dies letztlich ausschlaggebend für die Eintragungsfähigkeit[429].

Die Verwendung farbiger Symbole im geschäftlichen Verkehr, insbesondere auf Warenverpackungen und in der Werbung, ist heute allgemein üblich, jedoch ist die Zahl der dafür geeigneten Farben begrenzt. Die Anerkennung eines Registerschutzes an einer Primärfarbe oder einer Grundfarbe als Einfarbenmarke ist deshalb nur mit Zurückhaltung zu bejahen. Wer für eine Grundfarbe oder eine im Verhältnis zum Produkt naheliegende oder gebräuchliche abstrakte Farbe Registerschutz beansprucht, wird zur Anerkennung eines schutzwürdigen Interesses eine besonders starke Unterscheidungskraft nach der Verkehrsauffassung nachweisen müssen. Hat sich jedoch eine Farbe tatsächlich in dem erforderlichen Maße und Umfang als Kennzeichen für die Waren oder Dienstleistungen eines Unternehmens im Verkehr etabliert, so kann der Hinweis auf ein Freihalteinteresse der Mitbewerber die Annahme der konkreten Unterscheidungskraft nicht ausschießen. Das Korrektiv gegen eine den freien Verkehr beeinträchtigende Monopolisierung liegt in diesen Konstellationen allein in der Höhe der Anforderungen an die Unterscheidungskraft nach der Verkehrsauffassung.

---

[428] Vgl. BGHZ 30, 357, 369 f.- Nährbier; BGHZ 35, 341, 343- Buntstreifensatin; BGH GRUR 1974, 337, 338- Stonsdorfer, BGH GRUR 1962, 299, 302- form strip.

Dagegen wird zuweilen die Ansicht vertreten[430], dass eine technische oder ästhetische Funktionalität einer Farbe nicht durch entsprechende Anforderungen an die Stärke der Unterscheidungskraft überwunden werden kann. Diese Auffassung überzeugt nicht, da sie die Verkehrsauffassung durch einen eigenen Beurteilungsmaßstab ersetzt. Die Auffassung des Publikums ist aber für die Beurteilung der Unterscheidungskraft allein ausschlaggebend; wenn eine Farbe aus der Sicht der Verbraucher keine ästhetische oder technische Funktion mehr besitzt, sondern hauptsächlich als Herkunftshinweis aufgenommen wird, dann ist von konkreter Unterscheidungskraft auszugehen.

4. Das Freihaltebedürfnis als absolutes Schutzhindernis bei konturlosen Farbmarken, § 8 Abs. 2 Nr. 2 MarkenG

a. Stand der Rechtsprechung

Zur Beurteilung des Freihaltebedürfnisses nach § 8 Abs. 2 Nr. 2 MarkenG hat das BPatG bislang nur in der Entscheidungen „Farbmarke gelb/schwarz“[431] und „Blau/Weiß II“[432] Stellung genommen.

In dem Beschluss „Blau/Weiß II“ weist der 28. Senat eingangs darauf hin, der Gesetzgeber habe die Frage, ob einzelne Farben als Marke monopolisiert werden könnten und sollten, bejaht. Im Folgenden wurde aber eine Fülle von Anhaltspunkten für die Annahme eines „aktuellen“ wie „gegebenenfalls zukünftigen Freihaltebedürfnisses“ im Hinblick auf die in Rede stehende Farbzusammenstellung Blau/Weiß aufgeführt. Gerade bei den allgemein gebräuchlichen Grundfarben Blau und Weiß, deren Verwendungsvielfalt im alltäglichen Leben überwältigend sei, führe die unbesehene Akzeptanz von Farben und erst recht Farbkombinationen dazu, dass Konkurrenten der Inhaber von Farbmarken im Prinzip auf unabsehbare Zeit daran gehindert werden könnten, bestimmte von ihnen aus den unterschiedlichsten Gründen benötigte Farben für oder in Zusammenhang mit ihren Waren oder Dienstleistungen zu gebrauchen. Dies gelte auch für zahlreiche weitere, im automobilen Waren- und Dienstleistungsbereich tätige Einzelfirmen, wie die Durchsicht gängiger Werbeprospekte und -schriften zeige[433].

[430] Heitto, GRUR Int. 2000, 488, 490.
[431] BPatG 2000, 428, 431.
[432] BPatG WRP 1999, 334, 338.
[433] Siehe BPatG aaO. S. 338- Blau/Weiß II zu den Einzelheiten.

b. Beschreibende Marken als absolutes Schutzhindernis

aa. Rechtsgrundlagen

Mit der Regelung des Freihaltebedürfnisses in § 8 Abs. 2 Nr. 2 MarkenG wird die frühere Regelung in § 4 Abs. 2 Nr.1, 2. Variante WZG, in der noch Zahlen und Buchstaben als Regelfall einer beschreibenden Marke aufgeführt wurden, abgelöst.
Der Gesetzgeber hat mit der nationalen Regelung im MarkenG die zwingende Vorgabe der MarkenRL in Art. 3 Abs. 1 lit. c wortgleich umgesetzt. Die GMarkenV enthält in Art. 7 Abs. 1 lit c ebenfalls eine gleichlautende Normierung des Freihaltebedürfnisses. Die PVÜ behandelt die beschreibende Marke als absolutes Eintragungshindernis unter Art. 6 quinquies B Nr. 1, 2. Alt., wobei der Wortlaut im Vergleich zu den zuvor genannten Kodifikationen dahin gehend abweicht, dass ein konkreter Bezug des beschreibenden Zeichens mit den gekennzeichneten Waren oder Dienstleistungen nicht ausdrücklich festgelegt ist[434].

bb. Begriff

Nach § 8 Abs. 2 Nr. 2 MarkenG sind von der Eintragung solche Marken ausgeschlossen, die ausschließlich aus Angaben bestehen, die im Verkehr zur Bezeichnung der Beschaffenheit oder zur Bezeichnung sonstiger Merkmale der Waren oder Dienstleistungen dienen können[435]. § 8 Abs. 2 Nr. 2 MarkenG schließt von der Eintragung solche konturlosen Farben aus, die im weitesten Sinne Merkmale der Produkte beschreiben. Im Interesse des Wirtschaftsverkehrs, insbesondere der Wettbewerber des Anmelders, sind diese Farben freizuhalten. Die Markenartikelwirtschaft würde behindert, wenn an produktbezogenen Farbgestaltungen Ausschließlichkeitsrechte möglich wären[436].

Maßgebend für die Bestimmung des Freihaltebedürfnisses ist die Verkehrsauffassung. Dabei ist das Verkehrsverständnis in dem Sinne wesentlich, als das Publikum das Zeichen als beschreibende Angabe ansehen muss, an der ein Freihaltebedürfnis bestehen kann[437]. Wenn der Verkehr das konkrete Zeichen in sei-

[434] Pariser Verbandsübereinkunft abgedruckt in BGBl. 1970 II; 391; geändert am 2. 10. 1979, BGBl. 1984 II, S. 799.
[435] BGH GRUR 1998, 813, 814- Change.
[436] BGH GRUR 1997, 634, 636- quattro II; BGH GRUR 1996, 770- Mega; BGH GRUR 1997, 627- a la carte;
zum Ganzen siehe Beyerle S. 69 f.; Eisenführ, Fs 100 Jahre DPA, S. 69, 72 f.; Ströbele, GRUR 1981, 706 f.; Storch, Fs Klaka, S. 197 f.
[437] BGH GRUR 1995, 269, 270- U Key.

ner Gesamtheit für die angemeldeten Waren oder Dienstleistungen als beschreibend ansieht, dann ist ein Freihaltebedürfnis zu bejahen.

Das Freihaltebedürfnis als absolutes Schutzhindernis soll für den Verkehr die als beschreibende Angaben benötigten Zeichen von der Monopolisierung durch den Zeichenschutz Einzelner freihalten. Dabei ist von Bedeutung, wie stark Freihaltebedürfnis ist. Nach Auffassung der Rechtsprechung ist das Freihaltebedürfnis in Wechselwirkung zur Unterscheidungskraft und zur Verkehrsdurchsetzung nach § 8 Abs. 3 MarkenG zu sehen[438].
Die Beurteilung in § 8 Abs. 2 Nr. 2 MarkenG hat auch Bedeutung für die Bestimmung des Schutzumfanges im Verletzungsprozess und im Widerspruchsverfahren. Je größer das Freihaltebedürfnis an einer Angabe ist, desto geringer ist die Kennzeichnungskraft und damit der Schutzumfang nach § 14 MarkenG. Bei zutreffender Anwendung der Norm muss ein Freihaltebedürfnis im Anmeldeverfahren nicht immer notwendigerweise zur Versagung der angestrebten Eintragung führen; vielmehr wird ein Farbzeichen, das nicht nur aus freihaltbedürftigen Farben besteht, gerade im Hinblick auf eine Beschränkung des Schutzumfanges eintragbar bleiben[439].

Mit dem absoluten Schutzhindernis für beschreibende Farben soll gewährleistet werden, dass derartige Farben von allen Mitbewerbern im allgemeinen Interesse frei verwendet werden können. In jedem Einzelfall ist zu prüfen, ob die betreffende Farbgebung gerade für die Waren oder Dienstleistungen, für die die Eintragung beantragt wird, im Verkehr als Angabe über ihre Art, Beschaffenheit oder sonstigen Merkmale benötigt wird.
Einen Hinweis auf die Beschaffenheit einer Ware stellt hauptsächlich die Wiedergabe ihrer natürlichen Farbe dar[440]. Ebenfalls freihaltebedürftig sind Farben, die im Verkehr als Angabe über die Art der Rohstoffe oder Bestandteile des Produkts aufgefasst werden[441]. Dasselbe gilt für Farben und Farbverbindungen, die den Gebrauchs- oder Verwendungszweck eines Produktes verdeutlichen[442]. Farben können auch eine deskriptive Funktion haben, indem sie auf bestimmte

[438] BGH GRUR 1991, 136, 137- New Man; BPatG GRUR 1996, 131, 133- Fernettchen; BGH GRUR 1994, 803- Trilopirox; BGH GRUR 1994, 905, 907- Schwarzwaldsprudel.
[439] Vgl. BPatG GRUR 1997, 285- Visa Streifenbild;
Siehe für die Literatur auch Althammer-Ströbele, § 8, Rz. 46; Beyerle, S. 71, 82.
[440] Z.B. Rot für Kirschlikor oder Grün für Waldmeistersaft.
[441] Nicht eintragungsfähig wäre etwa die Farbe Gelb für aus Sonnenblumenkernen hergestelltes Pflanzenöl.
[442] Z.B. die Farbkombination Rot/Weiß für Warntafeln und Absperrbänder im Straßenverkehr und im Baustellenbereich.

Teile oder Elemente der Waren hinweisen[443] oder als Symbol der Produktbeschreibung dienen[444].

cc. Konkretes Freihaltebedürfnis

Das Freihaltebedürfnis an einer beschreibenden abstrakten Farbmarke muss für die konkreten Waren oder Dienstleistungen bestehen, für die die Eintragung begehrt wird.
Das Freihaltebedürfnis kann nicht bereits deshalb bejaht werden, weil eine abstrakte Farbe für eine Ware oder Dienstleistung als Beschreibung dienen kann. Hier müssen die gleichen Überlegungen wie bei Zahlen und Buchstaben gelten, die der Gesetzgeber im Gegensatz zur Regelung unter Geltung des WZG aus dem Katalog der beschreibenden Zeichen in § 8 Abs. 2 Nr. 2 MarkenG herausgenommen hat. Der BGH hat für Zahlen in der Entscheidung „quattro II“[445] zu dieser Frage Stellung genommen und ausgeführt, eine Zahl könne grundsätzlich als Mengenangabe für die in Rede stehenden Waren dienen. Da diese Eignung jedoch jeder Zahl schon wesensmäßig zukomme und der Gesetzgeber trotzdem die Eintragung von Zahlen grundsätzlich eröffnet habe, könne die bloße abstrakte Eignung einer Zahl als Mengenangabe allein kein Eintragungshindernis darstellen. Vielmehr bedürfe es insoweit der Feststellung eines Bedürfnisses zur Freihaltung gerade der in Frage stehenden Zahl mit Bezug auf die konkrete Ware oder Dienstleistung, für die sie geschützt werden soll.

Abstrakte Farben haben ebenfalls wesensmäßig eine deskriptive Funktion. Sie können als Symbol zur Beschreibung der Produktmerkmale eingesetzt werden oder als Farbangabe zur näheren Beschreibung der Beschaffenheit der Ware herangezogen werden. Diese abstrakt jeder Farbe zukommende deskriptive Eigenschaft allein vermag kein absolutes Schutzhindernis zu begründen. Die konturlose Farbe muss gerade in Bezug auf die konkrete Ware oder Dienstleistung, für die eine Eintragung angestrebt wird, beschreibend sein[446].
Eine beschreibende konturlose Farbmarke ist nur für die konkreten Produkte, für die sie beschreibend wirkt, von der Eintragung ausgeschlossen, nicht auch für lediglich ähnliche Produkte. Im Eintragungsverfahren sowie im Löschungsverfahren nach § 54 MarkenG ist das Eintragungshindernis des § 8 Abs. 2 Nr. 2

[443] Z.B. Rot oder Orange zur Beschreibung von Gefahrenbereichen; Blau zum Hinweis auf Wasser, Kälte etc.
[444] Z.B. die Farbgebung bei Mobiltelefonen: Grün= Hörer abnehmen, Rot= Hörer auflegen.
[445] BGH GRUR 1997, 366, 367.
[446] Die Farbe Grün ist z.B beschreibend für Ökoprodukte, da sie Assoziationen in Bezug auf Natur, Umweltverträglichkeit etc. beim Verbraucher motiviert. Diese beschreibende Funktion vermag aber nicht für alle Waren oder Dienstleistungsklassen ein Freihaltebedürfnis zu begründen. So ist beispielsweise die Farbe Grün im Dienstleistungsbereich für mobiles Telefonieren nicht beschreibend und kann kennzeichnend für ein bestimmtes Unternehmen sein (e-plus).

MarkenG allein für die Waren oder Dienstleistungen zu prüfen, die mit den im Verzeichnis enthaltenen Waren identisch sind. Im Interesse eines allgemeinen Freihaltebedürfnisses besteht keine Veranlassung, das Eintragungsverbot auf Produkte auszudehnen, die das Warenverzeichnis nicht erfasst, die vielmehr den dort erfassten Waren nur ähnlich sind[447]. Der Gefahr der Aushöhlung der freizuhaltenden Farbe durch die für ähnliche Waren oder Dienstleistungen eingetragene Marke ist nicht im Eintragungsverfahren, sondern im Verletzungsprozess zu begegnen[448]. Unter der Geltung des MarkenG kann dies nunmehr - neben der sachgerechten Handhabung des Erfordernisses der Verwechslungsgefahr (§ 9 Abs. 1 Nr. 2 MarkenG) - insbesondere durch die Bestimmung des § 23 MarkenG erfolgen, die es dem Markeninhaber verwehrt, mit Hilfe des Markenschutzes gegen die beschreibende Benutzung einer Marke , u. a. als Angabe über die Beschaffenheit eines Produkts, einzuschreiten.

dd. Unmittelbares Freihaltebedürfnis

Unter unmittelbar beschreibenden Marken sind Zeichen zu verstehen, die die Ware selbst näher umschreiben, die also - wie es der Wortlaut des § 8 Abs. 2 Nr. 2 MarkenG festlegt - zur Bezeichnung der Art, der Beschaffenheit, der Menge, der Bestimmung des Wertes, der geographischen Herkunft oder der Herstellungszeit dienen können. Von dieser unproblematischen Form der beschreibenden Zeichen sind die beschreibenden Marken abzugrenzen, die nur mittelbar mit der Ware oder Dienstleistung in Beziehung stehende Angaben über Vertriebsmodalitäten oder sonstige das Produkt nicht unmittelbar umschreibende Umstände betreffen.

Diese Auslegungsfrage hat in hohem Maße Einfluss auf die Beurteilung des Freihaltebedürfnisses bei abstrakten Farbzeichen, denen häufig in Bezug auf das beworbene Produkt ein funktionaler und damit beschreibender Charakter nicht gänzlich abgesprochen werden kann. Der funktionale Charakter einer konturlosen Farbe kann unter dieser Prämisse indes nur zur Eintragungsunfähigkeit führen, wenn er sich unmittelbar auf das Produkt bezieht und nicht nur einer allgemein vorteilhaften Produktpräsentation im Rahmen des Markenauftritts dient[449].

---

[447] Vgl. BGH GRUR 1997, 634, 636- Turbo II; BGH GRUR 1997, 717, 718- Cokies; BGH GRUR 1990, 517- Smart Ware.

[448] Vgl. BGH GRUR 1997, 627, 628- a la carte.

[449] Die rosa Einfärbung der Financial Times hat in erster Linie wegen der besonderen Originalität dieser Farbgebung im Marktsegment Wirtschaftszeitungen eine kennzeichnende Funktion. Daneben trägt sie, wie die meisten anderen konturlosen Farbmarken auch, aufgrund des angenehmen Farbtons und des einheitlichen Erscheinungsbildes zu einem, aus verbraucherpsychologischer Sicht gesehen, vorteilhafteren Erscheinungsbild des Produktes bei. Diese Auswirkung der Farbgebung bezieht sich aber

Das BPatG hat in der Konsequenz seiner extensiven Auslegung der absoluten Schutzhindernisse auch im Hinblick auf beschreibende Angaben nach § 8 Abs. 2 Nr. 2 MarkenG seine unter Geltung des WZG entwickelte Rechtsprechung auf den neuen Tatbestand im MarkenG übertragen. Nach dieser Rechtsprechung[450] genügt ein nur mittelbarer Produktbezug der beschreibenden Marke zur Tatbestandserfüllung.
Diese das Eintragungsverfahren ausweitende Praxis setzt das BPatG nunmehr unter dem MarkenG fort. Nicht nur die Angaben über unmittelbar auf die Waren oder Dienstleistungen selbst bezogene Merkmale, sondern auch solche Angaben, die geeignet sind, sonstige für den Warenverkehr wichtige oder für die umworbenen Abnehmerkreise in irgendeiner Weise bedeutsamen Umstände des Produkts zu beschreiben, führen nach Ansicht des Gerichts zur Eintragungsunfähigkeit[451].

Der BGH wendet sich in dem Grundsatzbeschluss „Bonus"[452] gegen die vom BPatG gebilligte restriktive Eintragungspraxis des DPMA und fordert mit dem Postulat des unmittelbaren Produktbezuges eine zurückhaltendere Anwendung des Freihaltebedürfnisses an beschreibenden Angaben bei § 8 Abs. 2 Nr. 2 MarkenG ein. In der Premiere-Entscheidung[453] zum WZG hat der BGH noch die Marke Premiere als beschreibend im Sinne des § 4 Abs. 2 Nr. 1 2. Hs. WZG angesehen. Begründet wurde dies damit, dass nicht ausschließlich die in dieser Bestimmung ausdrücklich aufgezählten Angaben freihaltebedürftig seien, sondern auch solche, die andere für den Warenverkehr wichtige und für die umworbenen Abnehmerkreise irgendwie bedeutsame Umstände mit Bezug auf die Waren enthalten.
Der I. Zivilsenat vertrat in der Bonus-Entscheidung zwar die Auffassung, eine ausdrückliche Abkehr von der Premiere-Entscheidung sei nicht streiterheblich, da es bei dem Begriff Bonus schon an einer hinreichend engen Beziehung der

---

nicht unmittelbar in technisch-funktionaler Hinsicht auf das Produkt Wirtschaftszeitung, sondern allenfalls mittelbar auf die allgemeine Förderung des Vertriebs.

[450] Als eintragungsunfähig wurden u.a. beurteilt:
Spectacle für Bekleidungsstücke, BPatG GRUR 1990, 36- Spectacle; Diva für Damenwäsche und Miederwaren, BPatG GRUR 1990, 670- Diva; Made in Paradise für KFZ, BPatG Mitt. 1994, 216- Made in Paradise.

[451] Der Wortmarke Change für Tabakwaren wurde als eine werbeübliche schlagwortartige Aufforderung zu einem Produktwechsel ein Freihaltebedürfnis zugesprochen, BPatG BlPMZ 1996, 277- Change;
An der Wortmarke For You wurde für Zigaretten und andere Tabakerzeugnisse ein gewisses Freihaltebedürfnis anerkannt, da es eine aus sich heraus verständliche, schlagwortartige Aussage sei, die den Verbraucher unmittelbar anspreche und zum Kauf auffordere und nicht monopolisiert werden dürfe, BPatG GRUR 1997, 279, 280- For You.

[452] BGH GRUR 1998, 465, 466.

[453] BGH GRUR 1993, 746- Premiere.

Merkmale der Waren (Schädlingsbekämpfungsmittel) mit der beschreibenden Marke fehle. Dennoch ist dem Beschluss aus den Hilfserwägungen heraus eine neue Tendenz bei der Auslegung des Freihaltebedürfnisses zu entnehmen. Beschreibt eine Marke nur mittelbar mit dem Zeichen in Beziehung stehende Merkmale, wie Vertriebsmodalitäten oder sonstige die Ware selbst nicht unmittelbar betreffende Umstände, so komme nach Ansicht des BGH eine Zurückweisung der Anmeldung nach § 8 Abs. 2 Nr. 2 MarkenG nicht in Betracht. Die abweichende Auslegung des BPatG sprenge den in § 8 Abs. 2 Nr. 2 MarkenG festgelegten Zusammenhang zwischen Produkt und Kennzeichnung; auch aus Art. 3 Abs. 1 lit c MarkenRL und den Erwägungsgründen ergebe sich keine erweiternde Auslegung des Freihaltebedürfnisses[454].

ee. § 23 Nr. 2 MarkenG

Die restriktive Auslegung des § 8 Abs. 2 Nr. 2 MarkenG führt letztlich nicht zu einer unnötigen Erschwerung der freien Verwertbarkeit von unter Umständen mittelbar beschreibenden konturlosen Farben, denn nach § 23 Nr. 2 MarkenG[455] hat der Markeninhaber nicht das Recht, einem Dritten zu untersagen, im geschäftlichen Verkehr ein mit der Marke identisches (oder ähnliches) Zeichen als beschreibende Angabe über Merkmale oder Eigenschaften von Waren oder Dienstleistungen zu benutzen.

§ 23 MarkenG stellt damit eine notwendige Ergänzung zur Öffnung des Markenregisters für konturlose Farbmarken und andere neue Markenformen dar, die nach dem WZG nicht oder nur mit nachgewiesener Verkehrsdurchsetzung eingetragen werden konnten[456]. Gerade aus dem systematischen Zusammenhang der §§ 8 und 23 MarkenG heraus wird deutlich, dass das Markenregisterverfahren weder geeignet noch dazu vorgesehen ist, allen nur irgendwie denkbaren Behinderungsmöglichkeiten durch Kennzeichen bereits im Eintragungsverfahren vorzubeugen. Eine eventuell mittelbar beschreibende Funktion von konturlosen Farbmarken muss nicht zwingend schon im Eintragungsverfahren berücksichtigt werden, sondern kann auch mit dem Instrumentarium des § 23 MarkenG im Rahmen des Schutzumfanges sachgerecht eingeschränkt werden.

---

[454] BGH GRUR 1998, 465, 467- Bonus;
siehe auch Jonas, Anmerkung zur Bonus-Entscheidung des BGH in GRUR 1998, 468 f.

[455] Siehe unten Kapitel 5, VI zu den Einzelheiten des erlaubten Drittgebrauchs bei konturlosen Farben im Rahmen des Schutzumfanges.

[456] Siehe auch amtliche Begründung aaO. S. 80.

ff. Gegenwärtiges Freihaltebedürfnis

Das Freihaltebedürfnis muss gegenwärtig bestehen, "aktuell" sein; es darf nicht nur ein hypothetisches oder potenzielles sein, dessen Bestehen unter Berücksichtigung der weiteren Wirtschaftsentwicklung in der Zukunft als nicht ausgeschlossen erscheint. Die Tatsachen, die eventuell ein Freihaltebedürfnis begründen könnten, müssen zum Zeitpunkt der Entscheidung über die Eintragung vorliegen[457].
Aus der Wendung "dienen können" in § 8 Abs. 2 Nr. 2 MarkenG lässt sich ableiten, dass die Eintragung auch dann versagt werden kann, wenn eine Benutzung der Marke als Sachangabe nach den gegebenen Umständen erst mit hinreichender Wahrscheinlichkeit in der Zukunft erfolgen wird. Dabei kommt es nicht lediglich darauf an, eine Entwicklung für theoretisch denkbar zu halten, die zum beschreibenden Gebrauch der Marke führen kann. Die Berücksichtigung der zukünftigen Entwicklung setzt vielmehr die Feststellung von Tatschen voraus, die einen konkreten Anhalt für die erwartete Entwicklung bieten sowie hierauf gegründeter sicherer Erwägungen, wobei auch die Gründe, die diese Entwicklung fraglich erscheinen lassen könnten, sorgfältig geprüft werden müssen[458]. Bei zutreffender Anwendung des § 8 Abs. 2 Nr. 2 MarkenG können sich die Markenstellen des DPMA nur dann auf zukünftig zu erwartende Entwicklungen auf einem Warengebiet berufen, wenn es objektiv nachprüfbare Anhaltspunkte für derartige Annahmen gibt.

Der 28. Senat des BPatG wollte in der eingangs erwähnten Entscheidung „Blau/Weiß“ II[459] bei abstrakten Farbmarken dieser teilweise schon unter dem WZG entwickelten Rechtsprechung des BGH[460] nicht folgen und stellte unter dem Prüfungspunkt des § 8 Abs. 2 Nr. 2 MarkenG eine "Fülle von Anhaltspunkten eines aktuellen wie gegebenenfalls künftigen Freihaltebedürfnisses" fest. Nachdem der Senat im Ergebnis angesichts des Marktauftritts der Farbzusammenstellung Blau/Weiß ein Freihaltebedürfnis aufgrund von gegenwärtig vorliegenden Feststellungen verneinte, blieben die Ausführungen zu einem zukünftigen Freihaltebedürfnis im theoretischen Bereich, ohne tatsächlichen An-

---

[457] BGH GRUR 1983, 768, 770- Capri-Sonne; BGH GRUR 1995, 269- U Key; BGH GRUR 1983, 43, 45- Römigberg;
siehe auch Althammer-Ströbele § 8, Rz. 51; Anmerkung Heil zur Capri-Sonne-Entscheidung des BGH in GRUR 1983, 770 f.
[458] BGH GRUR 1992, 515- Vamos; BGH GRUR 1995, 408, 410- Protech; BGH GRUR 1989, 264, 265- Reynolds R 1/Ereintz; BGHZ 91, 262- Indorektal I;
siehe auch EuGH WRP 1999, 629, 633- Windsurfing Chiemsee zu Art. 3 Abs. 1 lit c MarkenRL.
[459] BPatG WRP 1999, 334, 337.
[460] BGH GRUR 1985, 1053, 1054- Royal; BGH GRUR 1989, 349, 350- Roth Händle/Kentucky/Cenduggy.

halt für eine zu erwartende Entwicklung bei der Farbzusammenstellung Blau/Weiß.
Das "gegebenenfalls künftige Freihaltebedürfnis" galt nach der entsprechenden ausdrücklichen Zurückweisung spekulativer Betrachtungen ohne konkrete Tatsachenfeststellung durch die Rechtsprechung des BGH als endlich und glücklich erledigt[461]. Das Auftauchen der Spekulation auf den eventuell zukünftigen Bedarf des Wettbewerbs gerade im Bereich der neuen Markenformen ist indes nicht unvermutet und liegt auf der Linie des BPatG, die neuen Markenformen durch überhöhte Anforderungen im Bereich der absoluten Schutzhindernisse von einer Registrierung fernzuhalten. Für konturlose Farbmarken gelten aber keine besonderen Schutzvoraussetzungen, die es rechtfertigen würden, von der Rechtsprechung längst überholte Grundsätze mit der Tendenz der Ausweitung der absoluten Schutzhindernisse auf bestimmte neue Markenformen anzuwenden. Nur in Konstellationen, in denen zum Zeitpunkt der Tatsachenentscheidung objektiv nachprüfbare Anhaltspunkte für ein zukünftig zu erwartendes Freihaltebedürfnis bei einer abstrakten Farbe oder Farbkombination besteht, wird der Tatbestand des § 8 Abs. 2 Nr. 2 MarkenG zu bejahen sein[462].

gg. Restriktive Auslegung des absoluten Schutzhindernisses

Nach Umsetzung der MarkenRL setzt sich nach und nach, vor allem durch die Rechtsprechung des BGH initiiert, eine modernere Anwendung der absoluten Schutzhindernisse durch. Im Bereich der beschreibenden Marken gemäß § 8 Abs. 2 Nr. 2 MarkenG ist diese - eine liberalere Eintragungspraxis gerade bei den neuen Markenformen fördernde - Neukonzeption an den oben erörterten Tatbestandsmerkmalen festzumachen, wonach es auf ein konkretes, aktuelles und unmittelbares Freihaltebedürfnis ankommt. Das BPatG folgt den Vorgaben des BGH nur zögernd und wenn dies in Einzelfällen geschieht, dann nur im Bereich der traditionellen Markenformen.

---

461 Siehe hierzu die Anmerkung von Maiwald zum Beschluss „Farbmarke gelb-schwarz" des BGH in Mitt. 1999, 110 f.

462 Anfang der achtziger Jahre wurde im Lebensmitteleinzelhandel die konturlose Farbe Weiß neben der eigenständigen Bezeichnung „Die Weissen" als Markenlabel für besonders preiswerte Waren eingeführt. Die abstrakte Farbe war nicht zugunsten einer bestimmten Lebensmittelkette geschützt. Dies führte in der Folgezeit dazu, dass immer mehr Lebensmittelketten begannen, den Markenauftritt ihrer preiswerten Angebote mit einer weißen Farbgestaltung zu begleiten. Zu diesem Zeitpunkt konnte man anhand dieser objektiven Parameter von einem in Zukunft zu erwartenden Freihaltebedürfnis der Farbgebung Weiß für preiswerte Produktlinien im Lebensmitteleinzelhandel ausgehen, da nachweisbare Anhaltspunkte für eine bevorstehende Entwicklung der Farbe Weiß zu einer Gattungsbezeichnung für preiswerte Lebensmittel tatsächlich bestanden.

Die neuen Entwicklungen bei der Beurteilung eines Freihaltebedürfnisses, auf die konturlose Farbmarke angewendet, gewährleisten eine breite Eintragungspraxis für diese Markenform. Wenn sich Farben aufgrund von tatsächlichen und konkreten Feststellungen des Gerichts bzw. der Markenstelle als beschreibend herausstellen sollten, dann kann dies nur unter den oben skizzierten, einschränkenden Kriterien zu einer Verweigerung der Eintragung einer konturlosen Farbmarke führen.
Eine hier vertretene restriktive Anwendung des Freihaltebedürfnisses in der Rechtsanwendung würde die Grundentscheidung des Gesetzgebers in § 3 Abs. 1 MarkenG zur Schutzfähigkeit von abstrakten Farbmarken gesetzeskonform umsetzen.

c. Wertungsmaßstab bei konturlosen Farbmarken

Zur Feststellung eines beschreibenden Charakters von konturlosen Farbzeichen ist auf ein im Einzelfall bestehendes, tatsächliches und aktuelles Freihaltebedürfnis abzustellen. Es ist letztlich abzuwägen zwischen dem Bedürfnis der Allgemeinheit an der Freihaltung von beschreibenden Farben für den Wirtschaftsverkehr und dem Interesse der Markenanmelder an der grundsätzlichen Schutzfähigkeit von Farbzeichen. Wegen der zwingend erforderlichen Einzelfallprüfung ist nur in eingeschränktem Maße die Entwicklung einer generalisierenden Kasuistik möglich. Jedenfalls wird das Freihaltebedürfnis wegen des großen Interesses der Allgemeinheit der Markenartikelwirtschaft an der freien Verfügbarkeit von Farben regelmäßig nicht zu vernachlässigen sein. Diese Prämisse kann aber nicht für alle Formen der konturlosen Farbmarken gelten, insbesondere wird zwischen reinen Grundfarben und speziellen Farbtönen bzw. -schattierungen zu differenzieren sein.

aa. Mehrfarbenkombinationen

Mehrfarbenmarken werden in der Praxis am wenigsten freihaltebedürftig sein. In ihrer Verwendung im Rahmen der Markenführung liegt kein erheblicher Angriff auf die legitimen Interessen von Marktteilnehmern, ihre Waren oder Dienstleitungen auch mit abstrakten Farben von Produkten anderer Unternehmen zu unterscheiden. Schon bei Zeichen, die sich aus nur zwei Farbtönen zusammensetzen, besteht eine große Variationsbreite bei der Kombination von Farben, wenn der Konkurrent denn auf ein abstraktes Farbzeichen seines Mitbewerbers mit einem ebensolchen Farbzeichen reagieren möchte[463]. Da nicht ernsthaft auf allen Produktgebieten in der Zukunft mit einer ausschließlich durch abstrakte Farbzeichen erfolgenden Kennzeichnung gerechnet werden kann, ist kaum vorstellbar - zumal nicht alle Waren- oder Dienstleistungsbereiche gleichermaßen für abstrakte Farbmarken geeignet sind[464] - ,dass durch die Zulassung von konturlosen Farbzeichen für Mitbewerber diese Markenform bzw. die anderweitige Nutzung von Farben im Rahmen der Markenstrategie grundsätzlich versperrt wird.

Sogar im Bereich der zehn reinen Grundfarben ergeben sich immerhin bei einer Zweierkombination noch 10x9:2= 45 Kombinationsmöglichkeiten für eine Farbenkombination. Es kommt noch hinzu, dass die Spezialität der gewählten Farbkombination als Marke für die betreffende Dienstleistungs- oder Warenklasse das Anwendungsspektrum eingrenzt und freie Kapazitäten für Marktteilnehmer in anderen Produktbereichen offen lässt.

bb. Einfarbenmarken

Bei Farbtönen und Farbschattierungen außerhalb des Grundfarbenbereichs besteht (wenn man einschränkend berücksichtigt, dass eine Neuheit des Zeichens nur für die betreffende Waren- oder Dienstleistungsgruppe bestehen muss) immer noch ein weiter Variationsspielraum für Konkurrenten, wenn für einen Mitbewerber eine spezielle Farbvalenz registriert wird[465]. Im Rahmen der Abwägung innerhalb des § 8 Abs. 2 Nr. 2 MarkenG wird entscheidend sein, ob es sich um übliche oder unübliche Farbtöne handelt. Je unterscheidungskräftiger ein Farbton für das gekennzeichnete Produkt ist, desto geringer wird ein eventuelles Freihaltebedürfnis zu veranschlagen sein[466].

---

[463] Siehe oben, Kapitel 2, II, 2.

[464] Mit einer konturlosen Farbmarke wird man beispielsweise im Rahmen der Kommunikationsbeziehung mit dem Verbraucher keine technischen Details über die Beschaffenheit des Produkts transportieren können.

[465]Siehe oben 2. Kapitel, II, 2.

[466]Die Bezeichnung „Die Weissen“ zur Kennzeichnung von niedrigpreisigen und markenlosen Artikeln ist nicht eintragungsfähig, da diese Bezeichnung inzwischen unternehmensübergreifend als Bezeichnung besonders preiswerter Lebensmittelartikel üblich geworden ist, vgl. KG GRUR 1994, 201, 203;

eintragungsfähig wäre dagegen eine eigentümliche und ausgefallene Farbgebung von KFZ für Eilkurierdienste als konturlose Farbmarke für die Dienstleistungen eines Kurierdienstes. Es wird allerdings zu verlangen sein, dass die KFZ in einer speziell für den Kurierdienst angefertigten Sonderlackierung gespritzt würden; z.B. in einem giftgrünen oder einem grell-orangefarbenen Ton. Im Automobilbereich generell gebräuchliche Farben wie Rot, Weiß etc. wären dagegen freihaltebedürftig.

Bei den zehn Grundfarben wird wegen der geringen Variationsbreite und dem großen Interesse der Wettbewerber an der markentechnischen Nutzung von Grundfarben generell ein besonders starkes Interesse an der Freihaltung für Dritte bestehen, in vielen Fällen wird dies zur Anwendung des § 8 Abs. 2 Nr. 2 MarkenG führen. Eine Eintragung wird in diesem Bereich häufig nur über Verkehrsdurchsetzung nach § 8 Abs. 3 MarkenG zu realisieren sein.

Diese verallgemeinernden Grundsätze beanspruchen Gültigkeit nur als generelle Orientierungshilfe. Die Markenstellen werden in der Praxis im Einzelfall zu beurteilen haben, ob den Konkurrenten für die in Rede stehende Waren- oder Dienstleistungsklasse ausreichend Spielraum für einen farbunterstützten Markenauftritt ihrer Produkte bleibt. Dies wird für die verschiedenen Bereiche unterschiedlich zu beurteilen sein; je mehr abstrakt farbig ausgestaltete Marken es auf einem bestimmten Produktgebiet gibt, desto kleiner wird dieser Spielraum und umso größer das Freihaltebedürfnis sein. Als Sicherungsinstrument gegen eine den freien Verkehr beeinträchtigende Monopolisierung von Farben oder Farbkombinationen stellt § 8 Abs. 2 MarkenG zwei Weichen: Als Korrektiv dient zunächst die Festlegung der Anforderungen an das Freihaltebedürfnis für die betroffene Waren- oder Dienstleistungsklasse und schließlich der daran auszurichtende Grad der Verkehrsdurchsetzung nach § 8 Abs. 3 MarkenG im Grundfarbenbereich bzw. der Gewöhnung des Verkehrs nach § 8 Abs. 2 Nr. 1 MarkenG außerhalb der Grundfarben.

5. Gattungsbezeichnungen als absolute Schutzhindernisse, § 8 Abs. 2 Nr. 3 MarkenG

a. Stand der Rechtsanwendung

In der bisherigen Rechtsanwendung zu abstrakten Farbmarken hat lediglich das Harmonisierungsamt für den Binnenmarkt zu dem Freihaltebedürfnis an sprach- und verkehrsüblichen Bezeichnungen in Verbindung mit Art. 7 Abs. 1 lit d der GMarkenV Stellung genommen. Die 3. Beschwerdekammer führte in dem Beschluss „Light-Green“[467] aus, dass diese Norm auch auf allgemeine Werbeelemente anwendbar sei, die weniger eine speziell beschreibende Aussage vermitteln, als vielmehr in erster Linie die bloße Aufmerksamkeit des Kunden erregen sollen. Die hellgrüne Farbe der streitgegenständlichen Verpackung eines Kaugummi stelle eine solche Angabe dar. Sie sei im Zusammenhang mit bildlichen oder graphischen Darstellungen im Verkehr üblich.

---

[467] HABM Mitt. 1999, 187, 190, Rz. 28; vgl. auch HABM Mitt. 1998, 396, Rz. 21, 24- Supreme zur Parallelproblematik der Eintragung von allgemein üblichen Werbewörtern bzw. Werbeanpreisungen.

Sowohl die Markenstellen des DPMA als auch das BPatG haben sich bei Farbmarken noch nicht mit dem absoluten Schutzhindernis des § 8 Abs. 2 Nr. 3 MarkenG beschäftigt. Dies vor allem deshalb, weil die meisten Anträge auf Registereintragung schon aufgrund der fehlenden Markenfähigkeit oder wegen mangelnder konkreter Unterscheidungskraft zurückgewiesen wurden. Vor dem Hintergrund der bereits erörterten Haltung des DPMA und des BPatG bleibt allerdings zu erwarten, dass in künftigen Entscheidungen eher eine extensive Interpretation des § 8 Abs. 2 Nr. 3 MarkenG im Sinne der Entscheidung „Light-Green" des HABM favorisiert werden wird. Wenn der BGH seine im Ansatz auf eine Öffnung des Registerschutzes gerichtete Grundhaltung bei den absoluten Schutzhindernissen des § 8 Abs. 2 Nr. 1 und 2 MarkenG gegenüber dem BPatG durchsetzte, wäre das BPatG letztlich zur Fortführung der ablehnenden Haltung zum abstrakten Farbenschutz auf eine, der Praxis der HABM entsprechende, extensive Anwendung des § 8 Abs. 2 Nr. 3 MarkenG angewiesen.

b. Gattungsbezeichnungen als absolute Schutzhindernisse

aa. Rechtsgrundlagen

Von der Eintragung als Marke sind gemäß § 8 Abs. 2 Nr. 3 MarkenG Zeichen ausgeschlossen, die im allgemeinen Sprachgebrauch oder in den redlichen und ständigen Verkehrsgepflogenheiten zur Bezeichnung von Waren oder Dienstleistungen üblich geworden sind. Dieser Regelung entsprach im früheren WZG die Vorschrift in § 1 Abs. 1 WZG, wonach Freizeichen nicht in die Rolle eingetragen werden konnten. Die Neuregelung in § 8 Abs. 2 Nr. 3 MarkenG erfolgte in Umsetzung der zwingenden europarechtlichen Vorgabe aus Art. 3 Abs. 1 lit d MarkenRL[468], die insoweit gleichlautend mit dem deutschen Gesetzestext ist. Eine Abweichung in Art. 3 Abs. 1 lit d MarkenRL ist indes in dem nicht geregelten Bezug des Zeichens oder der Angabe zu den gekennzeichneten Waren oder Dienstleistungen zu sehen.
In dem Regelwerk über die europäische Gemeinschaftsmarke[469] findet sich in Art. 7 Abs. 1 lit d GMarkenV eine dem § 8 Abs. 2 Nr. 3 MarkenG entsprechende Regelung mit Bezugnahme auf die gekennzeichneten Waren oder Dienstleistungen.

[468] Abgedruckt in GRUR Int. 1989, 294 f.
[469] Abgedruckt ABl. EG Nr. L 11.

In der PVÜ[470] schließlich sind die sog. Gattungsbezeichnungen in Art. 6 quinquies B Nr. 2, ohne Bezugnahme auf die konkret markierten Waren oder Dienstleistungen, normiert.

bb. Begriff

In der Vorschrift des § 8 Abs. 2 Nr. 3 MarkenG wird weder der aus dem Tatbestand des unbedingten Versagungsgrundes nach § 4 Abs. 1 WZG bekannte Begriff des Freizeichens, noch der Begriff der Gattungsbezeichnung, auf den die Begründung zum Regierungsentwurf zurückgreift[471], verwendet. § 8 Abs. 2 Nr. 3 MarkenG unterscheidet vielmehr zwischen Bezeichnungen im allgemeinen Sprachgebrauch und verkehrsüblichen Bezeichnungen.
Bei den sprachgebräuchlichen Bezeichnungen handelt es sich um Gattungsbezeichnungen; außerdem werden solche Bezeichnungen erfasst, die - ohne Gattungsbezeichnung zu sein - zur Kennzeichnung von Waren oder Dienstleistungen der angemeldeten Art üblich geworden sind. Gegenstand des absoluten Schutzhindernisses nach § 8 Abs. 2 Nr. 3 MarkenG sind einerseits die an sich unterscheidungskräftigen Freizeichen, die von mehreren Unternehmen zur Bezeichnung bestimmter Produkte verwendet werden und deshalb nicht mehr kennzeichnend, sondern nur noch beschreibend verstanden werden und andererseits Gattungsbezeichnungen, die angesichts ihres beschreibenden Inhalts von der Eintragung als Marke ausgeschlossen sind[472].

Ebenso wie bei der Unterscheidungskraft ist zur Feststellung einer sprach- oder verkehrsüblichen Bezeichnung die Verkehrsauffassung maßgebend. Es ist darauf abzustellen, ob die abstrakte Farbmarke nach Auffassung der beteiligten Kreise wirklich ihre Individualisierungsfunktion verloren hat. Daran sind insbesondere dann strenge Maßstäbe anzulegen, wenn es um Konstellationen geht, in denen eine noch eingetragene Farbe zur üblichen Bezeichnung geworden sein soll; dies gilt hauptsächlich dann, wenn der Zeicheninhaber nicht konsequent gegen den Verletzer vorgegangen ist[473].

---

[470] BGBl. 1970 II, S. 391; BGBl. 1984 II, S. 799.
[471] Siehe amtliche Begründung aaO. S. 70.
[472] Ingerl, WRP 1998, 473, 474 f; Jonas, Anmerkung zur Yes-Entscheidung des BGH in GRUR 1999, 1091;
siehe auch BGH GRUR 1998, 465, 467- Bonus.
[473] Vgl. BGH GRUR 1964, 280, 285- Lesering; BGH GRUR 1964, 485- Düssel; BGH GRUR 1990, 274, 275- Klettverschluss; LG Düsseldorf GRUR 1990, 278- Inbus.

cc. Produktbezug

(1) Rechtsprechung des BPatG

Das BPatG geht bei der Auslegung des § 8 Abs. 2 Nr. 3 MarkenG vom Ansatz her davon aus, dass die Vorschrift vom Wortlaut einen Waren- und Dienstleistungsbezug der Kennzeichnung verlangt. Der Wortlaut der Regelung gehe allerdings insoweit unzulässigerweise über die umzusetzende Norm in Art. 3 Abs. 1 lit d MarkenRL hinaus, weil dort der Passus "Bezeichnung der Waren oder Dienstleistungen" fehle. Im Rahmen einer richtlinienkonformen Auslegung des § 8 Abs. 2 Nr. 3 MarkenG ist das BPatG der Auffassung, der besagte Passus des MarkenG sei als bloße Klarstellung dahin gehend auszulegen, dass die Schutzversagung nicht in jedem Fall einen spezifisch beschreibenden Zusammenhang zwischen der Marke und den mit ihr gekennzeichneten Produkten voraussetze. § 8 Abs. 2 Nr. 3 MarkenG könne nur dann als richtlinienkonform angesehen werden, wenn er trotz seiner abweichenden sprachlichen Fassung inhaltlich nicht enger gefasst werde als die europäische Vorgabe in Art. 3 Abs. 1 lit d MarkenRL. Nach dieser Vorgabe in der Auslegung der Norm sei ein unmittelbarer, spezifischer Produktbezug bei § 8 Abs. 2 Nr. 3 MarkenG nicht erforderlich[474].

Die extensive Auslegung des § 8 Abs. 2 Nr. 3 MarkenG, bezogen auf übliche Kaufaufforderungen ganz allgemeiner Art, würde bei entsprechender Anwendung auf abstrakte Farbzeichen zu einer häufig gegebenen Eintragungsunfähigkeit führen. Wenn es für ein absolutes Eintragungshindernis nach § 8 Abs. 2 Nr. 3 MarkenG schon ausreichte, dass ein Zeichen eine allgemein zum Kauf auffordernde (appellative) Wirkung hat und in der Werbung generell verwendbar ist, hätten konturlose Farbmarken aufgrund ihrer Ausrichtung in der Markenführung[475] kaum eine Chance auf Registerschutz. Die Farbauswahl für den Markenauftritt im Zusammenhang mit der Hauptfunktion der Produktdifferenzierung wird in der Regel auch werbepsychologisch und -taktisch motiviert sein[476]. Das markenführende Unternehmen wird zur Gestaltung der Marke eine Farbe auswählen, die das Produkt „ins rechte Licht rückt", eine Farbe, die den potenziel-

---

[474] BPatG GRUR 1995, 737, 738- Bonus; BPatG GRUR 1996, 411, 412- Avanti; BPatG GRUR 1999, 170, 171- Advantage.
Zustimmend in der Literatur: Althammer-Ströbele § 8, Rz. 117; Schrader WRP 2000, 69, 72 f; einschränkend Ingerl/Rohnke, § 8 Rz. 92 („...wenn jeglicher Warenbezug fehlt");
siehe für weitere Nachweise bei Pösentrup/Keukenschrijver/Ströbele, GRUR 1996, 303, 312, z.B. Compliment, Capito; siehe auch Anders/Hacker, GRUR 1997, 487, 503.

[475] Siehe Kapitel 2, I, 2 zu den ökonomischen Markenfunktionen bei konturlosen Farbzeichen.

[476] Siehe oben Kapitel 2, II und I, 2.

len Kunden anspricht und bestimmte Assoziationen bei ihm wachrufen kann[477]. Je nach Produktart wird es unterschiedliche verkehrsübliche Präferenzen bei der Farbgestaltung geben. Die Verwendung von konturlosen Farben im Produktmarketing beinhaltet neben der produktdifferenzierenden Kennzeichnungsfunktion häufig, ohne einen konkreten Bezug auf spezielle Waren- oder Dienstleistungsklassen zu haben, auch eine allgemein ausgerichtete Anpreisung des Angebots, die Aufmerksamkeit wecken und eine positive Kaufeinstellung herbeiführen soll[478].

(2) Rechtsprechung des BGH

Der BGH betritt in der Entscheidung „Bonus"[479] mit seinen Ausführungen zu den absoluten Schutzhindernissen nach § 8 Abs. 2 Nr. 3 MarkenG Neuland, denn der Tatbestand wird auf Freizeichen und Gattungsbezeichnungen begrenzt. Mit seiner Auslegung wendet sich der I. Zivilsenat gegen die mittlerweile ständige Spruchpraxis der Senate des BPatG und mahnt eine Korrektur der weiten Auslegung des Tatbestandes an.

Zunächst schließt sich der BGH zwar der Interpretation des Beschwerdegerichts an, welches annimmt, die in den Gesetzestext aufgenommene Passage „zur Bezeichnung der Waren und Dienstleistungen" habe nur klarstellenden Charakter. Der Gesetzgeber habe nach Auffassung des BGH mit diesem Tatbestandsmerkmal indes darauf hinweisen wollen, dass das Schutzhindernis auf zwei Kategorien mit unmittelbarem Produktbezug zu beschränken sei: auf Freizeichen und Gattungsbezeichnungen. Dagegen komme eine Anwendung des Eintragungshindernisses auf Angaben nicht in Betracht, die lediglich für andere als die in dem Verzeichnis aufgeführten Waren oder Dienstleistungen üblich geworden sind oder bei denen es sich - ganz allgemein - um verkehrsübliche Wörter oder Begriffe handelt, die mit den Merkmalen oder der näheren Bezeichnung der markierten Produkte nicht in unmittelbarer Beziehung stehen. Die Erstreckung des Eintragungshindernisses auf Angaben, die nicht die Ware selbst, sondern nur mittelbar mit ihr in Beziehung stehende Angaben über Vertriebsmodalitäten oder sonstige, die Ware nicht unmittelbar beschreibende Umstände betrifft,

---

[477] Die Grenze bei der werbetaktischen Ausrichtung der Farbauswahl ist dort zu ziehen, wo der werbepsychologische Einsatz der Farbe in den funktionalen Bereich übergeht. Ist auf einem speziellen Produktsegment nur eine Farbe geeignet, eine bestimmte werbebezogene Assoziation zu transportieren, so wird diese Farbe freihaltebedürftig sein.

[478] Siehe oben Kapitel 2, I, 2 zur praktischen Anwendung von konturlosen Farbmarken.

[479] BGH GRUR 1998, 465, 467- Bonus; siehe auch BGH GRUR 1999, 1096- Absolut; BGH GRUR 1999, 1089, 1090 f.- Yes.

sprenge den Grundsatz des stets erforderlichen Zusammenhanges zwischen Marke und Produkt im Eintragungsverfahren.[480]
Nach dieser restriktiven Auslegung des § 8 Abs. 3 Nr. 3 MarkenG durch den BGH würde die allgemein zum Kauf auffordernde appellative Wirkung von konturlosen Farbmarken nicht regelmäßig zur Eintragungsversagung führen.

Das BPatG hat sich bislang bewusst in Widerspruch zu der Rechtsauffassung des BGH gesetzt und hält an seiner Auslegung des Tatbestandes fest[481]. Der 25. Senat des BPatG hat nunmehr mit der Bravo-Entscheidung[482] die streitige Rechtsfrage dem EuGH gemäß Art. 234 Abs. 1 lit. d EGV zur Vorabentscheidung vorgelegt. Eine Entscheidung des EuGH steht noch aus.

(3) Würdigung der Rechtsprechung von BPatG und BGH

(a) Wortlaut

Die Regelung der sprach- und verkehrsüblichen Bezeichnungen im MarkenG weicht mit dem Zusatz "für die Waren und Dienstleistungen" von der Regelung in Art. 3 Abs. 1 lit d MarkenRL ab, die insoweit jedenfalls ausdrücklich keinen Produktbezug vorsieht. § 8 Abs. 2 Nr. 3 MarkenG ist vom Wortlaut her eindeutig im Sinne eines unmittelbaren Produktbezuges der sprach- oder verkehrsüblichen Bezeichnungen zu verstehen. Dies wird aber durch die abweichende sprachliche Fassung der europarechtlichen Vorgabe in der MarkenRL relativiert, allein aufgrund des Wortlauts lässt sich keine eindeutige Festlegung hinsichtlich der Streitfrage treffen.

---

480 In der Literatur wird diese Neuorientierung von einigen Autoren unterstützt:
Eisenführ, Fs DPA, 100 Jahre Markenamt, S. 73; Meyer, GRUR Int. 1996, 601; Becher, Markenrecht S. 37; Fezer, MarkenR § 8, Rz. 270 f.; ders., GRUR 1999, 859 f; Ingerl, WRP 1998, 473, 474 f.; Jonas Anmerkung zur Bonus-Entscheidung GRUR 1998, 468, 469; ders., Anmerkung zur Yes-Entscheidung in GRUR 1999, 1091, 1092 f.

481 Gegenstand war die Anmeldung der Wortmarke Advantage für die Behandlung von Samen und Saatgut. Der 29. Senat sah neben § 8 Abs. 2 Nr. 1 MarkenG auch den Tatbestand des § 8 Abs. 2 Nr. 3 MarkenG wegen der allgemeinen und sloganartigen Kaufaufforderung als gegeben an, BPatG GRUR 1999, 170, 171- Advantage.

482 BPatG GRUR 2000, 424 ff.

(b) Teleologische Auslegung

Die ratio legis des § 8 Abs. 2 Nr. 3 MarkenG wird für die hier erörterte Streitfrage aus den Gesetzgebungsmaterialien heraus verdeutlicht. In der Begründung zum Regierungsentwurf[483] wird ausgeführt, dass in § 8 Abs. 2 Nr. 3 MarkenG zur Klarstellung die Bezugnahme auf die angemeldeten oder eingetragenen Waren oder Dienstleistungen aufgenommen wurde, da Bezeichnungen, die für bestimmte Waren oder Dienstleistungen Gattungsbezeichnungen oder sonst üblich gewordene Bezeichnungen sind, für andere Produkte durchaus als Marke geeignet sein könnten.
Mit diesem Hinweis wollte der Gesetzgeber nicht nur die Zielrichtung des deutschen MarkenG verdeutlichen, sondern zugleich auch die Kompatibilität mit der MarkenRL erläutern. Mit der Differenzierung der Anforderungen an § 8 Abs. 2 Nr. 3 MarkenG je nach den betroffenen Produkten ebnet der Gesetzgeber hinreichend deutlich den Weg zu einer restriktiven Auslegung des § 8 Abs. 2 Nr. 3 MarkenG. Die Regelung in der MarkenRL geht von einem entsprechenden Gesetzesverständnis aus, weshalb im deutschen Markenrecht - obwohl dies ohnehin aufgrund der MarkenRL schon eindeutig ist - noch zusätzlich zur Klarstellung im Gesetzestext der ausdrückliche Hinweis auf die konkreten Waren oder Dienstleistungen aufgenommen wurde.

Diese Art der Auslegung des § 8 Abs. 2 Nr. 3 MarkenG geht auch von einem anderen Blickwinkel aus betrachtet mit dem Gesetzeszweck konform. Der Gesetzgeber hat mit der Neukonzeption des Markenrechts innerhalb der europäischen Harmonisierung durch die MarkenRL eine weitergehende Öffnung des Markenregisters bezweckt, die mit einer liberaleren Beurteilung der Eintragungshindernisse durch die Markenstellen und Gerichte einhergehen muss. Diese Öffnung des Markenregisters für neue Formen und Funktionen der Marke und die damit verbundene zurückhaltende Auslegung der absoluten Schutzhindernisse steht nicht den schützenswerten Interessen der Allgemeinheit an einer Freihaltung auch von allgemeinen Anpreisungen von Produkten entgegen. Die Eintragung ebendieser Zeichen führt nicht zu einer den Wettbewerb schädigenden Erschwerung der freien Verwertbarkeit dieser Kennzeichnungen, denn nach § 23 Nr. 2 MarkenG hat der Markeninhaber nicht das Recht, einem Dritten zu untersagen, im geschäftlichen Verkehr ein mit der Marke identisches oder ähnliches Zeichen als Angabe über Merkmale oder Eigenschaften von Waren oder Dienstleistungen zu benutzen. Dies gilt sowohl für eine markenmäßige, als auch für eine nicht kennzeichnende Benutzung des dem Markeninhaber zustehenden Rechts[484]. § 23 MarkenG gewährleistet damit ein breites Schutzspektrum gegen

[483] Amtliche Begründung aaO. S. 70.
[484] Fezer, § 23, Rz. 9.

Monopolisierungswirkungen eingetragener Marken und stellt insoweit eine Ergänzung zur Öffnung des Markenregisters dar[485]. Diese Regelung dokumentiert auch den Wandel im Verhältnis von Eintragungs- und Kollisionsverfahren: Den wettbewerbsschädigenden Auswirkungen von Markenrechten ist nicht mehr allein im Eintragungsverfahren Rechnung zu tragen, denn bei der Beurteilung des Schutzumfanges einer Marke im Verletzungsverfahren stehen hinreichende Möglichkeiten zur Verfügung, den markenrechtlichen Schutz einer Kennzeichnung in interessengerechter Weise zu bestimmen[486].

(c) Bedeutungszusammenhang

Das BPatG wendet in der Advantage-Entscheidung ein, bei unmittelbar produktbeschreibenden Angaben griffen ohnehin stets auch Nr. 1 und Nr. 2 des § 8 Abs. 2 MarkenG ein, so dass mithin die Nr. 3 als eigenständige Tatbestandsvariante überflüssig wäre[487]. Die Vorschrift würde sich auf Tatbestände beschränken, die auch schon nach dem bisherigen Recht, vgl. 4 Abs. 1 WZG, unter dem Gesichtspunkt der Freizeichen oder der Gattungsbezeichnungen behandelt wurden.

Der Charakter der absoluten Eintragungshindernisse ist aber schon vom Ansatz her - wie im Übrigen auch nach dem WZG - von Überschneidungen der Tatbestände der Nr. 1-3 geprägt; allein aus der Unmöglichkeit einer randscharfen Abgrenzung der Nr. 1-3 untereinander kann noch kein Anhalt für die Auslegung des § 8 Abs. 2 Nr. 3 MarkenG gewonnen werden. Gegen den Einwand des BPatG spricht auch der durchaus bestehende eigenständige Anwendungsbereich des Tatbestandes, denn Marken, die sich erst nach erfolgter Eintragung ins Markenregister zu Gattungsbezeichnungen oder Freizeichen entwickeln, werden direkt von den Nr. 1, 2 des § 8 Abs. 2 MarkenG nicht erfasst[488]. Doch selbst, wenn man dem BPatG insoweit folgen wollte, kann dieser systematische Zusammenhang nicht allein die Ausdehnung des Tatbestandes in § 8 Abs. 2 Nr. 3 MarkenG

---

[485] Siehe amtliche Begründung aaO. S. 80.

[486] Siehe Kapitel 5, VI zu § 23 MarkenG.

[487] BPatG GRUR 1999, 170, 171- Advantage.

[488] Die Verfahrensregelung über den Verfall einer Marke in § 49 MarkenG vermag keine andere Beurteilung zu rechtfertigen, obwohl durch Verfall nachträglich eine Marke gelöscht werden kann. Die Beurteilung der Abgrenzung der Tatbestände in § 8 Abs. 2 MarkenG ist eine materiellrechtliche Frage, wohingegen § 49 MarkenG eine Verfahrensvorschrift darstellt. § 49 MarkenG kann deshalb nichts zur Klärung der von Amts wegen vorzunehmenden Prüfung in § 8 Abs. 2 Nr. 3 MarkenG beitragen, da bei Vorliegen der Gründe für den Verfall einer Marke dieser nur auf Antrag gelöscht wird.
Dessen ungeachtet gehen Ingerl/Rohnke, § 8, Rz. 32 von keinem eigenständigen Anwendungsbereich des § 8 Abs. 2 Nr. 3 MarkenG aus; siehe auch Schrader WRP 2000, 69, 73.

rechtfertigen, wenn weder die Funktion des Eintragungsverfahrens noch die Intention des Gesetzgebers eine hinreichende Grundlage bieten[489].

Für einen unmittelbaren Produktbezug spricht dagegen vom Bedeutungszusammenhang her die Konkordanzliste des Bundesjustizministeriums[490] zum MarkenG, in der sich zu § 8 Abs. 2 Nr. 3 MarkenG lediglich der Hinweis auf § 4 Abs. 1 WZG und damit auf Freizeichen findet. Der Tatbestand des § 4 Abs. 1 WZG wurde in ständiger Praxis einschränkend nur dann bejaht, wenn die in Rede stehenden Zeichen in unmittelbarem Produktbezug standen[491].
Schließlich betrifft die Auslegung von absoluten Schutzhindernissen die Verweigerung eines an sich gegebenen Rechts, vgl. § 33 Abs. 2 MarkenG. Demgemäß kann nur bei eindeutigen Hinweisen des Gesetzgebers die Ausdehnung eines Tatbestandes zu rechtfertigen sein[492].

(d) Gemeinschaftsrechtliche Auslegung

§ 8 Abs. 2 Nr. 3 MarkenG ist als nationale Umsetzungsvorschrift im Lichte der europäischen Vorgabe des Art. 3 Abs. 1 lit d MarkenRL auszulegen. Entgegen der Auffassung des BPatG lässt sich aus einem nicht ausdrücklich erwähnten Produktbezug in Art. 3 Abs. 1 lit d MarkenRL nicht schließen, eine solcher Bezug sei überhaupt nicht erforderlich.

---

[489]Auch schon unter Geltung des WZG hatte § 4 Abs. 1 einen nur geringen eigenständigen Anwendungsbereich. Dies zeigt sich schon an der unbedeutenden praktischen Relevanz des Eintragungsverbots für Freizeichen in den letzten 50 Jahren, siehe nur Baumbach/Hefermehl, § 4, Rz. 5 ff.;
wenn schon unter dem WZG keine Ausdehnung des § 4 Abs. 1 auf allgemeine Angaben erfolgte, so ist nicht ersichtlich, warum gerade unter den veränderten Umständen eines eintragungsfreundlicheren MarkenG eine Ausdehnung des § 8 Abs. 2 Nr. 3 MarkenG gerechtfertigt sein soll.

[490] Siehe Nachweis bei Jonas, Anmerkung zur Bonus-Entscheidung des BGH GRUR 1998, 468, 469.

[491] BGH GRUR 1955, 421- Forellenbild; einen Überblick gibt Baumbach/Hefermehl, § 4, Rz. 5 ff.

[492] Schrader (WRP 2000, 69, 73) weist für die gegenteilige Auffassung darauf hin, dass in praxi nur ein Recht auf Markeneintragung bestehe, wenn gerade kein Versagungsgrund vorliegt, d.h. ein Recht auf Markeneintragung bestehe von vornherein nur im Rahmen der Begrenzungen durch § 8 Abs. 2 MarkenG.
Bei § 8 Abs. 2 Nr. 3 MarkenG handelt es sich aber verwaltungsrechtlich um einen Erlaubnistatbestand mit Ausnahmevorbehalt. Es besteht grundsätzlich ein Anspruch auf Markeneintragung, der in Ausnahmefällen (absolute Schutzhindernisse nach § 8 Abs. 2 MarkenG) im Allgemeininteresse beschränkt werden kann. Der Anspruch auf Markeneintragung muss sich im Sinne einer restriktiven Auslegung des § 8 Abs. 2 Nr. 3 MarkenG auswirken. Dies verkennt Schrader, wenn er von einem Anspruch ausgeht, der von vornherein durch die Versagungstatbestände des § 8 Abs. 2 MarkenG begrenzt ist. Dies wäre ein Verbotstatbestand mit Ausnahmevorbehalt, der entsprechend anderen Auslegungsgrundsätzen unterfällt.

Der unmittelbare Produktbezug der angemeldeten Marke ist im Regelungszusammenhang der MarkenRL ein durchgängiges Auslegungskriterium innerhalb der absoluten Eintragungshindernisse in Art. 3 Abs. 1 lit b-d MarkenRL.
Diese Grundausrichtung der MarkenRL lässt sich durch die Erwägungsgründe zur MarkenRL[493] belegen. Danach stellen sich die Vorschriften der MarkenRL mit denen der Pariser Verbandübereinkunft in vollständiger Übereinstimmung dar. Dies sei kein bloßer Programmsatz, sondern schon deswegen unbedingt erforderlich, weil alle Mitgliedstaaten der Gemeinschaft durch die PVÜ gebunden seien und mit der MarkenRL insoweit kein entgegenstehendes Recht installiert werden könnte.
Innerhalb der PVÜ sind die sprach- und verkehrsüblichen Bezeichnungen in Art. 6 quinquies B Nr. 2[494] geregelt.
In der Kommentarliteratur wird diese Vorschrift der PVÜ einhellig dahin gehend ausgelegt, dass es sich bei den „im allgemeinen Sprachgebrauch oder in den nach rechtlichen oder ständigen Verkehrsgepflogenheiten üblichen Bezeichnungen" um solche handelt, die unmittelbar die angemeldeten Produkte benennen oder beschreiben, nämlich Freizeichen und Wörter, in denen der Verkehr die Bezeichnung einer Warenart erkennt.[495]
Dem Rat der Europäischen Gemeinschaften dürfte diese Auslegung der Parallelvorschrift des Art. 3 Abs. 1 lit d MarkenRL in der PVÜ (Art. 6 quinquies B Nr. 2) bewusst gewesen sein, als er die MarkenRL erließ. Der zusammenhängende Regelungskreis von PVÜ und MarkenRL legt nahe, dass auch die MarkenRL, entsprechend der Vorgabe der PVÜ, von einem unmittelbaren Produktbezug bei Art. 3 Abs. 1 lit d MarkenRL ausgeht.
Dementsprechend ist unter Geltung des WZG nie geltend gemacht worden, Deutschland habe mit der praktizierten Auslegung zu § 4 Abs. 1 WZG im Sinne eines unmittelbaren Produktbezuges seine aus der PVÜ erwachsene Verpflichtung, der Regelung in Art. 6 quinqiues B Nr. 2 zu entsprechen, nicht erfüllt.

Ein Vergleich mit der mit § 8 Abs. 2 Nr. 3 MarkenG nahezu wortgleichen Fassung der GMarkenV in Art. 7 Abs. 1 lit d (unmittelbarer Produktbezug erforderlich) bestätigt die Auslegung des § 8 Abs. 2 Nr. 3 MarkenG durch den BGH.

---

493 Abgedruckt in GRUR Int. 1989, 294, 295.
494 Wortlaut der Vorschrift: "....ou devenues usuels dans le language courant ou, les habitudes loyales et constantes du commerce...".
495 Busse/Stark, zu PVÜ Art. 6 quinquies, 2 B 2 c, S. 815; Bodenhausen, PVÜ zu Art. 6 quinquies (g), S. 98; Storkebaum/Kraft § 4, Rz. 11; Seligsohn, S. 343.
Nur Migosa, aaO. S. 71 (Anm. b) zu PVÜ Art. 6 quinquies, nimmt eine extensive Auslegung der Vorschrift an. Entsprechend wurde in der Benvenuto-Entscheidung des BPatG auch Migosa als Beispiel dafür zitiert, dass die vom Senat vorgenommene Auslegung von Art. 3 Abs. 1 lit d MarkenRL auch mit der Auslegung des Art. 6 quinquies B 2 übereinstimmt.

Der konkrete Bezug zwischen Marke und Ware wird auch in den Prüfungsrichtlinien[496] des HABM vom 26. 3. 1996 zu Art. 7 Abs. 1 lit d GMarkenV vorausgesetzt; in Ziffer 8.5 heißt es: „...Die Beurteilung muss vom Prüfer unter Berücksichtigung der jeweiligen Branche vorgenommen werden".

Die Richtlinien des Rates der Europäischen Gemeinschaften belassen dem nationalen Gesetzgeber generell einen Spielraum, die Vorgaben in einer Form umzusetzen, die dem jeweiligen nationalen System entspricht, vgl. Art. 249 EGV[497]. Um eine einheitliche Interpretation des Gemeinschaftsrechts in allen Mitgliedstaaten zu gewährleisten, ist es insbesondere wegen der zum Teil stark divergierenden Rechtsprechung in den Mitgliedstaaten zu begrüßen, dass der 25. Senat des BPatG in dem Verfahren „Bravo"[498] diese Rechtsfrage dem EuGH zur Vorabentscheidung vorgelegt hat.
So vertrat der britische High Court of Justice, Chancery Division, in der Entscheidung Treat[499] die Ansicht, ein im allgemeinen Sprachgebrauch übliches Wort, das auch in der Werbung allgemein zur Abgrenzung verwendet wird, falle unter Art. 3 Abs. 1 lit d MarkenRL.
Auch die 3. Beschwerdekammer des HABM ist in der Supreme-Entscheidung[500] davon ausgegangen, dass das Zeichen Supreme wegen seiner allgemeinen Eignung als Werbewort unter die mit der MarkenRL inhaltsgleiche Vorschrift des Art. 7 Abs. 1 lit d GMarkenV falle. Schließlich hat das HABM in dem Beschluss Light-Green[501], direkt auf abstrakte Farbmarken bezogen, eine entsprechende Auffassung vertreten.

---

[496]Abl. HABM 1996, 1308.

[497]Bereits 1976 hatte der EuGH diese Wahlfreiheit präzisiert und als grundsätzliche Anforderung an die Richtlinienumsetzung durch die Mitgliedstaaten formuliert, "dass die Mitgliedstaaten verpflichtet seien, innerhalb der ihnen belassenen Entscheidungsfreiheit Formen und Mittel zu wählen, die sich zur Gewährleistung der praktischen Wirksamkeit (effet utile) der Richtlinie unter Berücksichtigung des mit ihr verfolgten Zwecks am besten eignen (EuGH Rs. 48/ 75, 8.4.1976, Slg. 1976, 497, Rn. 69/ 73).
Die Regelung in Art. 3 Abs. 1 lit d MarkenRL ist entgegen Schrader (WRP 2000, 69, 73) auch nicht so hinreichend eindeutig, dass ein Spielraum des nationalen Gesetzgebers von vornherein ausgeschlossen wäre. Schrader stellt insoweit nur auf den Wortlaut ab und beachtet nicht den auch aus den Erwägungsgründen deutlich werdenden Gesetzeszweck der MarkenRL.
Schon die uneinheitliche, bisher unbeanstandet gebliebene, Praxis bei der Umsetzung der MarkenRL zeigt, dass jedenfalls zumindest unterschiedliche Interpretationsmöglichkeiten des Art. 3 Abs. 1 lit d MarkenG möglich sind und von den nationalen Gesetzgebern entsprechend umgesetzt wurden.
Einen Produktbezug verlangen: Dänemark, § 13 Nr. 2 (GRUR Int. 1994, 1004, 1005); Frankreich, Titel 1 Art. 2 a (GRUR Int. 1991, 630); Spanien, Art. 11 (GRUR Int. 1989, 552, 555).
Keinen Warenbezug verlangen: Portugal, § 166 I c (GRUR Int. 1997, 698, 719); Griechenland, Art. 3 Abs. 1 c (GRUR Int. 1995, 886, 887); Italien, Art. 17 I a (GRUR Int. 1994, 218).

[498] BPatG GRUR 2000, 424 ff.

[499] British Sugar plc v. James Robertson & Sons Ltd., 1996 RPC 281, 306 ChD, GRUR Int. 1996, 1219, 1223- Treat.

[500] HABM Mitt. 1998, 396- Supreme.

[501] HABM Mitt. 1999, 187, 190- Light-Green.

Es bleibt zu hoffen, dass der EuGH die Rechtsfrage im Sinne der hier vorgeschlagenen restriktiven Auslegung des § 8 Abs. 2 Nr. 3 MarkenG entscheiden wird.

dd. Beurteilungsmaßstab bei konturlosen Farbmarken

Nach zutreffender Auslegung des § 8 Abs. 2 Nr. 3 MarkenG sind sprach- und verkehrsübliche Bezeichnungen nur dann eintragungsunfähig, wenn sie einen unmittelbaren Produktbezug aufweisen. Für die Problematik der konturlosen Farbmarken hätte eine entsprechende Rechtsanwendung praktisch weitreichende Auswirkungen bei der Eintragungsfähigkeit.

Eine wesentliche Funktion von konturlosen Farbmarken innerhalb der Markenführungsstrategie ist es, allgemein Aufmerksamkeit für das Produkt beim Kunden zu erwecken und zum Konsum zu motivieren, ohne insoweit auf die Unterscheidung von Produkten ausgerichtet zu sein. Eine derart bestimmte Farbgebung kann nicht unter § 8 Abs. 2 Nr. 3 MarkenG subsumiert werden, denn: Die allgemein anpreisende und assoziative Wirkung ist Farben neben ihrer produktdifferenzierenden Funktion wesenseigen und hat direkt nichts mit dem gekennzeichneten Produkt selbst zu tun, ist mit anderen Worten auf eine Vielzahl von unterschiedlichen Produkten anwendbar und steht in keinen unmittelbaren Zusammenhang zu der gekennzeichneten Ware oder Dienstleistung.

§ 8 Abs. 2 Nr. 3 MarkenG wird nach der hier befürworteten Auslegung erst relevant, wenn ein unmittelbarer Produktbezug besteht und zusätzlich die abstrakte Farbe eine Gattungsbezeichnung darstellt oder, ohne Gattungsbezeichnung zu sein, zur Kennzeichnung von Produkten der angemeldeten Art üblich geworden ist.
Diese Fallkonstellationen werden sich in der Praxis selten ergeben, denn Farben können zwar Appellfunktion haben oder ein einzelnes Produkt identifizieren, aufgrund der Abstraktheit werden sie sich in der Regel aber nicht zum Synonym von Waren- oder Dienstleistungsarten als Gesamtheit entwickeln können.
Die Ausnahmekonstellation der Entwicklung eines Farbzeichens zu einer Gattungsbezeichnung sei am Beispiel der Marke „Die Weissen“[502] exemplarisch erläutert.

Im Lebensmitteleinzelhandel wurde Anfang der achtziger Jahre das Markenlabel „Die Weissen“, bestehend aus der Wortmarke und der weißen Farbgebung der

[502] Vgl. auch die Entscheidung des Kammergerichts Berlin GRUR 1984, 201 f.- Die Weissen.

Verpackung der Produkte, entwickelt[503]. Diese Marke sollte als Kennzeichen für markenlose und deswegen preiswerte Waren im Lebensmitteleinzelhandel stehen[504].
Nach der Rechtslage im MarkenG würde bei restriktiver Anwendung des § 8 Abs. 2 Nr. 1 MarkenG eine konkrete Unterscheidungskraft der abstrakten Farbe Weiß zu bejahen sein, zudem wäre die Farbmarke nicht freihaltebedürftig als beschreibendes Zeichen, vgl. § 8 Abs. 2 Nr. 2 MarkenG. Aufgrund von intensiven Werbemaßnahmen wurden weiße Verpackungen in der besagten Branche mit einem Sinngehalt belegt, der gewisse Produkte, hier das preiswerte Warensegment im Lebensmitteleinzelhandel, bezeichnete und damit Kennzeichnungskraft hatte. „Die Weissen" war zudem eine Phantasiebezeichnung, die für die besagten Produkte willkürlich ausgewählt wurde und damit nicht technisch-funktional motiviert war[505].

Als Ende der siebziger Jahre nur eine Lebensmittelkette die weiße Farbe als Marke nutzte, wäre nach dem MarkenG § 8 Abs. 2 Nr. 3 nicht tangiert gewesen. Diese Norm wäre erst dann einschlägig geworden, wenn - wie auch tatsächlich geschehen - mehrere Lebensmittelketten dazu übergangen wären, ihre Produkte im preiswerten Angebotsbereich mit einer weißen Verpackungsgestaltung zu kennzeichnen. Nur wenn der ursprüngliche Inhaber einer konturlosen Farbmarke (hier: die Weissen von toom) sein Markenzeichen nicht gegen Nachahmung seitens der Konkurrenz verteidigt, es „verwahrlosen" lässt, kann ein Farbzeichen zur Gattungsbezeichnung iSd. § 8 Abs. 2 Nr. 3 MarkenG werden.
Im Rahmen einer intensiven Werbekampagne wurde im Beispielsfall auch der für § 8 Abs. 2 Nr. 3 MarkenG unbedingt erforderliche unmittelbare Bezug der Farbe zu dem gekennzeichneten Produkt aufgebaut. Die farbliche Gestaltung diente nicht als ansprechende Aufmachung oder allgemeine Anpreisung für ein Produkt, sondern vielmehr als Zeichen, welches dem Verbraucher als Herkunftshinweis im Hinblick auf preiswerte Artikel im Sortiment des Lebensmittelhandels dienen sollte.
Das Erfordernis des unmittelbaren Produktbezuges stellt sicher, dass bei Farben eine Gattungsbezeichnung nach § 8 Abs. 2 Nr. 3 MarkenG allenfalls dann angenommen werden kann, wenn die Farbe zur Bezeichnung einer bestimmten Ware

---

503 Die Weissen von toom; Die Weissen von Minimal; Die Weissen von Penny.

504 Auf der weißen Verpackung wurde noch ein zusätzliches Herkunftszeichen angebracht (z.B. bei Tengelmann die farblich unterlegten Buchstaben A&P, bei Gedelfi in einem roten Streifen die Worte "Die Weissen von Gedelfi", bei Meyer der Markenname Selex).

505 Die weiße Farbe wäre allenfalls dann technisch-funktional, wenn besonders saubere, hygienische oder medizinische Produkte gemeint gewesen wären; funktional wäre auch eine goldene Farbgebung für Luxusgüter, wie etwa hochwertigen Schmuck;
Die Praxis zeigt auch, dass es Alternativen zur weißen Kennzeichnung bei markenlosen und preiswerten Produkten gibt, so hat der Deutsche Supermarkt, der 1978 als erstes Unternehmen eine No-Name Serie eingeführt hatte, seine Produkte in gelben Verpackungen vertrieben.

oder Dienstleistung im allgemeinen Sprachgebrauch üblich geworden ist. Abstrakte Farben als Marken sind in praxi aber regelmäßig nicht bezeichnend für bestimmte Waren oder Dienstleistungen an sich, sondern in erster Linie nur für einzelne Unternehmen (Hausmarken im Bereich der Herkunftsdifferenzierung)[506]. Nur in diesen bei konturlosen Farbmarken praktisch relevanten Bereichen sind Farben als Gattungsbezeichnung denkbar, führen aber nach § 8 Abs. 2 Nr. 3 MarkenG nicht zur Versagung der Eintragung, da sich die Gattungsbezeichnungen nur auf den Herkunftsbetrieb, nicht auf das Produkt selbst beziehen[507].

6. Eintragung von abstrakten Farbmarken aufgrund von Verkehrsdurchsetzung, § 8 Abs. 3 MarkenG

a. Durchgesetzte Zeichen

Unter den Voraussetzungen des § 8 Abs. 3 MarkenG kann ein von Haus aus nicht schützenswertes Kennzeichen eintragungsfähig werden, wenn es im Verkehr als Kennzeichnung eines bestimmten Unternehmens angesehen wird. Durch die Glaubhaftmachung der Verkehrsdurchsetzung kann der Markenanmelder die Eintragungshindernisse nach § 8 Abs. 2 Nr. 1-3 MarkenG überwinden und erlangt somit ein förmliches Markenrecht im Sinne von § 4 Nr. 1 MarkenG. Diejenige Marke, die bei Vorliegen von absoluten Eintragungshindernissen aufgrund von Verkehrsdurchsetzung nach § 8 Abs. 3 MarkenG eingetragen wird, ist nach den gleichen Grundsätzen wie jedes andere Zeichen geschützt[508].

Die Durchsetzung muss in den beteiligten Verkehrskreisen erfolgt sein und richtet sich nach der Verkehrsanschauung, die regelmäßig mit einem demoskopischen Gutachten glaubhaft zu machen ist[509]. Einen einheitlichen Mindestprozentsatz für den erforderlichen Durchsetzungsgrad gibt es nicht, maßgebend sind jeweils die Umstände des Einzelfalles. Als Richtwert wird man einen Durchsetzungsgrad annehmen können, der sich um die 50% bewegt[510].

---

[506] Siehe oben Kapitel 2, I zu den Funktionen von konturlosen Farbmarken.

[507] Die Farbe Rot in der Markenstrategie des Energieversorgers e.on bezieht sich auf das neu entstandene Unternehmen als Hausfarbe und soll nicht als Gattungsbezeichnung für Strom als Produkt des Unternehmens etabliert werden.

[508] Siehe auch oben Kapitel 4, III, 3, d, cc zu den Anforderungen an die Verkehrsdurchsetzung und das Verhältnis von § 8 Abs. 2 Nr. 1 zu § 8 Abs. 3 MarkenG.

[509] Zu der Art und Weise der Feststellung der Verkehrsdurchsetzung siehe oben Kapitel 4, III, 3, d, cc.

[510] BGH GRUR 1990, 360, 361- Apropos Film II; BGH GRUR 1991, 609, 610- SL; BGH GRUR 1992, 428- frei öl (Durchsetzungsgrad von 47 %).

Wenn hinreichend viele Konsumenten die konturlose Farbe trotz der bestehenden absoluten Schutzhindernisse als Herkunftshinweis im Sinne einer kommerziellen Unterscheidungsfunktion auffassen, gilt die Farbe als durchgesetzt im Sinne des § 8 Abs. 3 MarkenG. Verkehrsdurchsetzung ist also eine Funktion der tatsächlichen und potenziellen Bekanntheit der Farbe als produktdifferenzierendem Symbol. Bei zunehmender Verkehrsdurchsetzung wird die eventuell beschreibende oder funktionale Funktion der abstrakten Farbe durch die Unterscheidungsfunktion ersetzt und damit ein bestehendes absolutes Schutzhindernis überholt. Die Farbe gewinnt durch die Verkehrsdurchsetzung einen neuen Bedeutungsgehalt, der die absoluten Schutzhindernisse überwindet (secondary meaning).

Bei den Meinungsumfragen muss die abstrakte Farbmarke den befragten Personen „vorgezeigt" werden, damit diese beurteilen können, ob die in Rede stehende Marke bekannt ist und zugeordnet werden kann. Die Frage, wie dies technisch zu geschehen hat, ist ausgerichtet am Schutzgegenstand von abstrakten Farbmarken zu beurteilen. Da die einzelnen Anwendungsformen der geschützten Farbe bei der Anmeldung noch nicht festgelegt sind, ist es erforderlich dem Publikum entsprechende Farbmusterkarten, auf denen eine Farbprobe in rechteckiger oder quadratischer Form abgedruckt ist, vorzulegen. Zudem muss dass Publikum befragt werden, ob es mit den vorgelegten Farbmustern ein bestimmtes Herkunftsunternehmen oder ein bestimmtes Produkt verbindet.

Das BPatG dagegen verneint schon die rechtliche und technische Möglichkeit eine abstrakte Farbmarke dem Publikum bei einer Verkehrsbefragung „vorzulegen"[511]. Es ist der Auffassung, dass den befragten Personen kein Eindruck von der Marke verschafft werden könne, da schon bei einer Farbaufteilung 1:1 in einer Farbkombination völlig unterschiedliche Kennzeichen entstehen könnten; der Gegenstand der Befragung sei nicht bestimmbar.

Diese Eigenart ist aber gerade das Charakteristikum dieser Markenform, die durch die Abstraktheit geprägt ist. In dem Anmeldebegehren müssen gerade keine konkreten Anwendungsbeispiele der Farbe angeführt werden; die abstrakte Farbe ist das einzige Kriterium, das den Anmelder bei der Ausgestaltung seiner Marke festlegt. Die einzelnen Anwendungsmöglichkeiten sind als formalvirtuelle Anwartschaften[512] zu verstehen, die im Laufe der Benutzung des Kennzeichens realisiert werden können, die aber nicht schon bei der Anmeldung festgelegt sein müssen.

Das BPatG verhindert mit seiner Rechtsprechung grundsätzlich den Nachweis einer Verkehrsdurchsetzung bei konturlosen Farbmarken, indem auf eine abstrakte Markenform die unter Geltung des WZG entwickelten Erkenntnisse bei

[511] BPatG 2000, 428, 431 f.- Farbmarke gelb/schwarz.

[512] Schmieder, NJW 1999, 3088, 3089.

farblichen Ausstattungen angewendet werden. Wenn mittlerweile auch vom BPatG die allgemeine Markenfähigkeit von abstrakten Farben anerkannt wird, muss dies auch bei der Verkehrsdurchsetzung in die Praxis umgesetzt werden und darf nicht durch besondere Anforderungen, die sich auf farbliche Aufmachungen beziehen, konterkariert werden.

b. Rechtsprechung zu § 8 Abs. 3 MarkenG bei konturlosen Farbmarken

Der 28. Senat des BPatG geht in dem Beschluss Blau/Weiß II[513] als Grundannahme davon aus, dass sich die Eintragung einer konturlosen Farbe regelmäßig nur nach § 8 Abs. 3 MarkenG im Wege der Verkehrsdurchsetzung rechtfertigen lasse. Dies entspreche auch der Intention des Gesetzgebers, den neuen Markenformen vorrangig Schutz über § 8 Abs. 3 MarkenG zukommen zu lassen[514]. In der besagten Entscheidung sieht der Senat massive Anhaltspunkte für ein Freihaltebedürfnis an den Grundfarben Blau und Weiß und führt auch die grundsätzlich nicht betriebskennzeichnende Wirkung von Farbmarke an. Insbesondere aus diesen Anhaltspunkten für ein Freihaltebedürfnis meinte der Senat folgern zu müssen, der seitens der Anmelder glaubhaft gemachte Durchsetzungsgrad von 69 % reiche nicht aus, vielmehr sei bei der Farbkombination eine einhellige Verkehrsauffassung zur Erfüllung der Anforderungen des § 8 Abs. 3 MarkenG zu verlangen.

Diese Spruchpraxis des BPatG hält sich nicht im Rahmen der durch den BGH festgelegten Margen für die Verkehrsdurchsetzung. Der BGH vermeidet grundsätzlich eine starre Festlegung der Verkehrsdurchsetzung anhand von Prozentsätzen und plädiert für eine unschematische, am Einzelfall orientierte Behandlung. Verallgemeinernd könne man nach dem BGH insoweit nur einen Durchsetzungsgrad von ca. 50 % in den beteiligten Verkehrskreisen festlegen, um die Eintragung eines an sich nicht eintragungsfähigen Zeichens nach § 8 Abs. 3 MarkenG zu ermöglichen[515]. Zumindest die Mehrheit der beteiligten Verkehrskreise müsse das Kennzeichen als ein produktidentifizierendes Unterschei-

---

[513] BPatG WRP 1999, 334, 338;
siehe auch BPatG GRUR 2000, 428, 429, 431- Farbmarke gelb/schwarz: Der 30. Senat des BPatG hat offen gelassen, ob abstrakte Farbmarken auch ohne Verkehrsdurchsetzung eingetragen werden können. Er hat aber zum Nachweis der Verkehrsdurchsetzung bei konturlosen Farben Stellung genommen.

[514] Siehe oben zur Kritik eines derartig verstandenen Verhältnisses zwischen § 8 Abs. 2 Nr. 1 und § 8 Abs. 3 MarkenG; auch zu der Frage, welcher Grad der Durchsetzung bei beiden Tatbeständen zu verlangen ist, Kapitel 4, III, 3, d, cc.

[515] Vgl. zur Rechtsprechung bei den traditionellen Markenformen: BGH GRUR 1990, 360, 361- Apropos Film II; BGH GRUR 1992, 428- frei öl;
siehe auch die Richtlinie Markenanmeldungen Bl.PMZ 1995, 378, 389; Ströbele, GRUR 1987, 75, 80.

dungszeichen verstehen. Bei der Beurteilung des Durchsetzungsgrades nach § 8 Abs. 3 MarkenG sei nach der Auffassung des BGH jeweils zwischen den verschiedenen absoluten Schutzhindernissen des § 8 Abs. 2 Nr. 1-3 MarkenG zu differenzieren, es bestehe eine Wechselbeziehung zwischen den Tatbeständen. Allein die fehlende konkrete Unterscheidungskraft nach § 8 Abs. 2 Nr. 1 MarkenG könne keine signifikante Steigerung des Durchsetzungsgrades begründen, dies sei nur bei Bestehen eines Freihaltebedürfnisses nach § 8 Abs. 2 Nr. 2, 3 MarkenG geboten. Je größer das Freihaltebedürfnis an einem Zeichen ist, desto höher sei in der Relation dazu der Grad der zu fordernden Verkehrsdurchsetzung zu veranschlagen, wobei nur bei einem überdurchschnittlichen Freihaltebedürfnis eine über den Mehrheitsgrundsatz hinausgehender Durchsetzungsgrad gerechtfertigt sei.[516] Zur Begründung eines gesteigerten Durchsetzungsgrades genügten dabei keine suggestiven Annahmen zum Freihaltebedürfnis, sondern nur konkrete und tatsächliche Nachweise eines überragenden Interesses der Allgemeinheit an der Benutzung des beschreibenden Zeichens[517].

c. Gemeinschaftsrechtliche Auslegung

Die Rechtfertigung eines erhöhten Grades der Verkehrsdurchsetzung bei abstrakten Farbmarken durch die Annahme eines pauschal festgestellten überdurchschnittlichen Freihaltebedürfnisses seitens des BPatG liegt nicht mehr innerhalb der Vorgaben der MarkenRL. Die MarkenRL weicht schon im Wortlaut erheblich von der Regelung in § 8 Abs. 3 MarkenG ab; gemäß Art. 3 Abs. 3 S. 1 MarkenRL wird eine Marke nicht nach Abs. 1 lit b, c oder d „...von der Eintragung ausgeschlossen..., wenn sie...infolge ihrer Benutzung Unterscheidungskraft erlangt hat“.

Der deutsche Gesetzgeber hat, um ohne inhaltliche Abweichung zur MarkenRL die Kontinuität im Hinblick auf die Rechtsanwendung nach dem WZG klarzustellen, in § 8 Abs. 3 MarkenG den Begriff der Verkehrsdurchsetzung aus dem früheren § 1 Abs. 3 WZG übernommen[518]. Die unter Geltung des WZG von der Rechtsprechung entwickelte Relation zwischen Freihaltebedürfnis und Verkehrsdurchsetzung kann bei richtlinienkonformer Auslegung des MarkenG nicht mehr aufrechterhalten werden. § 8 Abs. 3 MarkenG unterliegt als nationale Um-

---

[516] Ständige Rechtsprechung seit BGH GRUR 1960, 83- Nährbier; siehe auch BGH GRUR 1989, 510- Teekanne II; BGH GRUR 1992, 48- frei öl; BGH GRUR 1991, 609, 610- SL; BGHZ 42, 151, 156- Rippenstrickmetall; BGH GRUR 1970, 77, 78- Ovalumrandung; BGH GRUR 1969, 541- grüne Vierkantflasche; BGH GRUR 1969, 345- red-white;
diese Rechtsprechung wird in der Literatur einhellig befürwortet:
Siehe nur Knaack, GRUR 1994, 627, 629; Fezer, § 8, Rz. 439 f.; Ingerl/Rohnke, § 8, Rz. 143f.
[517] Vgl. BGH GRUR 1992, 48, 50- frei-Öl.
[518] Siehe amtliche Begründung, aaO. S. 71.

setzung der zwingenden Vorgabe in Art. 3 Abs. 3 S. 1 MarkenRL auch der Rechtsprechung des EuGH. Insoweit hat die Entscheidung des EuGH in dem Vorabentscheidungsverfahren „Windsurfing Chiemsee“ zur Klärung dieser Rechtsfrage beigetragen[519].

Art. 3 Abs. 3 S.1 MarkenRL stellt klar, dass die absoluten Schutzhindernisse des Abs. 1 lit b-d, entsprechend § 8 Abs. 2 Nr. 1-3 MarkenG, unter besonderen Umständen überwunden werden können. Diese Voraussetzung für die Überwindung der absoluten Schutzhindernisse wird nicht, wie im MarkenG, mit einem außerhalb des Tatbestandes stehenden Begriffs definiert (Verkehrsdurchsetzung), sondern mit einem in Art. 3 Abs. 1 MarkenRL selbst verwendeten Begriff, nämlich der Unterscheidungskraft nach Art. 3 Abs. 1 lit b MarkenRL. Damit ist die Voraussetzung für die Überwindung der absoluten Schutzhindernisse gleichzusetzen mit dem absoluten Schutzhindernis in Art. 3 Abs. 1 lit b MarkenRL. In beiden Fällen kommt es auf die Unterscheidungskraft des Zeichens an, wobei für die Unterscheidungskraft nach Art. 3 Abs. 3 S. 1 MarkenRL ein höherer Durchsetzungsgrad, in der Regel bei ca. 50 %, zu veranschlagen ist, weil ein Eintragungshindernis überwunden werden soll. Angesichts dieser Vorgabe in der MarkenRL kann es insoweit bei der Überwindung von Schutzhindernissen nicht mehr auf ein Freihaltebedürfnis nach § 8 Abs. 2 Nr. 2, 3 MarkenG (vgl. Art. 3 Abs. 1 lit c, d MarkenRL) ankommen[520].
Diese Auslegung überzeugt nicht allein in systematischer Hinsicht, sondern auch vom Gesetzeszweck her: Wenn infolge der Benutzung ein beschreibendes (§ 8 Abs. 2 Nr. 2 MarkenG) Zeichen die - im Verhältnis zu anderen Zeichen überdurchschnittliche - Eignung erlangt hat, das Produkt, für welches die Eintragung begehrt wird, zu identifizieren und damit von anderen Produkten zu unterscheiden, hat es eine neue Bedeutung, die nicht mehr nur beschreibend ist(secondary meaning). Dies allein rechtfertigt schon die Eintragung, unabhängig von einem eventuell bestehenden Freihaltebedürfnis.

Vor dem Hintergrund dieser zwingenden Vorgabe der MarkenRL ist der Begriff der Verkehrsdurchsetzung in § 8 Abs. 3 MarkenG dahin gehend richtlinienkonform auszulegen, dass nunmehr Durchsetzung im Sinne der konkreten Unterscheidungskraft zu verstehen ist; ein Freihaltebedürfnis nach § 8 Abs. 2 Nr. 2, 3 MarkenG vermag die Beurteilung des Durchsetzungsgrades nicht mehr unmittelbar zu beeinflussen. Ein Freihaltebedürfnis an einer abstrakten Farbe kann nur

[519] EuGH WRP 1999, 629,633- Windsurfing Chiemsee: Das Landgericht München I hat mit zwei Beschlüssen gemäß Art. 234 EGV Fragen zur Auslegung u.a. des Art. 3 Abs. 3 MarkenRL dem EuGH vorgelegt. Es wurde u.a. die Vorabentscheidungsfrage gestellt, ob sich der Grad der erforderlichen Verkehrsdurchsetzung je nach dem Freihalteinteresse in Bezug auf die geschützte Bezeichnung verändere.
[520] EuGH WRP 1999, 629, 634, Rn. 44 f.- Windsurfing Chiemsee.

in abgeschwächter Form einen mittelbaren Einfluss auf die Voraussetzungen der Verkehrsdurchsetzung haben. Insoweit hat ein Freihaltebedürfnis Auswirkungen auf die Anforderungen der Verkehrsaufassung hinsichtlich der Unterscheidungskraft der Marke[521], die wiederum nach der hier vertretenen Auffassung maßgebend für den Grad der Verkehrsdurchsetzung ist.
Von einer Kontinuität der Rechtsanwendung bei § 8 Abs. 3 MarkenG im Verhältnis zum früheren Recht kann jedenfalls insoweit keine Rede sein, als auf ein erhöhtes Freihaltebedürfnis abgestellt wird. Die Rechtsprechung des BPatG zu § 8 Abs. 3 MarkenG bei den abstrakten Farbmarken und die Rechtsprechung des BGH bei den traditionellen Markenformen ist somit erheblichen Bedenken ausgesetzt und muss den gemeinschaftsrechtlichen Vorgaben angepasst werden.

d. Beurteilungsmaßstab bei konturlosen Farbmarken

Nach zutreffender Auslegung des § 8 Abs. 3 MarkenG wird man einen gesteigerten Grad der Verkehrsdurchsetzung bei konturlosen Farben jedenfalls nicht mehr unmittelbar mit einem pauschal angenommenen überragenden Freihaltebedürfnis bei konturlosen Farben begründen können. Eine in der Praxis nicht selten vorkommende technische oder ästhetische Funktionalität ist unschädlich für die Eintragung nach § 8 Abs. 3 MarkenG. Ausschließlich maßgebend ist ein gewisser Grad der Verkehrsauffassung (grundsätzlich bei mindestens 50 %) hinsichtlich der konkreten Unterscheidungskraft der Farbmarke. Da ein Freihaltebedürfnis bei abstrakten Farbmarken in praxi die am häufigsten vorkommende Form eines absoluten Schutzhindernisses darstellt[522], dürfte der auf § 8 Abs. 3 MarkenG fixierten Rechtsprechung die Grundlage entzogen sein. Auch für diese Markenform gelten hinsichtlich der Verkehrsdurchsetzung keine besonderen Voraussetzungen im Vergleich zu den traditionellen Markenformen. § 8 Abs. 3 MarkenG ist ein Ausnahmetatbestand, im Regelfall werden somit auch abstrakte Farbmarken nur die Voraussetzungen des § 8 Abs. 2 MarkenG zu erfüllen haben, um zu einer Eintragung in das Markenregister zu gelangen.

Die Auffassung des 28. Senats des BPatG, der Gesetzgeber wolle die neuen Markenformen regelmäßig nur unter der Voraussetzung einer Verkehrsdurchsetzung nach § 8 Abs. 3 MarkenG eingetragen wissen, wird, wie oben erörtert, bereits durch die richtlinienkonforme Auslegung des § 8 MarkenG in Frage gestellt.
Aber auch aus der vom Gesetzgeber grundsätzlich mit dem MarkenG verfolgten Intention heraus erschließt sich die Haltung des BPatG zur Verkehrsdurchsetzung bei konturlosen Farbmarken nicht. Der Gesetzgeber geht bei der Ausle-

---

[521] Siehe oben, Kapitel 4, III, 3, d, cc.
[522] Siehe oben 6. Kapitel, III, 3, d, cc und 4, b, c.

gung der Tatbestände von einer völligen Neukonzeption des MarkenG unter Berücksichtigung der Vorgaben der gemeinschaftsweiten Markenrechtsharmonisierung aus. Vor diesem Hintergrund geht die Tendenz in Richtung eines offenen und weit gefassten Markenbegriffs, der notwendigerweise auch eine extensivere Eintragungspraxis der Markenbehörden bedingt, die sich gerade bei den neuen Markenformen den veränderten Gegebenheiten anpassen muss und nicht schematisch die nach früheren Kodifikationen entwickelten Rechtsgrundsätze fortschreiben kann.[523]
Die Rechtsprechung unter Geltung des WZG, wonach aus einem bestehenden Freihaltebedürfnis bei Farben unmittelbar ein gesteigerter Grad der Verkehrsdurchsetzung gefordert wurde, kann nach der Windsurfing Chiemsee-Entscheidung des EuGH in dieser Rigorosität unter Geltung des MarkenG nicht mehr fortgeschrieben werden. Dies ist umso relevanter, als nach dieser Rechtsprechung[524] bei einem Freihaltebedürfnis zumeist im Bereich des § 4 Abs. 3 WZG eine einhellige Verkehrsdurchsetzung gefordert wurde, die praktisch kaum darzulegen war.

Die Blau/Weiß Entscheidung[525] des BPatG zeigt dagegen noch deutlich die Anlehnung an die im WZG entwickelten Rechtsgrundsätze. Die hohen Anforderungen zur Schutzfähigkeit von Farbzeichen, zumeist als Ausstattung nach § 25 WZG oder als farbliche Aufmachung im Rahmen eines Bildzeichens als Registermarke, die nach der Gesetzeslage im WZG noch gerechtfertigt waren, können unter dem MarkenG nicht mehr aufrechterhalten werden. Nach dem WZG wäre es nicht zu beanstanden gewesen, wenn das BPatG - wie in dem Blau/Weiß II Beschluss - ohne konkrete Feststellungen zu treffen, allein Anhaltspunkte für ein Freihaltebedürfnis an der Farbe als Anlass nimmt, eine einhellige Verkehrsdurchsetzung für das Farbzeichen zu fordern. Dies ist darin begründet, dass nach dem WZG schon nach der Gesetzeslage (keine Markenfähigkeit von konturlosen Farben) eine gesetzliche Vermutung dahin gehend bestand, dass isolierte Farben an sich beschreibend und damit freihaltebedürftig sind. Davon ausgehend war es nur konsequent, keine konkreten Feststellungen zur Frage der Unterscheidungskraft bzw. Freihaltebedürftigkeit zu machen. Mit der gesetzlichen Regelung in § 8 Abs. 3 MarkenG und der Zuerkennung der allgemeinen Markenfähigkeit von abstrakten Farben in § 3 Abs. 1 MarkenG entfällt die soeben beschriebene gesetzliche Vermutung; nunmehr kann, entgegen der früheren Rechtsprechung, das Freihaltebedürfnis oder die fehlende Unterscheidungskraft nicht mehr unterstellt werden, sondern muss konkret auf den Einzelfall bezogen auf tatsächlichen Erwägungen beruhen.

---

[523] Amtliche Begründung aaO. S. 58 f.
[524] Siehe nur BPatGE 23, 78, 80- HP; BPatG 24, 67- India.
[525] BPatG WRP 1999, 334 f.

Wenig überzeugend ist ebenfalls die Forderung des BPatG nach einer einhelligen Verkehrsdurchsetzung bei konturlosen Farbzeichen. Eine derart starke Durchsetzung auch eines langjährig benutzten Kennzeichens wird sich in der Praxis durch demoskopische Gutachten nicht nachweisen lassen[526].
Wenn es insoweit im Grundsatz auch nicht sinnvoll und möglich ist, einen festen Prozentsatz für die Anerkennung der Verkehrsdurchsetzung von abstrakten Farben anzugeben, so kann m.E. als Anhaltspunkt von einer Untergrenze von 40 % ausgegangen werden. Die untere Grenze von 40 % ergibt sich aus dem Eintragungsgrundsatz, dass die Eintragung eines an sich nicht schutzfähigen Zeichens nur dann gerechtfertigt erscheint, wenn annähernd die Mehrheit der beteiligten Kreise in dem Farbzeichen eine produktidentifizierende Bezeichnung erkennt[527]. Für die Obergrenze bei der Verkehrsdurchsetzung kann in Anlehnung[528] an die Bekanntheitsgrade von sog. berühmten Marken[529] nach den bisherigen Erfahrungen der Marktforschung von einem Durchsetzungsgrad von 70% bis 80 % ausgegangen werden.

Innerhalb dieser Margen sind die quantitativen Anforderungen an die Verkehrsdurchsetzung bei abstrakten Farben zu bestimmen. Anstatt mit dem BPatG von einer bei abstrakten Farbzeichen grundsätzlich erforderlichen einhelligen Verkehrsdurchsetzung auszugehen, könnte man je nach Einzelfall auf die Eignung der Farbe abstellen, als produktunterscheidendes Symbol zu dienen (konkrete Unterscheidungskraft)[530].
Je umfassender die betroffene Waren- oder Dienstleistungsgruppe und je breiter der zu monopolisierende Abschnitt des Farbenraums, desto höher muss die Hürde der erforderlichen Verkehrsdurchsetzung angesetzt werden. Im Ergebnis kann u.U. für die Verkehrsdurchsetzung, z.B. bei Einfarbenmarken im Grundfarbenbereich, im Einzelfall - entsprechend der Auffassung des BPatG – Einhelligkeit erforderlich sein. Dies ist aber nicht im Sinne eines generellen Anforderungsprofils bei abstrakten Farben vorbestimmt, sondern ergibt sich aus der Verkehrsanschauung im konkreten Fall.

---

526 Siehe hierzu Eisenführ, GRUR 1987, 82 f.; Noelle-Neumann/Schramm, GRUR 1966, 70, 74.
527 Vgl. BGH GRUR 1990, 360, 361- Apropos Film II; BPatGE 36, 919- Hautaktiv.
528 Hier ist zu berücksichtigen, dass bei der „berühmten Marken" andere Wertungskriterien gelten, da es sich um keinen markenrechtlichen Schutz (§ 823 Abs. 1 BGB) handelt.
529 BGH GRUR 1970, 77, 78- Ovalumrandung.
530 Siehe oben zur konkreten Unterscheidungskraft: 4. Kapitel, III, 3, d, cc.

5. Kapitel: Der Schutzumfang von abstrakten Farbmarken

I. § 14 MarkenG als materielles Verletzungsrecht

In den §§ 24, 25 WZG wurden die Ansprüche bei Kennzeichenverletzungen getrennt nach eingetragenen und nur kraft Verkehrsgeltung durch Benutzung entstandenen Rechten (Ausstattung) geregelt. Im Gegensatz zu Art. 5 MarkenRL, der nur für registrierte Marken anwendbar ist, betrifft § 14 MarkenG alle Marken im Sinne von § 4 MarkenG, also auch die infolge Benutzung entstandene Marke. Art. 5 MarkenRL ist die gemeinschaftsrechtliche Vorgabe des § 14 MarkenG für Rechte aus der Marke, der damit für registrierte Marken richtlinienkonform und eigenständig auszulegen ist.

Mit der Eintragung einer konturlosen Farbmarke nach § 4 Nr. 1 MarkenG erhält der Inhaber ein ausschließliches Recht.
Im Anschluss an die Regelung der Marken und geschäftlichen Bezeichnungen als subjektive Ausschließlichkeitsrechte in den §§ 14 Abs. 1, 15 Abs. 1 MarkenG sind in § 14 Abs. 2 MarkenG die Verletzungstatbestände der Identität, der Verwechslungsgefahr und des erweiterten Schutzes bekannter Kennzeichen (§ 14 Abs. 2 Nr. 1-3 MarkenG) sowie die zugehörigen Anspruchsgrundlagen für Unterlassung (14 Abs. 5 MarkenG) und Schadensersatz (§ 14 Abs. 6 MarkenG) normiert. Die Haftung für Angestellte und Beauftragte (§ 14 Abs. 7 MarkenG) sowie die Ansprüche auf Vernichtung (§ 18 MarkenG) und Auskunft (§ 19 MarkenG) komplettieren die exklusive Rechtsstellung des Markeninhabers.
Voraussetzung dieser zeichenrechtlichen Ansprüche aus der Marke ist jeweils eine Markenkollision, die als Markenrechtsverletzung im Sinne des § 14 Abs. 2 MarkenG zu werten ist.
Das Verfahren zur Durchsetzung der in § 14 MarkenG angeführten Verletzungsansprüche vor den ordentlichen Gerichten regelt das MarkenG nur insoweit, als die §§ 140 f. MarkenG Bestimmungen über Zuständigkeit, Verteilung und Streitwertbegünstigung in sog. Kennzeichenstreitsachen enthalten.
Allgemeine Voraussetzung aller Kollisionstatbestände bei einer Markenrechtsverletzung nach § 14 Abs. 2 MarkenG ist, dass ein Dritter ohne Zustimmung des Markeninhabers im geschäftlichen Verkehr eine Marke benutzt, die mit der geschützten Marke des Markeninhabers in einer Art und Weise kollidiert, die sein Markenrecht beeinträchtigt.

Der abstrakte Farbenschutz sieht sich auch im Hinblick auf die Bestimmung des Schutzumfangs nach § 14 Abs. 2 MarkenG immer wieder einer Vielzahl von Kritikpunkten ausgesetzt. Diejenigen Autoren, welche im Grundsatz schon die Eintragungsfähigkeit dieser Markenform ablehnen, verweisen hilfsweise auch auf die wettbewerbsschädigenden Folgen eines ausufernden Schutzbereichs bei

abstrakten Farbmarken[1]. Es wird ein Szenario beschrieben, bei dem der Schutzumfang von konturlosen Farben und Farbkombinationen vollständig in das Belieben des Markeninhabers gestellt wird: Hinter einer solchen Anmeldung verberge sich eine unendliche Vielzahl von im Einzelnen nicht überschaubaren, aber theoretisch möglichen, Farbgestaltungen[2]. Demzufolge hätte der Markeninhaber nahezu unbegrenzte Möglichkeiten, gegen den Inhaber eines kollidierenden, ebenfalls farblich gestalteten Markenrechts vorzugehen. Praktisch führe dies zu der totalen Monopolisierung einer Farbe zugunsten eines Wettbewerbers. Der Markeninhaber hätte im betroffenen Spektralbereich der geschützten Grundfarbe die Möglichkeit, die Verwendung aller in diesem Grundfarbenbereich angesiedelten Farbzeichen den Mitbewerbern zu untersagen.
Für diejenigen Fallkonstellationen, in denen eine Registereintragung unausweichlich ist, müsse als Regulativ der Schutzbereich auf Fälle der Zeichenidentität nach § 14 Abs. 2 Nr. 1 MarkenG beschränkt werden; die Kollisionstatbestände der Zeichenähnlichkeit gemäß § 14 Abs. 2 Nr. 2 MarkenG und der unlauteren Ausnutzung der Wertschätzung einer Marke gemäß § 14 Abs. 2 Nr. 3 MarkenG seien bei abstrakten Farbmarken nicht anwendbar[3].

Im Folgenden wird zu zeigen sein, dass diese Kritik relativiert werden muss.
Für die Auslegung der Verletzungstatbestände wird die Berücksichtigung der Wechselwirkung von Eintragungsverfahren einerseits und Schutzumfang sowie Benutzungszwang und Freihaltebedürfnis nach § 23 MarkenG andererseits von herausragender Bedeutung sein. Eintragungs- und Verletzungsverfahren bilden keine abgegrenzten Teilbereiche, sondern müssen sich in der Tendenz einer abgestuften Beurteilung von eingetragenen Markenzeichen gegenüber den Rechten Dritter zu einem zusammenhängenden und ineinandergreifenden System weiterentwickeln.
Eine Eintragungspraxis, nach der die Registerfähigkeit eindimensional nur nach den Kriterien des § 8 Abs. 1, 2 MarkenG beurteilt wird, ohne das Potenzial einer flexiblen Handhabung der Markenrechte im Kollisionsrecht nach den §§ 14, 23 und 26 MarkenG einzubeziehen, kann den Herausforderungen einer gemeinschaftsrechtlich geprägten Markenrechtsordnung nicht mehr gerecht werden. In ihrer Rigorosität verweigert die aktuell praktizierte Rechtsprechung neuen Zeichenformen eine Entwicklungsmöglichkeit innerhalb des Registerschutzes. Durch die restriktive Auslegung der Eintragungshindernisse wird eine flexible Berücksichtigung einer unter Umständen schwächeren Kennzeichnungskraft im Rahmen eines eingeschränkten Schutzumfanges verhindert. Die bisherige Praxis

---

[1] Winkler bezeichnet den Schutzbereich ausgehend von dem angeblichen unbestimmten Schutzgegenstand gar als abenteuerlich, Winkler MA 1996, 516, 518.
Siehe auch Ströbele, GRUR 1999, 1041, 1048; Stauder, GRUR Int. 1976, 116, 118 für das französische Recht; Troller, Bd. I S. 244 für das schweizerische Recht; siehe auch Miogosa, S. 33 mwN.
[2] Siehe nur BPatG GRUR 1996, 881- Farbmarke für die stereotype Argumentation des BPatG.
[3] Thilo, S. 290; Stauder, GRUR Int. 1976, 116, 118, Troller, Bd. I S. 244; Migosa, S. 33.

des Markenamts läuft der mit der MarkenRL intendierten Öffnung des Markenregisters entgegen, weil nur einer abschließend bestimmten, exklusiven Gruppe von traditionellen Zeichenformen die Eintragung, verbunden mit einem weitreichenden Schutzumfang, zuerkannt wird. Dagegen wird den in der Entwicklung befindlichen neuen (noch kennzeichnungsschwächeren) Zeichenformen, ohne die Möglichkeit der Regulierung einer eventuellen Kennzeichnungsschwäche innerhalb des Schutzumfanges auszunutzen, der Registerschutz verweigert.

Der Schutzumfang von konturlosen Farbmarken wird nicht mehr nach den Kriterien behandelt werden können, die unter Geltung des WZG die Rechtsprechung bestimmten. Maßgebend muss vielmehr die richtlinienkonforme Auslegung orientiert an Art. 5 MarkenRL sein. Der EuGH hat gerade im Bereich der Verwechslungsgefahr mit der Grundsatzentscheidung „Springende Raubkatze“[4] nach einem Vorlageverfahren des BGH neue Leitlinien im Verletzungsrecht aufgestellt, die auch die Einschätzung des Schutzumfanges von konturlosen Farbzeichen in einem anderen Lichte erscheinen lässt. Im Folgenden wird zu belegen sein, dass durch eine sachgerechte, an der Neukonzeption des MarkenG orientierte Auslegung der Kollisionskriterien in § 14 Abs. 2 MarkenG im Zusammenspiel mit §§ 23 und 26 MarkenG für die Beurteilung möglicher Zeichenverletzungen bei abstrakten Farbmarken praktikable und interessengerechte Ergebnisse erzielt werden können. Grundvoraussetzung dabei ist, dass die allgemeinen Auslegungskriterien unvoreingenommen auch bei den neuen Markenformen anwendet werden.
Es stellt sich die Frage, anhand welcher Kriterien der Schutzumfang von abstrakten Farbmarken zu beurteilen ist, welche spezifischen Parameter hiernach für die Beurteilung der Reichweite dieser Markenform gegenüber Drittzeichen ausschlaggebend sind. Dass hierbei für konturlose Farbmarken die Besonderheit der Abstraktheit der Zeichenform zu berücksichtigen ist, versteht sich von selbst. Welche Konsequenzen sich hieraus ergeben, gilt es hier - ausgehend von den allgemeinen, für die traditionellen Markenformen erarbeiteten und anerkannten Grundsätzen - herauszuarbeiten.

II. Die rechtsverletzende Benutzung von konturlosen Farbmarken im Rahmen des § 14 MarkenG

1. Benutzungsbegriff bei § 14 MarkenG

Unter Geltung des WZG beurteilte sich die Art der Verletzungshandlung bei Zeichenkollisionen nach den §§ 24, 25 WZG, die eine Aufzählung möglicher Benutzungsformen von Warenzeichen enthielten.

[4] EuGH WRP 1998, 39 f.- Springende Raubkatze.

Die Rechtsprechung sah nur den warenzeichenmäßigen Gebrauch eines Zeichens, vgl. § 16 WZG, als tatbestandsmäßige Verletzungshandlung an. Eine Zeichenverletzung nach den §§ 24, 25 WZG kam nur bei einer geschäftlichen Verwendung in Betracht, bei der zumindest ein nicht unbeachtlicher Teil der angesprochenen Verkehrskreise annehmen konnte, das Zeichen diene als Hinweis auf die betriebliche Herkunft des gekennzeichneten Produkts[5]. Das Erfordernis einer zeichenmäßigen Benutzung des Verletzerzeichens wurde im Wesentlichen mit der Beschränkung des rechtlichen Schutzes der Marke auf die Herkunftsfunktion, mit der als abschließend verstandenen Aufzählung möglicher Verletzungsarten in den §§ 15, 24, 25 WZG und mit der ausdrücklichen Bezugnahme auf den warenzeichenmäßigen Gebrauch in § 16 WZG begründet.

Das MarkenG spricht im Gegensatz zu § 16 WZG nicht vom warenzeichenmäßigen Gebrauch eines Zeichens, sondern in § 14 Abs. 2 MarkenG insoweit nur von der Benutzung der Marke, ohne diesen Begriff näher auszufüllen. § 14 Abs. 3 MarkenG führt in nicht abschließender Weise einzelne Verwendungsarten eines Markenrechts auf, die als Benutzungshandlungen im Sinne des § 14 Abs. 2 MarkenG gelten können, wie z.B. in Nr. 5 die Verwendung des Zeichens in der Werbung.
Den drei Versagungstatbeständen des § 14 Abs. 2 MarkenG liegt wegen der einheitlichen Wortwahl und der Geltung des § 14 Abs. 3 MarkenG für alle drei Fälle des § 14 Abs. 2 MarkenG ein einheitlicher Benutzungsbegriff zugrunde[6].

Der BGH war bisher mit der Auslegung des Benutzungsbegriffs im Rahmen des § 14 MarkenG noch nicht ausdrücklich befasst und hat in den Entscheidungen Rügenwalder Teewurst[7] und Cotton Line[8] lediglich als obiter dicta einige Andeutungen gemacht, die in der Tendenz darauf hindeuten, dass der BGH an der Rechtsprechung zu §§ 24, 25 WZG hinsichtlich des Erfordernisses einer warenzeichenmäßigen Benutzung auch unter Geltung des MarkenG festzuhalten gedenkt. In diesem Sinne spricht der BGH auch durchgängig von der kennzeichenmäßigen Benutzung des Verletzerzeichens.

[5] BGH GRUR 1994, 908, 910 f.- Wir im Südwesten; BGH GRUR 1984, 684- Marlboro/Mordoro; BGH GRUR 1977, 789, 790- Tina Spezialversand; grundlegend für die ständige Rechtsprechung siehe RGZ 117, 408, 410- Lysol.
[6] Keller, GRUR 1996, 610; Fezer, § 14 MarkenG, Rz. 29; außerhalb des § 14 MarkenG wird der Begriff der Zeichenbenutzung dagegen uneinheitlich verwendet. Insbesondere ist die Benutzung einer Marke im Sinne des § 14 MarkenG nicht völlig identisch mit der rechtserhaltenden Benutzung nach den Vorschriften über den Benutzungszwang (vgl. § 26 MarkenG).
[7] BGH GRUR 1995, 354- Rügenwalder Teewurst II.
[8] BGH GRUR 1996, 68- Cotton Line.

Bei den Obergerichten sind zu der Problematik bereits einige Entscheidungen ergangen[9]. Übereinstimmend wird hier angenommen, allein die kennzeichenmäßige Benutzungshandlung sei markenrechtlich relevant, die an der Herkunftsfunktion des Kennzeichens orientierte Rechtsprechung zu den §§ 24, 25 WZG habe insoweit Bestand. Das Oberlandesgericht Düsseldorf hat nunmehr mit dem Beschluss „Spirit Sun“ diese Rechtsfrage dem EuGH zur Vorabentscheidung vorgelegt[10].

In der Literatur wird die Auslegung der Benutzungshandlung im Rahmen des § 14 Abs. 2 MarkenG kontrovers diskutiert[11].
Ein Teil des Schrifttums zum MarkenG vertritt die Auffassung, auch im Rahmen des § 14 MarkenG sei dem Zeicheninhaber nur Schutz gegen eine markenmäßige Benutzung des Zeichens seitens des Verletzers zu gewähren[12]. Die zur Begründung dieser Ansicht geäußerten Argumente lassen sich auf die allen Autoren eigene Überzeugung zurückführen, die Bestimmung des Schutzumfanges des Markenrechts sei noch immer allein von der Herkunftsfunktion der Marke abhängig. Die rechtlich allein geschützte Herkunftsfunktion könne nur durch eine zeichenmäßige Verwendung des Drittzeichens, d.h. die Verwendung eines Kennzeichens, um ein Produkt von einer anderen Ware oder Dienstleistung hinsichtlich der betrieblichen Ursprungsstätte zu unterscheiden, verletzt werden.
Die Vertreter der Gegenansicht befürworten einen von den Beschränkungen des WZG losgelösten, weiten Benutzungsbegriff in § 14 MarkenG, der jedenfalls nicht die markenmäßige Verwendung des Kennzeichens zur Voraussetzung hat[13]. Die Grenzen des Schutzumfanges seien im MarkenG weiter als nach dem alten Recht zu ziehen, da es einen umfassenden Schutz der ökonomischen Funktionen der Marke im neuen Recht gebe[14], der nicht allein durch die Herkunftsdifferenzierung mit der daraus folgenden zeichenmäßigen Verwendung beschrieben werden könne.

---

[9] KG WRP 1997, 85- Telekom; Hans. OLG Hamburg WRP 1996- Les Paul Gitarren; Hans. OLG Hamburg WRP 1997, 106- Gucci; Hans. OLG Hamburg 1996, 982- Für Kinder; OLG München Mitt. 1996, 174- Fat Tire: KG WRP 1997, 85- Alles wird teurer.

[10] OLG Düsseldorf WRP 200, 316 f.- Spirit Sun.

[11] Einen Überblick über den Stand der Diskussion gibt Nägele, S. 41 ff.
Im Rahmen dieser Darstellung können die verschiedenen Ansichten nur grob skizziert werden, um vor dem Hintergrund der neuen Rechtsprechung des EuGH (EuGH Rs C- 63/97, MarkenR 1999, 84- BMW) die Auswirkungen des Benutzungsbegriffs bei abstrakten Farbmarken zu untersuchen.

[12] Deutsch, GRUR 1995, 320, 321; Dreiss, Mitt. 1995, 1, 10; Piper, GRUR 1996, 429, 434; v. Schultz, WRP 1997, 408, 409; Keller, S. 75; v. Gamm, Fs 100 Jahre GRUR Bd. II S. 801, 804; Rößler, S. 131.

[13] Fezer, GRUR 1996, 566, 567; ders., GRUR 1996, 973, 974; Krieger, GRUR 1995, 527, 529; Starck, GRUR 1996, 688, 691; Lehmann/Schönfeld, GRUR 1994, 481, 484; Schmieder, NJW 1997, 2908, 2914; Nordemann, aaO. Rz. 430.

[14] Zu der Diskussion um die rechtlich geschützten ökonomischen Funktionen der Marke siehe nur Fezer, MarkenG Einl. Rz. 30, 39; Tilman, ZHR 158(1994), 371, 383 ff; Kunz-Hallstein, S. 147, 156 ff; zu den Einzelheiten der Funktionenlehre siehe unten Kapitel 5, II, 3.

2. Praktische Relevanz der unterschiedlichen Benutzungsbegriffe für den Schutzumfang von abstrakten Farbmarken

Gegenüber konturlosen Farbmarken als geschütztem Recht ist eine nach § 14 MarkenG relevante Zeichenverletzung immer dann theoretisch denkbar, wenn ein Dritter eine mit dem geschützten Zeichen identische oder ähnliche Farbgebung im Zusammenhang mit identischen oder ähnlichen Waren oder Dienstleistungen benutzt. Der nach § 14 Abs. 2 MarkenG abgesicherte Schutzumfang von konturlosen Farbmarken bestimmt sich vom Ansatz her danach, ob die Benutzung der Farbe durch einen Dritten überhaupt eine tatbestandliche Verletzungshandlung im Sinne des § 14 MarkenG darstellt. Die oben behandelten Unterschiede in den Rechtsauffassungen hinsichtlich der Anforderungen an eine Benutzung nach § 14 MarkenG haben weitreichende Konsequenzen für den Umfang des Schutzbereiches von abstrakten Farbmarken.

Es gibt ein fließendes Bild der Benutzung von Farben im Markenartikelbereich, wobei die abstrakte Farbmarke die „reinste" Form darstellt und unzweifelhaft nach der Rechtslage im MarkenG auch den engen (zeichenmäßigen) Benutzungsbegriff erfüllen würde.
Unproblematisch sind auch die Fallkonstellationen, in denen eine Farbe als Teil eines zusammengesetzten Markenrechts benutzt wird. Dies sind die Fälle der farblichen Aufmachungen, bei denen eine Wort- oder Bildmarke mit einer Farbe dergestalt verbunden wird, dass beide Teile zusammen den Schutzgegenstand des Zeichenrechts bilden.
Problematisch sind die im Folgenden darzustellenden Fallkonstellationen, in denen die Farben nicht in erster Linie zur Differenzierung einer Ware oder Dienstleistung nach ihrer betrieblichen Herkunft verwendet werden, sondern, um das Produkt selbst zu identifizieren oder um als Beiwerk oder Zusatz einer Kennzeichnung zu fungieren. Diese Verwendungsarten erfüllen nur den weiten Benutzungsbegriff, der von einer zeichenmäßigen Verwendung absieht; nach dem engen Benutzungsbegriff wären diese Nutzungen von Farben generell aus dem Schutzumfang von konturlosen Farben herausgenommen.

a. Produktidentifikation ohne betrieblichen Herkunftshinweis

Die Verwendung von Farben innerhalb der Markenführung ist nicht auf die Fallkonstellationen der sog. Hausmarken beschränkt, in denen eine bestimmte Farbgebung zur Unterscheidung von Waren oder Dienstleistungen anknüpfend

an eine Assoziation des Publikums von der Farbe zum produzierenden Unternehmen eingesetzt wird.
Farblich gestaltete Drittzeichen, die mit der geschützten konturlosen Farbmarke kollidieren, können die zeichenrechtliche Unterscheidungsfunktion auch dahin gehend verwirklichen, dass die Farbe zur Differenzierung des Produkts nach seiner individuellen Eigenart ohne jeglichen Herkunftshinweis eingesetzt wird. Dem Publikum wird hier gar nicht zu Bewusstsein gebracht wer Hersteller ist, stattdessen werden die Farben direkt in Verbindung zum Produkt zur Unterscheidung von konkurrierenden Waren oder Dienstleistungen genutzt[15]. Wie bereits erörtert[16], werden Farben in diesem Anforderungsprofil aufgrund ihrer appellativen Wirkung im Rahmen einer emotionalen Produktdifferenzierung, verbunden mit der Eignung das Image oder den Good Will eines Produktes zu fördern, besonders häufig und nutzenbringend eingesetzt.

b. Begleitende Benutzung von Farben

Die begleitende Benutzung einer geschützten abstrakten Farbmarke durch ein Drittzeichen wird sich zuweilen schon allein im dekorativen Gebrauch der jeweiligen Farbgebung erschöpfen, ohne dass hinter dieser Verwendung die Absicht steht, mit dieser Angabe dem Publikum einen Herkunftshinweis zu geben. In diesen Fällen ist die Farbgebung der Marke oder des Produkts selbst nicht wesensbestimmend, sondern soll einen Markenauftritt ansprechend und publikumswirksam abrunden und begleiten, indem die geschützte Farbmarke als Hintergrund in dem verletzenden Drittzeichen benutzt wird. Hier will sich der Inhaber des Drittzeichens ebenfalls die appellative Wirkung der geschützten Farbe zunutze machen, um bei den angesprochenen Verkehrskreisen eine positive Grundeinstellung zum angebotenen Produkt zu erreichen[17].

---

[15] Bei Zigaretten werden neben einem Wortzeichen oder einem Bildelement häufig Farbzeichen verwendet, um die verschiedenen Markenprodukte voneinander zu unterscheiden. Weder der Wort- oder der Bildteil der Verpackungsgestaltung, noch die Farbgebung sollen hier einen Hinweis auf den betrieblichen Ursprung der jeweiligen Zigarettenmarke geben (allenfalls wird der Herkunftsbetrieb unauffällig und in kleiner Schrift an dem schmalen Seitenstück der Verpackung angegeben). Die Farben beziehen sich hier auf das Produkt selbst und sollen diesem eine Identität geben. Die Zigarettenmarke P&S beispielsweise setzte zur emotionalen Produktdifferenzierung bei Wiederauflage der Marke 1994 auf die flächige Gestaltung der Packung und des gesamten Werbeauftritts in Zeitungsannoncen, Fernsehen, Plakaten etc. in einem originellen und bislang in diesem Produktsegment nicht verwendeten mintgrünen Farbton.

[16] Siehe oben, Kapitel 2, I zur emotionalen Produktdifferenzierung mit Farben.

[17] Eine Anwendungsmöglichkeit ist die z.T. lediglich dekorative Verwendung von Farben als Hintergrund vor der eigentlichen Wort- oder Bildmarke.

Weiterhin kann eine bestimmte Farbgebung in einem Drittzeichen begleitend verwendet werden, wenn sie nicht in erster Linie der Unterscheidung von Produkten dient, sondern der beschreibende Charakter im Hinblick auf das Produkt im Vordergrund steht[18].

c. Anlehnung an Konkurrenzprodukte durch Farben

Eine geschützte Farbe wird von einem verletzenden Drittzeichen ebenfalls nicht im traditionellen Sinne zeichenrechtlich benutzt, wenn die übernommene Farbgebung nur dazu dient, eine gedankliche Verbindung zu dem geschützten abstrakten Farbzeichen herzustellen, um sich an einen eventuell bestehenden besonders guten Ruf oder an ein entsprechendes Produktimage anzulehnen. Diese in den Entscheidungen Dimple[19] und Rollce Royce[20] entwickelte Fallgruppe der Rufausbeutung bzw. -anlehnung greift beim Schutzumfang von abstrakten Farbzeichen die Konstellationen auf, in denen eine durch Farben geprägte Aura der geschützten Farbmarke durch das verletzende Drittzeichen übernommen wird, ohne über die Herkunft der mit dem Drittzeichen markierten Ware oder Dienstleistung täuschen zu wollen[21].

d. Auswirkungen für den Schutzumfang von abstrakten Farbmarken

Die vorgenannten Fallgruppen belegen, wie vielschichtig die Verletzungsmöglichkeiten von abstrakten Farbzeichen durch entsprechend gestaltete Drittzeichen sind. Die Besonderheit bei der Verwendung von Farben innerhalb der Markenkonzeption liegt in der differenzierten Ausrichtung der Wirkungsweise ihres Einsatzes als Kennzeichnungsmittel. Ihr Potenzial besteht nicht allein in der Herkunftsdifferenzierung, sondern zusätzlich auch in der Differenzierung von Produkten nach ihrer individuellen Eigenart. Bei reinen Wortmarken beispielsweise wird diese Problematik weniger deutlich, da sie meistens einen herkunftsdifferenzierenden Charakter haben. Bei abstrakten Farbzeichen dagegen fällt durch eine Reduzierung des Schutzumfanges auf Kollisionen mit Farben,

---

[18] Z.B. die Farbgebung von Tabletten. Häufig kann der Patient schon anhand der Farbe auf die Art des Medikaments schließen (so weisen rote Tabletten häufig auf Herzmedikamente hin).

[19] BGH GRUR 1985, 550.

[20] BGH GRUR 1983, 247, 248.

[21] Ein mittelständisches Unternehmen verlegt Telefonverzeichnisse und nutzt für die Umschlagseiten die Farbkombination Grau/Magenta, Weiß/Magenta bzw. Grau/Weiß/Magenta. Zudem weist ein Wortzeichen wahrheitsgemäß auf den tatsächlichen Herkunftsverlag der Telefonverzeichnisse hin. Diese Gestaltung des Produkts lehnt sich bewusst an die Farbgebung der Deutschen Telekom an und beutet damit zielgerichtet den guten Ruf des ehemaligen Monopolisten in diesem Bereich (z.B. Seriösität, Zuverlässigkeit, Richtigkeit der Angaben, überragende Marktstellung) aus. Siehe hierzu BGH GRUR 1997, 75- grau/magenta.

die nur im traditionellen Sinn zeichenmäßig verwendet werden, ein großer Teil der realen Praxis im Markenartikelbereich aus der rechtlichen Betrachtung im Rahmen des § 14 MarkenG heraus. Der enge Benutzungsbegriff bezieht nur einen Teilaspekt bei der Nutzung von geschützten konturlosen Farbzeichen durch Dritte in die kollisionsrechtliche Bewertung ein und spiegelt damit nur einen Ausschnitt der ökonomischen Realität bei dieser Markenform wieder[22].

3. Markenfunktionale Bestimmung des Benutzungsbegriffs

a. Richtlinienkonforme Auslegung durch den EuGH

Der Benutzungsbegriff in § 14 Abs. 2 MarkenG beruht auf der Umsetzung der zwingenden Vorgabe aus Art. 5 Abs. 1 MarkenRL hinsichtlich der Rechte aus der Marke. In gleicher Form verwendet auch die GMarkenV in Art. 9 Abs. 1 den Benutzungsbegriff. Die Anforderungen an die Benutzung einer Marke als Schranke für die Einbeziehung von kollidierenden Zeichen in den Schutzumfang unterliegt der europarechtskonformen Auslegung, die letztlich durch den EuGH zu gewährleisten ist. Der EuGH hat - wie auch der BGH - noch nicht ausdrücklich zu der Frage der Auslegung des Art. 5 Abs. 1 MarkenRL Stellung genommen. Auf den Vorlagebeschluss des OLG Düsseldorf in dem Verfahren „Spirit Sun“[23] ist bislang keine Entscheidung ergangen.
Eine Tendenz des EuGH bei der Auslegung des Benutzungsbegriffs lässt sich indes aus der BMW-Entscheidung[24] ermitteln, in der es um den Anwendungsbereich des Art. 5 Abs. 1, 2 MarkenRL in Abgrenzung zu Art. 5 Abs. 5 MarkenRL, der die Option der Mitgliedstaaten zu einem weitergehenden Markenschutz normiert, geht. Maßgebendes Kriterium zur Bestimmung der Schutzrechtsschranke des Art. 5 Abs. 1 MarkenRL sei der Zweck der Markenbenutzung. Der Anwendungsbereich der Kollisionstatbestände in Art. 5 Abs. 1, 2 MarkenRL hänge davon ab, ob die Marke zur Unterscheidung von Waren oder Dienstleistungen eines bestimmten Unternehmens (Herkunftsfunktion) benutzt wird, oder ob die Benutzung zu anderen Zwecken erfolgt. Die Benutzung zum Zwecke der Produktunterscheidung bezeichnet der EuGH als Benutzung der Marke iSd. Art. 5 Abs. 1 MarkenRL, zu der auch die Verwendung des Zeichens in der Werbung gehört. In Anwendung dieser Grundsätze entschied der EuGH, die Benutzung einer Marke ohne Zustimmung des Inhabers zu dem Zweck, die Öffentlichkeit darauf hinzuweisen, dass ein Unternehmer Waren dieser Marke

[22] Siehe oben, Kapitel 2, II zur ökonomischen Analyse, speziell zur Anpassung des Rechtssystems an die ökonomischen Gegebenheiten.
[23] OLG Düsseldorf WRP 2000, 316.
[24] EuGH Rs C- 63/97, MarkenR 1999, 84- BMW.

instandsetzt und wartet oder dass er Fachmann für solche Waren oder auf sie spezialisiert ist, stelle eine Benutzung der Marke im Sinne des Art. 5 Abs. 1 lit a MarkenRL dar.
Diese Entscheidung stellt keine letztverbindliche Auslegung des Benutzungsbegriffs dar, zeigt aber Leitlinien bei der Beurteilung dieser Rechtsfrage auf. Im Gegensatz zu den bisher vorliegenden Entscheidungen der deutschen Obergerichte geht der EuGH von einem extensiven Verständnis der möglichen Markenrechtsverletzungen aus. Der Benutzungsbegriff wird funktional definiert, indem auf den Zweck der Benutzung des Zeichens abgestellt wird. In der Konsequenz der Rechtssprechung des EuGH zu den Funktionen der Marke[25] kann ein funktionaler Benutzungsbegriff nicht eindimensional auf die Herkunftsfunktion beschränkt werden.

b. Ausfüllung des Benutzungsbegriffs

aa. Paradigmenwechsel bei den Markenfunktionen im MarkenG

(1) Auslegung des MarkenG

Ebenso wenig wie das WZG enthält das MarkenG ausdrückliche Hinweise auf die rechtlich geschützten Markenfunktionen. Aus dem Bedeutungszusammenhang des MarkenG wird indes die Abkehr von der bisher uneingeschränkten Stellung der Herkunftsfunktion als rechtlich geschützter Markenfunktion hinreichend deutlich. Die Veränderungen im MarkenG im Vergleich zu den Regelungen des WZG belegen deutlich den Wandel und die Weiterentwicklung bei der Beurteilung der Markenfunktionen.

Der Gesetzgeber geht als Grundposition von der Aufgabe des begrenzten Markenbegriffs des WZG aus; alle zur Unterscheidung geeigneten Zeichen sind im Grundsatz eintragungsfähig[26]. Im Bewusstsein um die Diskussion bei den Markenfunktionen ließ er die Frage, woran die Unterscheidungskraft anzuknüpfen habe, bewusst offen; jedenfalls fehlt eine Einschränkung auf die Herkunftsfunktion.
Die Abkehr des MarkenG von einer Gesetzesinterpretation unter Geltung des WZG, nach der lediglich die Beeinträchtigung der Herkunftsfunktion markenrechtlich sanktioniert wurde, wird auch am wettbewerbsrechtlich orientierten Schutz bekannter Marken deutlich, bei denen der in der Marke verkörperte Good

[25] Siehe unten, Kapitel 5, II, 3, b, aa, (2).
[26] Siehe die amtliche Begründung, BT-Drucksache 12/6581, S. 56.

Will geschützt wird, ohne dass es auf eine Beeinträchtigung der Herkunftsfunktion der Marke ankommt[27].
Im Rahmen der Erörterung der §§ 24 und 30 MarkenG fasst die Amtliche Begründung schließlich die Veränderungen bei dem Normzweck des MarkenG treffend zusammen: “.....dem neuen MarkenG eine grundsätzlich veränderte Konzeption des Markenschutzes zugrunde liegt. Die Herkunftsfunktion, die zwar weiterhin maßgeblich ist, wird künftig durch eine Reihe weiterer Markenfunktionen ergänzt, wie insbesondere die Qualitätsfunktion und die Werbefunktion“[28].

Mit dem Erstreckungsgesetz, in Kraft getreten am 1. Mai 1992, hat der deutsche Gesetzgeber bereits im Vorfeld zur eigentlichen Markenrechtsreform im Jahr 1995 den größten Bruch mit der bislang geltenden Dogmatik des WZG vollzogen[29]. Mit diesem Regelwerk wurde eine der bislang prägenden Säulen der Herkunftsfunktion im WZG abgeschafft: die Bindung der Marke an den Geschäftsbetrieb. Die entsprechende Regelung in § 8 Abs.1 WZG wurde durch § 47 Ziffer 3 ErstrG wie folgt neu gefasst: „Das durch die Anmeldung oder Eintragung eines Warenzeichens begründete Recht kann unabhängig von der Übertragung des Geschäftsbetriebes oder des Teils des Geschäftsbetriebes, zu dem das Warenzeichen gehört, auf andere übertragen werden oder übergehen“. Damit einhergehend wurde durch § 47 Ziffer 4 ErstrG die in § 11 Abs.1 Nr. 2 WZG normierte Löschungsklage wegen Wegfalls des Geschäftsbetriebes gestrichen.
Auch das MarkenG bewegt sich in der Konsequenz dieser grundlegenden Weichenstellung durch das ErstrG, weil der ursprüngliche § 1 Abs. 1 WZG („Wer sich in seinem Geschäftsbetrieb...eines Warenzeichens bedienen will“) ersatzlos gestrichen wurde.
Da sowohl das Reichsgericht als auch der Bundesgerichtshof die Bindung der Marke an den Geschäftsbetrieb als Hauptargument zur Rechtfertigung des abschließenden rechtlichen Schutzes der Herkunftsfunktion anzuführen wussten, kann der Wegfall dieser Konstante des früheren Rechtszustandes nicht ohne Auswirkungen für die Beurteilung der Funktionen der Marke nach dem MarkenG sein. Wenngleich man mit dieser Veränderung der Gesetzeslage den völligen Wegfall der Herkunftsfunktion nicht wird begründen können, so ist jeden-

[27] Amtliche Begründung aaO., S. 72.
Siehe auch unten, Kapitel 5, IV, 3, c, d und VI zu weiteren wettbewerbsrechtlichen Aspekten im MarkenG in den §§ 14 Abs. 2 Nr. 2 und 23 MarkenG.
[28] Amtliche Begründung aaO., S. 81, 82, 86.
[29] Die Frist zur Umsetzung der Richtlinie in das deutsche Markenrecht war bereits 1993 abgelaufen. Wegen des vereinigungsbedingten Mehraufwandes bei der Regelung des gewerblichen Rechtsschutzes im innerdeutschen Verhältnis kam es erst 1995 zur Umsetzung der MarkenRL, nachdem vorab das Erstreckungsgesetz verabschiedet wurde.

falls der Boden für die Implementierung der Herkunftsfunktion als einziger rechtlich zu schützender Markenfunktion entzogen[30].
Für alle Fälle der Übertagung einer Marke ohne den dazugehörigen Geschäftsbetrieb wird die Herkunftsfunktion in ihrer klassischen Form obsolet, denn das Produktzeichen bleibt gleich, aber der Konsument hat keine Möglichkeit, allein aufgrund der Kennzeichnung auf den neuen Produktionsbetrieb zu schließen. Der Gesetzgeber hat mit der Aufgabe der Bindung an den Geschäftsbetrieb eine Entwicklung in der markenrechtlichen Praxis - Produktidentifikation nach der Produktverantwortung und nicht ausschließlich nach der Herkunft - aufgenommen und in das MarkenG integriert. Die markenrechtliche Praxis entfernt sich immer weiter von der Herkunftsfunktion der Marke hin zu einer vom Geschäftsbetrieb unabhängigen Funktion der Marke; der Markeninhaber übernimmt unabhängig vom Geschäftsbetrieb die Produktverantwortung. Mit der Abkopplung der Marke vom Ursprungsbetrieb intendiert der Gesetzgeber nicht nur eine Abkehr von der Herkunftsfunktion, sondern auch eine Öffnung in Richtung einer Funktion der Marke als Kommunikationsmedium, bei der der Geschäftsbetrieb im Verhältnis zur gekennzeichneten Ware oder Dienstleistung nicht mehr die allein ausschlaggebende Rolle spielt. Die marketingtechnisch bedingte Entscheidung, die Marke als sog. Signalcode[31] in einer permanenten, nicht allein auf die Herkunft der Ware oder Dienstleistung bezogenen, Kommunikationsbeziehung zwischen Unternehmer und Verbraucher einzusetzen, kommt durch den Bruch mit dem warenzeichenrechtlichen Dogma nun auch ins Blickfeld der rechtlich geschützten Markenfunktionen.

Die Abkehr von der Herkunftsfunktion zeigt sich auch in der Festlegung der Marke als selbständiges Vermögensgut, mit dem nunmehr auch selbständig Handel betrieben werden kann (§§ 27, 29 MarkenG). Die Absicherung der Qualitätsinteressen des Markeinhabers als Lizenzgeber bei der Neuregelung des Lizenzvertrages in § 30 Abs. 2 Nr. 5 MarkenG kann als weiterer Hinweis gelten. Als weiteres Zeichen für die Weiterentwicklung der Funktionenlehre kann die Einbeziehung wettbewerbsrechtlicher Elemente in die Tatbestände des Markenrechts gelten (§ 14 Abs. 2 Nr. 2 und 3 MarkenG; § 23 MarkenG); nicht nur das Kennzeichen an sich, sondern auch die dahinter stehende wettbewerbliche Leistung des Markeninhabers wird geschützt.

---

[30] Siehe auch Vanzetti, GRUR Int. 1999, 205 f., der dennoch an einer alles überragenden Herkunftsfunktion festhält und bei Übertragung der Marke und Wechsel des Geschäftsbetriebes eine Hinweispflicht für die Öffentlichkeit verlangt, ähnlich v. Gamm 1994, 775, 777 f.
[31] Schreiner, S. 451.

Im MarkenG ist somit nicht mehr nur die herkunftsdifferenzierende Funktion der Marke geschützt, sondern insbesondere auch die Werbe-, Kommunikations- und Vertrauensfunktion. Das MarkenG gewährt nunmehr im Rahmen des Verletzungsrechts bei der Verwechslungsgefahr[32] auch Schutz für die wettbewerbliche Leistung des Markeninhabers, die hinter der Etablierung eines Markenzeichens steht. Insoweit wird die Marke als ein fungibles Wirtschaftsgut betrachtet, dessen Wert dem Markeninhaber allein zugeordnet ist.[33]

(2) Vorgaben durch die MarkenRL und Rechtsprechung des EuGH

Die Funktionenlehre als komprimierte Fassung der ratio legis einer Markenrechtsordnung gehört zu dem von der MarkenRL geregelten Bereich der Rechte an der eingetragenen Marke. Aus dem Gesamtzusammenhang der MarkenRL sowie der Begründung in den Erwägungsgründen zur MarkenRL erschließt sich die Funktion der Marke, wie sie der europäische Gesetzgeber verstanden wissen will.
Bei Auslegungszweifeln hinsichtlich gemeinschaftsrechtlicher Rechtsbegriffe des umgesetzten nationalen Rechts besteht eine Vorlagepflicht an den EuGH nach Art. 234 Abs. 3 EGV[34]. Letztlich kann nur der EuGH die MarkenRL als Bestandteil des Gemeinschaftsrechts auslegen und damit auch, zumindest im Wege mittelbarer Beeinflussung, die darauf beruhenden nationalen Bestimmungen richtlinienkonform ausgestalten[35].

Der EuGH bezeichnet in seiner neueren Rechtsprechung die Herkunftsfunktion als „Hauptfunktion" einer Marke, womit bereits angedeutet ist, dass der Marke

---

[32] Siehe Kapitel 5, IV, 3, d.

[33] Zu dieser Auffassung der Funktionenlehre siehe auch:
Harte-Bavendamm, GRUR 1998, 335 f.; Lehmann/Schönfeld, GRUR 1994, 481, 483; Tilmann, ZHR 1994, 371, 386 f.; Fezer, WRP 1998, 1 f.; Kunz-Hallstein, Fs 100 Jahre Markenamt, S. 147 f.; Mangini, GRUR Int. 1996, 462 f.
Die traditionelle Funktionenlehre vertreten weiterhin: Vanzetti, GRUR Int. 1999, 205 f.; v. Gamm, WRP 1993, 793 f. Gänzlich gegen die Funktionenlehre sprechen sich Ingerl/Rohnke, MarkenG Einl. Rz. 35, aus.
Die Rechtsprechung des BGH hat auch unter Geltung des MarkenG die bisherige Spruchpraxis, die von der Herkunftsfunktion als der allein prägenden Funktion der Marke ausging, noch nicht geändert. Siehe zur ständigen Rechtsprechung: BGHZ 41, 84, 87- Maja; BGH GRUR 1065, 86, 88- Schwarzer Kater; BGHZ 60, 185- Cinzano. In der Tiffany-Entscheidung weicht der BGH erstmals von seiner bisherigen Haltung ab. Bei der Beurteilung der Produktähnlichkeit im Sinne der §§ 9 Abs. 1 Nr. 2 und 14 Abs. 2 Nr. 2 MarkenG wurde nicht allein auf die Herkunftsfunktion abgestellt, sondern im Sinne einer erweiterten Funktionenbestimmung auf die Erwartung des Verkehrs von einer Verantwortlichkeit desselben Unternehmens für die Qualität der Waren (unabhängig von der betrieblichen Herkunftsstätte), BGH, Beschluss vom 26. November 1998, I ZB 18/98- Tiffany.

[34] Siehe zur Vorlagepflicht Wohlfahrt in Grabitz/Hilf, EUV, Art. 177 Rdnr. 48 ff.; Daig in Groeben/Thiesing/Ehlermann Art. 177 Rdnr. 38 ff.

[35] Taschen in Groeben/Thiesing/Ehlermann EWG Vertrag Art. 100 Rdnr. 8; Bleckmann NJW 1982, 1177 ff.

nach der MarkenRL auch andere Funktionen zukommen, die neben der traditionell anerkannten Herkunftsfunktion zu berücksichtigen sind[36].
Die genaue Reichweite des ausschließlichen Rechts des Markeninhabers bestimmt der EuGH anhand „der Hauptfunktion des Warenzeichens", die darin bestehe, „dem Verbraucher oder Endabnehmer die Ursprungsidentität des gekennzeichneten Produkts zu garantieren, indem sie ihm ermöglicht, dieses Erzeugnis ohne Verwechslungsgefahr von Erzeugnissen anderer Herkunft zu unterscheiden"[37].
Den auf dieser Weise bestimmten Schutzinhalt des Markenrechts umschreibt der EuGH mit der Formel vom spezifischen Schutzgegenstand des Markenrechts. In der Definition des spezifischen Schutzgegenstandes des Markenrechts, die letztlich ausschlaggebend für die Konkretisierung des Inhalts des Zeichenrechts ist, stellt die Herkunftsfunktion auch weiterhin die zentrale Markenfunktion dar. Daneben wird aber auch die Funktion der Marke angeführt, Träger einer aufgrund des Zeichens erworbenen Stellung oder Kreditwürdigkeit, eines besonders guten Rufs oder eines Markenimages zu sein. Der EuGH blieb bei dieser Beurteilung des spezifischen Schutzgegenstandes nicht stehen, sondern orientierte sich noch weiter in Richtung des Schutzes von Markenimages als Leistung des markenführenden Unternehmens, indem er in neueren Entscheidungen auch das Interesse des Markeninhabers berücksichtigt, das Luxusimage seiner Erzeugnisse und deren hervorragenden Ruf gegenüber anderen Markenartiklern zu schützen[38].

Bei der Bewertung der oben skizzierten Rechtsprechung muss berücksichtigt werden, dass die Formel vom spezifischen Schutzgegenstand des Markenrechts im Rahmen der Entscheidungen des EuGH zu der gemeinschaftsweiten Erschöpfung in Auslegung der Art. 28 und 30 EGV entwickelt wurde. Diese Rechtsgrundsätze gelten auch im Rahmen der richtlinienkonformen Auslegung des MarkenG, das wie das gesamte abgeleitete Recht im Lichte des EGV, insbesondere der Vertragsbestimmungen über den freien Warenverkehr in Art. 28, 30 EGV, auszulegen ist[39]. Durch den spezifischen Schutzgegenstand des Markenrechts bei der Beurteilung der gemeinschaftsweiten Erschöpfung werden somit auch rechtsverbindlich die Funktionen der Marke bestimmt[40].

---

[36] EuGH Rs. C-10/89, Slg. 1990, I-3711, GRUR Int. 1990, 960, 961- Hag II; EuGH Rs. 102, 77, Slg. 1978, 1139, GRUR Int. 1978 291- Hoffmann La Roche-Centrafarm; EuGH Rs. 3/78, Slg. 1978, 1823, GRUR Int. 1979, 99- Centrafarm/American Home Produkts; EuGH Rs.. C-427/93, C-429/93, C-436/93, Slg. 1996, I-3514, GRUR Int. 1996, 1144- Bristol Meyers Squibb/Paranova, Rn 47; EuGH Rs. C-232/94, Slg. 1996, I-3671, WRP 1996, 874- MPA Pharma/Rhone-Poulenc Pharma, Rn. 20.
[37] Siehe die vorstehende Fußnote.
[38] Zum Schutz des Markeninhabers vor einer Schädigung des Rufs seiner Marke bei Waren mit Luxus- und Prestigecharakter siehe: EuGH Rs. C-337/95, GRUR Int. 1998, 140- Dior/Evora; EuGH Rs. C-349/95, GRUR Int. 1998, 145- Loendersloot/Ballantine.
[39] EuGH Rs. C- 315/92, Slg. 1994, I-317, GRUR 1994, 303- Clinique, Rn 31.
[40] Ähnlich Fezer, WRP 1998, 1, 13.

Der EuGH hat direkt zu dem „Paradigmenwechsel“[41] in der Lehre von den rechtlichen Funktionen der Marke noch nicht Stellung genommen, so dass an dieser Stelle noch der Umweg über die Rechtsprechung zu Art. 28 und 30 EGV genommen werden musste. Letztlich wird der EuGH diese Rechtsfrage abschließend im Rahmen eines Vorlageverfahrens nach Art. 234 Abs. 3 EGV in einem der zahlreichen diskussionswürdigen Verfahren auch auf direktem Wege entscheiden müssen.

bb. Anwendung der Funktionenlehre auf den Benutzungsbegriff

Die vom EuGH in der BMW-Entscheidung präferierte markenfunktionale Ausgestaltung der Benutzungshandlung im Rahmen des Art. 5 Abs. 1, 2 MarkenRL rückt die bisherige Kontroverse um die Rechtsfrage beim Benutzungsbegriff in ein anderes Licht. Im Grunde genommen geht der EuGH konform mit der engeren Auffassung einer stets erforderlichen zeichenmäßigen Benutzung als Voraussetzung der Kollisionstatbestände in Art. 5 Abs. 1, 2 MarkenRL bzw. § 14 Abs. 2 MarkenG, kommt aber letztlich zu gänzlich anderen Ergebnissen als die Vertreter dieser Auffassung bzw. die obergerichtliche Rechtsprechung. Dies liegt im Wesentlichen darin begründet, dass die Vertreter dieser Rechtsansicht die Benutzungshandlung in § 14 Abs. 2 MarkenG mit einem Markenbegriff einschränken wollen, der mit seiner Reduzierung auf die Herkunftsfunktion als einzige geschützte Markenfunktion nur unter Geltung des WZG vertretbar war.

Die Forderung nach einer zeichenmäßigen Benutzung unter Geltung des MarkenG muss aber m.E. unbedingt den Paradigmenwechsel bei den Markenfunktionen berücksichtigen und auch im Rahmen des § 14 Abs. 2 MarkenG bei der Beurteilung der Schutzrechtsschranken mit einbeziehen. Die Funktionen der Marke haben im MarkenG eine wesentliche Erweiterung erfahren: Alle geschützten zeichenrechtlichen Funktionen können unter dem Begriff der Kommunikationsfunktion (der u.a. die Werbekraft eines Zeichens, die Wertschätzung der Marke und die wettbewerbliche Leistung, die hinter einem Markenrecht steht, beschreibt) zusammengefasst werden[42]. Wenn man das Erfordernis einer zeichenmäßigen Benutzung in diesem Sinne richtlinienkonform und der Neuorientierung im MarkenG entsprechend anwendet, kommt man gegenüber dem tradierten, vom WZG geprägten, Verständnis zu einer Ausdehnung des Anwendungsbereichs der Kollisionstatbestände des § 14 Abs. 2 MarkenG. Unter der Prämisse einer erweiterten Funktionenlehre stellt auch die nicht herkunftsdifferenzierende Benutzung einer Marke als Werbemittel eine Markenrechtsverletzung dar: Die Anlehnung eines farbigen Drittzeichens an die Farbgebung einer

[41] Diesen Begriff verwendet Fezer a.a.O. S. 11.
[42] Siehe oben zur Kommunikationsfunktion, Kapitel 2, I, 1.

geschützten abstrakten Farbmarke zur Rufausnutzung würde z.B. noch unter den Benutzungsbegriff fallen.

Wenn die markenmäßige Benutzung dahin gehend zu verstehen ist, dass die Marke als Unterscheidungsmittel oder Werbemittelmittel zu benutzen sei, dann wären alle zuvor genannten problematischen Fallkonstellationen bei den konturlosen Farbmarken auch nach dem engen Benutzungsbegriff nicht von der Schutzrechtsschranke in § 14 Abs. 2 MarkenG betroffen; allein die rein beschreibende Verwendung von geschützten konturlosen Farben, die auch nach der hier vertretenen erweiterten Funktionenlehre nicht vom Markenschutz erfasst wird, würde aus dem Schutzbereich herausfallen.
Vom Ergebnis aus gesehen besteht bei einer derart extensiven Ausgestaltung der markenmäßigen Benutzung nur noch ein geringer Unterschied zu der Auffassung, nach der auf das Erfordernis einer markenmäßigen Benutzung als rechtlicher Voraussetzung einer Markenverletzung zu verzichten und jede Benutzung der Marke im geschäftlichen Verkehr als ausreichend anzuerkennen sei.

c. Auslegung des Benutzungsbegriffs im Kontext mit § 23 MarkenG

Das Erfordernis einer markenmäßigen Benutzung des Verletzerzeichens im Rahmen des §14 Abs. 2 MarkenG vermag aber letztlich in systematischer Hinsicht nicht zu überzeugen. Der Bedeutungszusammenhang der §§ 14 und 23 MarkenG (vgl. Art. 6 MarkenRL) belegt vielmehr, dass das Erfordernis der markenmäßigen Benutzung ein Fremdkörper im Normengefüge des Kollisionsrechts ist.

§ 23 MarkenG ist als Ausnahmetatbestand zu § 14 MarkenG zu klassifizieren. In § 14 MarkenG sind die Rechte des Markeninhabers geregelt, die er grundsätzlich gegen ein verletzendes Drittzeichen geltend machen kann. § 23 MarkenG durchbricht diesen Grundsatz, indem er in Ausnahmefällen unter bestimmten Voraussetzungen dem Inhaber des Verletzerzeichens eine Freistellung von dem Verbietungsrecht des Markeninhabers gewährt. § 23 MarkenG stellt nach dem Wortlaut die in den Nr. 1-3 enthaltenen Angaben (der Schwerpunkt liegt in der Praxis bei den beschreibenden Angaben nach Nr. 2) frei, solange der Gebrauch dieser Angaben nicht in sittenwidriger Weise erfolgt. An weitere Voraussetzungen ist der Ausnahmetatbestand nicht gebunden, insbesondere nicht an einen zeichenmäßigen Gebrauch der entsprechenden Angaben. Das früher im Ausnahmetatbestand des § 16 WZG enthaltende „Rückausnahmemerkmal" des „nicht warenzeichenmäßigen Gebrauchs" wurde ausweislich der Gesetzesbe-

gründung[43] ausdrücklich nicht in den Tatbestand des § 23 MarkenG übernommen.
Die Freistellung (auch) des nicht markenmäßigen Gebrauchs durch den § 23 MarkenG ist aber nur dann sinnvoll, wenn in den Grundtatbestand des § 14 Abs. 2 MarkenG solche Konstellationen des nicht markenmäßigen Gebrauchs eines Zeichens in den Schutzumfang einbezogen werden. Anderenfalls wäre der nicht markenmäßige Gebrauch ohnehin nicht vom Verbietungsrecht des Makeninhabers betroffen und § 23 MarkenG damit praktisch bedeutungslos[44]. Die Schutzschranke des § 23 MarkenG stellt die Verwendung eines Zeichens als beschreibende Angabe und damit die wesentlichste Fallgruppe nicht zeichenmäßigen Gebrauchs vom Markenschutz frei. Dies würde keinen Sinn machen, wenn die beschreibende Verwendung mangels zeichenmäßigen Gebrauchs schon gar keine Markenverletzung iSd. § 14 MarkenG darstellte. Es entspricht nicht dem Normzusammenhang der §§ 14 und 23 MarkenG, die durch die Schrankenregelung in § 23 MarkenG vom Verbietungsrecht freigestellten beschreibenden Verwendungsformen (Nr. 2) auf ungeschriebener Grundlage bereits bei der Definition des Begriffs der Zeichenbenutzung im Grundtatbestand des § 14 MarkenG auszuklammern.
§ 23 Nr. 2 MarkenG verdeutlicht, dass der beschreibende Gebrauch einer geschützten Marke durch ein Drittzeichen nur dann keine markenrechtlichen Ansprüche wegen einer Markenverletzung nach § 14 Abs. 2 MarkenG zu begründen vermag, wenn die Benutzung der Marke nicht gegen die guten Sitten verstößt. Diesen Bezug zur Sittenwidrigkeit ignoriert der enge, auf die Zeichenmäßigkeit abstellende, Benutzungsbegriff, wenn er beschreibende Zeichen schon im Rahmen des § 14 Abs. 2 MarkenG, ohne Rücksicht auf eine etwaige sittenwidrige Verwendung, aus dem Schutzbereich der geschützten Marke herausnimmt. Die Festlegung, ob eine dem Schutzbereich einer eingetragenen Marke tangierende Benutzung eines Drittzeichens gegeben ist, muss im Rahmen des § 23 MarkenG getroffen werden, der aus dem weit gefassten Schutzbereich des § 14 MarkenG diejenigen Zeichen herausfiltert, die im Allgemeininteresse von dem Verbietungsrecht des Markeninhabers freigestellt werden müssen.

Im Rahmen des § 14 Abs. 2 MarkenG sollte deshalb auf das Erfordernis der markenmäßigen Benutzung als rechtlicher Voraussetzung einer Markenrechtsverletzung auch in einem zuvor beschriebenen extensiven Verständnis verzichtet werden. Eine letztverbindliche Klärung durch den EuGH im Rahmen des Vorabentscheidungsverfahrens „Spirit-Sun“ steht noch aus.

Der Schutzumfang von konturlosen Farbmarken wird durch eine derartige Schutzumfangsbestimmung nicht in unverhältnismäßiger Weise ausgedehnt. Bei

[43] Begründung zum Regierungsentwurf aaO. S. 80.
[44] Siehe auch Nägele S 63 f.

der Benutzungshandlung des Drittzeichens geht es als Vorfrage nur um die Schranken des Schutzumfanges der abstrakten Farbmarke, noch nicht darum, ob tatsächlich eine Verletzung des geschützten Farbzeichens gegeben ist. Dies hängt dann in einem zweiten Prüfungsschritt von den Voraussetzungen der einzelnen Kollisionstatbestände in § 14 Abs. 2 Nr. 1-3 MarkenG , wie z.B. Zeichenidentität oder -ähnlichkeit und Kennzeichnungskraft, ab.
Den Benutzungsbegriff weit auszulegen bedeutet, die Schranken des Schutzumfanges weit zu fassen, um möglichst alle Erscheinungsformen der markentechnischen Nutzung von Farben bei der Frage nach der Verletzung eines abstrakten Farbzeichens einzubeziehen. Damit findet die ökonomische Realität bei dieser Markenform Eingang in die rechtliche Beurteilung und alle Facetten der Verwendung von Farben als Marke werden von der Markenrechtsordnung erkannt. Dies muss nicht notwendigerweise bedeuten, dass alle vom Schutzbereich erfassten farblichen Gestaltungen auch im Endergebnis eine Verletzung der geschützten abstrakten Farbmarke darstellen.
Wie bereits gezeigt, liegt ein großes Potenzial von Farben in den Funktionen begründet, die nicht auf der Differenzierung des Produkts aufgrund der betrieblichen Herkunft beruhen. Bei Anwendung eines engen, von der Herkunftsfunktion unter dem WZG geprägten, Benutzungsbegriffs würde man große Aspekte des Verwendungsspektrums von Farben als Marke rechtlich nicht würdigen können, da sie von vornherein den Schutzumfang eines konturlosen Farbzeichens nicht tangieren würden. Mit der weiten Definition des Schutzumfanges setzt die Markenrechtsordnung die im Rahmen der ökonomischen Analyse[45] herausgearbeiteten Prämissen hinsichtlich der Verschiebung der Markenfunktionen von der reinen Herkunftsfunktion hin zur Kommunikationsfunktion (die gerade bei konturlosen Farbmarken besonders zum Tragen kommt[46]) innerhalb des Kollisionsrechts um[47].

d. Zwischenergebnis

Der Schutzbereich von abstrakten Farbzeichen ist betroffen, wenn in dem verletzenden Drittzeichen eine identische oder ähnliche Farbgebung verwendet wird. Auf eine markenmäßige Benutzung der Farbgestaltung in dem Drittzeichen kommt es dabei nicht an. Der Benutzungsbegriff in § 14 Abs. 2 MarkenG ist dahin gehend auszulegen, dass es auf eine zeichenmäßige Benutzung des Verletzermarke nicht ankommt. Dadurch wird insbesondere die Möglichkeit geschaffen, die praktisch bedeutsamen Fallkonstellationen der ruf- und imageaus-

---

45 Siehe Kapitel 2, II.
46 Siehe oben, Kapitel 2, I, 2.
47 Siehe oben, Kapitel 2, II, 7 zum Schutz der abstrakten Farbmarke als Wertschöpfungssystem.

beutenden Anlehnung[48] an abstrakte Farbmarken durch farblich gestaltete Drittzeichen in den Schutzbereich einzubeziehen.

III. Absoluter Markenschutz gemäß § 14 Abs. 2 Nr. 1 MarkenG

Der in § 14 Abs. 2 Nr. 1 MarkenG normierte Identitätsschutz der Marke als absoluter Markenschutz folgt aus der fast wortgleichen gemeinschaftsrechtlichen Vorgabe in Art. 5 Abs. 1 lit. a MarkenRL. Während in Art. 16 Abs. 1 S. 2 TRIPS-Abkommen bei identischen Zeichen eine Vermutung der Verwechslungsgefahr besteht, verzichten sowohl die MarkenRL als auch das MarkenG in § 14 Abs. 2 Nr. 1 auf eine derartige Regelannahme und fassen die Verwechslungsgefahr nicht als rechtliche Voraussetzung des Identitätsschutzes einer Marke auf[49]. Eine Markenkollision nach § 14 Abs. 2 Nr. 1 MarkenG liegt dann vor, wenn die Marke des Dritten mit dem geschützten Zeichen des Markeninhabers identisch ist und für identische Waren und Dienstleistungen benutzt wird, also sowohl Produkt- als auch Markenidentität besteht[50].
Die identische Nachahmung eines Zeichens ist der stärkste denkbare Eingriff in ein Markenrecht. Insoweit kann es in diesen Konstellationen nicht auf eine tatsächlich bestehende Verwechslungsgefahr oder eine im Einzelfall festzustellende Auffassung der Publikums ankommen. Die Marke kann ihre Aufgabe als Unterscheidungszeichen nicht mehr unbeeinträchtigt erfüllen, wenn Dritte unautorisiert identische Zeichen verwenden. Der Informationsgehalt einer Markenbotschaft wird aufgehoben, da die Kennzeichnung des Markeninhabers von derjenigen des Dritten nicht mehr zu unterscheiden ist.

1. Bezugspunkt bei Beurteilung der Zeichenidentität von konturlosen Farbmarken

Der Tatbestand in § 14 Abs. 2 Nr. 1 MarkenG ist geprägt von einer für das Kollisionsrecht eigentlich unüblichen formalen Betrachtungsweise: Es kommt auf eine technisch begründete Identität der kollidierenden Kennzeichen an.
Ein Vergleich von eingetragener Marke und dem verletzenden Drittzeichen mit jüngerem Zeitrang kann nur dann zu einem interessengerechten Ergebnis führen,

---

[48] Siehe oben, Kapitel 5, II, 2, c.

[49] Schon nach der Rechtslage im WZG lag bei der ungefugten Nutzung eines identischen Warenzeichens eine Zeichenverletzung nach § 24 WZG vor, ohne dass es auf das Bestehen einer Verwechslungsgefahr im Sinne des § 31 WZG, der den sich aus § 24 WZG ergebenden Zeichenschutz erweiterte, ankam; zum Ganzen: Baumbach/Hefermehl, § 31, Rz. 1a.

[50] Der Kollisionstatbestand des § 14 Abs. 2 Nr. 1 MarkenG entspricht materiellrechtlich dem relativen Schutzhindernis in § 9 Abs. 1 Nr. 1 MarkenG.

wenn der Schutzgegenstand der Marke, in deren Ausschließlichkeitsrecht eingegriffen wird, als Ausgangspunkt der Betrachtung klar definiert ist.

Der Schutzgegenstand einer konturlosen Farbmarke[51] wird von der Abstraktheit dieser Markenform bestimmt. Der Gegenstand dieser Markenform wird nicht etwa abschließend durch eine einzelne konkrete Verwendung in der praktischen Markenführung[52] geprägt, wie sie sich dem Verbraucher in einer bestimmten Lebenssituation offenbart. In der konkreten Konfrontation zwischen Verbraucher und Anwendung einer abstrakten Farbmarke beim Markenauftritt zeigt sich diese Markenform als farbliche Aufmachung, etwa wenn der Verbraucher ein farbiges Hinweisschild sieht, welches sich aufgrund der figürlichen Begrenzung für ihn in dieser Situation als Bildmarke darstellt.
Der tatsächliche Gegenstand der abstrakten Farbmarke erschließt sich aus dem Erfordernis der graphischen Darstellung gemäß § 8 Abs. 1 MarkenG bei der Registeranmeldung, wonach eine Farbprobe durch Bestreichen eines Blattes und zusätzlich die genaue Bezeichnung des Farbtons anhand eines anerkannten Farbklassifikationssystems, in der Regel die Angabe einer RAL-Ordnungszahl, verlangt wird. Mit dem Inhalt der Markenanmeldung ist gleichzeitig der Schutzgegenstand der konturlosen Farbmarke exakt beschrieben, nämlich die abstrakte Farbe ohne jegliche Konkretisierung in Form einer wie auch immer gearteten Aufmachung.

Ausgehend von einem derart festgelegten Schutzgegenstand ist eine Zeichenidentität denkbar konkret und exakt anhand der Farbklassifikationssysteme festzustellen. Die Beurteilung bei abstrakten Farbmarken ist auf dieser Grundlage nicht problematischer oder mit mehr Unwägbarkeiten belastet als bei den traditionellen Markenformen, wie u.a. Bildzeichen. Dies, da letztlich eine praktikable Beurteilung von Kollisionsfällen von der Bestimmtheit einer Markenform abhängt, anhand derer ein Abgleich mit anderen Zeichen vorgenommen werden kann[53]. Wie bereits gezeigt[54], genügen konturlose Farbmarken durchaus diesem Bestimmtheitserfordernis; im Unterschied zu den traditionellen Markenformen liegt diese Bestimmtheit allerdings auf einer höheren, abstrakteren Ebene, denn hier ist eine Farbe oder Farbkombination an sich geschützt.

---

[51] Siehe oben zum Schutzgegenstand von abstrakten Farbmarken, Kapitel 4, I.

[52] Z.B. farbige Hinweisschilder, die Außenfassade eine Verkaufsstelle, Warenschütten in einer bestimmten Farbe etc.

[53] So wird beispielsweise bei einem komplex ausgestalteten Bildzeichen, welches mehrere Farben und Motive verwirklicht, die Zeichenidentität schwerer festzustellen sein, als bei abstrakten Farbzeichen, wo dies einfach durch Abgleich der RAL-Ordnungsnummern geschehen kann.

[54] Siehe oben, Kapitel 4, II, 4 zur graphischen Darstellbarkeit und dem damit verbundenen Bestimmtheitsgrundsatz.

2. Kriterien der Zeichenidentität

a. Farbklassifikationssysteme

Die Fälle einer völligen Markenidentität bei abstrakten Farbmarken gemäß § 14 Abs. 2 Nr. 1 MarkenG lassen sich ausgehend vom Schutzgegenstand exakt anhand der jeweiligen Farbskalenwerte der kollidierenden Zeichen feststellen. Schon bei geringer Abweichung in dem Farbton des verletzenden Zeichens des Dritten liegt keine Identität mehr vor, sondern allenfalls eine Zeichenähnlichkeit, die nach § 14 Abs. 2 Nr. 2 MarkenG zu behandeln wäre. Wegen der immensen Bandbreite an Farbnuancen, die nach den anerkannten Farbklassifikationssystemen differenziert werden können, und der Potenzierungsmöglichkeit durch Farbkombinationen[55] werden in der Markenführungspraxis bei konturlosen Farbmarken die Fälle einer Identität der Kennzeichen nicht das gesamte Spektrum abdecken, ein großer Teil der praktischen Anwendungsmöglichkeiten bei Farbmarken wird unter dem Gesichtspunkt der Verwechslungsgefahr bei Zeichenähnlichkeit gemäß § 14 Abs. 2 Nr. 1 MarkenG zu behandeln sein.

b. Abgrenzung abstrakter Farbschutz und farbliche Aufmachung

Konturlose Farbzeichen sind von der Abstraktheit geprägt, die sich in der Verwendung des Kennzeichens in der markenwirtschaftlichen Praxis widerspiegeln muss. Abstrakter Farbenschutz muss m.E. einschränkend dahin gehend definiert werden, dass nur die Verwendung einer Farbe, die sich in der praktischen Anwendungsform nicht als farbliche Aufmachung oder Bildzeichen darstellt, unter diese Markenform fällt. Abstrakter Farbenschutz beinhaltet kein Verbietungsrecht gegenüber kollidierenden Zeichen, bei denen nach dem Gesamterscheinungsbild beim Verbraucher der Eindruck einer farbigen Aufmachung in Form einer Bildmarke beherrschend ist[56]. Eine Zeichenidentität mit einer abstrakten Farbmarke kann nur dann bestehen, wenn in dem kollidierenden Zeichen die Farbe in abstrakter Form und nicht als farbliche Aufmachung verwendet wird.

Im Verletzungsrecht ist es daher von entscheidender Bedeutung, zwischen abstraktem Farbenschutz und farblichen Aufmachungen abzugrenzen, um zu praktikablen Ergebnissen beim Schutzumfang zu gelangen.
Als Abgrenzungskriterium kann hier der Begriff der Abstraktheit dienen; konturlose Farbmarken genießen Schutz nur in ihrer Anwendungsform, d.h. nur ein nicht gegenständlich fixierter und unfigürlicher Gesamteindruck des Publikums

---

[55] Siehe oben, Kapitel 2, II, 2.
[56] Siehe hierzu auch die Anwendungsbeispiele von konturlosen Farbmarken, Kapitel 2, I und Kapitel 4, I.

bei der Verwendung einer Farbe als Produktkennzeichen kann die Annahme einer farblichen Aufmachung ausschließen. Maßgebend ist in diesem Zusammenhang letztlich die Ansicht der jeweils beteiligten Verkehrskreise. Überwiegt nach deren Auffassung im Einzelfall der Aufmachungs- bzw. Bildcharakter einer farbigen Marke, dann wird der Schutzbereich einer konturlosen Farbmarke nicht berührt. Im Grunde genommen stellt sich auch eine konturlose Farbmarke im konkreten Anwendungsfall als Aufmachung dar, denn jede Farbgebung hat eine figürliche Begrenzung (z.B. Hinweisschild oder Farbstreifen an der Außenfassade eines Geschäftslokals). Entscheidend für die Abgrenzung zwischen konturloser Farbmarke und Bildzeichen ist aber, anhand welcher Kriterien der Konsument ein Markenzeichen memoriert: anhand des bloßen Farbtons oder eher anhand einer bildlichen Aufmachung, die lediglich farblich gestaltet ist.
Der Schutzbereich von abstrakten Farbmarken ist demnach auf Fälle beschränkt, in denen die betreffenden Farben an sich als eigentliche Identifizierungsmerkmale eines Produkts hervortreten. So wird die farbliche Gestaltung einer Außenfassade eines Verkaufslokals nur abstrakten Markenschutz beanspruchen können, wenn der Verkehr allein der Farbe an sich - ohne Hinzukommen eines Firmenlogos oder einer Firmenbezeichnung - kennzeichnende Wirkung bemisst[57]. Ein grüner Zierstreifen an der Außenfassade eines Bankgebäudes wird bei den beteiligten Verkehrskreisen im Bereich der Finanzdienstleistungen aus sich heraus schon als Produktkennzeichnung für die Dresdner Bank gelten, ohne dass es zusätzlich zu der Farbgebung noch einer weiteren Kennzeichnung in Form des Firmenlogos oder der Wortmarke Dresdner Bank als farblicher Aufmachung bedarf.[58]

Ebenso wenig wie der Inhaber einer farbigen Bild- oder Aufmachungsmarke den unbeschränkten Schutz für die verwendeten Farben an sich erlangt, kann sich der Inhaber einer konturlosen Farbmarke nicht darauf berufen, seine Marke beziehe sich auch auf alle denkbaren Abbildungen und Aufmachungen, die die geschützten Farben aufweisen.

---

[57] Siehe oben für weitere Beispiele der Kennzeichnungskraft von Farben an sich beim abstrakten Farbenschutz, Kapitel 2, I und Kapitel 4, I.

[58] In dem Dienstleistungssegment Warendistribution und Paketdienst hat allein schon die braune farbliche Ausgestaltung der Auslieferungsfahrzeuge eine kennzeichnende Wirkung und weist auf den Ursprungsbetrieb der Dienstleistung, die Firma UPS, hin. Auch hier beruht die Produktidentifikation nur auf der Farbe und nicht zwingend zusätzlich auf dem Firmenlogo als Bildzeichen oder der räumlichen Anordnung der Farbe.
Die Kennzeichnung von Schwimmflügeln durch eine streifenmäßige Anordnung der Farbkombination Orange/Weiß/Blau mit allseitiger gradliniger Begrenzung nach Art einer Flagge ist wegen des überwiegenden bildhaften Endrucks aufgrund der Flagge als Bildzeichen zu werten, welches vom Schutzumfang her nur die Verwendung der besagten Farbe in Form einer Flagge einschließt, nicht aber die konturlose Verwendung dieser Farben schlechthin, wie es beim abstrakten Farbenschutz der Fall wäre. Als Bildzeichen fällt diese Kennzeichnung nicht in den Verbotsbereich einer abstrakten Farbmarke. Siehe OLG Hamburg GRUR 2000, 54, 55- Schwimmflügel.

Konturlose Farbmarken und farbliche Aufmachungen sind als unterschiedliche Markenformen zu qualifizieren, die sich nicht gegenseitig in ihren Funktionen beeinträchtigen können. Während die Bildmarken die Kommunikation zum Verbraucher über eine einprägsame bildliche Gestaltung aufbauen, basiert die Kommunikation bei den abstrakten Farbmarken allein auf einem Farbimpuls ohne graphisches Element. Allein wegen der unterschiedlichen Funktionsweise können sich diese beiden Markenformen in ihrer markentechnischen Ausrichtung nicht gegenseitig beeinträchtigen[59].

Die Qualifizierung des Gegenstandes der konturlosen Farbmarke, insbesondere zur Abgrenzung von farblichen Aufmachungen, ist demnach entscheidend für die Bestimmung des Schutzumfanges. Wenn der Schutzumfang anhand von Kriterien, die sich am Schutzgegenstand der Farbmarke orientieren, bestimmt wird, bedeutet dies in der Konsequenz eine wesentliche Einschränkung des Reichweite von konturlosen Farbmarken.
Vor diesem Hintergrund relativiert sich die oben skizzierte Kritik der Gegner eines abstrakten Farbschutzes. Bei sachgerechter Anwendung des § 14 Abs. 2 Nr. 1 MarkenG kann der Markeninhaber gerade nicht die kennzeichnende Nutzung eines bestimmten Farbtons in einem Produktsegment per se für alle Kennzeichnungsformen (namentlich bildliche Aufmachungen) untersagen, sondern nur im Verhältnis von der geschützten abstrakten Farbmarke zu der verletzenden abstrakten Farbmarke. Sobald ein die geschützte Marke verletzendes farbiges Zeichen eines Dritten vom Gesamteindruck her bei den beteiligten Verkehrskreisen von einer bildhaften Aufmachung geprägt wird, verletzt es jedenfalls kein eingetragenes, abstraktes Farbzeichen.

Der abstrakte Farbenschutz führt also nicht zu einer Monopolisierung von Farben zur Verwendung als Kennzeichnungsmittel schlechthin, sondern nur innerhalb der speziellen Anwendungsform der konturlosen Farbmarken als kleinem Ausschnitt eines breiten Anwendungsspektrums beim Einsatz von Farben in der Markenführung.

[59] Siehe zur Kollision unterschiedlicher Markenformen auch Ingerl/Rohnke § 14, Rz. 141.

IV. Verwechslungsschutz von Farbzeichen nach § 14 Abs. 2 Nr. 2 MarkenG

1. Relativer Markenschutz

§ 14 Abs. 2 Nr. 2 MarkenG normiert einen Verwechslungsschutz der Marke. Anders als der Identitätsschutz der Marke nach § 14 Abs. 2 Nr. 1 MarkenG, der unabhängig vom Vorliegen einer Verwechslungsgefahr als absoluter Markenschutz besteht, handelt es sich bei dem Verwechslungsschutz der Marke um einen relativen Markenschutz, da die Beurteilung der Markenkollision von einer Vielzahl von Umständen sowie deren Verhältnis zueinander abhängig ist.

2. Die Verwechslungsgefahr als zentraler Begriff des Kollisionsrechts

Die Verwechslungsgefahr bildet den zentralen Begriff ,von dem die Bestimmung der Reichweite des Markenschutzes abhängt. Maßgebend für die Beurteilung ist der Gesamteindruck der Kollisionszeichen[60]. Dabei ist darauf abzustellen, ob ein nicht unerheblicher Teil der beteiligten Verkehrskreise der Gefahr einer Irreführung unterliegt. Nach der Rechtsprechung des EuGH, die zur Auslegung der für das MarkenG verbindlichen Vorgaben nach Art. 5 Abs. 1 lit b MarkenRL heranzuziehen ist, kommt es dabei auf den umsichtigen und kritisch prüfenden Verbraucher an[61].

Die Verwechslungsgefahr ist nach herrschender Auffassung kein empirischer Tatsachenbegriff, sondern ein abstrakter Rechtsbegriff und als solcher revisibel. Da es sich um einen abstrakten Gefährdungstatbestand handelt, kommt es auf den Nachweis tatsächlicher Verletzungen nicht an, diese können lediglich eine Indizwirkung im Rahmen einer Gesamtabwägung haben. Die Verwechslungsgefahr ist als normativer Rechtsbegriff innerhalb eines beweglichen Systems wechselseitiger Beurteilungskriterien zu sehen[62].

---

[60] BGH GRUR 1995, 50, 52- Indorektal/Indohexal; BGH GRUR 1996, 198, 190- Springende Raubkatze.

[61] Die frühere Rechtsprechung des BGH, die ursprünglich auf den flüchtigen, unkritischen und ungebildeten Abnehmer abgestellt hat, lässt sich angesichts der Einbettung des deutschen Markenrechts in den gemeinschaftsrechtlichen Kontext nicht mehr aufrecht erhalten. Allerdings hatte sich die Rechtsprechung seit einiger Zeit dem Maßstab des EuGH angenähert (siehe Althammer-Ströbele, aaO. § 9 Rz. 70; siehe auch BGH GRUR 1992, 111- dipa/dib; BGH GRUR 1986, 2523, 2526- Zentis).
Siehe für den EuGH, der auf den mündigen Durchschnittsverbraucher abstellt: EuGH GRUR Int. 1995, 804- Mars; EuGH GRUR 1994, 303- Clinique;
Siehe in dieser Tendenz ebenso auch Teplitzki, GRUR 1996, 1, 5; Fezer, NJW 1998, 713, 715, Will, S. 113.
Das BPatG verweigert sich bislang noch, den vom EuGH eingeleiteten Wandel bei der Einordnung des Durchschnittsverbrauchers in der Rechtsprechung anzuwenden, insoweit angreifbar BPatGE 36, 238, 240, 241- Ergo Panel.

[62] BGH GRUR 1997, 221- Canon; BGH GRUR 1996, 198, 199- Springende Raubkatze; BGH GRUR 1995, 216, 219- Oxygenol II.

Bei der im Einzelfall erforderlichen Konkretisierung der in Wechselwirkung zueinander stehenden Kriterien der Verwechslungsgefahr hat sich durch die europäische Markenrechtsharmonisierung eine weitreichende Veränderung ergeben. Die unter dem WZG zur Verwechslungsgefahr nach §§ 24, 31 WZG entwickelte Leitlinie, nach der für den Schutzumfang das Kriterium der Warengleichheit ausschlaggebend war[63], kann nach m.E. nicht unverändert in das MarkenG übertragen werden. Gerade bei dem Schutzumfang der Marke wird sich die mit der MarkenRL und dem MarkenG intendierte Ausweitung der Funktionen der Marke auswirken. Während der unter Geltung des WZG geprägte Begriff der Warengleichartigkeit noch Ausfluss der alleinigen Ausrichtung auf die Herkunftsfunktion unter dem WZG war, muss heute der Schutzumfang auch anhand erweiterter Funktionen[64] ausgelegt werden. Der europäische Gesetzgeber fügt diese Neukonzeption bei den Markenfunktionen in die Auslegung der Verwechslungsgefahr ein. In den Erwägungsgründen zur MarkenRL wird die Verwechslungsgefahr als spezifische Schutzvoraussetzung angesehen, deren Vorliegen von einer Vielzahl von Umständen abhänge, insbesondere dem Bekanntheitsgrad der Marke auf dem Markt, der gedanklichen Verbindung, die das verletzende Zeichen hervorrufen kann sowie dem Grad der Ähnlichkeit zwischen den Kennzeichen und Produkten untereinander. Auch der deutsche Gesetzgeber hat sich bei der Regelung in § 14 Abs. 2 Nr. 2 MarkenG von einer allein an der Herkunftsfunktion verhafteten starren Bestimmung der Verwechslungsgefahr verabschiedet[65].

Neben den in § 14 Abs. 2 Nr. 2 MarkenG ausdrücklich genannten beiden Voraussetzungen der Zeichenähnlichkeit und der Ähnlichkeit von Waren und Dienstleistungen hängt die Verwechslungsgefahr maßgebend von einem ungeschriebenen dritten Faktor, der Kennzeichnungskraft[66], ab[67]. Damit ist indes der Kanon der Beurteilungskriterien der Verwechslungsgefahr noch nicht abgeschlossen, denn ausweislich der Erwägungsgründe zur MarkenRL ist auch die gedankliche Verbindung durch eine Kennzeichnung zu berücksichtigen, womit entgegen der Rechtslage unter Geltung des WZG auch Lauterkeitskriterien außerhalb des Bekanntheitsschutzes einer Marke (vgl. § 14 Abs. 2 Nr. 3 MarkenG) in den Abwägungsprozess einbezogen werden müssen. Weiter wird insbesonde-

---

63 Baumbach/Hefermehl § 31 Rz 17 f.

64 Siehe oben Kapitel 5, II, 3 zu den Funktionen der Marke nach dem MarkenG.

65 Siehe amtliche Begründung aaO. S. 72, 74; siehe auch oben in Kapitel 5, II, 3 zu den Markenfunktionen.

66 Siehe Kapitel 2, I, 1 zur Unterscheidungsfunktion der Marke.

67 EuGH WRP 1998, 39, 42, Rn 24- Springende Raubkatze; auch unter dem WZG ständige Rechtsprechung: BGH GRUR 1995, 50, 51, 52- Indorektal/Indohexal; BGH GRUR 1991, 609- SL; a.A Vierheilig, GRUR Int. 1982, 506.

re auch die Benutzungsform bei dem verletzenden Zeichen für die Beurteilung der Verwechslungsgefahr neben anderen Kriterien eine Rolle spielen[68].

3. Merkmale der Verwechslungsgefahr

a. Kennzeichnungskraft

Es gilt der Grundsatz, dass die Verwechslungsgefahr umso größer ist, je größer sich die Kennzeichnungskraft der geschützten Bezeichnung - sei es von Haus aus, sei es kraft Verkehrsdurchsetzung - darstellt[69]. Eine erhöhte Kennzeichnungskraft begründet auch einen erhöhten materiellen Schutz gegen die Verwendung ähnlicher Zeichen.
Die Kennzeichnungskraft ist die Eignung eines Zeichens, sich aufgrund seiner Eigenart, seiner Originalität und seines speziellen Charakters dem Publikum als Marke einzuprägen, d.h. in Erinnerung zu bleiben und wiedererkannt zu werden[70]. Anders als die konkrete Unterscheidungskraft im Sinne von § 8 Abs. 2 Nr. 1 MarkenG ist der Begriff der Kennzeichnungskraft nicht auf die originäre Kennzeichnungskraft beschränkt, die einer Marke von Haus aus zukommt; zu berücksichtigen sind auch die nachträglichen Änderungen der Kennzeichnungskraft, wie z.B. eine Steigerung durch intensive Benutzung oder eine Schwächung durch Drittzeichen. Starken Marken ist ein reicherer Kommunikationsgehalt eigen als schwachen Marken, womit sie einem weitaus größeren Risiko von fehlsamen Verbraucherassoziationen ausgesetzt sind. Der große Kommunikationsgehalt kennzeichnungsstarker Marken ist gleichsam spiegelbildlich mit einer größeren Gefahr von Fehlassoziationen im Rahmen von verletzenden Drittzeichen verbunden, woraus sich auch ein größerer Schutzumfang bei Verwechslungsgefahren rechtfertigt.

Für konturlose Farbmarken müssen schon aufgrund der abstrakten Gestaltung des Zeichens Besonderheiten im Verhältnis zu den traditionellen Markenformen zu berücksichtigen sein. Welche Konsequenzen sich daraus ergeben gilt es hier - ausgehend von den für andere Zeichenarten anerkannten Grundsätzen - herauszuarbeiten. Es ist zu fragen, auf welchen Kriterien der notwendige Eigencharakter und die Wiedererkennbarkeit bei abstrakten Farbmarken beruht.

---

[68] Siehe exemplarisch zu dem Problem der assoziativen Verbindung von Markenzeichen EuGH WRP 1999, 39, 41- Springende Raubkatze.
Auf diese Problematik sowie die Fragen der markenmäßigen Benutzung und des Einflusses von wettbewerbsrechtlichen Erwägungen wird im Folgenden näher bei den einzelnen Kriterien der Verwechslungsgefahr eingegangen.
[69] Vgl. BGH GRUR 1991, 609- SL.
[70] Will S. 106 f.

aa. Sinngehalt

Jedes konturlose Farbzeichen, sei es ein schlichtes Einfarbenzeichen oder eine aus mehreren Farben bestehende Farbkombination, löst wie ein Bild beim Betrachter unmittelbar eine Vorstellung aus und hat deshalb einen allgemeinen Sinngehalt[71]. Dieser Sinngehalt ist nicht statisch, sondern hängt von der bei der Kennzeichnung verwendeten Farbe bzw. Farbkombination im Verhältnis zu den gekennzeichneten Waren oder Dienstleistungen ab. Für die Wiedererkennbarkeit des Farbzeichens wird es letztlich darauf ankommen, mit welchen Inhalten dieser Sinngehalt ausgefüllt wird. Beschränkt sich der gestalterische Einsatz der Farbe innerhalb der Markenkonzeption auf die reine Beschreibung allgemeiner, natürlicher Begebenheiten oder schlicht der Produktbeschaffenheit, so wird man nur eine schwache Kennzeichnungskraft annehmen können[72]. In diesen Fällen dienen Farben ihrer üblicherweise bestimmungsgemäßen - beschreibenden - Funktion und werden von den beteiligten Verkehrskreisen nur in geringem Umfang als Kennzeichen wahrgenommen.

Die Eignung einer Farbe, sich aufgrund ihrer Eigenart und Originalität dem Publikum als Marke einzuprägen, steigert sich mit dem Grad der verfremdenden Phantasie bei der Farbauswahl in Bezug auf das zu kennzeichnende Produkt. Erweist sich die Farbgestaltung des Produkts als besonders untypisch, ausgefallen oder unerwartet für den Durchschnittskonsumenten, so kann sich ein spezieller, produktdifferenzierender Charakter der Farbe entwickeln. Dieser für den Verbraucher im Alltag ungewöhnliche Sinngehalt von Farben ist die Grundlage zum Aufbau einer Eigenart und Originalität des konturlosen Farbzeichens. Je größer der Verfremdungsgrad bei der Farbauswahl ist und je mehr die beschreibende Funktion von Farben in den Hintergrund tritt, desto größer ist die Originalität und Einprägsamkeit des Farbzeichens[73].

---

[71] Vgl. BGH GRUR 1996, 198, 200- Springende Raubkatze.

[72] So hat z.B. Grün für Öko Produkte oder Weiß für Frischkäse eine nur geringe Kennzeichnungskraft; Gelb für Orangensaft und Rot für Erdbeermarmelade sind allgemeingebräuchliche Beschreibungen der markierten Produkte, die sich beim Verbraucher nicht besonders einprägen, geschweige denn einen hohen Wiedererkennungswert hinsichtlich der Markenbotschaft haben.

[73] Im Marktsegment Personenbeförderung wäre denkbar, dass nicht wie üblich Beige als Kennzeichnung für Taxen verwendet wird, sondern eine beliebige andere Farbe, die möglichst stark von der beschreibenden Farbgebung Beige abweicht und damit gänzlich untypisch zur Kennzeichnung von Taxen ist. Bei einer derart ungewöhnlichen und „merkwürdigen" farblichen Gestaltung von Taxen könnte sich eine Eigenart und damit Wiedererkennbarkeit von Farben ergeben. Die Kennzeichnungskraft ist umso größer, je stärker sich die Farbgebung der KFZ von der üblichen Farbgebung absetzt, z.B. neongrüne Taxen.

In diesem Sinne könnten auch Herde oder Waschmaschinen abweichend von der bislang üblichen weißen oder silbernen Oberflächengestaltung mit einer auffallenden anderen Farbe versehen werden.

Eine kennzeichnungskräftige konturlose Farbgebung im Bereich von Computer-hardware wäre eine Farbwahl, die von der allgemein üblichen weißen bzw. grauen farblichen Gestaltung von Computergehäusen abweicht, man denke z.B. den Markenauftritt von dem Unternehmen Apple, dessen Com-

Eine ungewöhnliche und originelle Farbgebung in der Beziehung von Kennzeichen und Produkt findet ihr Pendant in einer auffälligen und untypischen Farbkomposition bei Mehrfarbenmarken im Verhältnis der Farben des Zeichens zueinander. In dieser Konstellation wird die besondere Einprägsamkeit der Farbmarke durch unkonventionelle Farbzusammenstellungen - z.B. ineinanderübergehende Farben beim Markenauftritt im Internet (GIF, Graphics Interchange Format) und auffälligen Musterungen - erreicht[74].

bb. Assoziationskraft

Abstrakte Farben und Farbkombinationen können eine gewisse Eigenart und Originalität in der Relation zwischen Zeichen und Produkt schon allein aufgrund ihrer Assoziationskraft erlangen[75]. Konturlose Farben können zwar keine detaillierten Markenbotschaften transportieren, sie können aber die Gefühlswelt des Konsumenten tangieren und in diesem Zusammenhang eine emotionale Produktdifferenzierung durch den Kunden zumindest unterstützen. Die Einprägsamkeit einer abstrakten Farbmarke kann darin begründet sein, bestimmte Assoziationen - sei es von Licht und Sommer, von Freiheit, von einem dynamischen Lebensgefühl oder von Entspannung - beim Rezipierenden hervorzurufen. Die aus der Assoziationskraft folgende Einprägsamkeit des Farbzeichens ist abhängig von dem Charakter der mit der Farbe vermittelten Assoziation; je beschreibender und damit freihaltebedürftiger die angeregte Gefühlslage für das gekennzeichnete Produkt ist, desto geringer ist wiederum die Kennzeichnungskraft[76].

---

puter eine Originalität durch eine ungewöhnliche Farbgebung, verbunden mit einem extravaganten Design aufweisen.

[74] Z.B. Streifenmuster bei Nuss-Nugat Brotaufstrichen, die nicht der eigentlichen Produktfarbe entsprechen (z.B. die Farbkombination Braun und Hellgrau bei dem Produkt von Milky way); spezielle Farbanordnungen bei Zahnpasta, die die Wiedererkennbarkeit erhöhen. Dabei ist die rot-weiße Farbkombination de Zahnpasta „Signal" kennzeichnungskräftiger als die grün-weiße Einfärbung des Konkurrenzproduktes „blend a med", da die grüne Farbe beschreibend für die Inhaltsstoffe (Kräuterextrakte) ist.

Bei Waschmitteln oder anderen Produkten in Pulverform kann eine einprägsame Farbgestaltung durch Beimischung von Kugeln in unterschiedlichen Farbtönen, die für sich wiederum, unabhängig von dem beworbenen Produkt, eine eigene Originalität aufweisen, erreicht werden.

Als Beispiel für Farben in Farbkombinationen, die ineinander verlaufen, siehe den Markenauftritt der Unternehmens e.on (changierendes Rot).

[75] Siehe oben allgemein zur Assoziationskraft von Farben und zur emotionalen Produktdifferenzierung, Kapitel 2, I, 2 und II, 7.

[76] Der Farbton Magenta als Farbmarke der Deutschen Telekom ist z.B. nicht beschreibend für die Dienstleistung der Telekom. Magenta ist zwar ein warmer und anregender Farbton, der wegen der Ausgefallenheit eine gewisse Fortschrittlichkeit und Modernität repräsentieren mag, hat aber keine mittelbare oder unmittelbare Beziehung zu den angebotenen Dienstleistungen.

Bei dem gelben Farbton des Stromhandelsunternehmens Yello Strom ergibt sich ein differenzierteres Bild. Mit diesem Farbton kann man neben Offenheit und Weite auch Begriffe wie Licht, Helligkeit

cc. Relation zwischen Farbe und Produkt

Die Einprägsamkeit von konturlosen Farbmarken ist am ehesten mit der von Bild-, Form- und Hörmarken zu vergleichen, da auch bei diesen Formen eine exakte Erinnerung des Verkehrs an das Markenzeichen schwieriger zu gewährleisten ist als bei Wortmarken. Eine Wortmarke wie „bonus" kann sich das Publikum im Regelfall dergestalt merken, dass es in der Lage ist, das Wort zu wiederholen und von jedem anderen Wort zu unterscheiden. Bei Form-, Farb-, Bild- und Hörzeichen dagegen wird es dem Verbraucher schwerer fallen, die Marke exakt zu memorieren, vielmehr wird er sich nur an bestimmte, charakteristische Merkmale erinnern, anhand derer er die beschränkte Möglichkeit hat, zu beurteilen, ob eine andere Marke identisch oder nur ähnlich ist. Als Anknüpfungspunkt bietet sich bei abstrakten Farben nur der Farbton und bei Mehrfarbenmarken die Farbkomposition innerhalb der Farbkombination an. Farben sind mit anderen Worten eine relativ „glatte" Markenbezeichnung, bei der entscheidend für die Kennzeichnungskraft die Kombination von Farbgebung und konkretem Produkt ist. Vor allem in dieser Verbindung kann sich eine Originalität der Farbgebung entwickeln. Ein helles Rot besitzt beispielsweise für Rettungsgerätschaften nur eine sehr geringe Kennzeichnungskraft, weil diese Farbgebung in dem Produktbereich üblich und technisch bedingt ist. Eine völlig andere Sachlage ergibt sich z.B. im Warensegment der gewerblichen Bohrmaschinen, hier kommt einem mittleren Rot als Kennzeichen für Geräte des Unternehmens „Hilti" sehr wohl eine nicht unbeträchtliche Kennzeichnungskraft zu.

dd. Originäre Kennzeichnungskraft

Im Rahmen der Verwechslungsgefahr ist nicht nur die zum Eintragungszeitpunkt bestehende Kennzeichnungskraft zu berücksichtigen, sondern auch eine nachträglich eintretende Änderung der Einprägsamkeit der konturlosen Farbmarke, z.B. infolge intensiver Benutzung nach der Eintragung in das Markenregister. Das Gericht für Kennzeichenstreitsachen, welches eine Markenverletzung zu würdigen hat, kann nicht schematisch die Feststellungen des DPMA zu den absoluten Schutzhindernissen nach § 8 Abs. 2 Nr. 1-3 MarkenG übernehmen,

---

oder Wärme assoziieren. Wenn hier auch nicht unmittelbar mit der Farbgebung die Produkte eines Stromanbieters beschrieben werden, so lässt der Farbton mittelbar Schlüsse auf das Produkt Strom - hier verbunden mit Licht und Helligkeit - zu.
Anders ist dagegen bei der orangefarbenen Farbmarke des Radiosenders „Radio eins" (ORB) zu urteilen. Orange ist zwar ein warmer und angenehmer Farbton, der indes aber auch mittelbar nicht auf die Produktpalette eines Radiosenders, bestehend u.a. aus Nachrichten, Unterhaltung und Musik, bezogen ist.

sondern muss auch die Entwicklung der Kennzeichnungskraft einer abstrakten Farbmarke nach der Eintragung in den Abwägungsprozess einbeziehen. Durch die restriktive Eintragspraxis des DPMA ist das Publikum bislang kaum an die Verwendung von konturlosen Farben in der Markenführung gewöhnt. Würde der offene Markenbegriff konsequent im Sinne einer großzügigeren Eintragung von abstrakten Farbzeichen in die Praxis umgesetzt, würde aus dem vermehrten Einsatz innerhalb der Markenführung auch die verstärkte Gewöhnung des Verkehrs an diese Markenform mit der Folge einer gesteigerten Kennzeichnungskraft resultieren. Wie bei allen anderen neuen Markenformen im Sinne des § 3 Abs. 1 MarkenG, denen der Weg in das Register grundsätzlich freisteht, wird sich auch bei abstrakten Farbmarken eine bei den beteiligten Verkehrskreisen breit durchgesetzte Kennzeichnungskraft erst als Resultat einer Entwicklungsphase nach Änderung der Spruchpraxis des DPMA herausbilden.
Vor diesem Hintergrund wird im Kollisionsrecht zu berücksichtigen sein, dass unter Umständen ein gerade noch kennzeichnungskräftiges abstraktes Farbzeichen nach der Eintragung wegen der weiter fortschreitenden Etablierung dieser Markenform, verbunden mit der tatsächlich im Einzelfall erfolgten Benutzung des Zeichens, an Kennzeichnungskraft hinzugewonnen hat.

ee. Wechselwirkung zwischen § 8 Abs. 2 Nr. 1-3 MarkenG und § 14 Abs. 2 Nr. 2 MarkenG

Das Eintragungsverfahren und das Kollisionsverfahren sind keine voneinander isolierten Teilbereiche der Markenrechtsordnung, sondern vielmehr ineinander verzahnte Elemente eines integrierten Markenschutzsystems. Das Ineinandergreifen dieser Tatbestände fördert flexible und unschematische Lösungen bei der Beurteilung eines sachgerechten Schutzniveaus von abstrakten Farbmarken. Vor dem Hintergrund eines offenen Markenbegriffs und der restriktiven Auslegung der Tatbestandsmerkmale der absoluten Schutzhindernisse werden bei konsequenter Anwendung dieser Vorgaben durch die Markenstellen auch Kennzeichen eingetragen werden müssen, die u.U. eine geringere Unterscheidungskraft haben oder bei denen ein größeres Freihaltebedürfnis besteht, als dies bei den traditionellen Markenformen unter Geltung des WZG üblich war[77].
Diese im MarkenG angelegte Öffnung des Markenregisters auch für abstrakte Farbmarken würde zu untragbaren Ergebnissen führen, würde sich nicht auch das Kollisionsrecht dieser Neukonzeption im Markenrecht anpassen. Die Forderung nach einer Kompatibilität der Tatbestände der §§ 8 und 14 MarkenG hat gerade für die konturlosen Farbzeichen als neue Markenform eine weitreichende Bedeutung. Die Eintragung von abstrakten Farbmarken als neue und demgemäß schwächere Markenform im Sinne von eventuell bestehenden Eintragungshin-

[77] Siehe auch Ströbele, GRUR 1999, 1041, 1047 f.; BGH GRUR 1998, 465, 467- Bonus, zu den Auswirkungen einer Öffnung des Markenregisters im Kollisionsrecht.

dernissen kann von dem DPMA nur dann praktiziert werden, wenn diese veränderte Eintragungspraxis im Kollisionsrecht durch eine angepasste Beurteilung der Kennzeichnungskraft dieser Zeichen seitens der ordentlichen Gerichte als Verletzungsgerichte abgefedert wird. Ein niedrigeres Schutzniveau bei den Voraussetzungen der Eintragungsfähigkeit von abstrakten Farbmarken als neuer Markenform muss konsequenterweise auch eine geringere Kennzeichnungskraft und damit einen eingeschränkten Schutzumfang zur Folge haben. Je schwächer die konkrete Unterscheidungskraft bzw. je größer das Freihaltebedürfnis bei einer abstrakten Farbmarke im Rahmen des Eintragungsverfahrens ist, desto geringer ist auch der Schutzumfang des Zeichens bei einer Kollision mit Drittmarken[78].

Bei einer konturlosen Farbmarke als einem Markenrecht, welches vom Gegenstand her weitgehend unbestimmt ist, ist es gerechtfertigt, den Inhaber dieses unbestimmten Rechts bei dessen Verteidigung größeren Unwägbarkeiten und Risiken auszusetzen, als denjenigen Markeninhaber, der sich ein klar definiertes und festgelegtes Markenrecht hat eintragen lassen. Der Inhaber eines abstrakten Farbzeichens ist im Rahmen seiner Markenstrategie kaum durch die Vorgaben in der Markenanmeldung festgelegt und gebunden. Während sich der Inhaber einer Wortmarke genau an die Buchstabenfolge halten muss, braucht der Inhaber des Farbzeichens nur den Farbton einzuhalten und nicht in den Bereich der farblichen Aufmachung zu gelangen, um den Vorgaben in der Markenanmeldung gerecht zu werden. Dieser immens weite Spielraum bei der Markengestaltung ist ein bedeutsamer Vorteil gegenüber den anderen Markenformen, der bei der Beurteilung der Kennzeichnungskraft im Rahmen des Schutzumfanges wieder relativiert werden muss, um zu sachgerechten Ergebnissen zu gelangen. Häufig werden abstrakte Farbzeichen nicht die Kennzeichnungskraft von farblichen Aufmachungen oder gar Wortzeichen erreichen, dies wird jeweils in die Beurteilung der Verwechslungsgefahr einzubeziehen seien.

Das BPatG geht bei seiner Kritik am konturlosen Farbmarkenschutz indes offenbar von einem Schutzumfang aus, der mit dem von farblichen Aufmachungen vergleichbar ist. Von diesem Ansatzpunkt aus ist die von der Rechtsprechung gesehene Gefahr der Monopolisierung ganzer Grundfarbenbereiche durchaus nachvollziehbar: Wenn man mit dem BPatG diesen weit gefassten Schutzumfang auch bei konturlosen Farbzeichen zugrunde legt, dann könnten auch farbliche Aufmachungen von dem Zeichenrecht des Markeninhabers er-

[78] In diese Betrachtung spielt der im vorangegangenen Abschnitt entwickelte Gedanke hinein, dass sich durch die Eintragung gleichzeitig auch die Gewöhnung des Verkehrs an diese Markenform steigert und damit die Kennzeichnungsfähigkeit erhöht wird. Beide Gegebenheiten sind als Kriterium der Kennzeichnungsfähigkeit in die Beurteilung der Verwechslungsgefahr einzubeziehen.

fasst werden. Dies würde unbestreitbar zu einem zu weitgehenden Schutzumfang führen.
Hier wird die bereits kritisierte Absicht des BPatG deutlich, alle Unwägbarkeiten des Markenschutzes im Eintragungsverfahren lösen zu wollen. Das BPatG vernachlässigt den Anpassungsprozess im Kollisionsrecht infolge der Öffnung des Markenregisters. Wenn man der Auffassung des BPatG folgt und den Schutzumfang bei den traditionellen Markenformen als statischen Maßstab für abstrakte Farbmarken nimmt, erscheint eine restriktive Eintragungspraxis als sachgerecht, da anderenfalls ein uferloser Schutzumfang bei abstrakten Farbmarken entstünde.
Die zutreffende Konsequenz kann aber nicht die vollkommene Verweigerung des Registerschutzes für diese vom Gesetzgeber gewollte Markenform sein, sondern muss in der spezifischen Ausrichtung des Schutzumfanges im Zusammenspiel mit den Vorgaben des Eintragungsverfahrens liegen.

b. Zeichenähnlichkeit

Die Rechtsprechung geht bei der Bestimmung der Zeichenähnlichkeit seit langem von Erfahrungssätzen aus, die im Grundsatz auch für das MarkenG nutzbar gemacht werden können. Es wird davon ausgegangen, dass das Publikum die Marken in der Praxis regelmäßig nicht gleichzeitig wahrnehme und diese auch nicht bewusst miteinander vergleiche. Die maßgebende Verkehrsauffassung werde vielmehr aufgrund eines undeutlichen Erinnerungseindrucks gebildet. Der Durchschnittsverbraucher nehme die Marke normalerweise als Ganzes wahr und achte nicht im Sinne einer analysierenden Betrachtung auf einzelne Bestandteile und Begriffsdeutungen[79].
Wegen der Schwierigkeit, eine konturlose Farbmarke exakt zu memorieren, werden die übereinstimmenden Merkmale mehr hervortreten als die Unterschiede, so dass es gerade hier nicht so sehr auf die Unterschiede, als auf die Übereinstimmungen ankommt[80].

aa. Begrenzung des Schutzumfanges auf Zeichenidentität gemäß § 14 Abs. 2 Nr. 1 MarkenG

Im Schrifttum wird teilweise erwogen, den Schutzumfang von abstrakten Farbzeichen auf die Fälle der Zeichenidentität nach § 14 Abs. 2 Nr. 1 MarkenG zu begrenzen. Auch wenn die generelle Marken- und Eintragungsfähigkeit die-

---

79 EuGH WRP 1998, 39, 42- Springende Raubkatze.
80 Vgl. BPatG GRUR 1997, 287, 289- Intecta/tecta; vgl. zur Rechtsprechung unter dem WZG : BGH GRUR 1993, 972, 974- Sana/Schosana ; BGH GRUR 1990, 450, 452- St. Petersquelle; BGH GRUR 1990, 367, 369- alpi/alba moda.

ser Markenform im Grundsatz zu bejahen sei, müsse der Schutzumfang stark reduziert werden, um einer zu weitgehenden Monopolisierung von Farben entgegenzutreten[81]. Danach könnte sich der Inhaber einer eingetragenen abstrakten Farbmarke nur gegen identische Farbübernahmen zur Wehr setzten und müsste Kollisionszeichen, welche dem geschützten Zeichen nur ähnlich sind, hinnehmen.

Diese Einschätzung des Schutzumfanges von konturlosen Farbzeichen vermag nicht zu überzeugen.
Eine derartige Reduzierung der Verletzungstatbestände auf § 14 Abs. 2 Nr. 1 MarkenG wirft erhebliche systematische Bedenken auf; so vermag diese Auffassung nicht den Widerspruch aufzulösen, dass einerseits abstrakte Farben gemäß § 3 MarkenG als allgemein markenfähig angesehen werden, andererseits ihnen aber nur ein Bruchteil des kollisionsrechtlichen Instrumentariums an die Seite gestellt wird. Es lässt sich dogmatisch nicht begründen, warum einer dem Registerschutz grundsätzlich zugänglichen Zeichenform ein nur reduziertes Instrumentarium zur Abwehr markenrechtlicher Verletzungshandlungen zustehen soll. In den §§ 14 ff. MarkenG finden sich insoweit keine Regelungen, die auf einen differenzierten Schutzumfang, je nach der in Rede stehenden geschützten Markenform, hinweisen würden. Das Gesetz sieht keine Sondertatbestände für die neuen Markenformen vor und geht demnach von einer einheitlichen Definition des Schutzumfanges von Kennzeichen aus, die in jedem Falle auch die Konstellation der Zeichenähnlichkeit mit einbezieht. Den Schutz nach § 14 Abs. 2 Nr. 2 MarkenG zu verweigern, heißt in praxi den Schutzumfang auf Null zu reduzieren, schließlich sind 90 % der tatsächlich vorkommenden Markenverletzungen unter diesem Tatbestand einzuordnen[82]. Der Regeltatbestand in der kollisionsrechtlichen Praxis wird hier nicht nur zum Ausnahmetatbestand herabqualifiziert, sondern im Hinblick auf bestimmte Markenformen gänzlich ignoriert.

Es steht außer Zweifel, dass der Schutzbereich von konturlosen Farben eingeschränkt werden muss, um eine praktikable Handhabung, die Interessen sowohl der Markeninhaber als auch der Inhaber von Drittzeichen berücksichtigend, zu gewährleisten. Diese Reduzierung der Rechte aus der konturlosen Farbmarke kann aber nicht willkürlich ohne gesetzliche Grundlage durch eine Verschiebung in der Regelungstechnik des § 14 Abs. 2 MarkenG erfolgen, sondern muss sich an den gesetzlichen Vorgaben in den §§ 14 ff. MarkenG orientieren. Gerade

---

[81] Thilo S. 290; Stauder, GRUR Int. 1976, 116, 118, mit Bezug zur Rechtslage in Frankreich; Troller Bd. I S. 244;
siehe auch v. Schultz, GRUR 1997, 714, 719: „identische oder quasiidentische Benutzungsformen"; ebenso Winkler, MA 1996, 116 f. für einen stark reduzierten Schutzumfang zur Relativierung eines als „abenteuerlich" bezeichneten Schutzbereichs.
[82] Vgl. allgemein Fezer, § 14, Rz. 71 ff. mwN.

der flexible Begriff der Verwechslungsgefahr[83] bei § 14 Abs. 2 Nr. 2 MarkenG bietet für die Problematik des abstrakten Farbschutzes hinreichend Spielraum, um die Interessen der Mitbewerber an der eigenen Benutzung von Farben zu berücksichtigen. Bei sachgerechter Anwendung der neueren Rechtsprechung zu den allgemeinen Kriterien der Zeichenähnlichkeit lassen sich auch im Bereich der abstrakten Farbmarken praktikable Ergebnisse erzielen, wie im Folgenden zu zeigen sein wird.

bb. Grad der Zeichenähnlichkeit

Die Feststellung des Ähnlichkeitsbereichs von konturlosen Farbmarken muss vor dem Hintergrund der Wechselwirkung bei den Voraussetzungen der Verwechslungsgefahr getroffen werden.

Ein Kriterium für den Grad der Zeichenähnlichkeit bei konturlosen Farbmarken ist die Waren- oder Dienstleistungsart, für die Kennzeichenschutz begehrt wird. Einmal ist von Bedeutung, wie groß sowohl der Abnehmer- als auch der Anbieterkreis in dem speziellen Produktsegment ist. Danach bestimmt sich auch die Anzahl der potenziell benötigten Produktkennzeichen, denn gibt es nur wenige Anbieter, so benötigen diese letztlich auch nur eine geringe Anzahl von Farben bei der Markenführung. Folglich ist der Rahmen des Ähnlichkeitsbereichs der abstrakten Farbmarke weit auszulegen, der Schutzumfang kann ohne die Gefahr einer Störung des Wettbewerbs ausgedehnt werden[84].

Daneben wird danach zu differenzieren sein, auf welche Art und Weise gegenüber dem Konsumentenkreis geworben wird. Sind Farben in ihrer konturlosen Form für die spezielle Produktgruppe von besonderer, funktionaler Bedeutung, so wird der Ähnlichkeitsbereich enger zu ziehen sein, als in einem Warengebiet, in dem üblicherweise nicht auf abstrakte Farben zurückgegriffen wird, sondern eher Wortmarken bevorzugt werden.
Hier kann man danach differenzieren, ob als Markenbotschaft technische Informationen[85] über ein Produkt im Vordergrund stehen. Ist dies der Fall, dann wird man eher Wort- oder Bildmarken zur Kennzeichnung einsetzen, da diese Mar-

---

[83] Zur Verwechslungsgefahr als normativen Rechtsbegriff in einem beweglichen System siehe Fezer, § 14 Rz. 103.
[84] Der Markt bei der Energieversorgung ist wegen des enormen Kostenaufwandes auf der Anbieterseite von einer geringen Zahl im Wettbewerb auftretender Unternehmen geprägt (iSv. reinen Energieversorgungsunternehmen, also nicht Stromhandelsunternehmen). Wegen der ökonomischen Ausgangslage ist eine starke Konzentration bei den Erzeugern von Energie vorgegeben. Demgemäß kann der Ähnlichkeitsbereich von abstrakten Farbzeichen weit definiert werden, da für die geringe Anzahl von Konkurrenten ausreichend Farben zur Verfügung stehen und zudem auch für neue Unternehmen ausreichend Farben zur Verwendung in einem abstrakten Farbzeichen vorrätig sind.
[85] Z.B. kann die Stärke von Schleifpapier anhand einer Farbskala anschaulich gemacht werden.

kenformen auch kompliziertere Botschaften transportieren können[86]. Geht es eher um ein Massenprodukt, bei dem zu den Konkurrenzprodukten kaum vermittelbare Unterschiede bestehen und es deshalb maßgeblich auf die Etablierung einer Corporate Identity bzw. eines Produktimages ankommt, dann wird man vermehrt auf abstrakte Farbmarken zurückgreifen. In diesen Fällen kann das geschützte Farbzeichen nur in einem eng umgrenzten Ähnlichkeitsbereich Schutz genießen, da die Mitbewerber ebenfalls in hohem Maße auf die Verwendung von Farben angewiesen sind.
So wird es z.B. bei hochwertigen Audioanlagen wegen des hohen Wertes und der technisch ausdifferenzierbaren Beschaffenheitsmerkmale eher auf eine reine Informationsvermittlung durch das Markenzeichen ankommen und weniger auf das Interesse der Anbieter an abstrakten Farben zur Kennzeichnung ihrer Produkte. Anders verhält es sich beispielsweise dagegen auf dem Markt für Kraftstoffe oder mobiles Telefonieren[87]. Hier sind die angebotenen Produkte weitgehend identisch, so dass hier das Marketing eher auf eine emotionale bzw. symbolische Kennzeichnungsstrategie zurückgreift.

An dem Beispiel des Vertriebs von Mineralöl lässt sich ein weiteres Differenzierungskriterium, die Abnehmersituation in dem betreffenden Marktsegment, verdeutlichen. Konturlose Farben sind hier als Blickfang zur Präsentation des Angebots im Straßenverkehr unerlässlich, weswegen ein großes Interesse der Wettbewerber an dieser Markenform besteht. Davon ausgehend wird man dem Markeninhaber zur Wahrung der Interessen der Konkurrenten keine große Bandbreite im Bereich des Schutzes vor ähnlichen Farbgebungen Dritter einräumen können. Hier gilt es, die besondere Ausgangslage beim Produktmarketing zugrunde zu legen: Der Kunde ist Kraftfahrer und muss das angebotene Produkt schon aus weiter Entfernung erkennen können, um eine Konsumentscheidung zu treffen. Insoweit ist die flächige Verwendung von Farben als Blickfang für alle Wettbewerber ein unverzichtbarer Aspekt des Markenauftritts. Hier wird deutlich, dass es einmal darauf ankommt, wie viele abstrakte Farbmarken in einer Waren- oder Dienstleistungsgruppe theoretisch zur Verfügung stehen und zum anderen aber auch darauf, wie überhaupt kommunikationstechnisch in dem jeweiligen Bereich eine Verbindung zum Kunden, hier im Straßenverkehr, aufgebaut werden kann.

Eine große Bedeutung bei der Beurteilung des Ähnlichkeitsbereich von konturlosen Farbmarken kommt schließlich auch dem Grad der Verkehrsdurchsetzung des Farbzeichens zu[88].

---

[86] Siehe oben, Kapitel 2, I.
[87] Man denke an die Hausfarben der Mineralölfirmen und der Telekommunikationsanbieter (z.B. Grün für E Plus, Schwarz-Orange für O-telo).
[88] Siehe auch v. Schultz, GRUR 1997, 714, 719.

Bei einer konturlosen Farbmarke, die ohne jegliche Durchsetzung im Verkehr allein aufgrund ihrer originären Kennzeichnungskraft im Register eingetragen wurde, wird nicht selten von einem eng umrissenen Ähnlichkeitsbereich auszugehen sein; schon geringe Abweichungen des Verletzerzeichens im Farbton werden nicht mehr zum Ähnlichkeitsbereich des geschützten Zeichens gehören. Hiervon ausgehend wird eine Ausdehnung des Ähnlichkeitsbereichs entscheidend von dem Bekanntheitsgrad des Farbzeichens, z.B. durch erhöhten Marketingaufwand oder die lange Dauer der Verwendung nach Markeneintragung, abhängen.

Von einer überdurchschnittlichen Ausdehnung des geschützten Farbspektrums wird dann auszugehen sein, wenn das Farbzeichen nach § 8 Abs. 3 MarkenG im Verkehr als durchgesetzt angesehen werden kann. Bei einem derartigen Niveau der Kennzeichnungskraft wird es nicht mehr nur um den Schutz der nahe beieinanderliegenden Farbskalenwerte gehen, sondern vielmehr um ganze Bereiche einer bestimmten Farbtönung[89].

Bei einer fast einhelligen Verkehrsdurchsetzung in den Margen von 70-80 % kann sich bei entsprechender Gestaltung des Produktsegments der Ähnlichkeitsbereich sogar in den Bereich von farblichen Aufmachungen oder bildhaften Zeichen ausdehnen[90]. Dabei kann auch nicht ausgeschlossen werden, dass sich der Schutzbereich eines konturlosen Farbzeichens zudem auf andere, benachbarte Produktbereiche im Ähnlichkeitsbereich ausdehnt. Im Falle einer derart überragenden Verkehrsdurchsetzung bewegt man sich auf einem Niveau, bei dem auch Grundfarben - im Regelfall im Rahmen einer Farbkombination - Eingang in das Markenregister finden. Der Schutzbereich dieser besonders weit ausgestalteten Farbmarken wird, auch wenn der Grundfarbenbereich tangiert ist, nicht auf die Fälle der Zeichenidentität zu beschränken sein und ein entsprechendes Farbspektrum der jeweiligen Grundfarbe für sich beanspruchen.

In der Konstellation der überdurchschnittlichen Verkehrsdurchsetzung erscheint dieses weitreichende Schutzniveau aber auch gerechtfertigt, da zumeist schon allein aufgrund des hohen Bekanntheitsgrades zugleich die Schutzvoraussetzungen der berühmten Marke (vgl. § 1 UWG, Schutz vor Rufausbeutung)[91] und der

---

[89] Z.B. bei den Zeitschriften GRUR Int. und GRUR besteht in den Fachkreisen ein großer Bekanntheitsgrad hinsichtlich der grünen Farbgebung (grüne Zeitung). Bei dieser Ausgangslage ist nicht nur der spezielle Farbton, sondern eine breite Palette von hellgrünen Farbtönen geschützt.

[90] Hier werden nur farbliche Aufmachungen oder Bildzeichen als Verletzermarken in Betracht kommen, die lediglich eine einfache Form in Verbindung mit einer flächigen Farbgestaltung aufweisen. Das Markenlabel Red Green für Textilien könnte in Konflikt mit einer überdurchschnittlich durchgesetzten konturlosen Farbkombination Grün/Rot geraten (das Markenzeichen Red Green besteht aus einem Rechteck, welches mittig in ein rot und ein grün eingefärbtes Segment unterteilt ist).

[91] Hier ist zu beachten, dass der BGH beim Schutz der berühmten Marke nach § 1 UWG nicht nur auf die Bekanntheit, sondern auch auf andere Faktoren, wie die Wert- und Gütevorstellungen hinsichtlich der Produkte beim Verbraucher, abstellt.
BGH GRUR 1991, 863, 865- Avon; BGH GRUR 1991, 465, 466- Salomon; BGH GRUR 1991, 609, 610- SL.

bekannten Marke gemäß § 14 Abs. 2 Nr. 3 MarkenG[92] vorliegen werden. Da in diesen Ausnahmekonstellationen nach § 1 UWG und aufgrund des Bekanntheitsschutzes im MarkenG ein außerordentlich hohes Schutzniveau bereitgestellt wird, liegt es innerhalb des rechtlichen Gesamtzusammenhanges, hier auch Farbzeichen, die beim Publikum einen überdurchschnittlichen Bekanntheitsgrad haben, einen gesteigerten Schutz im Ähnlichkeitsbereich, der auch Verwechslungsschutz im Grundfarbenbereich einschließt, zuzubilligen.

cc. Grundfall der Kollision von zwei abstrakten Farbmarken

Der unproblematische Grundfall bei der Kollision von abstrakten Farbzeichen ist die Verletzung einer konturlosen Farbmarke als geschütztem Kennzeichen durch ein Drittzeichen, welches ebenfalls die Voraussetzungen einer konturlosen Farbmarke erfüllt. Da in dieser Konstellation zwei gleichartige Markenformen aufeinandertreffen, steht außer Zweifel, dass eine die Rechte der geschützten Marke tangierende Kollision möglich ist. Zur Beurteilung der Verwechslungsgefahr kommt es auf eine im Rahmen des § 14 Abs. 2 Nr. 2 MarkenG relevante Zeichenähnlichkeit an, die anhand der Farbskalenwerte im Zusammenspiel mit den dazu in Wechselwirkung stehenden o.g. Parametern, wie u.a. Verkehrsdurchsetzung und Produktähnlichkeit, festzustellen ist.

dd. Kollision der abstrakten Farbmarke mit Kombinationszeichen

Von weitaus größerer praktischer Relevanz sind diejenigen Fallkonstellationen, in denen eine zusammengesetzte Marke bzw. ein Kombinationszeichen als Drittzeichen mit einer konturlosen Farbmarke als geschütztem Zeichen in verletzender Weise kollidiert. Unter Kombinationsmarken[93] versteht man Zeichen, die aus mehreren Elementen, wie z.B. einem Wortteil, einem Bildteil oder auch einem Klangteil bestehen und die durch die Eintragung als Einheit eine zeichenrechtliche Gesamtheit bilden.

Bei konturlosen Farbmarken ist die Erscheinungsform des Kombinationszeichens schon konstruktiv ausgeschlossen, denn in Verbindung mit einer Bildaufmachung oder einem Wortteil wäre die Farbe nicht mehr in ihrer abstrakten Form Gegenstand des Schutzrechts, sondern nur noch farbliche Aufmachung

[92] In der Regel wird für den Bekanntheitsgrad die Untergrenze von 40-50 % angenommen, dazu Piper, GRUR 1996, 432; Boes/Deutsch, GRUR 1996, 169; Fezer, § 14, Rz. 429 (Faustregel 50 %); Rößler, GRUR 1994, 562.

[93] Siehe zu den Gesamtzeichen BGH GRUR 1986, 72, 73- Tobacco d'Haror; BGH GRUR 1989, 425, 427- Herzsymbol; BGH GRUR 1996 198, 199- Springende Raubkatze.

eines Markenrechts[94]. Wenn in der Markenpraxis eine abstrakte Farbmarke in Kombination mit einem Bild- oder Wortzeichen auftritt, dann sind diese Zeichen rechtlich nicht als eine Einheit zu bewerten, regelmäßig werden sowohl für den Farbteil, als auch für den Bild- oder Wortteil eigenständige Markenanmeldungen vorliegen[95] [96].
Kollisionsrechtlich liegt demnach die Problematik in der möglichen Verletzung einer geschützten abstrakten Farbmarke durch ein farblich gestaltetes Kombinationszeichen. Diese Konstellation dürfte die in der Praxis am häufigsten vorkommende Verletzungsart von konturlosen Farbmarken darstellten. Selbst wenn das DPMA seine Eintragungspraxis bei konturlosen Farbmarken änderte, bedeutete dies nicht, dass damit alle Inhaber einer wie auch immer gestalteten farbigen Marke ihre Kennzeichen nunmehr auf abstrakte Farbmarken umstellen würden. Diese Markenform wird nur in bestimmten Marktbereichen zur Optimierung besonderer Marketingvorgaben sinnvoll einzusetzen sein[97], die farbigen Kombinationszeichen dürften auch bei einer großzügigeren Eintragungspraxis der Markenstellen bei weitem die Mehrheit bilden. Dies ist nicht nur mit der allgemeinen, traditionellen Gebräuchlichkeit der Kombination von Farben mit Bild- oder Wortelementen zu begründen, sondern findet zudem seine Rechtfertigung in der größeren Kennzeichnungskraft von Kombinationszeichen im Verhältnis zu reinen Farbmarken[98]. Der Markeninhaber wird eine farbliche Aufmachung in den maßgeblichen Verkehrskreisen leichter und mit weniger Aufwand etablieren können, als ein abstraktes Farbzeichen.

---

[94] Allenfalls in extremen Ausnahmefällen wäre eine abstrakte Farbmarke als Gesamtzeichen denkbar. Dies wäre die Konstellation, in der bei einer farblich gestalteten Aufmachung das bildhafte Element derart bedeutungslos ist und in den Hintergrund tritt, dass allein das Farbelement prägend für das Gesamtzeichen ist.

[95] A.A. sind offenbar Völker/Semmler, GRUR 1998, 93, 99, die bei abstrakten Farbmarken die Gefahr einer „Zuordnungsverwirrung“ durch die zusätzliche Verwendung eines Wortbestandteiles ausgeschlossen wissen wollen. Es steht außer Frage, dass ein zusätzlicher Wortbestandteil in einer Marke die Kennzeichnungskraft steigert und gerade bei Farben eine Zuordnung besser ermöglicht; dennoch bewegt man sich bei derartigen Zusatzelementen nicht mehr im Bereich der konturlosen Farbzeichen, sondern im Aufmachungsschutz.

[96] Beispiele für die Parallelität von Farb- und Bildzeichen als eigenständige Marken in der Praxis:
Deutsche Telekom mit der Farbe Magenta nebst der Buchstabenmarke T.......;
die Sparkassen mit der Farbe Rot nebst der Wortmarke Sparkasse;
die Wortmarke Nivea der Beiersdorf AG nebst der Farbe Blau.

[97] Siehe oben , Kapitel 2, I und II zu den ökonomischen Markenfunktionen von abstrakten Farbmarken und deren Einsatzpotenzial in der Markenführung.

[98] Vgl. auch BPatG GRUR 1996, 895, 896- rote Kreisfläche; es ist ein anerkannter Erfahrungssatz in der Rechtsprechung, dass beim Zusammentreffen von Wort und Bild in einer Marke das Wort bzgl. der Unterscheidungskraft stärker ist. Diese Spruchpraxis lässt sich auch auf die Konstellation von Farben mit Wort- oder Bildelementen übertragen. Der Verkehr orientiert sich am Wortbestandteil, weil dieser zumeist die einfachste und einprägsamste Bezeichnungsform ist; vgl. auch BGH GRUR 1989, 425, 427- Herzsymbol; BGH Mitt. 1992, 12, 14- frei öl.

So liegt nicht ohne Grund einer der Hauptkritikpunkte gegen den abstrakten Farbenschutz in dem Einwand, der Schutzumfang sei uferlos, weil er sämtliche zeichenmäßigen Gestaltungen eines Farbtons für eine Produktgruppe - einschließlich der Kombination von Farben mit einem Wort- oder Bildteil als Aufmachung - für einen Wettbewerber monopolisiere und andere Mitbewerber gänzlich von der Nutzung des geschützten Farbtons ausschließe.
Dieser Kritikpunkt kann nicht unwidersprochen bleiben, wenngleich die rigide Festlegung bei Zeichenidentität - keine Kollision von abstrakter Farbmarke und farbiger Aufmachung denkbar[99] - im Bereich des § 14 Abs. 2 Nr. 2 MarkenG unter Einfluss eines flexiblen Verwechslungsbegriffs nicht aufrechterhalten werden kann. Eine Verwechslungsgefahr zwischen abstrakten Farbzeichen und den soeben beschriebenen Kombinationszeichen kann nur dann ernsthaft in Betracht kommen, wenn der Gesamteindruck beider Kollisionszeichen im Ähnlichkeitsbereich liegt. Dieser wird bei der abstrakten Farbmarke - ausgehend von Schutzbereich[100] - naturgemäß nur durch die konkret geschützte Farbe, Farbnuance oder Farbkombination geprägt werden; eine Verwechslungsgefahr mit einem Kombinationszeichen als verletzendem Drittzeichen ist nur dann gegeben, wenn das Verletzerzeichen ebenfalls durch eine identische oder ähnliche Farbgebung geprägt oder mitgeprägt wird.

Der BGH hat (allgemein) zur Beurteilung der Zeichenähnlichkeit in Fällen, in denen auf mindestens einer Seite ein Zeichen beteiligt ist, welches aus mehreren Teilen zusammengesetzt ist, schon zu § 31 WZG die Prägetheorie[101] entwickelt, die auf Farbzeichen angewendet, zu praktikablen Ergebnissen führt.
Nach der Grundregel der Prägetheorie liegt Zeichenähnlichkeit nur dann vor, wenn der übereinstimmende Teil in dem Gesamtzeichen eine selbständig kennzeichnende Stellung hat und nicht derart in den Hintergrund tritt, dass er durch Einfügen in das Gesamtzeichen seine Eignung verliert, die Erinnerung an dieses wach zu halten[102].
Zur Begründung verweist der BGH auf den im MarkenG maßgeblichen Grundsatz, wonach zur Beurteilung der zeichenrechtlichen Verwechslungsgefahr auf den Gesamteindruck des jeweiligen Zeichens abzustellen sei[103]. Davon ausgehend sei es nicht zulässig, ein Element aus einer Gesamtbezeichnung - hier die Farbgebung aus einem kombinierten Farb-Bildzeichen oder Farb-Wortzeichen -

---

[99] Siehe oben, Kapitel 5, III, 2, b.
[100] Siehe oben, Kapitel 5, III, 2, b.
[101] Zusammenfassend zur Rechtsprechung des BGH: Eisenführ, Fs Vieregge 1995, 174 ff.;
BGH GRUR 1996, 977- Drano/P3 drano; BGH GRUR 1996, 774- Falke run/Le Run; BGH GRUR 1996, 200, 201- Innovadiclophlont.
Der EuGH hat gegen diesen Ansatz bislang keine Einwände erhoben, EuGH WRP 1998, 39, 41, Rn. 23- Springende Raubkatze.
[102] BGH GRUR 1996, 198, 199- Springende Raubkatze; BGH GRUR 1986, 72, 73- Tobacco d'Haror; BGH GRUR 1989, 425, 427- Herzsymbol.
[103] BGH GRUR 1989, 264, 265- Reynolds R 1/Ereintz; BGH GRUR 1996, 777, 778- Jay.

herauszugreifen und dieses allein mit einem anderen Zeichen - hier das geschützte abstrakte Farbzeichen - auf seine Ähnlichkeit hin zu überprüfen. Markenrechtlicher Schutz habe von der Gesamtgestaltung der Marke auszugehen, wie sie eingetragen ist[104]. Das Verbot eines isolierten Elementenschutzes bei Gesamtzeichen verbiete es indessen nicht, einem einzelnen Bestandteil eine besondere, das Gesamtzeichen prägende Kennzeichnungskraft zuzumessen und bei Übereinstimmung des so geprägten Drittzeichens (hier: prägendes abstraktes Farbelement in dem Kombinationszeichen) mit dem geschützten Zeichen (hier: abstrakte Farbmarke) eine Verwechslungsgefahr im kennzeichenrechtlichen Sinne anzunehmen[105].
Der EuGH, dem die Auslegung der Vorgaben in der MarkenRL, hier Art. 5 Abs. 1 lit b MarkenRL, obliegt, geht mit der Beurteilung des BGH in der Frage der Zeichenähnlichkeit bei Kombinationszeichen konform. Ausgehend von einem eher empirisch als normativ ausgerichteten Ansatz komme es auf die Einschätzung der Marke durch den Durchschnittsverbraucher an, der die Marke normalerweise als Ganzes wahrnehme und nicht auf verschiedene Einzelheiten achte. Für die Beurteilung der Zeichenähnlichkeit sei auf den Gesamteindruck abzustellen, wobei insbesondere die entscheidenden und dominierenden Elemente zu berücksichtigen seien[106].

Vor dem Hintergrund dieser einschränkenden Vorgabe des BGH im Bereich der praktisch bedeutsamen Kollision einer abstrakten Farbmarke mit farblichen Aufmachungen als Kombinationszeichen wird deutlich, dass auch im Bereich der Zeichenähnlichkeit praktikable Ergebnisse zu erzielen sind. Das seitens der Kritiker entworfene Szenario eines uferlosen Schutzumfanges[107], der Farben in einer Produktgruppe für alle Arten von Kennzeichnungen mit Farben monopolisiere, ist weit überzogen. Die vorgenannten Kriterien der Prägetheorie sichern auch im Ähnlichkeitsbereich die Wettbewerbsverträglichkeit dahin gehend ab, dass nur die (das Gesamtzeichen) schwerpunktmäßig prägende Verwendung einer Farbe in einem zusammengesetzten Zeichen den Schutzbereich einer abstrakten Farbmarke berühren kann, alle weiteren Verwendungsmöglichkeiten von Farben innerhalb der Markenführung bleiben für die Mitbewerber freigestellt[108]. Auch im Rahmen des § 14 Abs. 2 Nr. 2 MarkenG bleiben damit die

---

[104] Zum Verbot des isolierten Elementenschutzes bei Kombinationszeichen BGH GRUR 1976, 353, 354- Colorboy; BGH GRUR 1991, 319, 320- Hurricane; BGH GRUR 1996, 198, 199- Springende Raubkatze.

[105] BGH aaO.- Springende Raubkatze.

[106] EuGH WRP 1998, 39, 41, Rz. 23- Springende Raubkatze.

[107] Siehe nur Winkler, MA 1996, 516, 517 f.

[108] Das zusammengesetzte Markenzeichen von Mannesmann-Arcor besteht aus dem Wortzeichen Mannesmann-Arcor in schräggestellter Schrift sowie zusätzlich einem grellen Rot, das immer in Verbindung mit dem Wortzeichen auftritt. Das Farbelement tritt aber nicht flächig - z.B. als Hintergrundabdeckung - auf, sondern jeweils bei einer Frau oder einem Mann, deren Haare in dem besagten Farbton gefärbt sind. Diese Marke wird somit stärker durch die farbliche Aufmachung - Person mit rot

praktisch bedeutsamen farblich gestalteten Aufmachungen (farbige Wort- oder Bildmarken als Kombinationszeichen) weitestgehend von dem Verbotsbereich der abstrakten Farbmarke verschont.

ee. Kollision zwischen abstrakten Farbmarken und Wortzeichen, die aus einem Farbnamen bestehen

Eine Besonderheit des Farbmarkenschutzes ergibt sich bei der Kollision von abstrakten Farbmarken und Wortzeichen, die als verletzendes Drittzeichen aus einem Farbnamen bestehen, der die Farbe des geschützten Zeichens beschreibt. So ist z.B. das Wortzeichen Lila[109] für die Herstellerfirma Deinhard als Marke geschützt und könnte mit einer abstrakten Farbmarke, bestehend aus der Farbe Lila, kollidieren.
Anknüpfungspunkt für eine Zeichenähnlichkeit ist hier nicht die Farbe, die Farbnuance oder die Farbkombination, wie in den vorgenannten Fallkonstellationen, sondern der Sinngehalt des Drittzeichens: Beim Hören oder Lesen einer einen Farbnamen enthaltenden Wortmarke drängt sich auch dem flüchtigen Verbraucher die Assoziation mit der Farbe auf, wie auch umgekehrt der von der Farbe ausgehende optische Reiz sofort in den Wortbegriff übersetzt werden kann.

Mit einem Farbzeichen und einer Wortmarke liegen zwei unterschiedliche Markenformen vor, im Ergebnis kann dies indes eine Zeichenähnlichkeit nicht ausschließen.
Der BGH folgt in seiner Rechtsprechung zum Verhältnis zwischen Bilddarstellungen und Wortzeichen keiner formalistischen Betrachtungsweise. Eine Verwechslungsgefahr nach dem Sinngehalt könne auch zwischen Bild- und Wortzeichen bestehen, wenn der Verkehr den Wortbegriff im Bild wiederfindet und beim Anblick des Bildes an das Wort erinnert wird, wenn also das Wort die na-

---

gefärbten Haaren - , als durch den Farbton an sich in seiner abstrakten Verwendung geprägt. Dieses Kombinationszeichen läuft damit nicht Gefahr, mit einer im gleichen Farbton angesiedelten abstrakten Farbmarke zu kollidieren.

[109] Nr. 941 168, daneben ist zusätzlich das Wortzeichen „Deinhard lila" (Nr. 260 477) geschützt.
Der diesbezügliche Rechtsstreit von Deinhard gegen den Vertreiber von Beeren-Honig Schaumwein in Flaschen, deren Halsschleifen und Etiketten mit lila Aufdrucken versehen waren, war von der Besonderheit geprägt, dass die Wortmarke Lila aufgrund von Verkehrsdurchsetzung nach § 4 Abs. 3 WZG eingetragen war. Das DPMA sieht reine Farbangaben in der Regel wegen mangelnder Kennzeichnungskraft als nicht eintragungsfähig an; in der älteren Praxis sind Bezeichnungen, wie mimosengelb, elefantengrau etc. auch als nicht eintragungsfähig angesehen worden (dazu Hagens, S. 91, Anm. 22 zu § 4). Die Eintragung der Farbe Lila als Wortzeichen für Deinhard ist daher als absolute Ausnahme in der bisherigen Praxis zu werten, siehe BGH GRUR 1979, 853, 854- lila. Mit der allgemeinen Markenfähigkeit absoluter Farbzeichen nach § 3 Abs. 1 MarkenG müssen nach der heutigen Rechtslage konsequenterweise auch Wortmarken, die eine abstrakte Farbe zum Gegenstand haben, grundsätzlich auch ohne Verkehrsdurchsetzung registerfähig sein .

heliegende, ungezwungene und erschöpfende Benennung des Bildes ist[110]. So besteht z.B. zwischen dem Wortzeichen Rabe und dem Bild eines Raben Zeichenähnlichkeit[111].
Diese Rechtsprechung ist auf das Verhältnis von abstrakten Farbzeichen und Wortmarken anwendbar, da es letztlich entscheidend auf die Verknüpfung des Bildes bzw. der konturlosen Farbe mit einem Wortzeichen aufgrund von dessen Sinngehalt und assoziativer Wirkung ankommt. In der Entscheidung „lila“[112] hat der BGH diese Konsequenz gezogen, indem er den Schutzumfang von Kennzeichnungsmitteln, die von Farben geprägt werden und den Schutzumfang von Wortzeichen, die aus dem bloßen Namen einer Farbe bestehen, gleich behandelte. Wenn auch der BGH in diesem Fall keine Kollision der Wortmarke mit dem Farbzeichen annahm, ändert dies nichts an dem Grundsatz, sondern liegt in der Ablehnung des abstrakten Farbschutzes unter der Geltung des WZG begründet. So lehnte der BGH eine Kollision eines konturlosen lila Farbzeichens mit dem Wortzeichen Lila ab, da eine zeichenrechtlich relevante Verwechslungsgefahr nur aus dem übereinstimmenden Sinngehalt von Wort und Farbe hergeleitet werden könne, wenn dieser nach der Verkehrsauffassung für die Warenherkunft kennzeichnend ist. An einer derartigen Kennzeichnungskraft fehlte es, da unter Geltung des WZG konturlosen Farben schon die allgemeine Markenfähigkeit, geschweige denn die Eignung zur Herkunftskennzeichnung, abgesprochen wurde.

Da unter dem MarkenG den abstrakten Farbzeichen die allgemeine Markenfähigkeit und Registerfähigkeit grundsätzlich zuerkannt wird, muss bei konsequenter Anwendung der Vorgabe der Lila-Entscheidung eine Zeichenähnlichkeit zwischen Wortzeichen, die eine Farbe zum Gegenstand haben, und ab-strakten Farbzeichen grundsätzlich möglich sein[113].

---

110 BGH GRUR 1971, 251, 252- Oldtimer; BGH GRUR 1979, 856- lila; BGH GRUR 1976, 143, 144- Biovital; BGH GRUR 1975, 487, 489- WMF Mondmännchen.

111 BGH GRUR 1967, 355, 358- Rabe.

112 BGH aaO.- lila.

113 Als Beispiel aus der Praxis ist die Bezeichnung „Die Weissen“ als Wortzeichen für preiswerte Produkte im Lebensmitteleinzelhandel zu nennen (KG GRUR 1984, 201 f.- Die Weissen); bei der Wortmarke Radio Orange wird zudem die Farbe Orange als Hintergrund verwendet (Radio Eins vom ORB); bei den gelben Seiten oder der gelben Post wird ebenfalls zusätzlich zur Wortmarke auch die Farbe benutzt.

c. Gedankliches „Inverbindungbringen“ nach § 14 Abs. 2 Nr. 2 MarkenG

aa. Abstrakte Farbzeichen und Assozationsgefahren

§ 14 Abs. 2 Nr. 2 MarkenG untersagt die Verwendung von Drittzeichen, wenn hinsichtlich der geschützten Marke die Gefahr von Verwechslungen besteht, „einschließlich der Gefahr, dass das Zeichen mit der Marke gedanklich in Verbindung gebracht wird“.
In dieser Tatbestandsvariante wird weder der Grundfall der unmittelbaren Verwechslungsgefahr geregelt (das Publikum verwechselt das Drittzeichen und die geschützte Marke) noch die Variante der mittelbaren Verwechslungsgefahr[114], bei der das Publikum einen Zusammenhang zwischen dem Inhaber des Drittzeichens und dem Inhaber der geschützten Marke herstellt und sie miteinander verwechselt. Regelungsgegenstand ist die Variante, in der das Publikum einen Zusammenhang zwischen dem Drittzeichen und der geschützten Marke sieht, da die Wahrnehmung des Drittzeichens die Erinnerung an die geschützte Marke weckt, aber beide Zeichen nicht miteinander verwechselt werden (Gefahr der gedanklichen Verbindung im eigentlichen Sinne)[115].

Die jeder Farbe zukommende Assoziationskraft ist ein wesentliches Kriterium bei der Beurteilung der Verwechslungsgefahr von konturlosen Farbmarken. Der hinter einer Farbe stehende Sinngehalt erhöht, wie bereits erörtert, die Kennzeichnungskraft und dehnt damit den Schutzumfang gegenüber verletzenden Drittzeichen aus[116]. Die assoziative Kraft, welche allen innerhalb der Markenführung verwendeten Farben zukommt, gewinnt im Fall der abstrakten Farbzeichen einen besonderen Charakter. Hier ist die Assoziationskraft besonders ausgeprägt, weil allein die Farbe das Markenzeichen ausmacht und von dem Sinngehalt der Farbe nicht durch eine Wort- oder Bildaufmachung abgelenkt wird. Ohne eine figürliche Aufmachung der Farbe fehlt aber ein eindeutiger (z.B. mit einem Wortzeichen vergleichbarer) Ansatzpunkt für die Zuordnung der Farbmarke zu dem gekennzeichneten Produkt, womit die Gefahr von Fehlassoziationen steigt.

---

[114] Nach der Rechtsprechung können zur mittelbaren Verwechslungsgefahr folgende Fallgruppen gebildet werden: Serienzeichen, Modernisierung einer Marke, Verkürzung bzw. Abkürzung einer Marke; siehe zur Rechtsprechung BGH GRUR 1996, 200, 202- Innovadiclophlont.
Daneben gibt es noch die Verwechslungsgefahr im weiteren Sinne, die Fallkonstellationen erfasst, in denen die Gefahr der Verknüpfung von Unternehmensverbindungen besteht, EuGH GRUR Int. 1994, 168, 170- quattro/Quadra.
Sowohl die mittelbare Verwechslungsgefahr, als auch die Verwechslungsgefahr im weiteren Sinne werden von der Rechtsprechung als zur Verwechslungsgefahr gehörig iSv. § 14 Abs. 2 Nr. 2 MarkenG bzw. Art. 5 Abs. 1 lit b MarkenRL behandelt: z.B. BPatG GRUR 1996, 282, 283- Adalbert Prinz von Bayern; BPatG GRUR 1995, 416, 417- Rebenstolz; BPatG GRUR 1995, 739- Caribaldi.
[115] Zum Begriff EuGH WRP 1998, 39, 41, Rz. 16- Springende Raubkatze.
[116] Siehe oben Kapitel 5, IV, 3, a, bb.

Bei der Verwendung von konturlosen Farben lässt sich eine nahezu unbegrenzte Palette assoziativer Fehlzurechnungen im Verhältnis zu Drittzeichen konstruieren. Bei allen farblich gestalteten Drittzeichen, die die geschützte Farbe entweder bildlich oder als Wortzeichen verwenden, ist eine gedankliche Verbindung zu der eingetragenen abstrakten Farbmarke denkbar. In diesen Konstellationen wird häufig keine Verwechslung des Drittzeichens mit dem abstrakten Farbzeichen vorliegen, sondern das Publikum wird zumeist lediglich eine Gemeinsamkeit der Zeichen feststellen, die die Erinnerung an das geschützte Farbzeichen weckt. Derjenige Verbraucher, der im Zusammenhang mit Telekommunikationsdienstleistungen mit der Farbkombination Grau/Magenta durch einen Wettbewerber der Deutschen Telekom konfrontiert wird, muss daraufhin nicht zwangsläufig die Unternehmen verwechseln, wird aber in jedem Fall eine gedankliche Verbindung zur Deutschen Telekom herstellen.
Die oben beschriebenen Konstellationen des „gedanklichen Inverbindungbringens" führen bei konturlosen Farbzeichen zu einem uferlosen Schutzbereich, der die Verwendung von Farben in einem wettbewerbsschädigenden Ausmaß für Konkurrenten des Markeninhabers ausschließen würde. Ohne ein Regulativ zur Begrenzung der Assoziationsgefahren innerhalb des Schutzbereichs würde sich die vielfach vorgebrachte Kritik an dem „als abenteuerlich" bezeichneten Schutzbereich von konturlosen Farbmarken bewahrheiten.
Im Folgenden wird zu untersuchen sein, wie dieses Tatbestandsmerkmal innerhalb des Regelungszusammenhanges der Verwechslungsgefahr einzuordnen ist und ob sich bei Anwendung einer gesetzeskonformen Normauslegung auf die Fallgruppe der abstrakten Farbmarken praktikable Ergebnisse im Hinblick auf die oben skizzierte Problematik erzielen lassen.

bb. Reichweite des Kollisionsschutzes gegen gedankliches „Inbindungbringen" von Farben

Die Regelung einer rein assoziativen gedanklichen Verbindung von Marken in § 14 Abs. 2 Nr. 2 MarkenG beruht auf der obligatorischen gemeinschaftsrechtlichen Vorgabe in Art. 5 Abs. 1 lit b MarkenRL, die wortgleich in das deutsche Recht übernommen wurde. Auch die Regelung in der GMarkenV, vgl. Art. 9 Abs. 1 lit b, enthält eine weitgehende Übernahme der Vorgaben aus der MarkenRL.
Die gesetzliche Formulierung in Art. 5 Abs. 1 lit b MarkenRL, „.... wenn....Gefahr von Verwechslungen besteht, die die Gefahr einschließt, dass das Zeichen mit der Marke gedanklich in Verbindung gebracht wird....", erklärt sich als Kompromissformel aus der Entstehungsgeschichte der MarkenRL, die von unterschiedlichen Verständnisweisen über Grund und Reichweite des Marken-

schutzes in den Mitgliedsstaaten geprägt war[117]. Es gab die Forderung, entsprechend dem Vorbild des Benelux-Warenzeichenrechts[118], anstelle der Verwechslungsgefahr allein auf die Gefahr einer gedanklichen Verbindung und damit auf die bloße Assoziationsgefahr abzustellen. Demgegenüber stand die Forderung, an dem traditionellen Begriff der Verwechslungsgefahr festzuhalten und damit bei Zeichenähnlichkeit den Verletzungsschutz der Marke nicht auf bloße Assoziationsgefahren umzustellen und damit wesentlich zu erweitern.

Aus diesen Interessengegensätzen erwuchs die unklare Fassung des Art. 5 Abs. 1 lit b MarkenRL. Einerseits wurde die Gefahr gedanklicher Verbindungen durch ein kollidierendes Drittzeichen in den Gesetzestext aufgenommen, was für eine Anlehnung an das Benelux-Markengesetz spricht, andererseits aber als Unterfall („einschließlich") der Verwechslungsgefahr angesehen.
Vor dem Hintergrund dieser nicht eindeutigen Fassung des Art. 5 Abs. 1 lit b MarkenRL und des § 14 Abs. 2 Nr. 2 MarkenG ist die im Schrifttum bestehende Kontroverse zum Tatbestandsmerkmal der gedanklichen Verbindung, die die Gegensätze bei der Entstehungsgeschichte des Gesetzes wiederspiegelt, zu sehen. Zum Teil wird die Assoziationsgefahr als Erweiterung des Kollisionstatbestandes im Rahmen einer bestehenden Verwechslungsgefahr verstanden[119], teilweise als eigenständiger Kollisionstatbestand neben der Verwechslungsgefahr, bei dem die bloße gedankliche Verbindung zur Annahme einer Markenverletzung ausreiche[120].

Die Einordnung der Assoziationsgefahr als eigenständiger Tatbestand neben der Verwechslungsgefahr nach dem Vorbild des Benelux-Markengesetzes vermag m.E. im gemeinschaftsrechtlichen Kontext der MarkenRL und vor dem Hintergrund der jüngsten Rechtsprechung des EuGH in der Entscheidung „Springende Raubkatze"[121] nicht zu überzeugen.
Ein historisches Auslegungsargument liefert die amtliche Begründung zum Markenrechtsreformgesetz, wonach davon ausgegangen wurde, durch die Nennung der Gefahr gedanklicher Verbindungen lediglich ein Beispiel der Verwechslungsgefahr herausgestellt zu haben, um Zweifeln bei der Auslegung des zentralen Begriffs der Verwechslungsgefahr vorzubeugen. Der gedanklichen

---

[117] Zur Entstehungsgeschichte siehe Lehmann/Schönfeld, GRUR 1994, 484; Schönfeld, S. 182 ff.; Verkade, GRUR Int. 1992, 96.
[118] Art. 13 A des Benelux-Markengesetzes.
[119] Kiethe/Krauß, WRP 1996, 495; Kunz-Hallstein, GRUR Int. 1990, 756; Starck, WRP 1996, 273; Teplitzky, GRUR 1996, 1; Fezer, NJW 1998, 713; v. Manen, GRUR Int. 1998, 471; Annand, GRUR 1998, 656;
siehe auch High Court Chancery Division GRUR Int. 1996, 735- Wagamama zur Auslegung des Sec. 10 (2) Trade Marks Act 1994.
[120] Hacker, GRUR 1996, 98; Krüger, GRUR 1995, 527; Gielen, Mitt. 1996, 106; Sack, WRP 1998, 1127, 1134.
[121] EuGH WRP 1998, 39, 41.

Verbindung entsprächen die im deutschen Recht entwickelten Grundsätze zur mittelbaren Verwechslungsgefahr und Verwechslungsgefahr im weiteren Sinne, die bislang unter der Verwechslungsgefahr nach § 14 Abs. 2 Nr. 2 MarkenG eingeordnet wurden[122].
Entscheidend ist letztlich die richtlinienkonforme Auslegung des § 14 Abs. 2 Nr. 2 MarkenG anhand der Vorgabe in Art. 5 Abs. 1 lit b MarkenRL.
Schon aus dem Wortlaut, nach dem die Verwechslungsgefahr die Gefahr der gedanklichen Verbindung „einschließt", ergibt sich, dass der Begriff der gedanklichen Verbindung keine Alternative zum Begriff der Verwechslungsgefahr darstellt, sondern nur deren Umfang näher beschreiben soll.
Diese Wortlautauslegung wird auch durch die Erwägungsgründe zur MarkenRL[123] gestützt, in denen allein auf die Verwechslungsgefahr als spezifischer Voraussetzung des Kollisionsschutzes abgestellt wird; ob sie vorliegt hänge von einer Vielzahl von Umständen ab, insbesondere dem Bekanntheitsgrad der Marke im Markt und der gedanklichen Verbindung, die das benutzte oder eingetragene Drittzeichen zu ihr hervorrufen kann. Mit dieser Formulierung macht der Rat der Europäischen Gemeinschaften als Richtliniengeber hinreichend deutlich, dass sich trotz der unklaren Fassung letztlich die Vorgabe aus dem Benelux-Warenzeichengesetz nicht durchsetzen konnte. Es wird von nur einem Tatbestand innerhalb des Art. 5 Abs. 1 lit b MarkenRL ausgegangen, nämlich der Verwechslungsgefahr, die multikausal begründet werden muss. Im Rahmen der Kriterien, die eine Verwechslungsgefahr begründen könnten, kommt die Assoziationsgefahr lediglich als Teilaspekt eines Oberbegriffs ins Spiel[124].
Eine Verwechslungsgefahr zur Konstruktion einer Markenverletzung ist nur in dem gesetzgeberisch klar herausgestellten Fall des Schutzes einer bekannten Marke gemäß Art. 5 Abs. 2 MarkenRL, vgl. § 14 Abs. 2 Nr. 3 MarkenG, entbehrlich.
§ 14 Abs. 2 Nr. 2 MarkenG ist dahin gehend europarechtskonform auszulegen, dass allein die rein assoziative, gedankliche Verbindung, die der Verkehr über die Übereinstimmung des Sinngehalts zweier Marken herstellen könnte, für sich genommen keine Gefahr von Verwechslungen begründet.

Diese Auslegung des Tatbestandsmerkmales der gedanklichen Verbindung führt bei Anwendung auf die oben beschriebene Problematik bei konturlosen Farb-

[122] Siehe amtliche Begründung aaO. S. 71.
[123] Abgedruckt in GRUR Int. 1989, 294.
[124] Der Benelux-Gerichtshof sieht gedankliche Verbindungen als eigenständigen Tatbestand neben der Verwechslungsgefahr an (Urteil vom 20. 05. 1983 Jullien/ Verschmere, A, 82/5, Jur. 1983, Teil 4, S. 36). Den entgegengesetzten Standpunkt vertreten der High Court, Chancery Division GRUR Int. 1996, 735, 737- Wagamama
(mit Anmerkung Albert, GRUR Int. 1996 738 f.) und der BGH in GRUR 1996, 198, 199- Springende Raubkatze.

marken zu interessengerechten und praktikablen Ergebnissen. Der praktisch unbegrenzte Schutzumfang bei Farbmarken, stellte man ausschließlich auf die Möglichkeit von Fehlassoziationen ab, wird durch die systematische Einordnung der Assoziationsgefahr als Teilaspekt der Verwechslungsgefahr in angemessener Weise relativiert. Konturlose Farbmarken genießen Kollisionsschutz gegenüber Drittzeichen nur, wenn eine tatsächlich nachgewiesene Verwechslungsgefahr besteht. Das überdurchschnittliche Potenzial bei der Assoziationskraft kann nicht isoliert den Ausschlag für eine Markenverletzung geben, sondern nur als Teilaspekt unter den vielen anderen Kriterien der Verwechslungsgefahr innerhalb der Wechselwirkung mitbegründend für den Tatbestand des § 14 Abs. 2 Nr. 2 MarkenG sein. Vor dem Hintergrund dieser Einschränkung führt die oben skizzierte Besonderheit von abstrakten Farbmarken bei assoziativen Fehlzurechnungen nicht zu einer wettbewerbsschädigenden Monopolisierung geschützter Farben innerhalb des gesamten Spektrums farbiger Markenformen. Solange die gedankliche Verbindung des Drittzeichens des Wettbewerbers mit dem geschützten abstrakten Farbzeichen das einzige Indiz für eine Verwechslungsgefahr ist, kann das Drittzeichen frei benutzt werden[125].

d. Funktionale Bestimmung der Verwechslungsgefahr bei konturlosen Farbmarken

aa. Kriterien der Verwechslungsgefahr und Markenfunktionalität

Die Verwechslungsgefahr als spezifische Voraussetzung des Kollisionsschutzes hängt von einer Vielzahl unterschiedlicher, in Wechselwirkung zueinander stehender, Umstände ab. Dabei gibt weder Art. 5 Abs. 1 lit b MarkenRL noch § 14 Abs. 2 Nr. 2 MarkenG einen diesbezüglich abschießenden Katalog der maßgebenden Kriterien vor; neben den gesetzlich vorgegebenen Parametern, wie Zeichen- und Produktähnlichkeit sowie gedanklicher Verbindung sind ungeschriebene Kriterien wie u.a. die Kennzeichnungskraft oder die Bekanntheit der Marke

[125] Einem Einzelhändler im Bereich HiFi und Audio steht beispielsweise die Verwendung von Gelb in einem Bildzeichen (z.B. Firmenlogo) oder als Hintergrund bei einer Wortmarke frei. Eine Kollision dieses Drittzeichens mit der Hausfarbe Gelb des Unternehmens Pro Markt wird jedenfalls nicht allein aufgrund einer gedanklichen Verbindung - das Publikum assoziiert unter Umständen die Farbe Gelb mit dem Pro Markt als leistungsstarkes Großunternehmen, ohne es aber z.B. mit einem mittelständischen Einzelhandelsunternehmen zu verwechseln - zu begründen sein. Im Ergebnis wird es zwingend auf das Vorliegen einer Verwechslungsgefahr ankommen, lediglich als Teilaspekt dieses Oberbegriffs kann die gedankliche Verbindung in die Gesamtabwägung einfließen. Der mittelständische Einzelhändler wird sich erst dann in verletzender Weise der Hausfarbe des Pro Marktes nähern, wenn er die Farbe in einer Weise innerhalb der Markenführung einsetzt, die allein prägend für den Markenauftritt ist und damit die Gefahr von Verwechslungen im Hinblick auf den Pro Markt hervorruft.

anerkannt. In den Erwägungsgründen zur MarkenRL[126] geht der Rat der Europäischen Gemeinschaften nicht von einem Numerus clausus der Kriterien der Verwechslungsgefahr aus, sondern es werden vielmehr in der Form der Regelbeispielstechnik nur einige besonders prägnante Aspekte genannt.

Der Kollisionsschutz nach § 14 Abs. 2 Nr. 2 MarkenG soll den Inhalt eines geschützten Markenrechts vor der ungerechtfertigten Verletzung durch Dritte schützen. Die Reichweite der Verwechslungsgefahr ergibt sich im Ansatz aus dem Inhalt des Schutzgegenstandes: Nur wenn dieser berührt wird, ist es gerechtfertigt, die Benutzung des verletzenden Drittzeichens zu untersagen. Der Inhalt des Markenrechts wird durch die rechtlich geschützten Markenfunktionen bestimmt, die mittelbar über den Schutzgegenstand auch den Schutzumfang und den Begriff der Verwechslungsgefahr ausfüllen. Vor diesem Hintergrund sind die Kriterien der Verwechslungsgefahr markenfunktional zu bestimmen; werden Markenfunktionen rechtlich geschützt, dann muss sich diese Grundentscheidung auch bei Kollision mit verletzenden Drittzeichen realisieren.

Mit der funktionalen Bestimmung der Verwechslungsgefahr wird gleichzeitig die Neukonzeption des MarkenG innerhalb der §§ 14 ff. MarkenG infolge der Weiterentwicklungen in der Funktionenlehre dokumentiert. Mit der Erweiterung des Funktionsspektrums von Marken[127] müssen sich auch die Kriterien zur Beurteilung der Verwechslungsgefahr fortentwickeln. Somit kann es unter dem MarkenG nicht mehr ausschließlich auf eine Verwechslung der Herkunftsidentität im Kollisionsfall ankommen. Ausgangspunkt muss vielmehr die Multifunktionalität[128] der Marke sein; wird eine Funktion der Marke gestört, dann hat dies zumindest indizielle Wirkung für die Annahme einer Verwechslungsgefahr. Mit der Weiterentwicklung der Funktionenlehre gehören nunmehr auch Bereiche, wie u.a. die Produktidentität und die Werbekraft, sowie der wirtschaftliche Wert und die wettbewerbliche Leistung des Markeninhabers zu den Kriterien, die die Verwechslungsgefahr nach § 14 Abs. 2 Nr. 2 MarkenG beeinflussen können.

---

[126] Abgedruckt in GRUR Int. 1989, 294.
[127] Siehe oben Kapitel 5, II, 3, b, aa.
[128] Nägele, S. 110.

bb. Die wettbewerbliche Leistung als Kriterium der funktional bestimmten Verwechslungsgefahr bei konturlosen Farbmarken

(1) Praktische Relevanz

.

Die wettbewerbliche Leistung, die hinter der Etablierung einer konturlosen Farbmarke auf dem Markt steht, muss in die Interessenabwägung bei § 14 Abs. 2 Nr. 2 MarkenG einbezogen werden.
Diese Leistung des Markeninhabers bei der Positionierung einer konturlosen Farbe oder Farbverbindung als Unternehmenskennzeichen lässt sich an den notwendigen Anstrengungen zur Gewöhnung des Verkehrs an den Kommunikationskanal Farbe - Produkt (bzw. Herstellungsunternehmen) festmachen. Gerade in der Anfangsphase dieser Markenform wird die Etablierung von Farbzeichen hohe Investitionskosten im Marketingbereich erfordern.
Das Stromhandelsunternehmen Yello-Strom hat beispielsweise mit hohem Marketingaufwand beim Publikum die Verbindung von der Farbe Gelb zum Ursprungsunternehmen hergestellt. Eine ähnliche Strategie verfolgt zur Zeit der Energieversorger e.on mit der Positionierung einer Hausfarbe (ineinander verlaufendes Rot). Diese Umwandlung der originär beschreibenden Funktion von abstrakten Farben in ein kommerzielles Wiedererkennungssymbol für ein Unternehmen stellt den eigentlichen wirtschaftlichen Wert der Farbmarke dar[129].

Die Besonderheit bei abstrakten Farbmarken besteht darin, dass bei dieser Fallgruppe im Vergleich zu anderen Markenformen der Marketingaufwand zur Gewöhnung des Publikums an das Unternehmenskennzeichen besonders groß ist. Deshalb muss gerade bei dieser Markenform die wettbewerbliche Leistung des Markeninhabers als Teilaspekt unter den verschiedenen Kriterien der Verwechslungsgefahr die Reichweite des Schutzumfanges mitbestimmen. Bei konturlosen Farbzeichen hat die Marke nicht lediglich eine formale Ordnungsfunktion als Unterscheidungssymbol, sondern stellt darüber hinaus auch als innerhalb der Abnehmerkreise eingeführtes Kommunikationsmedium einen bedeutenden wirtschaftlichen Wert dar.

---

[129] Der Druck der Financial Times auf rosa Zeitungspapier hat als Folge der wettbewerblichen Leistung des Markeninhabers bei der Positionierung der Farbe als Unternehmenskennzeichen einen besonders großen ökonomischen Wert, da auf dem Zeitungsmarkt zwar farbliche Gestaltungen üblich sind, aber ein flächiger farblicher Untergrund in einem rosa Farbton in diesem Medium einzigartig ist. Aufgrund dieser verfremdenden Phantasie ist die Kennzeichnungskraft besonders hoch; über diese Kennzeichnungskraft hinaus hat sich parallel ein besonderes Markenimage entwickelt; die Financial Times steht für einen hohen Bildungsgrad und einen überdurchschnittlichen Lebensstandard ihrer Leserschaft und kann dieses Image zusätzlich in optisch markanter und weithin sichtbarer Weise über die extravagante Farbe des Blattes vermitteln. Eine rosa Zeitung transportiert nicht nur als Markenbotschaft die Herkunft der Zeitung Financial Times, sondern auch das besondere Image der Zeitung.

Der im Vergleich zu anderen Markenformen überproportional große Aufwand bei der Gewöhnung des Verkehrs an das Markenzeichen liegt in der Abstraktheit der Zeichenform begründet. Ohne den Einsatz gezielter Werbung zur Verbindung einer Farbe mit einem Produkt haben abstrakte Farben nur eine schwache Unterscheidungskraft. Farben enthalten für sich genommen noch keinen Hinweis im Sinne eines kommerziellen Wiedererkennungssymbols auf ein bestimmtes Produkt oder Unternehmen, dieser Bezug muss künstlich im Rahmen der Marketingstrategie aufgebaut werden. Das Publikum verbindet von der allgemeinen Bedeutung her Farben nicht in erster Linie mit Unternehmen oder einzelnen Produkten. Bei konkreten Markenformen wie Wortmarken ist dagegen die Gewöhnung des Publikums an das Kennzeichen mit wesentlich weniger Aufwand zu erreichen, da Worte die Verbindung zwischen Marke und Unternehmen aus sich heraus beschreiben können. Bei einem Firmennamen als Marke ist dem Publikum ohne weiteres bewusst, dass es sich um das Kennzeichen für ein bestimmtes Unternehmen handelt, weil der Name die übliche und konkrete Beschreibung für Unternehmen oder Produkte ist.
Je abstrakter und symbolhafter die Zeichenform ist desto größer ist somit der Aufwand zu veranschlagen, der zur Etablierung einer Marke erforderlich ist.

In Anbetracht der freien Handelbarkeit von Markenrechten und des großen wirtschaftlichen Wertes von Marken als nicht zu unterschätzenden Teil des gesamten Unternehmensvermögens ist es naheliegend dem Markeninhaber, und insbesondere dem Inhaber von abstrakten Farbzeichen, auch Schutz für seine wettbewerbliche Leistung zu gewähren[130]. Die Ausdehnung der rechtlich geschützten Markenfunktionen schafft für die Markenartikelwirtschaft neue Möglichkeiten bei der Führung von Zeichenrechten[131]. Mit dieser Öffnung des Markenrechts entstehen spiegelbildlich auch neue Gefahren und Verletzungsbereiche, denen insbesondere die neuen Markenformen ausgesetzt sind. Die Rechtsanwendung muss diese Bereiche erkennen und rechtliche Schutzmöglichkeiten für den Markeninhaber aufzeigen, anderenfalls werden die neuen Markenfunktionen nur Programmsatz bleiben und keine praktische Bedeutung erlangen können.

[130] Siehe FAZ vom 27. Juni 2000, Verlagsbeilage (Nr. 146) „Markenartikel“, S. B 6:
Die wertvollste Marke der Welt ist „Coca-Cola“ mit einem Wert von 84 Mrd. Dollar, gefolgt von Microsoft (57 Mrd. Dollar) und IBM (44 Mrd. Dollar). Die wertvollsten deutschen Marken sind Mercedes (18 Mrd. Dollar) und BMW (11 Mrd. Dollar). Quelle: Interbrand.
[131] Zu den rechtlich geschützten Markenfunktionen siehe oben, Kapitel 5, II, 3, b, aa.

(2) Normative Anknüpfung

Das heutige Kennzeichenrecht trägt der oben skizzierten ökonomischen Realität Rechnung, indem es die Berücksichtigung der wettbewerblichen Leistung des Markeninhabers innerhalb des funktionalen Verwechslungsbegriffs[132] ermöglicht. Schutzgegenstand ist nicht mehr nur ein „technisches" Recht, vergleichbar mit einem Designschutz nach dem Geschmacksmuster- oder Gebrauchsmustergesetz, sondern zusätzlich die wirtschaftliche Leistung im Rahmen der Markenführung.
Es ist zu fragen, ob das in Streit stehende Drittzeichen den Wert, das Image oder allgemein die Leistung des Markeninhabers in unlauterer Weise ausnutzt oder beeinträchtigt. Wenn dies der Fall ist, so muss m.E. dieser Umstand neben den anderen Kriterien der Verwechslungsgefahr die Abwägung im Rahmen des § 14 Abs. 2 Nr. 2 MarkenG beeinflussen.

Die amerikanische Rechtsprechung zu den konturlosen Farbmarken hat diese wettbewerbsrechtlichen Elemente bereits in den Beurteilungskanon im Verletzungsrecht aufgenommen[133]. Der Vorteil der Einbeziehung von Unlauterkeitskriterien in das Markenrecht liegt in der Flexibilität der Beurteilung im Gegensatz zum starren Ähnlichkeitsbegriff und der Erkenntnis, dass abstrakte Farbmarken nicht nur eine Möglichkeit zur Herkunftsdifferenzierung darstellen, sondern ein Wertschöpfungspotenzial haben, das auch im Rahmen des Kollisionsrechts geschützt werden muss.

Eine Ausnutzung oder Beeinträchtigung des wirtschaftlichen Wertes einer konturlosen Farbmarke durch ein Drittzeichen wird vor allem durch wettbewerbliche Unlauterkeitskriterien, wie bereits von der Rechtsprechung des BGH zu § 1 UWG in den Fallgruppen der Rufausbeutung und Beeinträchtigung berühmter und bekannter Marken praktiziert[134], zu fassen sein.
Diese Unlauterkeitskriterien können zur Bestimmung des Schutzumfanges eines Markenrechts herangezogen werden. Die wettbewerbliche Leistung wird nicht mehr ausschließlich über das UWG, sondern auch verstärkt im Rahmen des MarkenG geschützt. Diese Annahme lässt sich durch die Aufnahme von Unlauterkeitskriterien in das Verletzungsrecht begründen (funktionaler Verwechslungsbegriff). Im Folgenden wird gezeigt, dass sich die Einbeziehung von Unlauterkeitskriterien normativ anhand der §§ 14 ff. MarkenG begründen lässt.

---

[132] Siehe oben im vorstehenden Abschnitt zum funktionalen Verwechslungsbegriff.
[133] Zur Rechtsprechung in den USA siehe nur US Supreme Court GRUR Int. 1996, 961, 962- Qualitex; Court of Appeals GRUR Int. 1987, 116, 118 f.- Owens-Corning.
[134] Siehe zur Rechtsprechung nach § 1 UWG: Baumbach/Hefermehl, § 1 UWG, Rz. 541 ff.

Die Einbeziehung der wettbewerblichen Unlauterkeitskriterien als Teilaspekt des Verwechslungsbegriffs ist kein Fremdkörper im MarkenG, sondern lässt sich durch die funktionale Bestimmung der Verwechslungsgefahr - Schutz des wirtschaftlichen Wertes der Marke - begründen.
Im MarkenG wird im Rahmen einer erweiterten Bestimmung der Markenfunktionen nicht mehr ausschließlich die herkunftsdifferenzierende Funktion der Marke geschützt, sondern insbesondere auch die wettbewerbliche Leistung des Markeninhabers bei der Etablierung des Kennzeichens; die Marke wird als fungibles Wirtschaftsgut betrachtet, dessen Wert dem Markeninhaber allein zugeordnet ist. Diese Neukonzeption lässt sich durch die Einführung von Lauterkeitskriterien in die Kollisionstatbestände des MarkenG belegen. So wurden wettbewerbsrechtliche Elemente in die Tatbestände des § 14 Abs. 2 Nr. 2 MarkenG (Assoziationsgefahr durch gedankliche Verbindung), des § 14 Abs. 2 Nr. 3 MarkenG (Schutz der Wertschätzung der Marke) und des § 23 MarkenG (Gewährung von Markenschutz nur in den Fällen, in denen nicht gegen die guten Sitten verstoßen wird) eingeführt.[135]

Als ausschlaggebendes Argument kann die Aufnahme der „gedanklichen Verbindung“ als Kriterium der Verwechslungsgefahr in § 14 Abs. 2 Nr. 2 MarkenG dienen. Dieses Tatbestandsmerkmal verdeutlicht eine grundlegende Veränderung in der Bestimmung des Schutzumfanges eines Markenzeichens. Die Verwechslungsgefahr beinhaltet begriffsnotwendig das Element der Täuschung; derjenige, der einem Markenzeichen Kommunikationsbotschaften zurechnet, die diesem Zeichen nicht im Sinne eines Ausschließlichkeitsrechts zugeordnet sind, irrt sich über die tatsächlichen Verhältnisse[136]. Dieses im WZG dominierende Element der Täuschung kann im MarkenG nicht mehr ausschließlich den Abwägungsprozess bei Beurteilung des Schutzbereichs bestimmen. Die gedankliche Verbindung setzt nämlich keine Täuschung des Rezipierenden voraus, das Publikum stellt lediglich eine wie auch immer geartete Verknüpfung zwischen den Kennzeichen her, ist sich aber irrtumsfrei bewusst, dass es sich dabei um unterschiedliche Marken handelt.
Wenn sich die Begriffe der Verwechslung und Verbindung als nebeneinanderstehende Tatbestände darstellten, wäre das Merkmal der Verbindung systematisch als weitergehender Oberbegriff einzuordnen, welcher die Verwechslungsgefahr beinhaltet. Ein derartiges Verständnis wäre indes zu weitgehend und nicht mehr im Rahmen der Rechtsprechung des EuGH zu Art. 5 Abs. 1 lit b MarkenRL, der eine gedankliche Verbindung als ein Element der Verwechs-

[135] Siehe oben, Kapitel 5, II, 3, b, (1) zu den Markenfunktionen;
zum Schutz der Marke als fungibles Wirtschaftsgut siehe insbesondere Harte-Bavendamm, GRUR 1998, 335 f.; Lehmann/Schönfeld, GRUR 1994, 481, 483.
[136] Sack, WRP 1998, 1127, 1140 zum Begriff der Verwechslungsgefahr, insbesondere der uneigentlichen Verwechslungsgefahr beim gedanklichen „Inverbindungbringen“;
siehe auch EuGH WRP 1998, 39, 41- Springende Raubkatze.

lungsgefahr ansieht, welches ebendiese näher bestimmen soll[137]. Die gedankliche Verbindung ersetzt nicht den Begriff der Verwechslungsgefahr, öffnet ihn aber für neue Beurteilungsmaßstäbe.

Die letztlich entscheidende Frage, ob tatsächlich eine Verwechslungsgefahr vorliegt, kann somit auch durch Umstände beeinflusst werden, die für sich genommen selbst keine Täuschung der Verkehrskreise verursachen. Die gedankliche Verbindung zwischen geschütztem und verletzendem Zeichen mit der damit verbundenen Beeinträchtigung des wirtschaftlichen Wertes des geschützten Zeichens kann, ohne selbst einen Irrtum hervorzurufen, Einfluss auf die Gesamtabwägung aller Kriterien innerhalb der Verwechslungsgefahr haben. Während durch das Täuschungselement innerhalb der Verwechslungsgefahr die reine Identifikationsfunktion der Marke rechtlich abgesichert wird, gewährt das Element der gedanklichen Verbindung einen allgemeinen und umfassenden Schutz gegen die ungerechtfertigte Ausnutzung des wirtschaftlichen Wertes einer Marke, die nicht mit einer Herkunftstäuschung verbunden ist. Mit der Tatbestandsvariante der gedanklichen Verbindung wird sichergestellt, dass auch die Formen der Beeinträchtigung eines Kennzeichens im Kollisionsrecht erfasst werden, die bislang mangels Täuschung nur im Rahmen des Wettbewerbsrechts relevant wurden.
Aufgrund der hohen Assoziationskraft von konturlosen Farben ist Gefahr der Ausnutzung der hinter einem Farbzeichen stehenden wettbewerblichen Leistung durch ein Drittzeichen, welches die bloße gedankliche Verbindung zum geschützten Farbzeichen auszunutzen versucht, besonders groß. Bei der Verwendung von konturlosen Farben lässt sich eine weitreichende Palette assoziativer Fehlzurechnungen im Verhältnis zu Drittzeichen konstruieren. Aufgrund des geschützten Farbtons ist eine gedankliche Verknüpfung zu allen farblich gestalteten Markenformen denkbar, die diese Farbe entweder bildlich oder als Wortzeichen verwenden. In diesen Konstellationen wird häufig keine Verwechslung des Drittzeichens mit dem geschützten abstrakten Farbzeichen vorliegen, sondern das Publikum wird zumeist lediglich eine Gemeinsamkeit der Zeichen feststellen, die die Erinnerung an das geschützte konturlose Farbzeichen weckt. Derjenige Verbraucher, der im Zusammenhang mit Finanzdienstleistungen mit der Farbe Grün durch einen Wettbewerber der Dresdner Bank konfrontiert wird, muss daraufhin nicht zwangsläufig die Unternehmen verwechseln, wird aber sehr wahrscheinlich eine gedankliche Verbindung zur Dresdner Bank herstellen und in diesem Zusammenhang u.U. den guten Ruf oder das Image der Dresdner Bank auf das Konkurrenzunternehmen übertragen. In derartigen Konstellationen kann der wirtschaftliche Wert einer geschützten Farbmarke in ungerechtfertigter Weise ausgenutzt werden.

---

[137] EuGH WRP 1998, 39 f.- Springende Raubkatze; siehe auch Fezer, NJW 1998, 713, 715; ders., WRP 1998, 1123, 1126.

Der überdurchschnittliche Marketingaufwand zur Etablierung einer abstrakten Farbmarke wird dementsprechend im Verhältnis zur Zeichenähnlichkeit zu sehen sein. Je größer der wirtschaftliche Wert des Farbzeichens als Folge der wettbewerblichen Leistung zu veranschlagen ist, desto weiter wird das Spektrum des geschützten Ähnlichkeitsbereichs zu ziehen sein.

Dieses Verständnis der Assoziationsgefahr innerhalb des § 14 Abs. 2 Nr. 2 MarkenG geht konform mit der langjährigen Rechtsprechung des EuGH zum spezifischen Gegenstand des Markenrechts, der in Auslegung des Art. 30 EGV entwickelt wurde[138]. Zur Bestimmung des Schutzinhalts des ausschließlichen Rechts des Markeninhabers sei danach in erster Linie die Herkunftsfunktion heranzuziehen. Wenngleich die Sicherung der Ursprungsidentität eine herausragende Rolle spiele, so bestehe der spezifische Schutzgegenstand des Markenrechts auch insbesondere darin, dem Inhaber durch das ausschließliche Recht, die Marke beim erstmaligen „Inverkehrbringen" einer Ware oder Dienstleistung zu benutzen, Schutz vor Konkurrenten zu geben, die unter Missbrauch der aufgrund des Zeichens erworbenen Marktstellung und Kreditwürdigkeit widerrechtlich mit der Marke versehene Produkte veräußern.
Die ungerechtfertigte Ausnutzung des ökonomischen Wertes einer Marke, basierend auf der wettbewerblichen Leistung des Zeicheninhabers im Produktmarketing als rechtlich geschützte Markenfunktion muss, in entsprechender Anwendung dieser Rechtsprechung, in den richtlinienkonform zu bestimmenden Begriff der Verwechslungsgefahr eingebunden werden.

Die Einbeziehung der wettbewerblichen Leistung in einen funktional bestimmten Verwechslungsbegriff gerät auch nicht in einen systematischen Widerspruch zu § 14 Abs. 2 Nr. 3 MarkenG. Dort ist zwar die unlautere Ausnutzung oder Beeinträchtigung der Wertschätzung einer bekannten Marke als Lauterkeitskriterium ausdrücklich geregelt. Dies bedeutet allerdings nicht, dass ausschließlich nur in diesem Tatbestand, und nicht in § 14 Abs. 2 Nr. 2 MarkenG, wo eine ausdrückliche Nennung fehlt, derartige Kriterien eine Rolle spielen können. Die Regelung in § 14 Abs. 2 Nr. 3 MarkenG fügt sich in die hier vertretene Ansicht ein, weil diese Norm einen erweiterten Schutzbereich nur für bekannte Marken eröffnet und zudem, im Gegensatz zu § 14 Abs. 2 Nr. 2 MarkenG, die unlautere Ausnutzung bzw. Beeinträchtigung einer Marke schon für sich genommen, ohne Vorliegen einer Verwechslungsgefahr, eine Markenverletzung darstellt. Aus der ausdrücklichen Formulierung der Unlauterkeit als Kriterium des Schutzbereichs in § 14 Abs. 2 Nr. 3 MarkenG kann demgemäß nicht im Sinne eines Umkehrschlusses hergeleitet werden, in § 14 Abs. 2 Nr. 2 MarkenG spielten derlei Erwägungen mangels ausdrücklicher Aufnahme in den Tatbestand keine Rolle.

---

[138] Siehe oben zum Inhalt der Markenfunktionen, 5. Kapitel, II, 3, b, aa; siehe auch EuGH Rs. 102/77 Slg 1978, 1139, GRUR 1978, 599, Rn 7- Hoffmann La Roche/ Centrafarm.

Beide Tatbestände haben im Rahmen der Verwertung von Unlauterkeitskriterien eigenständige Anwendungsbereiche, wobei als Abgrenzungsgesichtspunkt die Bekanntheit der Marke heranzuziehen ist.

Alle Versuche, im Rahmen des § 14 Abs. 2 Nr. 2 MarkenG die gedankliche Verbindung von Kennzeichen im Sinne einer unlauteren Ausnutzung der Wertschätzung der Marke als eigenständige Tatbestandsalternative zu definieren, welche die Verwechslungsgefahr mitumfasst, sind dagegen zu weitgehend. Sie vermögen den Bedeutungszusammenhang zu § 14 Abs. 2 Nr. 3 MarkenG nicht zu erklären und stellen keine an der Systematik des MarkenG orientierte Rechtsanwendung dar[139]. Dieser Ansatz vermag auch de lege ferenda nicht zu überzeugen, drängt er doch durch die Aufgabe des Täuschungselements die Herkunftsfunktion im Markenrecht bis zur völligen Unkenntlichkeit zurück. Eine derart radikale Veränderung der Konzeption der Markenrechtsordnung in der Tendenz eines allgemeinen Unlauterkeitsrechts war mit der gemeinschaftsrechtlichen Markenrechtsharmonisierung nicht beabsichtigt[140]; auch innerhalb der neuen Definition der Markenfunktionen stellt die Herkunftsidentifikation eine der Hauptfunktionen der Marke dar[141]. Dieser Ausrichtung sollte gebührend Rechnung getragen werden; die Verwechslungsgefahr muss als Ausdruck der Herkunftsfunktion spezifische Voraussetzung des Markenschutzes bleiben, die unter anderem auch durch das Kriterium der wettbewerblichen Leistung beeinflusst werden kann.

Unter der Herrschaft einer alle rechtlich geschützten Markenfunktionen abschließend beschreibenden Herkunftsfunktion nach dem WZG konnten nicht alle Erscheinungen einer modernen Markenführungspraxis mit warenzeichenrechtlichen Instrumentarien gelöst werden. Der Schutz des hinter einer Marke stehenden ökonomischen Wertes vor unlauterer Beeinträchtigung wurde aus dieser Unzulänglichkeit des WZG heraus in das UWG verlagert und eine entsprechende Kasuistik unter der allgemeinen Fallgruppe der Ausbeutung und Übernahme fremder Leistungen entwickelt[142].
Das MarkenG stellt nunmehr in § 14 Abs. 2 Nr. 2 MarkenG ein Instrumentarium zur Verfügung, welches die Behandlung der vorgenannten markenrechtlichen Konstellationen wieder innerhalb des MarkenG zulässt. Die markenfunktionale Bestimmung der Verwechslungsgefahr bedeutet so gesehen nicht die Einführung

[139] Sack schlägt eine extensive Auslegung der Verwechslungsgefahr vor und will den Tatbestand über die begrifflichen Grenzen, die das Täuschungselement setzt, hinaus erweitern. Letztlich sei die gedankliche Verbindung der Oberbegriff, der eine Verwechslungsgefahr einschließe, Sack, WRP 1998, 1127, 1140.
[140] Siehe oben 5. Kapitel, II, 3, b, aa zu den Markenfunktionen und die damit verbundene Neukonzeption des MarkenG.
[141] EuGH Mitt. 1998, 427, 428- Canon.
[142] Siehe zur Kasuistik Baumbach/Hefermehl, Komm. zum UWG, § 1 UWG Rz. 483- 489.

fremder, nicht markenrechtlicher Kriterien in das MarkenG; im Gegenteil werden im Rahmen dieser Entwicklung zeichenrechtliche Probleme wieder dorthin zurückverlagert, wo systematisch ihr Ursprung liegt, nämlich im Markenrecht[143]. Die kennzeichenrechtliche Qualifikation vereitelt keineswegs die Berücksichtigung wettbewerblicher Interessen und Entwicklungen, denn das Kennzeichenrecht ist als ein Teil des Wettbewerbsrechts im weiten Sinne einzuordnen.

Der markenfunktionale Ansatz bei der Bestimmung des Schutzumfangs von Markenrechten hat schließlich den Vorteil, die ökonomische Realität in der Markenführungspraxis in einem umfassenden Ansatz rechtlich zu bewerten und die infolge einer eindimensional geprägten Funktionenbestimmung unter den WZG bedingte Aufspaltung des Markenrechts in WZG und UWG aufzulösen und im MarkenG zusammenzuführen. Die enormen Wertschöpfungen in der Markenartikelindustrie und der daraus resultierende wirtschaftliche Wert der Marken sind eine ökonomische Realität, die von der Markenrechtsordnung nicht ignoriert werden kann.
Vor dem Hintergrund dieser Entwicklung, den ökonomischen Wert von abstrakten Farbmarken nicht oder nicht ausreichend zu schützen, bedeutete in praxi die Verwendung dieser Markenform wesentlich zu erschweren; der Markeninhaber wird die besonders hohen Investitionskosten im Marketing bei Etablierung einer konturlosen Farbmarke nur in Kauf nehmen, wenn der aus diesen Bemühungen resultierende Wert des Zeichens umfassend durch das MarkenG geschützt wird[144].

V. Bekanntheitsschutz von konturlosen Farbmarken nach § 14 Abs. 2 Nr. 3 MarkenG

1. Gemeinschaftsrechtlicher Regelungszusammenhang

Die Gestaltung des Schutzes bekannter Marken im Rahmen der europäischen Markenrechtsharmonisierung ist insbesondere vor dem Hintergrund der einschlägigen Regelungen in den internationalen Markenschutzabkommen zu sehen. Die PVÜ schreibt in Art. 6 bis für sog. notorisch bekannte Marken innerhalb der Verbandsländer einen von Amts wegen durchzusetzenden erweiterten Schutz vor, wenn ein Drittzeichen verwechslungsfähig ist. In diesen Fällen ist zum Schutz der notorisch bekannten Marke die Eintragung des Drittzeichens

[143] Unverständlich ist daher, dass diese Neukonzeption auf Vorbehalte eines immer noch an den früheren „Notlösungen" festhaltenden Schrifttums stößt und die Integration des erweiterten Schutzes in das MarkenG wegen seiner wettbewerbsrechtlichen Bezüge als systemwidrig bemängelt wird (siehe nur v.. Gamm, WRP 1993, 793; Kraft, GRUR 1991, 342).
[144] Siehe hierzu auch oben 2. Kapitel, II zur ökonomischen Analyse der abstrakten Farbmarken.

zurückzuweisen oder der Gebrauch der Marke zu untersagen. In Art. 16 Abs. 3 TRIPS werden unter Hinweis auf Art. 6 bis PVÜ „well known marks“ über den Ähnlichkeitsbereich hinaus vor Schäden geschützt, die ihnen durch verletzende Drittzeichen zugefügt werden können.

Der deutsche Gesetzgeber hat die Fassung der MarkenRL in Art. 5 Abs. 2 wortgleich in § 14 Abs. 2 Nr. 3 MarkenG übernommen. Als gemeinschaftsrechtliche Vorgabe für die nationalen Gesetzgeber weicht Art. 5 Abs. 2 MarkenRL von den bisher im Rahmen der Untersuchung behandelten Bestimmungen ab, da es sich um keine zwingende Vorgabe handelt, sondern um eine Option, deren Übernahme in die nationalen Regelwerke freigestellt ist. Für diejenigen Mitglieder der Gemeinschaft, die den bekannten Marken einen weitergehenden Schutz angedeihen lassen möchten, gibt Art. 5 Abs. 2 MarkenRL einen Optionsrahmen vor, der die Obergrenze für den Schutz dieser exponierten Zeichen vorgibt. Der deutsche Gesetzgeber ist dementsprechend nicht völlig frei in der Gestaltung des Schutzes von bekannten Marken, sondern muss die Umsetzung richtlinienkonform im Hinblick auf Art. 5 Abs. 2 MarkenRL gestalten.
In den Erwägungsgründen zur MarkenRL[145] wird die Möglichkeit der Mitgliedstaaten, bekannten Marken einen weitergehenden Schutz zu gewähren, ausdrücklich erwähnt, sollte aber keinen über Art. 5 Abs. 2 MarkenRL hinausgehenden Freiraum schaffen, sondern ist als Bezugnahme auf den Optionsrahmen zu verstehen. Anderenfalls könnte die Harmonisierung des Schutzumfanges „normaler“ eingetragener Marken, beispielsweise durch eine übermäßig extensive Auslegung des Bekanntheitsbegriffs durch einen Mitgliedstaat, unterlaufen werden. Schließlich wäre die Vorgabe eines Optionsrahmens überflüssig, wenn der europäische Gesetzgeber die Absicht gehabt hätte, den Mitgliedstaaten hier völlig freie Hand zu lassen[146]. Diese Sichtweise findet sich auch in der amtlichen Begründung zum Regierungsentwurf des Markenrechtsreformgesetzes wieder[147], wenn dort ausgeführt wird, dass über die neuen Rechtsbe- griffe des § 14 Abs. 2 Nr. 3 MarkenG nur der EuGH letztverbindlich im Rahmen der Auslegung der MarkenRL entscheiden könne.
Schließlich wird die Praxis zu der gleichlautenden Vorschrift in Art. 9 Abs. 1 lit c GMarkenV auch Einfluss auf die Auslegung des § 14 Abs. 2 Nr. 3 MarkenG haben.

[145] Abgedruckt in GRUR Int. 1989, 294.
[146] Sack ist dagegen der Auffassung, der nationale Gesetzgeber sei gänzlich frei in der Bestimmung des Schutzumfanges von bekannten Marken, Sack, GRUR 1995, 81, 82. Als Begründung führt er den allgemeinen Hinweis in den Erwägungsgründen an, kann aber nicht den Widerspruch auflösen, warum nach seiner Sichtweise dann noch der Optionsrahmen in Art. 5 Abs. 2 MarkenRL geschaffen wurde.
[147] Siehe amtliche Begründung, aaO. S. 72.

2. Wettbewerblicher Leistungsschutz

Der erweiterte Schutz bekannter Marken verwirklicht die zweite Säule wettbewerblichen Leistungsschutzes im Markenrecht neben der Berücksichtigung von Unlauterkeitskriterien im Rahmen der Verwechslungsgefahr nach § 14 Abs. 2 Nr. 2 MarkenG. Die besondere Relevanz des Schutzes der wettbewerblichen Leistung gerade bei der Einführung und Pflege von konturlosen Farbmarken wurde bereits im Rahmen des Markenschutzes im Ähnlichkeitsbereich angesprochen[148].

Die Regelung in § 14 Abs. 2 Nr. 3 MarkenG stellt ein Novum dar, genoss doch eine Marke nach traditioneller Auffassung keinen wettbewerbsrechtlichen Schutz, und dies schon gar nicht außerhalb des Ähnlichkeitsbereichs. Mangels gesetzlicher Regelung im WZG hat die frühere Rechtsprechung versucht, die sich daraus ergebenden Unbilligkeiten über das UWG und das BGB zu beheben. Berühmten Marken mit weit überragender Verkehrsgeltung gewährte die Rechtsprechung jenseits des zeichenrechtlichen Schutzes einen ergänzenden Leistungsschutz vor Verwässerung nur in Ausnahmefällen bei einem fast einhelligen Bekanntheitsgrad (mindestens 80 %)[149].

Unterhalb dieser Schwelle gewährte die Rechtsprechung erst ab Mitte der achtziger Jahre bekannten Marken einen wettbewerbsrechtlichen Schutz gegen Rufausbeutung und -beeinträchtigung, wobei in diesem Zusammenhang - je nach den weiteren Umständen - ein Bekanntheitsgrad von gut 30 % ausreichte[150].

Diese Rechtsprechung ist als Notlösung geprägt von der eindimensionalen Schutzrichtung des früheren WZG und kann nur noch bedingt zur Auslegung des § 14 Abs. 2 Nr. 3 MarkenG herangezogen werden. Sie macht nur im Hinblick auf das eingeschränkte zeichenrechtliche Instrumentarium unter dem WZG Sinn und sollte nicht den Blick auf die Entwicklung eines einheitlichen wettbewerblichen Leistungsschutzes von bekannten Marken verstellen.

3. Kriterien der Bekanntheit einer Marke

§14 Abs. 2 Nr. 3 MarkenG gewährt einem Markenrecht nur dann einen erweiterten wettbewerbsrechtlichen Leistungsschutz außerhalb des Ähnlichkeitsbe-

---

148 Zur besonderen Relevanz des wettbewerblichen Leistungsschutzes bei abstrakten Farbmarken siehe oben 5. Kapitel, IV, 3, c, d.

149 Anspruchsgrundlage war neben § 12 BGB für Unternehmensnamen zunächst im Wesentlichen § 1 UWG, bis der BGH in GRUR 1959, 182, 186- Quick auf den Auffangtatbestand des Eingriffs in den eingerichteten und ausgeübten Gewerbebetrieb gemäß §§ 823 Abs. 1, 1004 BGB umschwenkte; historisch grundlegend LG Elberfeld GRUR 1924, 204- Odol; siehe auch BGH GRUR 1987, 711, 712- Camel Tours; BGH GRUR 1990, 37, 39- Quelle.

150 Anspruchsgrundlage war hier § 1 UWG; grundlegend BGH GRUR 1985, 550, 552f.- Dimple.

reichs, wenn das betreffende Zeichen eine Sonderstellung einnimmt, die ein höheres Schutzniveau gegenüber den anderen Kennzeichenrechten rechtfertigt. Als Abgrenzungskriterium zwischen dem reinen Verwechslungsschutz und dem Schutz vor unlauterer Aushöhlung des Wertes einer Marke hat das MarkenG den Begriff der Bekanntheit eingeführt, ohne ihn näher zu definieren. Angesichts der zurückhaltenden Formulierung im MarkenG entbrannte in der Literatur eine Kontroverse, ob an die Bekanntheit der Marke lediglich quantitative oder auch qualitative Anforderungen zu stellen seien[151].

Der EuGH hat sich in der Entscheidung „Chevy"[152]erstmals zur Auslegung des Bekanntheitsbegriffs im Rahmen des Art. 5 Abs. 2 MarkenRL geäußert. Danach könne auf das Erfordernis einer gewissen Bekanntheitsschwelle nicht verzichtet werden. Nach Systematik und Zweck des Art. 5 Abs. 2 MarkenRL sei eine Beeinträchtigung der Wertschätzung eines Zeichens im Bereich außerhalb des Ähnlichkeitsbereichs nur dann zu bejahen, wenn das Publikum aufgrund eines gesteigerten Bekanntheitsgrades eine Verbindung zwischen den Marken herstellen könne. Der Schutz nach Art. 5 Abs. 2 MarkenRL setze voraus, dass die betreffende Marke einem bedeutenden Teil des Publikums bekannt ist, wobei der Gerichtshof einem rein numerischen Ansatz eine Absage erteilt. Der erforderliche Bekanntheitsgrad lasse sich nicht ausschließlich an einer bestimmten Prozentzahl festlegen. Vielmehr habe das nationale Gericht alle relevanten Fallumstände zu berücksichtigen, insbesondere den Marktanteil der Marke, die Intensität, die geographische Ausdehnung und die Dauer der Benutzung sowie den Umfang der Investitionen, die das Unternehmen zur Förderung der Marke getätigt hat.

Im Hinblick auf die empirische Verkehrsbekanntheit wird man, ohne allgemeingültige und verbindliche Prozentsätze festlegen zu wollen, in Anlehnung an die Rechtsprechung von einem erforderlichen Mindestgrad der Bekanntheit von 40 % ausgehen können. Bei aller Unbestimmtheit der Verkehrsbekanntheit als dynamische, in Wechselwirkung zu anderen Faktoren stehende Größe, wird als Erfahrungssatz die Faustregel gelten können, dass jedenfalls eine Verkehrsbekanntheit von 50 % die kennzeichenrechtliche Markenbekanntheit, unbeschadet der qualitativen Elemente, indiziert[153].

---

151 Zur Diskussion, welche mittlerweile durch die Chevy-Entscheidung des EuGH (GRUR Int. 2000, 73 f.) entschieden sein dürfte: Meyer, S. 11 f.; Eichmann, GRUR 1998, 201; Schweer, S. 115; Piper, GRUR 1996, 429, 430; Keller, S. 18 f.; Rößler, GRUR 1994, 562; Kunz-Hallstein, GRUR Int. 1990, 747, 756; Boes/Deutsch, GRUR 1996, 170; Kraft, GRUR 1991, 342.

152 EuGH GRUR Int. 2000, 73, 74 f.

153 Vgl. BGHZ 93, 96- Dimple; BGH GRUR 1991, 465- Salomon; BGHZ 113, 115- SL; BGH GRUR 1994, 732- Mc Laren.

4. Ausnutzung oder Beeinträchtigung der Unterscheidungskraft bzw. der Wertschätzung der Marke als Eingriffstatbestand

Bei abstrakten Farbmarken wird es ebenso wie bei den traditionellen Markenformen in Ausnahmefällen bei Markenbekanntheit zur Anwendung der Eingriffstatbestände des § 14 Abs. 2 Nr. 3 MarkenG kommen. Im Folgenden ist zu untersuchen, ob abstrakten Farbzeichen im Rahmen des § 14 Abs. 2 Nr. 3 MarkenG ein zu ausufernder Schutzumfang, mit der Folge einer zu weitgehenden, wettbewerbsverzerrenden Monopolisierung von Farben auch außerhalb des eigentlichen Produktsegments, gewährt wird.

Der Schutzumfang von konturlosen Farben wird schon durch die Systematik der Eingriffstatbestände in § 14 Abs. 2 Nr. 3 MarkenG relativiert. Es handelt sich nicht um einen allgemeinen Tatbestand vergleichbar mit der Variante der gedanklichen Verbindung in § 14 Abs. 2 Nr. 2 MarkenG, sondern vielmehr um vier spezielle Tatbestände mit abgegrenzten Anwendungsbereichen, die jeweils an besondere Voraussetzungen geknüpft sind. Die Kombination aus zwei Schutzobjekten (Unterscheidungskraft und Wertschätzung) und zwei Verletzungswirkungen (Ausnutzung und Beeinträchtigung) ergibt vier Eingriffstatbestände, denen jeweils selbständige Bedeutung zukommt: Rufausbeutung (Ausnutzung der Wertschätzung), Aufmerksamkeitsausbeutung (Ausnutzung der Unterscheidungskraft), Rufschädigung (Beeinträchtigung der Wertschätzung) und Verwässerung als Beeinträchtigung der Unterscheidungskraft[154].

Es reicht nicht jede denkbare, wie auch immer geartete, Assoziation ausgehend von Farben zur Tatbestandserfüllung aus. Es können nur Assoziationen berücksichtigt werden, die gerade durch die Farbgebung selbst ausgelöst werden, und nicht erst durch andere, nur wettbewerbsrechtlich zu erfassende Umstände, wie z.B. besondere Produkteigenschaften oder eine besondere Marktstellung[155] [156].

---

[154] Siehe zur Einteilung der Eingriffstatbestände des § 14 Abs. 2 Nr. 3 MarkenG Ingerl/Rohnke, § 14, Rz. 493.

[155] Eisenführ, Mitt., 1995, 23; siehe auch die Rechtsprechung zu den gedanklichen Assoziationen, BGH GRUR 1996, 200- Innovadiclophlont; BPatG GRUR 1997, 293, 295- Green Point.

[156] Die Verletzung einer abstrakten Farbmarke kann nur dann angenommen werden, wenn strukturelle Gemeinsamkeiten zwischen Drittzeichen und geschütztem Zeichen bestehen. Die Assoziationskette muss in der markentechnisch genutzten Farbe des verletzenden Zeichens motiviert sein und darf sich auf keine nur mittelbar mit der Farbgebung zusammenhängenden Umstände beziehen. Die Verwendung einer geschützten Farbe für Medikamente in Tablettenform durch einen Dritten kann in erster Linie als Erleichterung für die Patienten beim Einsortieren der täglich benötigten Tabletten gedacht sein. Die Anlehnung an eine konturlose Farbmarke in dem gleichen Farbton wäre hier nur eine mittelbare (sich nicht markentechnisch auswirkende) Nebenfolge, die keinen Verletzungstatbestand auszufüllen vermag (vgl. hierzu OLG Hamburg GRUR 1997, 297, 298- WM 1994).

Zudem können jedenfalls nicht diejenigen Assoziationen, die zwar ursächlich von der Farbe ausgelöst werden, aber erst mehrere Gedankenschritte beim Verbraucher erfordern, eine Verletzung der geschützten Farbe bewirken. Eine die wettbewerbliche Leistung des geschützten Farbzeichens ausnützende Verbindung, vermittelt durch das Drittzeichen, muss sich unmittelbar und auf den ersten Blick bei der flüchtigen Betrachtung durch das Publikum aufdrängen.
Wenn eine durch die Farbe des verletzenden Zeichens vermittelte Assoziation diese qualitativen Voraussetzungen erfüllt, muss sie schließlich die Kommunikation zwischen der geschützten Farbmarke und dem Verbraucher in unlauterer Weise stören, dabei reicht nicht jede Störung aus, sondern nur eine Beeinträchtigung der Kommunikationsbotschaften, die sich auf die Wertschätzung oder Unterscheidungskraft der Farbmarke beziehen[157].

Der Schutzumfang, der im Rahmen des § 14 Abs. 2 Nr. 3 MarkenG für konturlose Farbmarken bereitgestellt wird, wird weiterhin dadurch relativiert, dass es sich im Gegensatz zu § 14 Abs. 2 Nr. 2 MarkenG um keinen bloßen Gefährdungstatbestand handelt, es wird ein tatsächliches Vorliegen der Ausnutzung oder der Beeinträchtigung verlangt. Dementsprechend wird der Inhaber eines abstrakten Farbrechts im Verletzungsprozess anhand konkreter Tatsachen darlegen müssen, inwieweit sein Zeichenrecht durch das Drittzeichen im Hinblick auf seine wettbewerbliche Leistung beeinträchtigt wird. Die erheblichen Beweisschwierigkeiten beim konkreten Nachweis einer unlauteren Beeinträchtigung des Farbzeichens (insbesondere bei der Darlegung eines Eingriffs in die Wertschätzung des geschützten Zeichens), im Gegensatz zum sonst üblichen Abstellen auf eine bloße Gefährdung im Rahmen des § 14 Abs. 2 Nr. 2 MarkenG, werden letztlich in der Praxis eine nicht zu unterschätzende Auswirkung im Sinne

---

[157] BPatG GRUR 1997, 293, 295- Green Point/Der Grüne Punkt; BPatG GRUR 1996, 877, 878- Schlüssel-Bild; BPatG GRUR 1996, 417, 419- König Stephan Wein; BPatG GRUR 1996, 417 Ls.- Stephanskreuz.
Wenn der funktionale Schwerpunkt eines abstrakten Farbzeichens nicht in der Festlegung der Herkunftsidentität des Produkts liegt - weil diese etwa durch ein anderes Kennzeichen, wie ein Wort- oder Bildzeichen geleistet wird - , dann wird eine ähnliche Farbgebung eines Drittzeichens nicht verletzend sein, soweit es lediglich zur Herkunftsdifferenzierung der gekennzeichneten Produkte dient und nicht die Wertschätzung der geschützten Marke ausnützt.
Unterschiedliche Kommunikationskanäle sind z.B. auch betroffen, wenn ein Drittzeichen die Farbkombination einer geschützten Farbmarke verwendet, um die einzelnen Farben zur Differenzierung von unterschiedlichen Stärken eines Schleifpapiers einzusetzen. Hier kann jedenfalls nicht die Wertschätzung des geschützten Zeichens tangiert werden, da sich der Inhaber des Drittzeichens nicht an ein geschütztes Markenimage anlehnt, welches u.a. durch die geschützte Farbe vermittelt wird, sondern die Farbe in einer gänzlich anderen Funktion im Rahmen der Produktdifferenzierung nutzt.
Dagegen wird durch die rosa Einfärbung der Financial Times als Markenbotschaft nicht nur die Herkunft der Zeitung transportiert, sondern zusätzlich ein Kommunikationskanal aufgebaut, der den Kunden ausgehend von der originellen rosa Einfärbung der Zeitung emotional im Sinne eines besonderen Images von Bildung, Elite etc. anspricht. Eine rosa Farbgebung in einem Drittzeichen könnte damit theoretisch sowohl hinsichtlich der Herkunftsidentifikation, als auch hinsichtlich der Wertschätzung des geschützten Farbzeichens verletzend wirken.

eines eingeschränkten und damit praktikablen Schutzes von abstrakten Farbmarken als bekannten Zeichen nach § 14 Abs. 2 Nr. 3 MarkenG haben.

VI. Der Schutzumfang von konturlosen Farbmarken unter besonderer Berücksichtigung des erlaubten Drittgebrauchs von Farben nach § 23 Nr. 2 MarkenG

1. Ausgangspunkt

Der Markeninhaber hat grundsätzlich das Recht, einem Dritten zu untersagen, im geschäftlichen Verkehr ein mit der geschützten Marke identisches oder ähnliches Zeichen zu verwenden (§ 14 Abs. 2 MarkenG). Dieses ausschließliche Recht des Zeicheninhabers wird in § 23 MarkenG eingeschränkt, indem die Benutzung von persönlichen Angaben (Namen und Adressen, Nr. 1), von waren- und dienstleistungsbeschreibenden Angaben (Nr. 2) sowie von Bestimmungsangaben (Nr. 3) vom Verbotsrecht freigesellt wird, sofern die Benutzung nicht gegen die guten Sitten verstößt. Für den Schutzbereich von konturlosen Farbmarken ist insbesondere die Freistellung der lauteren Benutzung von Farben als beschreibender Angabe iSv. § 23 Nr. 2 MarkenG von Bedeutung.

Durch § 23 MarkenG wurde für eingetragene Marken die frühere Regelung in § 16 WZG abgelöst, wonach bestimmte sachliche Angaben über die Herkunft, Beschaffenheit oder Bestimmung einer Ware oder Dienstleistung nicht vom Markeninhaber einem Dritten untersagt werden konnten. Der wesentliche Unterschied der neuen Regelung im Vergleich zur Rechtslage nach dem WZG liegt in der Aufgabe des in § 16 WZG festgelegten Erfordernisses des „nicht warenzeichenmäßigen Gebrauchs" zur Tatbestandserfüllung. In dem Verzicht auf die ausdrückliche Beschränkung in § 16 WZG kommt die Absicht des Gesetzgebers zum Ausdruck, den Anwendungsbereich des § 23 MarkenG auch bei kennzeichenmäßiger Verwendung der beschreibenden Angabe zu eröffnen[158].
Die obergerichtliche Rechtsprechung wollte anfangs auch bei § 23 MarkenG die Rechtsprechung zum § 16 WZG fortführen und hat den Tatbestand bei kennzeichenmäßigem Gebrauch der Angabe für unanwendbar gehalten[159]. Mittlerweile wird durch das BPatG[160] und die Obergerichte[161] zutreffend anerkannt, dass der

[158] Amtliche Begründung, aaO., S. 80; ebenso Kur, CR 1996, 592; Fezer, WRP 1996, 973; Nägele, S. 63 f.; a.A. Keller, GRUR 1996, 607, 608 f.
[159] OLG Hamburg GRUR 1996, 982, 983- Für Kinder; OLG Stuttgard WRP 1996 643, 647- Baggerparty.
[160] BPatG GRUR 1996, 284, 285 f.- Fläminger.
[161] OLG Hamburg WRP 1997, 103, 105- Cotto; OLG Hamburg WRP 1997, 106, 108- Gucci.

markenmäßige Gebrauch für die Anwendung des § 23 MarkenG als isolierte Tatbestandsvoraussetzung keine Rolle mehr spielt. Es ist indes die Tendenz erkennbar, auch von diesem Ansatz aus im Ergebnis die zu § 16 WZG entwickelte Rechtsprechung fortzuführen. Das Erfordernis einer nicht kennzeichenmäßigen Benutzung wird bei § 23 MarkenG durch die Hintertür wieder eingeführt, indem im Rahmen der Prüfung einer eventuellen Unlauterkeit der Benutzung der beschreibenden Angabe allein aus dem markenmäßigen Charakter einer Zeichenbenutzung generell ein Sittenverstoß gefolgert wird. Es bleibt zu hoffen, dass der EuGH in dem Vorabentscheidungsverfahren „Sprit Sun“[162] neben der bereits erörterten Parallelproblematik in § 14 Abs. 2 MarkenG auch zu dem Problem der markenmäßigen Benutzung innerhalb des § 23 MarkenG Stellung nehmen wird und die bisherige Rechtsprechung der Obergerichte auf eine andere Grundlage stellt.[163]

Hierauf aufbauend liegt ein weiterer wesentlicher Unterschied der Regelung in § 23 MarkenG zur früheren Rechtslage in der Einführung eines einzelfallbezogenen Unlauterkeitsvorbehalts als Abgrenzungskriterium zwischen freigestellter und verbotener Benutzung einer beschreibenden Angabe, anstatt allein auf eine kennzeichenmäßige Benutzung abzustellen.

§ 23 MarkenG setzt die gemeinschaftsrechtliche Vorgabe der MarkenRL aus Art. 6 Abs. 1 mit einigen, im Ergebnis bedeutungslosen, Formulierungsabweichungen inhaltsgleich um. Für die Gemeinschaftsmarke legt Art. 12 GMarkenV eine, abgesehen von geringfügigen sprachlichen Unterschieden, mit § 23 MarkenG übereinstimmende Beschränkung des Schutzumfanges fest.

2. Normzweck des § 23 MarkenG im Regelungszusammenhang mit den §§ 3, 8 und 14 MarkenG

§ 23 MarkenG beruht auf einer für das gesamte Kennzeichenrecht grundlegenden Interessenabwägung. Das vom MarkenG umfassend geschützte Interesse des Kennzeicheninhabers an einer möglichst weitgehenden Monopolisierung seines Zeichens muss zurücktreten, soweit die Benutzung von Angaben unmöglich würde, auf die andere Wettbewerber zwingend angewiesen sind. Die Norm dient damit sowohl dem Individualinteresse der Konkurrenten des Inhabers einer konturlosen Farbmarke an der Nutzung von beschreibenden Farben, als auch dem Allgemeininteresse an der Freihaltung von Farben, die zur Förderung des

[162] OLG Düsseldorf WRP 2000, 316.
[163] Der BGH hat diese Rechtsfrage bislang mangels Entscheidungserheblichkeit in den zugrundeliegenden Verfahren offengelassen, BGH GRUR 1999, 238, 239- Tour de culture; BGH WRP 1998, 763- Venus multi.

Wettbewerbs gleichberechtigt allen Mitbewerbern zur Verfügung stehen müssen.

§ 23 MarkenG stellt im Hinblick auf abstrakte Farbmarken eine notwendige Ergänzung zur Öffnung des Markenregisters für Angaben und Zeichen dar, die nach früherer Rechtslage nicht oder nur mit nachgewiesener Verkehrsdurchsetzung eingetragen werden konnten. Wenn an beschreibende Angaben (hier Farben) angelehnte oder mit ihnen wesensgleiche Angaben als Marke nach § 4 Nr. 1 MarkenG eingetragen werden, soll die Eintragung einer solchen Marke in aller Regel kein Recht geben, die Benutzung der beschreibenden Angabe selbst zu untersagen[164]. Eine besondere Bedeutung kommt dem flankierenden Schutz des Freihaltebedürfnisses durch § 23 MarkenG bei abstrakten Farbzeichen zu, die unter erkennbarer Bezugnahme auf beschreibende Farben gebildet werden und aufgrund der momentan noch praktizierten restriktiven Eintragungspolitik der Markenstellen des DPMA erheblichen Bedenken bei der Eintragungsfähigkeit nach § 8 Abs. 2 MarkenG ausgesetzt sind.

Von den Gegnern eines abstrakten Farbenschutzes wird angeführt, dieser Markenform sei wegen des bei Farben regelmäßig gegebenen Freihaltebedürfnisses die Eintragung zu versagen, weil anderenfalls ein wettbewerbsschädigender Schutzumfang unter Einschluss des beschreibenden Potenzials von konturlosen Farben entstünde[165].
Es ist nicht von der Hand zu weisen, dass Farben ein beschreibendes Element zu eigen sein kann, weswegen gerade bei abstrakten Farbmarken die Beurteilung und Gewichtung eines eventuell bestehenden Freihaltebedürfnisses von besonderer Bedeutung ist. Die Berufung auf eine u.U. vorliegende beschreibende Funktion von Farben vermag indes kein Totalverbot oder die regelmäßige Eintragungsunfähigkeit wegen Bestehens eines absoluten Schutzhindernisses nach § 8 Abs. 2 MarkenG zu rechtfertigen. Bei sachgerechter Anwendung der Funktionalitätskriterien[166] bei beschreibenden Farben kann schon im Registerverfahren die Vereinbarkeit der Eintragung einer abstrakten Farbe oder Farbkombination mit dem Interesse der Mitbewerber an einer Nutzung einer beschreibenden Farbe berücksichtigt und dementsprechend sichergestellt werden.

Durch § 23 MarkenG wird auch bei einer großzügigeren Eintragungspraxis im Hinblick auf konturlose Farben die für das Markenrecht elementare Forderung nach der im Allgemein- und Individualinteresse stehenden Freihaltung beschreibender Farben sichergestellt. Eine liberalere Eintragungspraxis bei deskriptiv ausgerichteten Farbmarken rechtfertigt sich aus dem systematischen Zusam-

[164] Amtliche Begründung aaO. S. 80.
[165] Siehe oben Kapitel 3, II zum Stand der Diskussion.
[166] Siehe oben Kapitel 4, II, 3.

menhang zwischen den §§ 3, 4 Nr. 1 und 8 MarkenG sowie den §§ 14 und 23 MarkenG.
Mit der Eintragung einer abstrakten Farbmarke sind nicht alle markenrechtlichen Instrumentarien erschöpft und aus der Hand gegeben, um einen eventuell zu weitreichenden Schutzumfang einzugrenzen, denn das Kollisionsrecht bietet ergänzend zum Registerverfahren einen flankierenden Schutz zur Durchsetzung eines Freihaltebedürfnisses an beschreibenden Angaben. Im Rahmen des neu ausgerichteten MarkenG kann der wettbewerbsschädigenden Ausdehnung des markenrechtlichen Schutzes gegenüber freizuhaltenden Farben neben der Möglichkeit der Eintragungsversagung auch im Verletzungsstreit vor den ordentlichen Gerichten für Kennzeichenstreitsachen begegnet werden. Im Rahmen des Verletzungsrechts kann dies neben der sachgerechten Handhabung des Erfordernisses der Verwechslungsgefahr vor allem durch die Bestimmung des § 23 MarkenG erfolgen, die es dem Markeninhaber verwehrt, mit Hilfe des Markenschutzes gegen die beschreibende Verwendung von geschützten Angaben, hier abstrakten Farben, einzuschreiten[167].

Der Anwendungsbereich des § 23 MarkenG wird sich gegenüber der früheren Regelung in § 16 WZG wesentlich vergrößern, da diese Norm nunmehr neben § 8 Abs. 2 Nr. 2 MarkenG und § 14 Abs. 2 Nr. 2 MarkenG die dritte Säule der Bestimmungen zur Wahrung des Freihaltebedürfnisses an beschreibenden Angaben im MarkenG darstellt. Durch die Aufgabe des Erfordernisses einer markenmäßigen Benutzung innerhalb des § 14 MarkenG umfasst der Schutzbereich einer konturlosen Farbmarke im Sinne eines Auffangtatbestandes praktisch alle Arten der Verwendung von Farben durch Dritte. Dieser zu weitreichende Schutzumfang wird u.a. durch § 23 MarkenG als Schrankenbestimmung begrenzt. Innerhalb dieser Norm - und nicht allein im Rahmen des § 14 MarkenG - ist für das Kollisionsrecht abzugrenzen, ob die Benutzung einer konturlosen Farbe durch einen Dritten freizuhalten ist, weil sie beschreibend erfolgt, oder ob die Benutzung im Einzelfall generell geeignet ist, die geschützte abstrakte Farbmarke im Sinne von § 14 Abs. 2 MarkenG zu verletzen.
Zwar stellt § 23 Nr. 2 MarkenG keinen Freibrief zur Eintragung von nach § 8 Abs. 2 Nr. 2 MarkenG eintragungsunfähigen Zeichen in das Markenregister dar, doch ist durch die Möglichkeit einer flexiblen Freistellung des beschreibenden Gebrauchs von Farben der Weg zu einer großzügigeren Eintragungspraxis bei abstrakten Farbenmarken der Weg geebnet.

Das Eintragungsverfahren (§§ 3, 4, 8 MarkenG) und das Kollisionsverfahren (§§ 14, 23 MarkenG) müssen sich zu Bestandteilen eines zusammenhängenden und aufeinander abgestimmten integrierenden Gesamtsystems zur Gewährleistung eines funktionsfähigen Markenwesens weiterentwickeln.

[167] Vgl. BGH GRUR 1999, 238, 240- Tour de culture.

Das rigide Instrument der Eintragungsversagung aufgrund des Bestehens von absoluten Schutzhindernissen darf nicht isoliert betrachtet werden, sondern muss im Kontext mit dem ergänzenden Flankenschutz des Freihaltebedürfnisses in den §§ 14 und 23 MarkenG gesehen werden. Innerhalb dieses Instrumentariums sollte die Eintragungsversagung als die einschneidendste und am tiefsten in die Rechte des Markenanmelders eingreifende Maßnahme im Verhältnis zur bisherigen Praxis des DPMA zurückgedrängt werden und auf eindeutige und unzweifelhafte Fälle beschränkt bleiben, in denen die Funktionalität der Farbe wesensprägend für das Kennzeichen ist und ein generelles Problem darstellt. Alle übrigen Konstellationen der Anlehnung abstrakter Farbmarken an deskriptive Farben lassen sich sachgerechter im Kollisionsrecht über § 23 Nr. 2 MarkenG lösen, zumal in diesen Fällen die Nutzung der Farbe nicht schlechthin für Dritte erforderlich, sondern nur in bestimmten Ausnahmefällen geboten ist[168]. Diese Einzelfallentscheidung zu treffen ist das Zivilgericht im Rahmen des Verletzungsprozesses eher berufen als das DPMA, welches nur eine generelle Betrachtung vornehmen kann. Die Zivilgerichte haben die konkrete Verletzungssituation im Einzelfall vor Augen und können sach- und praxisnäher entscheiden[169].

Die Beurteilung, ob eine Markenverletzung oder eine potenzielle Gefährdung eines Markenrechts besteht, sollte nicht mehr in erster Linie in der Prüfungskompetenz des Markenamtes liegen, sondern zunehmend dem jeweiligen Inhaber der abstrakten Farbmarke überlassen werden, der am besten beurteilen kann, ob seine Zeichenrechte durch ein Drittzeichen verletzt werden. Die Kontrolle der Reichweite der einzelnen Markenrechte muss in stärkerem Maße dem privaten Wettbewerber überantwortet werden: Ist er der Auffassung, seine Kennzeichenrechte seien durch ein Drittzeichen beeinträchtigt, (nur) dann können (und müssen) die Kammern für Kennzeichenstreitsachen bei den Zivilgerichten ihre Kontrollfunktion übernehmen.

---

[168] Ein abstraktes Farbzeichen im Lebensmittelbereich, welches im Rahmen einer geschützten Farbkombination auch einen weißen Farbton enthält, dürfte nicht generell die Eintragung versagt werden, weil Weiß für einzelne Lebensmittel eine funktionale Farbgebung ist. Man kann nicht behaupten, dass bei allen Lebensmitteln zwingend auf Weiß zur Gestaltung des Markenauftritts zurückgegriffen werden müsste. Vielmehr ist diese Farbgebung nur für bestimmte Waren, wie z.B. Milchprodukte, als beschreibende Angabe unabdingbar. Derartige Einzelerscheinungen des Freihaltebedürfnisses können sachgerechter und einzelfallbezogener über das Kollisionsrecht durch die Zivilgerichte gelöst werden.

[169] Siehe auch Verkade zur Rechtslage in den Benelux-Ländern, GRUR Int. 2000, 304, 306:
Von 1971 bis 1996 gab es in den Benelux-Staaten weder eine Amtsprüfung noch ein Widerspruchsverfahren beim Benelux-Markenamt. In Belgien und Luxemburg kannte man desgleichen auch vor 1971 nicht. Eine amtliche Prüfung gab es nur hinsichtlich der Formalitäten, wie er Bearbeitung des Anmeldeformulars und der Zahlung der Gebühren. Im Übrigen wurde die Kontrolle der Eintragungsfähigkeit den Zivilkammern der Landgerichte auf Initiative des privaten Gegners (Wettbewerbers) überlassen.

Dabei kann das gesamte Spektrum der beschreibenden Benutzung von Farben berücksichtigt werden; der Tatbestand des § 23 MarkenG hat abweichend zur Rechtslage unter dem WZG eine bedeutsame Erweiterung erfahren, indem nunmehr nicht mehr nur die Fälle der nicht markenmäßigen beschreibenden Verwendung von Farben freigestellt werden können, sondern auch die praktisch relevanteren Fälle einer markenmäßigen Benutzung von geschützten Farben.

3. Der Gebrauch von abstrakten Farbmarken als beschreibende Angabe

Der Begriff „Angabe über Merkmale oder Eigenschaften von Waren oder Dienstleistungen" in § 23 Abs. 2 Nr. 2 MarkenG stimmt mit dem der beschreibenden Angabe in § 8 Abs. 2 Nr. 2 MarkenG weitestgehend überein.
Mit geringen Abweichungen[170] sind hier die gleichen Kriterien wie bei der Bestimmung des beschreibenden Charakters von Marken im Rahmen des § 8 Abs. 2 Nr. 2 MarkenG anzuwenden.
Die Benutzung der abstrakten Farbmarke ist immer dann gestattet, wenn die geschützte Farbe in einer beschreibenden Funktion verwendet wird. Die Einordnung dieser Funktion erfolgt nach der objektiven Art des Verwendung des Drittzeichens, wobei zusätzlich die Verkehrsauffassung zur Beurteilung der Art und Weise der Zeichenbenutzung herangezogen werden kann[171].
Letztlich wird darauf abzustellen sein, wie das angesprochene Publikum die Gestaltung des Drittzeichens in der konkreten Form auffasst, d.h., ob die Farbe Ausdruck eines beschreibenden Gebrauchs ist oder ob die Produktdifferenzierung, unterstützt durch die Farbgebung, im Vordergrund steht[172] [173].

---

[170] Ein nur zukünftiges Freihaltebedürfnis spielt bei § 23 MarkenG keine Rolle; dagegen wird ein nachträglich entstandenes Freihaltebedürfnis, vgl. § 8 Abs. 2 Nr. 3 MarkenG, vom Tatbestand erfasst.
[171] Zum Begriff der beschreibenden Angabe siehe allgemein Ingerl/Rohnke, § 23, Rz. 39 ff.
[172] Vgl. OLG Hamburg WRP 1997, 103, 104- Cotto; BPatG GRUR 1996, 284, 286-Fläminger.
[173] Bei der Verwendung von Rot in einem Drittzeichen für Feuerlöscher steht der beschreibende Charakter der Farbe als Signalton eindeutig im Vordergrund vor einer Verwendung zur Produktdifferenzierung. Das Publikum wird hier nicht den Eindruck gewinnen, dass die Farbe auf ein Herstellerunternehmen hinweisen soll, womit eine Anlehnung an das ebenfalls in Rot gehaltene Kennzeichen der Marktführers „Total" ausgeschlossen ist.
Schwieriger zu beurteilen wäre die Verwendung von Gelb bei einem Drittzeichen im Marktsegment der Energieversorger und -handelsunternehmen. Die beschreibende Funktion der Farbgebung ist hier nicht so stark ausgeprägt, wie im vorangegangenen Beispiel; die Farbe Gelb als Synonym für Licht und Wärme könnte deswegen vom Publikum nicht zuvorderst als Beschreibung dieser Assoziationen, sondern auch als Herkunftshinweis verstanden werden, der sich an die Hausfarbe (Gelb) des Handelsunternehmens „Yello Strom" anlehnt.

4. Redlicher Geschäftsverkehr

Das entscheidende Kriterium zur Abgrenzung des deskriptiven Gebrauchs einer Farbe in einem Drittzeichen und der Verwendung der Farbe zur Produktdifferenzierung ist nach dem MarkenG nicht mehr wie unter § 16 WZG im warenzeichenmäßigen Gebrauch zu sehen, sondern im Vorbehalt der Sittenwidrigkeit bei § 23 MarkenG. Danach kann die beschreibende Verwendung einer geschützten abstrakten Farbe durch ein Drittzeichen nicht vom Verbotsrecht des Markeninhabers nach § 14 Abs. 2 MarkenG freigestellt werden, wenn sich die Adaption der Farbgestaltung als unlautere Handlung gegenüber dem Inhaber einer abstrakten Farbmarke erweist.
Der Unlauterkeitsvorbehalt in § 23 MarkenG („sofern die Benutzung nicht gegen die guten Sitten verstößt“) ist die nationale Umsetzung der gemeinschaftsrechtlichen Vorgabe in Art. 6 Abs. 1 MarkenRL, die sich insoweit auf die „anständigen Gepflogenheiten im Gewerbe oder Handel“ bezieht. Der Vorbehalt des redlichen Geschäftsverkehrs kann dabei nicht mit dem Tatbestand des lauteren Wettbewerbs nach § 1 UWG gleichgesetzt werden, der nur bei einem Wettbewerbsverhältnis anwendbar wäre; bei richtlinienkonformer Auslegung erweist sich das UWG im gemeinschaftsrechtlichen Rahmen der fortgeltenden Verbote des jeweiligen nationalen Wettbewerbsrechts nur als ein Teilbereich der hier zu beachtenden Unlauterkeitsschranken[174].
Dieser insoweit über § 1 UWG hinausgehende Unlauterkeitsvorbehalt darf indes nicht zu einer Relativierung der Grundentscheidung zugunsten des freien Gebrauchs beschreibender Farben führen. Der Unlauterkeitsvorbehalt ist als eng auszulegende „Schranken-Schranke“ zum Ausschluss von im Einzelfall missbräuchlichen Erscheinungsformen des Gebrauchs deskriptiver Farben zu verstehen. Dementsprechend hat der deutsche Gesetzgeber die Unlauterkeit auch als rechtshindernde Ausnahme („....sofern....nicht....“) formuliert und damit dem Kennzeicheninhaber die Darlegungs- und Beweislast für die Unlauterkeit iSd. § 23 MarkenG übertragen[175].

Ein Verstoß gegen die guten Sitten bei der beschreibenden Verwendung einer geschützten Farbe durch ein Drittzeichen kann sich nicht nur - wie unter Geltung des WZG - bei einer zeichenmäßigen Verwendung der Farbe ergeben, vielmehr ist die Unlauterkeit anhand einer umfassenden Güter- und Interessenabwägung zu beurteilen, die eine Gesamtwürdigung aller Umstände des Einzelfalles bein-

---

[174] Fezer, WRP 1996, 973, 976.

[175] Der Dritte ist für die Voraussetzungen des § 23 MarkenG darlegungspflichtig, da es sich um eine Ausnahme zum Markenschutz handelt, während der Kennzeicheninhaber die Unlauterkeit des Dritten darlegen muss. Dem steht nicht Art. 6 Abs. 1 MarkenRL entgegen, der die Lauterkeit als zusätzliches Tatbestandsmerkmal formuliert, denn die MarkenRL überlässt die Ausgestaltung der Beweisregelungen dem nationalen Recht (siehe Erwägungsgründe zur MarkenRL).

haltet[176]. Bei einer beschreibenden Verwendung von Farben kommen als maßgebende Parameter die Bekanntheit und die daraus folgende Werbekraft der geschützten Farbmarke in Betracht[177]. Eine Unlauterkeit der Nutzung der Farbe durch das verletzende Drittzeichen wird je eher anzunehmen sein, desto größer die Originalität der Farbgebung im Verhältnis zum Produkt bei dem geschützten abstrakten Farbzeichen ist[178]. Nicht allein Individualinteressen können die Frage nach der Unlauterkeit beeinflussen, sondern auch die Stärke des Allgemeininteresses an der Freihaltung einer beschreibenden Farbgebung[179]. Weiterhin wird die konkrete Nutzung der geschützten Farbe im Drittzeichen zu berücksichtigen sein: Bei einer Verwendung der Farbe in Alleinstellung wird eher eine Anlehnung an die geschützte Farbmarke als Herkunftshinweis anzunehmen sein, als bei der Nutzung der Farbe als Teil eines Gesamtzeichens, es sei denn, die Farbgebung ist dessen allein prägendes Element[180].

Letztlich kann im Rahmen der Unlauterkeit auch nicht unberücksichtigt bleiben, in welchem Maße die beschreibende Verwendung der geschützten Farbe für den Dritten vonnöten ist. Kann nämlich der Dritte ohne größere Nachteile unproblematisch auf eine andere, ebenfalls die beschreibende Funktion erfüllende, Farbgebung ausweichen, dann wird der Vorwurf des Verstoßes gegen die guten Sitten eher zu vertreten sein, als in einer Situation, in der der Dritte unausweichlich auf den geschützten Farbton angewiesen ist[181].

---

[176] Vgl. Fezer, WRP 1996, 973, 976.

[177] So hat z.B. die abstrakte Farbmarke Lila für Schokoladenprodukte (Kraft/Jacobs/Suchard) aufgrund intensiver Marketinganstrengungen eine große Verkehrsbekanntheit und dementsprechend eine starke Werbekraft. In derartigen Fallkonstellationen erscheint es gerechtfertigt, einen weitreichenden Schutz auch vor einer u.U. nur dekorativen und beschreibenden Farbgestaltung bei Drittzeichen zu gewähren, um eine Rufausbeutung der geschützten Marke zu verhindern. In diesem Bereich muss die deskriptive Funktion der Farbe sehr hoch sein, um eine Freistellung vom Verbotsrecht des Markeninhabers zu rechtfertigen.

[178] Die rosa Einfärbung der Financial Times ist für diese Warengruppe Wirtschaftszeitungen besonders verfremdend bzw. ungewöhnlich und weist deshalb eine besondere Originalität auf, die einen überdurchschnittlich weitgehenden Markenschutz auch gegenüber der beschreibenden Verwendung der geschützten Farbe in einem Drittzeichen rechtfertigt.

Im Gegensatz dazu weist ein grüner Farbton im Rahmen der Kennzeichnung von landwirtschaftlichen Arbeitsgeräten nur eine geringe Eigentümlichkeit auf und wird in höherem Maße der beschreibenden Verwendung dieses Farbtons durch Drittzeichen ausgesetzt sein.

[179] So besteht beispielsweise ein vitales Allgemeininteresse daran, die beschreibende Nutzung von Rot (für Gefahrenbereiche) und Blau (für Gebotsbereiche) im öffentlichen und privaten Straßenverkehr freizuhalten.

[180] Im Rahmen eines Gesamtzeichens wird zumeist der Wort- oder Bildbestandteil zur Produktdifferenzierung eingesetzt werden und die Farbgebung als dekoratives Element vom Verbotsrecht des Inhabers der geschützten Farbmarke freigestellt sein.

[181] Die Hersteller von Fiberglasmatten als Dämmmaterial für den Hausbau sind nicht zwingend darauf angewiesen, ihre Produkte in einem rosa Farbton einzufärben, der für einen Herstellungsbetrieb als abstrakte Farbmarke geschützt ist. Da diese Farbgebung für Dämmstoffe keinen funktionalen Charakter aufweist, können die Konkurrenten ohne nennenswerten Aufwand auf andere Farbgebungen zur Kennzeichnung oder Beschreibung ihrer Produkte ausweichen; siehe In re Owen-Corning Fiberglas Corp. 774 F 2 d 1116, 227 USPQ 417 (Fed.Cir. 1985), GRUR Int. 1987,116- Rosa.

Ausgangspunkt für einen Unlauterkeitsvorwurf wird immer die von einer beschreibenden Funktion losgelöste willkürliche Anlehnung oder Annäherung des Drittzeichens an die abstrakte Farbmarke in Farbdesign, Farbton oder in der Farbzusammenstellung sein. Die beschreibende Verwendung eines Drittzeichens tritt dann hinter der produktdifferenzierenden Funktion zurück, wenn beim Publikum der Eindruck überwiegt, dass mit der Farbgebung eine Produktunterscheidung, z.B. als Hinweis auf den Herstellerbetrieb, vorgenommen werden soll. In einer derartigen Anlehnung kann eine unlautere Ausnutzung der Werbekraft der geschützten abstrakten Farbmarke gesehen werden; der Inhaber des Drittzeichens beutet den wirtschaftlichen Wert der Marke ohne eine in der beschreibenden Funktion liegenden sachlichen Rechtfertigung aus[182].

Die farbliche Anlehnung des Drittzeichens kann auch die Tendenz aufweisen, die Werbekraft zu beeinträchtigen oder zu behindern, indem ein exklusiv zugeteilter Farbton benutzt wird, um die gedankliche Verbindung von der Farbe zum Markeninhaber zu verwässern und damit zur sog. Verkehrsverwirrung beizutragen[183]. Letztlich wird aber gerade im Hinblick auf die Verwässerungsgefahr zu berücksichtigen sein, dass die Verwendung einer beschreibenden Farbe in einem Drittzeichen zwangsläufig zur Verwässerung des geschützten konturlosen Farbzeichens beiträgt, so dass in diesen Fällen daher zusätzlich noch ein besonderer Unlauterkeitsvorwurf hinzukommen muss.

VII. Rechtserhaltende Benutzung von konturlosen Farbmarken, § 26 MarkenG als Schranke des Schutzumfanges

1. Ausgangspunkt

Das WZG enthielt eine sehr lückenhafte Regelung des Benutzungszwangs in den §§ 5 Abs. 7 bzw. 11 Abs. 1 Nr. 4, Abs. 5, Abs. 6 WZG und musste durch eine sehr umfangreiche, bisweilen kasuistische Rechtsprechung ergänzt werden[184]. Das MarkenG regelt diese Materie nunmehr erschöpfend, sowohl die obligatorischen Bestimmungen der Art. 10, 11 Abs. 1, Abs. 4, 12 Abs. 1 MarkenRL, wie auch die fakultativen Vorschriften des Art. 11 Abs. 2, Abs. 3 MarkenRL wurden übernommen. Die Rechtsfolgen des Benutzungszwangs sind bei den jeweils betroffenen Ansprüchen bzw. Verfahren geregelt. § 26 MarkenG weist als Grundtatbestand für alle einschlägigen Vorschriften des Gesetzes eine

---

[182] Vgl. OLG Celle WRP 1993, 245- Flippothek; OLG Stuttgart WRP 1996, 634- Baggerparty.

[183] Vgl. OLG Hamburg WRP 1996, 215- Kinder Schoko Bons; OLG München WRP 1996, 1052- Big Pack; OLG Hamburg WRP 1997, 103- Cotto.

[184] Siehe hierzu Baumbach/Hefermehl, § 5 WZG, Rz. 35 f.

einheitliche Definition des Begriffs der Benutzung auf und entspricht damit Art. 10 Abs. 1 MarkenRL. § 25 MarkenG regelt den Ausschluss von Ansprüchen nach den §§ 14, 18 und 19 MarkenG bei mangelnder Benutzung (vgl. Art. 11 Abs. 3, 4 MarkenRL), in § 43 Abs. 1 MarkenG ist der Benutzungszwang im Zusammenhang mit dem Widerspruchsverfahren geregelt (vgl. Art. 11 Abs. 2, 4 MarkenRL). § 49 Abs. 1 MarkenG regelt den Verfall des Markenrechts bei mangelnder Benutzung (vgl. Art. 12 Abs. 1 MarkenRL) und §§ 51 Abs. 4 Nr. 1, 55 Abs. 3 MarkenG enthalten Vorschriften über den Benutzungszwang im Zusammenhang mit dem Löschungsverfahren (vgl. Art. 11 Abs. 1, 3 MarkenRL).
Diesem Gesetzesaufbau entsprechen im Wesentlichen die Regelungen in der GMarkenV (vgl. Art. 15, 43 Abs. 2, 50 Abs. 1 lit a, 56 Abs. 2 und 68 GMarkenV).
Der Einwand der mangelnden Benutzung muss von dem in Anspruch genommenen Verletzer einredeweise geltend gemacht werden, vgl. § 25 Abs. 2 Nr. 1 MarkenG; eine Berücksichtigung von Amts wegen findet nicht statt. Im Rahmen einer prozessualen Auseinandersetzung muss der Markeninhaber gemäß § 25 Abs. 2 MarkenG den Nachweis erbringen, die Marke innerhalb des vor Klageerhebung liegenden Fünfjahreszeitraumes für die eingetragenen Waren oder Dienstleistungen benutzt zu haben. Auf den Nachweis der Markenbenutzung kommt es in gleicher Weise im Widerspruchsverfahren gemäß § 43 MarkenG, im Rahmen des Verfalls gemäß § 49 MarkenG und im Löschungsverfahren gemäß § 55 Abs. 3 MarkenG an.
Der Inhaber eines abstrakten Farbzeichens begibt sich der Möglichkeit, die ihm aus der Markenregistrierung erwachsenden Ansprüche durchzusetzen, sofern er die geschützte Farbe oder Farbkombination nicht in dem durch § 26 MarkenG vorgegebenen Umfang für die eingetragenen Warengruppen und Dienstleistungen benutzt.

2. Benutzungsbegriff

Der Gesetzgeber hat mit der aus Art. 10 MarkenRL übernommenen Fassung des § 26 MarkenG die Frage, was unter Benutzung zu verstehen ist, weitestgehend der Rechtsprechung überlassen. Der einzige gesetzliche Hinweis auf die Notwendigkeit einer „ernsthaften" Benutzung, vgl. § 26 Abs. 1 MarkenG, ist zudem mehr als Abgrenzung zu bloßen Scheinhandlungen zu verstehen, die nur zu dem Zweck vorgenommen werden, die formalen Voraussetzungen für die Aufrechterhaltung von Rechten aus der Marke zu erfüllen.
Der Begriff der Benutzung im Sinne des Benutzungszwanges ist ein eigenständiger Rechtsbegriff, der nach dem Zweck des Benutzungszwangs, die Geltendmachung nur formaler Zeichenrechte zu verhindern und die Chancen für die

Eintragung neuer Marken zu erhalten, eigenständig auszulegen ist[185]. Insbesondere verbietet sich eine Gleichsetzung mit dem Benutzungsbegriff in § 14 Abs. 2 MarkenG, der aus dem Normzweck eines effektiven Markenschutzes heraus weit auszulegen ist. Zwar werden auch insoweit als Benutzung in erster Linie die Verwendungsarten in Betracht kommen, die in § 14 MarkenG zu den Verletzungshandlungen zählen; nicht jede dieser Verwendungsarten wird aber eine rechtsverletzende Benutzung darstellen.

a. Funktionsgemäße Benutzung

Der BGH und das BPatG haben schon unter Geltung des WZG einen eigenständigen Benutzungsbegriff für die §§ 5 Abs. 7 und 11 Abs. 1 Nr. 4 WZG herausgebildet. Danach sei das grundlegende Kriterium der rechtserhaltenden Benutzung die Verwendung der Marke als Marke; der Markeninhaber müsse die Marke im geschäftlichen Verkehr, den gesetzlichen Funktionen der Marke entsprechend, benutzen. Als rechtserhaltend wurde ein die Zeichenfunktionen verifizierender Gebrauch der Marke verstanden, der dem Zweck des Benutzungszwangs gerecht wird[186]. Unter Geltung des WZG war es nur folgerichtig, dass die Rechtsprechung die funktionsgemäße Verwendung eines Zeichens auf Benutzungshandlungen zur Herkunftsdifferenzierung begrenzte, da dies im früheren Recht die einzige auch rechtlich geschützte Markenfunktion darstellte.
Auch unter Geltung des MarkenG hält die Rechtsprechung an einer funktionalen Bestimmung des Benutzungsbegriffs für § 26 Abs. 1 MarkenG fest[187]. Diese Auslegung entspricht im Grundsatz auch der vom Gesetzgeber vorgegebenen Ausrichtung des Tatbestandes[188], birgt aber die Gefahr in sich, die Rechtsprechung zum WZG unbesehen auch unter Geltung des MarkenG unverändert fortzuschreiben. In dieser Tendenz wird vom BGH die funktionsgemäße Verwendung einer Marke auf die Benutzung des Zeichens zur Herkunftsdifferenzierung reduziert und damit der Wandel in den rechtlich geschützten Funktionen der Marke außerhalb der Betrachtung gelassen[189].
Auch im Rahmen der rechtserhaltenden Benutzung muss die Neukonzeption in der Funktionenlehre im Sinne einer Erweiterung der Markenfunktionen berück-

---

185 BGH GRUR 1978, 294, 296- Orbicin; BGH GRUR 1979, 551, 552- lamod; BGH GRUR 1996, 267, 268- Aqua;
siehe auch die amtliche Begründung, aaO. S. 77.
186 BGH GRUR 1996, 267, 268- Aqua; BGH GRUR 1984, 354, 357- Tina Spezialversand II; BGH GRUR 1980, 52- Contiflex;
siehe auch allgemein zum Benutzungszwang Fezer, Der Benutzungszwang S. 67, 79 ff.
187 BGH GRUR 1995, 583- Montana; OLG München WRP 1996, 128, 130- The Beatles; BPatG GRUR 1096, 981, 982- Estavital; BGH GRUR 1997, 744- Ecco I.
188 Amtliche Begründung, aaO. S. 83.
189 BGH GRUR 1995, 583, 584- Montana.

sichtigt werden[190]. Dies insbesondere, um die Rechtsfragen, die die neuen Markenformen mit sich bringen, sachgerecht lösen zu können. Hier wird die Notwendigkeit der Abkehr von der eindimensionalen unter Geltung des WZG geprägten Sichtweise bei den Markenfunktionen besonders deutlich, denn die neuen Markenformen des MarkenG werden kaum mit einem warenzeichenrechtlich geprägten Instrumentarium in interessengerechter und praktikabler Weise in das Markenrechtssystem eingebunden werden können. Die rechtserhaltende Benutzung von abstrakten Farben ist ein völlig neues Phänomen im Markenrecht; im Folgenden wird herauszuarbeiten sein, anhand welcher Kriterien die Benutzung von Farbzeichen zu beurteilen ist.

Die Anforderungen an Art, Umfang und Dauer der Benutzung bestimmen sich nach der durch objektive Anhaltspunkte nahegelegten Verkehrsauffassung. Als objektiver Maßstab gilt dabei das Verkehrsübliche und wirtschaftlich Angemessene[191].

aa. Funktionsgemäße Benutzung in der eingetragenen Form

Aus der Erweiterung des Markenbegriffs in § 3 Abs. 1 MarkenG ergeben sich bisher weitgehend ungeklärte Rechtsfragen; neue Markenformen , wie die konturlosen Farbmarken, sprengen den Rahmen bisheriger Vorstellungen über die Art einer rechtserhaltenden Markenbenutzung.
Der Ansatzpunkt zur Bestimmung einer funktionsgemäßen Benutzung von konturlosen Farbmarken ist nach der hier zu entwickelnden Ansicht in der Registereintragung zu sehen. Die Registrierung ist der einzige Anhaltspunkt zur näheren Bestimmung dieser Markenform und legt insoweit den Schutzgegen-stand fest[192]. Das MarkenG gewährt nur Schutz für ein Kennzeichen, wenn dessen Schutzgegenstand tangiert ist und damit ein Eingriff in einen markenrechtlich relevanten Aspekt des Zeichens gegeben ist. Der Inhaber einer ab-strakten Farbmarke kann nur dann den Schutz der Markenrechtsordnung erwarten, wenn er sein Zeichenrecht innerhalb des Schutzgegenstandes benutzt, denn für andere Benutzungshandlungen gewährt die Eintragung kein markenrechtliches Schutzinstrumentarium. In der Konsequenz ist damit als Grundsatz davon auszugehen, dass eine konturlose Farbmarke nur dann rechtserhaltend benutzt wird, wenn sie auch als solche benutzt wird. Wenn der Schutz für eine abstrakte Farbmarke beantragt und erteilt wird, liegt darin eine Festlegung auf diese gewählte Markenform, dessen Wesen maßgebend durch die abstrakte Form des Farbenschutzes

[190] Siehe 5. Kapitel, II, 3, b, aa zur Funktionenlehre.
[191] BGH GRUR 1995, 347, 349- Tetrasil; OLG München Mitt. 1996, 217, 218- Sankt Michael.
[192] Siehe oben zum Schutzgegenstand der abstrakten Farbmarke, Kapitel 4, I.

bestimmt wird. Auf diese Abstraktheit darf bei der Verwendung der Marke nicht verzichtet werden, sie allein macht den Gegenstand des Markenschutzes aus.
Der Schutzgegenstand einer abstrakten Farbmarke umfasst eine unbegrenzte Vielzahl konkreter Gestaltungen, unter denen der Markeninhaber auswählen kann, ohne auf markenrechtlichen Schutz verzichten zu müssen. Der umfassende Registerschutz, den die unfigürliche Prägung des Schutzgegenstandes mit sich bringt, erscheint nur im Zusammenspiel mit dem einschränkenden Erfordernis einer ebenfalls abstrakten Benutzung der Farbe als angemessen.

Die geschützte Farbe oder Farbkombination muss innerhalb der Markenkonzeption in einer gewissen Bandbreite von Gestaltungsarten (konturlos) genutzt werden. Eine figürlich stets gleichbleibende farbliche Gestaltung in der Form eines symbolhaft aufgemachten Firmenlogos beispielsweise wird nicht ausreichen, um ein abstraktes Farbzeichen funktionsgerecht zu benutzten; allenfalls wird man in derartigen Konstellationen von der rechtserhaltenden Benutzung einer farblichen Aufmachung bzw. eines Bildzeichens sprechen können. Während eine konkrete farbliche Aufmachung in Form eines Bildzeichens auch eine konkrete Benutzung in Form des eingetragenen Bildes verlangt, erfordert eine abstrakte Farbmarke einen entsprechend unbestimmten Gesamteindruck der Benutzungshandlung.
Eine funktionsgerechte Benutzung wird dann anzunehmen sein, wenn der Verkehr nicht die konkrete farbliche Gestaltung, mit der er im Einzelfall konfrontiert wird, sondern die Farbe an sich - auftretend in einer gewissen Vielfalt unterschiedlicher räumlicher Anordnungen - als das Markenzeichen ansieht. So wird es z.B. bei Hausfarben kaum ausreichen, nur den Teppich der Verkaufsräume in einer bestimmten Farbe zu halten, vielmehr muss der gesamte Markenauftritt von einer Farbe oder Farbkombination geprägt sein und z.B. auch die Außenfassade, die Kleidung der Mitarbeiter, die Produktverpackung, die Kundendienstfahrzeuge, die Gestaltung der Werbeanzeigen bzw. des Geschäftspapiers etc. erfassen[193].
Das „Milka-Lila“ von Kraft/Jacobs/Suchard weist z.B. diese Vielfalt unterschiedlicher räumlicher Anordnungen auf. Die Farbe nicht nur bei der Verpakkung der unterschiedlichen Produkte des Unternehmens oder bei dem Namenszug verwendet, sondern auch beim allgemeinen Markenauftritt in der Werbung:

[193] Z.B. der Markenauftritt der Dresdner Bank („die grüne Bank“), bei dem die Farbe Grün in allen Spielarten, wie z.B an der Außenfassade, auf dem Geschäftspapier, auf den Möbeln und den Teppichen der einzelnen Filialen, in der Werbung etc., auftritt.
Die abstrakte Benutzungsform der Farbe muss nicht notwendigerweise an eine Produktaufmachung oder an die Gestaltung der Verkaufsstellen anknüpfen. Dies wird in besonderem Maße relevant für den Dienstleistungsbereich, in dem es häufig sowohl an einem gegenständlichen Produkt, als auch an einer Verkaufsstelle - man denke nur an das wachsende Dienstleistungssegment im Internet, wie z.B. E-Commerce und Online-Dienste - fehlt.

Mittlerweile wird die Marke nicht mehr allein durch die lila Kuh, sondern darüber hinaus auch durch einen lila Elefanten repräsentiert.
Die alleinige Prägung eines Markenauftritts durch eine Farbe oder Farbkombination an sich lässt sich in unterschiedlichster Weise, ohne jede schematische Begrenzung, erzielen, maßgebend ist nur die Verkehrsauffassung. Der Pay-TV Anbieter Premiere beispielsweise benutzt seine Hausfarben Rot/Gelb unter anderem dadurch, dass alle Moderatoren der angebotenen Sendungen rotgelbe Krawatten tragen oder der Schauspieler in einem Werbespot einen rotgelben Bademantel trägt. Der Energieversorger „Avanza“ benutzt seine Hausfarbe Azurblau z.B. auch dadurch, dass der Trainer des gesponsorten Fußballclubs in Fernsehsendungen in einem azurblauen Anzug auftritt.
Nur bei einem entsprechend breiten Verwendungsspektrum der Farbe kann beim Publikum ein Eindruck entstehen, der sich nicht auf die konkrete farbliche Aufmachung, sondern auf die abstrakte Farbe an sich bezieht. Der Verbraucher darf das Markenzeichen nicht anhand der Benutzung der Farbe in einer bestimmten graphischen Darstellung memorieren, sondern vielmehr anhand der unbestimmten Vielfalt des Auftritts der Farbe selbst. Die einzelnen graphischen Darstellungen der Farbe müssen in der Gesamterscheinung konturlose Farbe verschwimmen und zurücktreten. In der Konsequenz wird die Farbe an sich als Abstraktum in der Verkehrsanschauung in den Vordergrund treten.
In der „reinsten“ Form wird eine abstrakte Farbmarke somit dann benutzt, wenn ausschließlich die Farbe ohne jegliches Beiwerk (schlichte Wiedergabe des Farbtons) bei dem Markenauftritt verwendet wird. In diesen Fällen steht die Farbe als Abstraktum im Vordergrund der Markenpositionierung. Wenn eine Farbe von vornherein abstrakt genutzt wird, entfällt in der Konsequenz auch das Erfordernis der Benutzung der Farbe in einer gewissen Vielfalt der räumlichen Anordnungen, um einen konturunbestimmten Farbeindruck zu erreichen. Die Marketingkampagne des Energieversorgers e.on bei der Etablierung der Farbe Rot als Unternehmenskennzeichen ging z.B. in diese Richtung. So wurde zu Beginn der Kampagne in Zeitungsanzeigen und auf Plakatwänden nur der Farbton ohne jegliches Beiwerk in Form eines rechteckigen Farbmusters wiedergegeben. Die Präsentation der Farbe erfolgte ohne graphische Unterstützung bzw. ohne gleichzeitige Verwendung eines Wort- oder Bildzeichens, der einzige Zusatz bestand in dem klein gehaltenen Vermerk „Anzeige“. Im weiteren Verlauf der Kampagne wurde dann der Farbton in Verbindung mit dem Wortzeichen e.on verwendet und damit die Verbindung der abstrakten Farbe zum Unternehmen aufgebaut.

bb. Zeichenmäßiger Gebrauch

Die konturlose Farbe muss nach § 26 MarkenG als Marke verwendet werden, um in den Genuss der Ausschließlichkeitsrechte gemäß §§ 14 ff. MarkenG zu kommen. Die Forderung nach einer rechtserhaltenden Benutzung ist als Schranke des Markenschutzes im Hinblick auf die Ausschließlichkeitsrechte aufzufassen. Dementsprechend ist eine Benutzung der geschützten Farbe in einer Art und Weise zu verlangen, die die Bereitstellung der ansonsten nur an formalen Kriterien anknüpfenden, starken und umfassenden Rechtsstellung des Markeninhabers rechtfertigen kann. Dies ist nur der Fall, wenn die abstrakte Farbe als Merkmal zur Herkunftsdifferenzierung nach § 3 Abs. 1 MarkenG verwendet wird, denn Markenschutz ist schon begrifflich nur denkbar, wenn der Schutzgegenstand selbst eine Marke darstellt. Die Benutzung nach § 26 MarkenG muss also markenmäßig erfolgen, nur die funktionsgerechte Verwendung des Zeichens ist tatbestandsausfüllend. Die diesbezüglichen Kriterien werden durch die Funktionenlehre vorgegeben und sind bei der Auslegung der Norm zu berücksichtigen[194].

(1)Verhältnis konturlose Farbmarke und Ware bzw. Dienstleistung

Die Marke muss gemäß § 26 Abs. 1 MarkenG für diejenigen Waren oder Dienstleistungen benutzt werden, für die sie eingetragen wurde. Auch bei abstrakten Farbmarken muss eine gewisse Nähebeziehung zwischen der verwendeten Farbe und dem Produkt, welches gekennzeichnet werden soll, bestehen. Eindeutig dürften dabei die Fallkonstellationen sein, in denen die Farbe ohne jeglichen Produktbezug lediglich im Sinne einer allgemeinen Anpreisung oder Bekanntmachung verwendet werden und damit die Benutzungskriterien nicht erfüllen.

Problematisch sind dagegen die bei konturlosen Farbmarken besonders häufigen Grenzfälle, in denen die Marke ohne eine direkte körperliche Verbindung zum beworbenen Produkt verwendet wird. Die Farbe wird hier nicht, wie bei den traditionellen Markenformen üblich, in einer direkten Verbindung zum Produkt - in der Regel Abdruck des Kennzeichens auf der Ware selbst oder deren Verpackung bzw. Umhüllung - eingesetzt.
Die Besonderheit bei abstrakten Farbmarken ist darin zu sehen, dass sich die Markenkonzeption nicht abschließend in dem Abdruck des Zeichens auf der Ware selbst erschöpft. So werden Farbmarken insbesondere auch zur Gestaltung von Außenfassaden oder von Hinweisschildern, zur Gestaltung von Plakatwänden oder -säulen sowie zur Gestaltung der Anzeigen, Kataloge, Geschäftspapie-

[194] Siehe oben, Kapitel 5, II, 3, b zur Funktionenlehre.

re, Rechnungen, Preislisten, Werbegeschenke etc. verwendet. Auch im Rahmen des Markenauftritts in der Fernsehwerbung und insbesondere der Markenführung im Internet - hier werden abstrakte Farben oder Farbkombinationen häufig als changierender Hintergrund, GIF[195], verwendet - sind Farben ein herausragendes Element in einer emotional ausgerichteten Produktdifferenzierung. Viele Unternehmen existieren im Bewusstsein des Verbrauchers nicht mit der Vorstellung von einem bestimmten farblich markiertem Produkt als Gegenstand, sondern allgemein mit der Vorstellung einer Farbassoziation, die geprägt wird von der Platzierung der Farbe im gesamten Unternehmensumfeld.
Neben der Kennzeichnung von Waren liegt das Hauptpotenzial von abstrakten Farbmarken in der Unterscheidungsfunktion bei Dienstleistungsmarken[196]. Wie bereits erörtert, sind konturlose Farben zur Kennzeichnung von Dienstleistungen besonders gut geeignet, da sich Dienstleistungen, anders als körperliche Waren, nicht in einer bestimmten Verpackungsform oder Aufmachung materialisieren, sondern z.B. als Service- oder Beratungsdienstleistung von Haus aus ebenfalls konturlos sind. Die Signalwirkung bei der Verwendung einer Farbmarke für ein Dienstleistungsunternehmen kann in der Regel nicht von der farblichen Aufmachung der Verpackung eines Gegenstandes ausgehen, sondern nur von der Farbe oder Farbkombination als solcher, wie sie in der übrigen Werbung - z.B. Anzeigen, Geschäftspapier, Plakate, Außenfassaden etc.- verwendet wird, da hier nicht die Möglichkeit der Anknüpfung an eine gegenständlich fixierte Ware als Bezugspunkt der Kennzeichnung zur Verfügung steht.

Die Rechtsprechung unter dem WZG hat den Grundsatz entwickelt, die Ware selbst oder ihre Verpackung bzw. Umhüllung müsse mit der Marke gekennzeichnet sein, nur in ganz besonders gelagerten Ausnahmefällen erfülle eine Zeichenverwendung ohne diesen engen körperlichen Zusammenhang den Tatbestand des Benutzungszwangs[197]. In der Contiflex-Entscheidung[198] beschränkte der BGH die rechtserhaltende Benutzung auf die Ausübung der für die Herkunftsfunktion der Marke wesentlichen Benutzungsarten einer Kennzeichnung der Ware selbst, ihrer Verpackung und Umhüllung.
Aus der vom WZG geprägten Sicht der Funktionen der Marke war diese Forderung nach einer unmittelbaren körperlichen Verbindung zwischen Marke und Produkt konsequent; die Rechtsprechung des I. Zivilsenats des BGH, die eine derart ausgerichtete Definition der rechtserhaltenden Benutzung auch im MarkenG aufrechterhalten will[199], ist indes abzulehnen[200].

[195] Graphics Interchange Format.
[196] Siehe oben zur Verwendungsmöglichkeit von abstrakten Farbmarken im Dienstleistungsbereich Kapitel 2, I und Kapitel 4, I; siehe auch Jaeger-Lenz, WRP 1999, 290 f.
[197] BGH GRUR 1982, 417, 418- Ranger; BGHZ 70, 143, 146- Orbicin.
[198] BGHZ 75, 150, 155- Contiflex.
[199] BGH GRUR 1996, 267, 268- Aqua; BGH GRUR 1995, 347, 348- Tetrasil.
[200] In dieser Richtung auch das OLG München Mitt. 1997, 30- aliseo.

Unter den veränderten Bedingungen des MarkenG muss die grundlegende Veränderung bei den rechtlich geschützten Funktionen der Marke[201] in die Auslegung des Benutzungsbegriffs einfließen. Die Marke ist nunmehr im Rahmen der europäischen Markenrechtsharmonisierung nicht mehr allein in der Herkunftsdifferenzierung als Teil der Markenkommunikation geschützt, sondern als Kommunikationsmedium innerhalb des Markenauftritts schlechthin. Dies schließt auch die nicht unmittelbar warenbezogene Verwendung einer Marke in der Werbung ein, um wirtschaftlichen Wert einer Marke zu schützen.
Gemäß § 14 Abs. 2 Nr. 5 MarkenG wird auch die Verwendung ohne direkten körperlichen Zusammenhang mit der Ware, insbesondere in Geschäftspapieren oder in der Werbung, als Markenrechtsverletzung qualifiziert und damit im Grundsatz auch als eine zur Rechtserhaltung geeignete Benutzungshandlung angesehen. Vor dem Hintergrund dieser Erweiterung der Markenfunktionen ist die Begrenzung der Nutzung von abstrakten Farbmarken auf die Konstellationen, in denen eine unmittelbare körperlichen Beziehung zur Ware besteht, nicht mehr zu halten. Das MarkenG erfordert diesbezüglich eine grundlegende Änderung der Rechtsprechungspraxis.
Auch der Gesetzgeber ist davon ausgegangen[202], dass es nicht unbedingt notwendig ist, die Marke unmittelbar auf den Waren anzubringen. Notwendig und ausreichend sei eine funktionsgerechte Verwendung der Marke, je nach den Umständen könne auch die Benutzung auf Geschäftspapieren, in Katalogen oder insbesondere in der Werbung ausreichen, wie es der Rechtslage in einer Reihe anderer Mitgliedstaaten entspreche.

Für eine Fortsetzung der strengen deutschen Rechtsprechung hinsichtlich der körperlichen Verbindung zwischen Marke und Produkt besteht künftig im Rahmen der richtlinienkonformen Auslegung keine Grundlage mehr. Damit sind auch die oben beschriebenen, gerade bei abstrakten Farbmarken relevanten Benutzungshandlungen als rechtserhaltend im Sinne des § 26 Abs. 1 MarkenG zu beurteilen. Mit der grundsätzlichen Anerkennung der Verwendung von abstrakten Farbzeichen in der Werbung ohne unmittelbaren körperlichen Produktbezug sind auch keine Missbräuche im Hinblick auf eine nur zum Schein erfolgende Verwendung des Zeichens allein zum Erhalt der formalen Rechtsposition zu befürchten, denn die vorstehend definierte Benutzungshandlung iSv. § 26 Abs.1 MarkenG steht noch unter dem Vorbehalt einer „ernsthaften" Verwendung des Kennzeichens. Liegen verlässliche Anhaltspunkte dafür vor, dass eine die abstrakte Farbmarke einbeziehende Werbeaktion nur zum Schein ohne die Möglichkeit oder Absicht eines tatsächlichen Produktabsatzes vorgenommen

[201] Siehe oben zum Paradigmenwechsel bei den Funktionen der Marke, Kapitel 5, II, 3, b.
[202] Amtliche Begründung aaO. S. 83.

wurde, ist die Ernsthaftigkeit zu verneinen[203]. Im Rahmen dieser Prüfung kann Missständen wesentlich flexibler entgegengetreten werden, als durch eine künstliche Verengung des Benutzungsbegriffs, wie sie vom BGH in seiner Rechtsprechung praktiziert wird.

Die Abgrenzung zu einer nicht mehr rechtserhaltenden Benutzung einer abstrakten Farbe wird dort zu ziehen sein, wo das angesprochene Publikum auch durch die Einbeziehung der den Markenauftritt mittelbar begleitenden Umstände nicht mehr in der Lage ist, einen konkreten Produktbezug anhand der Farbe herzustellen. Die Schwelle zur rechtserhaltenden Benutzung wird dann überschritten sein, wenn die Verkehrskreise aufgrund der konturlosen Farbgebung auch ohne direkten körperlichen Bezug eine gedankliche Verbindung zum Produkt aufbauen können; für den Verbraucher muss aufgrund der objektiven Art der Verwendung der Farbe die Benutzung als ein Unterscheidungszeichen im Hinblick auf eine Ware oder Dienstleistung erkennbar sein.

(2) Nutzung der Farbe als Marke

Eine funktionsgemäße Benutzung ist nicht nur im Hinblick auf die Art und Weise der Verwendung des entsprechenden Kennzeichens zu verlangen, sondern auch in Bezug auf den Inhalt der Marke. Der Inhalt einer durch eine abstrakte Farbe oder Farbkombination transportierten Markenbotschaft muss Ausdruck einer zeichenmäßigen Benutzung sein. Farben, die eine Ware oder eine Dienstleistung trotz der erfolgten Eintragung als abstrakte Farbmarke in das Register in der konkreten Benutzungssituation glatt beschreiben oder einen funktionalen Zusammenhang aufweisen, können nicht als rechtserhaltende Benutzung innerhalb des § 26 Abs. 1 MarkenG eingestuft werden. Diese Verwendung von Farben steht außerhalb des Markenschutzsystems nach den §§ 14 ff. MarkenG und kann in der Konsequenz auch kein anderes eingetragenes und farblich geprägtes Markenrecht verletzen, da insoweit beschreibende Farbangaben durch § 23 Nr. 2 MarkenG freigestellt sind.

Durch die Eintragung einer abstrakten Farbmarke wird dokumentiert, dass die Farbe oder Farbkombination in Bezug auf die angemeldeten Waren oder Dienstleistungen Unterscheidungskraft haben kann. Diese grundsätzliche Qualifizierung schließt indes nicht die Verwendung der Farbe als dekoratives Beiwerk oder lediglich als ansprechenden Hintergrund einer kennzeichnungskräftigen Aufmachung in der konkreten Anwendungssituation aus. Von einer rechtserhaltenden Benutzung einer Farbe wird dann nicht auszugehen sein, wenn der funktionale Bereich bei dem Markenauftritt eines bestimmten Produkts erreicht

[203] Zur ernsthaften Benutzung der Farbmarke siehe unten 5. Kapitel, VII, 2, b, ff.

ist und die Farbe in der konkreten Verwendungsart zwingend auch von Mitbewerbern, die ein gleiches Produkt vertreiben, benötigt wird.
Für die Abgrenzung im Einzelfall wird maßgebend sein, ob die angesprochenen Verkehrskreise einer Farbe oder einer Farbkombination in der realen Verwendung beim Markenauftritt eine Produktdifferenzierungsfunktion beimessen.
Der Einsatz von abstrakten Farbmarken beispielsweise zur Ausdifferenzierung von Produktfamilien (z.B. Gelb/Rot für Maggi im Convenience-Bereich bei Lebensmitteln) hat zweifelsohne eine technisch-funktionale Komponente, da die Farbe in gewisser Weise zur Warenklassifikation eingesetzt wird. Dieses Einteilungskriterium ist aber willkürlich gewählt, weil Produktfamilien nicht zwingend anhand von speziellen Farben symbolisiert werden müssen; prägend ist für das Publikum wird hier in erster Linie die Unterscheidungsfunktion der Farbgebung im Hinblick auf den Hersteller bzw. auf die Produktlinie sein.

b. Die rechtserhaltende Benutzung in abgewandelter Form, § 26 Abs. 3 S. 1 MarkenG

§ 26 Abs. 3 S. 1 MarkenG regelt die rechtserhaltende Benutzung eines Markenrechts, welches in einer Form benutzt wird, die von der ursprünglichen Eintragung in das Markenregister abweicht. In erster Linie aus Praktikabilitätsgründen hat sich der deutsche Gesetzgeber, der zwingenden Vorgabe in Art. 10 Abs. 2 lit a MarkenRL entsprechend, dabei entschlossen, die starre Bindung an die Registereintragung unter einschränkenden Voraussetzungen zu lockern. Insoweit ist die Erweiterung des Benutzungsbegriffs in § 26 Abs. 3 S.1 MarkenG auch nicht als Ausnahmetatbestand zu einer Grundsatzregelung in § 26 Abs. 1 MarkenG - nur mit der Eintragung identische Nutzungsformen sind rechtserhaltend - zu verstehen. Der in § 26 Abs. 1 MarkenG aufgeworfene Benutzungsbegriff wird vielmehr durch § 26 Abs. 3 S.1 MarkenG näher ausgefüllt. Dies bedeutet letztlich, dass Kennzeichen auch in einer Form benutzt werden können, die nicht exakt mit der Markeneintragung übereinstimmt. Dieser Grundsatz steht unter der einschränkenden Voraussetzung, dass durch die Abweichung nicht der kennzeichnende Charakter der Marke verändert wird.

aa. Der kennzeichnende Charakter der Marke

§ 26 Abs. 3 S. 1 MarkenG weicht dem Wortlaut nach mehrfach von der obligatorischen Vorgabe in Art. 10 Abs. 2 lit a MarkenRL, die insoweit wortgleich der Regelung in Art. 5 c Abs. 2 PVÜ nachgebildet wurde, ab. Während in Art. 10 Abs. 2 lit a MarkenRL darauf abgestellt wird, ob durch die Abweichung die Unterscheidungskraft der Marke beeinflusst wird, stellt der deutsche Gesetzes-

text auf die Veränderung des kennzeichnenden Charakters der Marke ab. Im Ergebnis erweist sich der Unterschied in der Wortwahl des MarkenG als richtlinienkonforme Klarstellung, die ausweislich der amtlichen Begründung[204] mit keiner inhaltlichen Abweichung von der Vorgabe in der MarkenRL verbunden sein soll.
Für die Auslegungsfrage, wann eine Abweichung von der eingetragenen Markenform die Identifikationsfunktion der Marke so stark verändert, dass von einer rechtserhaltenden Benutzung iSd. § 26 MarkenG nicht mehr gesprochen werden kann, kommt es nach neuerer Rechtsprechung des BGH maßgebend darauf an, ob die angesprochenen Verkehrskreise die eingetragene und die benutzte Form der Marke als ein und dasselbe Zeichen ansehen. Eine Abweichung der benutzten Markenform von der Registeranmeldung wird nur dann nicht gegen eine rechtserhaltende Benutzung sprechen, wenn sie vom Publikum gerade bei Wahrnehmung der Unterschiede dem Gesamteindruck nach noch mit der eingetragenen Marke gleichgesetzt wird[205].

bb. Gesamterscheinungsbild der Farbe oder Farbkombination

Abstrakte Farbmarken sind in ihrer Wirkung innerhalb einer Markenkonzeption darauf angelegt, bei dem flüchtigen Verbraucher einen verfestigten und jederzeit reproduzierbaren optischen Eindruck zu hinterlassen. Im Grundsatz muss bei dem Publikum ein Eindruck von der Farbe entstehen, der durch die konturlose und flächige Gestaltung der Farbe ohne optische Hervorhebungen geprägt ist. Die Verkehrsanschauung wird dabei durch den Maßstab des Verkehrsüblichen und wirtschaftlich Angemessenen ergänzt[206], womit gerade bei der markentechnischen Nutzung von Farben eine Differenzierung je nach Waren- bzw. Dienstleistungsgruppen angezeigt erscheint.
Die farbliche Ausgestaltung von Tankstellen, angelehnt an die Vorgaben der großen Mineralölkonzerne, wird anders zu beurteilen sein als beispielsweise der farbliche Auftritt von Supermarktketten, da beim Mineralölvertrieb wegen der Verkaufssituation aus dem fließenden Verkehr heraus ein schneller Wiedererkennungseffekt besonders wichtig ist.
Ebenso wird die Verkehrsüblichkeit bei abstrakten Farbmarken als Kennzeichen des Herstellungsunternehmens anders zu qualifizieren sein, als bei der Verwendung der Farbe als reines Produktkennzeichen ohne Herkunftshinweis[207].

---

[204] Siehe die amtliche Begründung, aaO. S. 83.
[205] Vgl. BPatG GRUR 1997, 301, 302- Lords/ Lord; BPatG GRUR 1995, 588- Jeanette/ Annette; BPatG GRUR 1995, 590, 591f.- Manhattan.
[206] Vgl. BGH GRUR 1995, 347, 349- Tetrasol.
[207] So wird beim Einsatz von abstrakten Farben als Mittel zur Produktidentifikation ohne Hinweis auf den Herkunftsbetrieb (beispielsweise im Warenbereich Zigaretten, hier werden mit Unterstützung von Farben reine Produkt- und keine Herstellermarken aufgebaut (z.B. Blau: Nil, Silber: West Light,

Abgesehen von der Berücksichtigung der markentechnischen Eigenarten je nach Anwendungsgebiet des abstrakten Farbzeichens, ist es erforderlich, bei konturlosen Einfarbenmarken die betreffende Farbe in Alleinstellung zu verwenden und entsprechend bei Farbkombinationen sämtliche Farben tatsächlich miteinander zu kombinieren.
Bei Farbkombinationen muss aus der konkreten Verwendung auch tatsächlich für das Publikum der Eindruck einer Kombination erkennbar werden. Bei der Zweifarbenkombination Rot/Weiß ist aufgrund der Eintragung theoretisch jedwede Verbindung der Farbe von 1 % zu 99 % bis 99% zu 1% denkbar, es könnten völlig unterschiedliche Farbflächen entstehen. Die Beschränkung einer konturlosen Farbkombination etwa auf ein Verhältnis der Farbanteile von 50 % zu 50 % würde zu weit gehen und im Ergebnis, anknüpfend an das Erfordernis einer rechtserhaltenden Benutzung, auf die Einführung einer an Prozentmargen festgelegten Aufmachungsmarke hinauslaufen. Die Grenze für eine den kennzeichnenden Charakter verändernde Abweichung wird dort zu ziehen sein, wo das Publikum - etwa bei einer Verteilung von 95 % Rot und 5 % Weiß - nicht mehr den Eindruck von einer Farbkombination Rot/Weiß, sondern lediglich der Einzelfarbe Rot hat. Der Bereich einer eingetragenen konturlosen Farbkombination wird in solchen Konstellationen verlassen[208].

Neben einem ausgewogenen quantitativen Verhältnis wird bei Farbkombinationen und auch bei Einzelfarben zu verlangen sein, dass sie grundsätzlich ohne das Dazwischentreten anderer Farben verwendet werden. Damit ist die Nutzung weiterer, nicht geschützter Farben beim Markenauftritt nicht von vornherein ausgeschlossen. Der Markeninhaber wird lediglich zu bedenken haben, dass weitere Farben das geschützte Zeichen in seiner Kennzeichnungskraft verwässern oder dem Zeichen einen anderen Charakter geben können. Wenn die ungeschützten Farben selbst Kennzeichnungskraft erlangen, die Kennzeichnungskraft der geschützten Farbe aufheben oder ihr eine andere Richtung geben, wird im Rahmen des § 26 Abs. 3 Nr. 1 MarkenG von einer nicht mehr tolerierbaren Ab-

---

Mintgrün: P&S)) im Gegensatz zur Verwendung als reiner Hausmarke in der Regel ein unmittelbarer körperlicher Bezug zur Ware bestehen. Da immer eine direkte Verbindung zu der Ware als Markierungsgegenstand gegeben ist, wird das Publikum trotz Abweichungen von der eingetragenen Form die benutzte Farbe leichter dem eingetragenen Farbzeichen zuordnen können als bei reinen Hausfarben, weil dort, insbesondere bei Hausmarken im Dienstleistungsbereich, in den meisten Fällen nicht einmal aufgrund der direkten Verbindung von Farbe und Produkt der Bezug zu der eingetragenen Farbe geschaffen werden kann.

[208] Unter diesem Gesichtspunkt ist zweifelhaft, ob ARAL mit dem momentanen Markenauftritt der Tankstellen und Produkte die beim DPMA angemeldete abstrakte Farbkombination Blau/Weiß rechtserhaltend benutzt, denn dem Gesamteindruck nach ist diese Markengestaltung von dem blauen Farbton beherrscht, während die weiße Farbe zumeist nur als schmaler Streifen vor einem blauen Hintergrund erscheint. Damit wird eher der Eindruck einer blauen Einfarbenmarke als der einer Farbkombination Blau/Weiß hervorgerufen.

weichung auszugehen sein. Unter Berücksichtigung dieser einschränkenden Kriterien können neben der rechtserhaltenden Benutzung der eingetragenen Farbe zusätzlich weitere Farben, beispielsweise bei der Aufmachung eines Werbeplakates, in Erscheinung treten.

cc.Farbabweichungen

Die abstrakte Farbmarke muss grundsätzlich in einem der Eintragung exakt entsprechenden Farbton benutzt werden. Die unterschiedlichen Farbklassifizierungssysteme von RAL bis zum HKS System beschreiben ein weitreichendes Spektrum aller markentechnisch verwendbaren Farbvalenzen und ermöglichen eine punktgenaue Bestimmung der eingetragenen Farbe.

Eine Farbabweichung zwischen der eingetragenen Marke und dem tatsächlich benutzten Zeichen wird technisch bedingt in der Praxis nicht selten vorkommen. Begründet sein kann dies einmal in mangel- oder fehlerhaft angewendeter Reproduktionstechnik, die zu Verschiebungen in der Farbtönung führen kann. Weiterhin können äußere Faktoren auf die Farbechtheit des benutzten Zeichens Einfluss nehmen; denkbar sind hier Witterungseinflüsse und Verschmutzungen, die die Farbwirkung beeinträchtigen. Farbverändernde Einflüsse beeinträchtigen nicht nur die Verwendung von Farben im Freien; dem Alterungsprozess ausgesetzt sind, wenn auch im geringerem Maße, auch Farben, die markentechnisch nur in geschlossenen Räumen benutzt werden.

Im Ergebnis wird man im Rahmen des § 26 Abs. 3 S.1 MarkenG nur einen geringen Spielraum bei Farbabweichungen des benutzten Zeichens von der eingetragenen Farbmarke zulassen dürfen[209]. Eine Abweichung in geringen Nuancen wird den kennzeichnenden Gesamteindruck eines Farbzeichens allenfalls dann unberührt lassen, wenn eine Farbabweichung nach dem aktuellen Stand der Technik nicht zu vermeiden ist, bzw. eine Farbidentität nur mit einem als unverhältnismäßig anzusehenden wirtschaftlichen Aufwand herzustellen wäre.
Dies liegt darin begründet, dass der Farbton das einzige Differenzierungskriterium des Publikums bei dieser Markenform ist. Der Farbskalenwert ist das ausschlaggebende und objektiv uneingeschränkt nachvollziehbare Merkmal zur Bestimmung des Eintragungsgegenstandes und allein prägend für das Gesamterscheinungsbild des Zeichens. Eine großzügige Rechtsprechungspraxis der Markenkammern bei den Landgerichten bei Farbabweichungen hieße bei dieser

[209] A.A. Giefers in: Fs Vieregge, S. 267, 285. Farben und Farbkombinationen mit ihren vielfältigen Nuancen würden bei der Reproduktion schon aus technischen Gründen unterschiedlich ausfallen. Diese technisch bedingten Farbabweichungen könnten einen Verlust des Markenrechts nicht rechtfertigen, weswegen insoweit ein großzügiger Spielraum bei der rechtserhaltenden Benutzung zu gewähren sei.

schon im Ansatz weitgehend unbestimmten Markenform das einzig verbliebene Kriterium der Registerbestimmtheit fallen zu lassen und in der Konsequenz den Schutzgegenstand aufzuweichen.
Es ist darüber hinaus im Bereich der Markenartikelwirtschaft durchaus verkehrsüblich und wirtschaftlich angemessen auch bei konturlosen Farbmarken jedem Zeicheninhaber einen gewissen Aufwand bei der Pflege seines Markenrechts zu überantworten. Äußere Einflüsse, wie Witterungsbedingungen, Verschmutzungen oder Alterung sind technisch nicht zwingend unabwendbar, sondern können durch den Markeninhaber durch Reinigung, Ausbesserung oder völligen Austausch des markierten Gegenstandes beseitigt bzw. ausgeglichen werden. Dies sind übliche finanzielle Aufwendungen im Rahmen der Markenpflege, die auch bei anderen Markenformen anfallen und nicht als besondere Benachteiligung von abstrakten Farbmarken anzusehen sind. Bei Farbzeichen ist der Farbskalenwert der einzige objektiv messbare Bestimmtheitsfaktor bei der Verwendung des Markenrechts in der Praxis; wenn dem Markeninhaber ein derart großer Freiraum gewährt wird, so ist es gerechtfertigt, hinsichtlich der einzig bestehenden Beschränkung des Markenrechts strenge Anforderungen aufzustellen. Diese Ausrichtung wird im Verhältnis zu den traditionellen Markenformen wieder dadurch relativiert, dass beispielsweise die proportionsgerechte und graphisch exakte Reproduktion eines Wort- oder Bildzeichens einen weitaus größeren Aufwand bereitet als die flächige und konturlose Wiedergabe eines geschützten abstrakten Farbtons.
Auch die Farbabweichungen aufgrund der Reproduktionstechnik können nicht ernsthaft als Argument im Sinne einer großzügigeren Beurteilung bei der Farbenechtheit im Rahmen des § 26 Abs. 3 S. 1 MarkenG dienen. Alle in den Farbklassifikationssystemen aufgeführten Farbvalenzen sind ohne jeden Zweifel in dem entsprechenden Farbton exakt reproduzierbar. Wenn Farbabweichungen technisch bedingt sind, wird dies keineswegs in den technischen Möglichkeiten bei der Reproduktion von Farben begründet sein, sondern eher in den Wirtschaftlichkeitserwägungen des Markeninhabers, der aus Kostengründen bestrebt sein wird, ein günstiges und unter Umständen nicht exaktes Farbreproduktionsverfahren zu verwenden. Zudem wird er bestrebt sein, die Kosten für die regelmäßige Erneuerung der Farbgebung oder die Ausbesserung des Farbzeichens einzusparen. Jedenfalls besteht kein Zweifel an der technischen Möglichkeit der punktgenauen Wiedergabe von registrierten Farben soweit sie in einem anerkannten Farbklassifikationssystem einer einheitlichen Norm unterworfen werden. Im Vergleich zu den anderen Markenformen ist der wirtschaftliche Aufwand bei der Pflege von konturlosen Farbmarken im Hinblick auf die exakte Übereinstimmung von eingetragenem Farbskalenwert und tatsächlich benutztem Farbton indes nicht überproportional hoch, die hier vertretene Forderung nach einem strengen Maßstab bei Farbabweichungen ist demnach wirtschaftlich angemessen und hält sich im Rahmen des Verkehrsüblichen.

dd. Formübergreifende Benutzung

Der Inhaber einer abstrakten Farbmarke muss eine dieser Markenform entsprechende Benutzung vornehmen. Wird bei der tatsächlichen Benutzungsform der eingetragenen Farbmarke die Abstraktheit in irgendeiner Weise aufgegeben und entsteht der Eindruck einer auf einen konkreten Gegenstand bezogenen Markenform, handelt es sich um eine andere als die eingetragene Markenform[210]. Der Übergang von einer abstrakten Markenkategorie in eine konkrete Markenkategorie unterliegt dem Risiko einer Veränderung des kennzeichnenden Charakters der Marke.

Eine formübergreifende Benutzung von konturlosen Farbmarken ist in zwei Fallkonstellationen denkbar. Einmal kann bei Aufgabe der abstrakten Gestaltung der Farbmarke der Eindruck eines farbigen Bildes oder einer konkreten farbigen Aufmachung beim Publikum hervorgerufen werden. Diese Fallgruppe beinhaltet auch die Konstellationen, in denen die eingetragene Farbe innerhalb eines zusammengesetzten Markenzeichens als unter Umständen sogar selbständig schutzfähiges Element verwendet wird, also in einer schon bestehenden Aufmachung aufgeht[211].

Des weiteren ist die Konstellation denkbar, in der die eingetragene Farbe tatsächlich als Wortzeichen, für die Farbe Lila wird das Wort Lila benutzt, eingesetzt wird.

In beiden Sachverhalten stellt sich die Frage, ob eine abstrakte Farbmarke im Rahmen einer anderen Markenkategorie (als Bild- oder Wortmarke) rechtserhaltend benutzt wird.

Aus Gründen der Rechtssicherheit sollte m.E. an dieser Stelle eine eindeutige Grenze gezogen werden. Die Möglichkeit der formübergreifenden Benutzung von Farbmarken würde den § 26 Abs. 3 S.1 MarkenG praktisch obsolet machen, da letztlich jede Verwendung der eingetragenen Farbe innerhalb eines Bildzeichens oder einer Aufmachung eine rechtserhaltende Benutzung darstellen würde, soweit die Farbe noch einen kennzeichnenden Charakter hat. Unter dieser Prämisse wäre das Erfordernis des § 26 Abs. 3 S. 1 MarkenG denkbar leicht zu erfüllen und der hinter dem Tatbestand stehende Gesetzeszweck - die Verhinderung von Scheinanmeldungen - nicht mehr gewährleistet.

---

210 Siehe oben, Kapitel 4, I zum Schutzgegenstand von konturlosen Farbmarken.

211 Das Markenzeichen Red Green für Oberbekleidung besteht aus einem Quadrat, welches aus einer roten und einer grünen Hälfte besteht. Hier ist keine Benutzung einer abstrakten Farbkombination gegeben, weil die Marke immer in dieser konkreten Aufmachung gegenüber dem Publikum verwendet wird. Die Unterscheidungskraft beruht neben der Farbgebung, die auch im Wortzeichen Red Green vorkommt, insbesondere auf der graphischen Darstellung der Farben innerhalb des Quadrats.

Es ist zu konzedieren, dass der Wortlaut eine formübergreifende Benutzung nicht ausdrücklich ausschließt. Es würde indes eine Wortlautauslegung sehr strapazieren, wenn man die Benutzung eines eingetragenen Zeichens in einer anderen Markenkategorie noch unter Abweichung iSd. § 26 Abs. 3 S. 1 MarkenG subsumierte, denn schließlich wird das Zeichen hier in einer völlig anderen Dimension mit abweichender Ausrichtung der Kennzeichnungskraft gebraucht. Dies muss umso mehr bei abstrakten Farbmarken gelten, die sich als neue Markenform grundlegend von den traditionellen Wort- oder Bildzeichen unterscheiden. Die vehemente Kritik gegenüber dieser Markenform ist ein beredtes Zeichen im Hinblick auf die markentechnische Differenz zu den traditionellen Zeichenformen wie Wort- und Bildmarke. Gerade weil mit dem abstrakten Farbenschutz eine neue Stufe des Markenschutzes beschritten wird, ist zum einen die Differenz zwischen Wort- bzw. Bildmarken und konturlosen Farbmarken so groß und macht es sich zum anderen die Rechtsanwendung so schwer mit der Anerkennung dieser Markenform.
Der quantitative Unterschied stellt sich gerade vor diesem Hintergrund als so groß dar, dass die Einordnung der formübergreifenden Benutzung von abstrakten Farbmarken als Abweichung iSd. § 26 Abs. 3 S. 1 MarkenG nicht vertretbar erscheint.

ee. Weglassen oder Hinzufügen von Zeichenbestandteilen

Das Weglassen eines Zeichenbestandteiles bei abstrakten Farbkombinationen wird im Ergebnis regelmäßig als nicht rechtserhaltende Benutzung zu qualifizieren sein.
Das Weglassen einer oder mehrerer Farben der eingetragenen Farbkombination in der konkreten Benutzungsform würde allenfalls dann eine unerhebliche Abweichung darstellen, wenn der Verkehr die Farbe als unwesentlich zur Beurteilung der Markenidentität ansähe und die Benutzungsform als ein und dieselbe Marke im Verhältnis zur Eintragungsform bewertete. Dies wird bei Farbkombinationen in der Regel nicht der Fall sein, da die unterschiedlichen Farben innerhalb einer Farbzusammenstellung das einzige Differenzierungskriterium für das Publikum sind, welches dementsprechend den verschiedenen Farbvalenzen als Bestandteil des Gesamtzeichens abstrakte Farbkombination besondere Kennzeichnungskraft beimessen wird. Im Gegensatz dazu bestehen Wort- oder Bildzeichen zumeist aus einer Vielzahl von kennzeichnungskräftigen Einzelheiten, die sich aus der graphischen Gestaltung oder aus den Besonderheiten des Schriftbildes ergeben. Bei diesen Markenformen kann durchaus bei dem benutzten Zeichen ein Bestandteil fehlen, ohne wesentlich den kennzeichnenden Charakter des Gesamtzeichens zu beeinflussen.

Je weniger prägende Bestandteile eine Zeichenform hat, desto stärker wird der Gesamteindruck der Marke verändert, falls einer dieser Bestandteile aus dem Gesamtzeichen herausgetrennt wird. Konturlose Farbmarken stellen die extremste Ausprägung einer Reduzierung von unterscheidungskräftigen Bestandteilen bei einem Kennzeichen dar. Es erscheint deswegen gerechtfertigt, von einer rechtserhaltenden Benutzung nur dann zu sprechen, wenn auch alle eingetragenen Farben einer Farbkombination benutzt werden[212].

Die Fallkonstellationen, in denen dem konturlosen Farbzeichen ein weiterer Zeichenbestandteil, sei es eine weitere Farbe oder ein Bild- oder Wortzeichen, hinzugefügt wird, sind in Abgrenzung zur Fallgruppe der formübergreifenden Benutzung zu beurteilen[213]. Wie bereits erörtert, ist jedenfalls dann keine rechtserhaltende Benutzung gegeben, wenn die Erweiterung des Farbzeichens gleichbedeutend ist mit dem Entstehen einer neuen Markenkategorie in Form eines Bild- oder Wortzeichens. In Abgrenzung dazu sind die Konstellationen zu sehen, in denen der hinzugefügte Zeichenbestandteil die Identifizierungsfunktion nicht wesentlich beeinflusst. Grundsätzlich wird mit der Rechtsprechung des BPatG als Leitlinie allgemein davon auszugehen sein, dass das Hinzufügen eines Zeichenbestandteils den kennzeichnenden Charakter der Marke nicht weniger beeinflusst, als eine Abänderung der Marke selbst[214].
Eine unerhebliche Abweichung stellt das Hinzufügen von solchen Farb- oder Bildbestandteilen dar, die aus einfachem oder üblichem Design bestehen und denen überwiegend ein ornamentaler und dekorativer Charakter zukommt. Auch das Hinzufügen eines glatt beschreibenden Zeichenbestandteils muss nicht den unterscheidenden Charakter der konturlosen Farbmarke verändern. Letztlich wird es maßgebend darauf ankommen, ob der Verkehr den der Farbmarke beigefügten Zusatz als zeichenmäßig bedeutungslose und austauschbare Zutat ansieht, also die kennzeichnende Wirkung ausschließlich der benutzten und eingetragenen Farbe entnimmt, oder umgekehrt den Zusatz als einen den Gesamteindruck der Marke als Unterscheidungssymbol wesentlich mitprägenden Zeichenbestandteil ansieht.

ff. Ernsthafte Benutzung des Markenrechts

Der Gesetzgeber hat den Benutzungsbegriff in § 26 Abs. 1 MarkenG mit dem weiteren Erfordernis einer ernsthaften Benutzung des Kennzeichens in seiner Schrankenfunktion erweitert. In ständiger Rechtsprechung wird zur Umschrei-

---

[212] Die Ausnahmekonstellation zu dieser Festlegung würde sich eher im theoretischen Bereich abspielen. Wenn beispielsweise eine Farbkombination aus 100 Farben bestünde, würde es den kennzeichnenden Charakter nicht signifikant verändern, wenn nur eine Farbe fehlte.
[213] Siehe hierzu auch den vorstehenden Abschnitt.
[214] BPatG Jahresbericht 1997, S. 100.

bung einer ernsthaften Benutzung die Formel verwendet, es sollten nur solche Benutzungshandlungen ausreichend sein, die nach Art, Umfang und Dauer dem Zweck des Benutzungszwanges entsprechen[215]. Die mit § 26 Abs. 1 MarkenG verfolgte ratio legis lässt sich am ehesten mit der Verhinderung der Geltendmachung rein formaler Zeichenrechte beschreiben, um Neuanmeldungen zu erleichtern und die Anzahl möglicher Markenkonflikte zu verringern. Es soll nur dann Markenschutz nach den §§ 14 ff. MarkenG gewährt werden, wenn das angemeldete Zeichen auch tatsächlich als Kennzeichnungsmittel und nicht als Behinderungsinstrument gegen Mitbewerber eingesetzt wird. Als markenrechtliche Ausprägung des Rechtsmissbrauchsverbots korrigiert § 26 Abs. 1 MarkenG den formalen Charakter des nur die Eintragung erfordernden Markenschutzes nach § 4 Nr. 1 MarkenG[216].

Vor diesem Hintergrund ist das Erfordernis einer ernsthaften Benutzung auch als Instrument zum Schutz gegen eine rechtsmissbräuchliche Nutzung von konturlosen Farbmarken zu sehen.
Als einer der Hauptkritikpunkte gegen den abstrakten Farbenschutz wird in dieser Richtung angeführt, ein Einzelner könne z.B. durch die ungehinderte Eintragung von zwanzig oder dreißig abstrakten Farbmarken seine Wettbewerber weitgehend von der Nutzung von Farben bei der Markenführung ausschließen und damit weite Teile des Produktvertriebs kontrollieren, weil den Konkurrenten die Möglichkeit fehle, ebenfalls bestimmte Farben bei der Markengestaltung zu benutzen[217].
Diese Kritik ist in dem Ausmaß nicht haltbar. Derartige wettbewerbsschädigende Auswüchse des Markenschutzes von konturlosen Farbzeichen werden in der Praxis schon durch die hohen Anforderungen an die rechtserhaltende Benutzung weitestgehend ausgeschlossen. Dabei ist zwar zu konzedieren, dass es theoretisch denkbar ist, sich alle wichtigen nicht funktionalen konturlosen Farben in einem bestimmten Waren- oder Dienstleistungssegment schützen zu lassen. Diese formale Position allein reicht indes nicht aus, um Dritte von der Nutzung der geschützten Farben auszuschließen, vielmehr muss eine ernsthafte Benutzung der Farben hinzukommen. Der Markeninhaber wäre demnach in dem obigen Beispielsfall gezwungen, die dreißig angemeldeten abstrakten Farbzeichen auch tatsächlich nach den vorstehend beschriebenen Kriterien als Kennzeichen im geschäftlichen Verkehr rechtserhaltend zu benutzen. Es ist, wie bereits erörtert, insbesondere bei abstrakten Farben im Verhältnis zu den traditionellen Markenformen mit einem überdurchschnittlich hohen Investitions- und Marketingaufwand verbunden, das Zeichen beim Verbraucher zu etablieren[218]. Dieser Auf-

[215] Ständige Rechtsprechung: BGH GRUR 1978, 46- Doppelkamp; BGH GRUR 1979, 717- Haller I; siehe auch Baumbach/Hefermehl, § 5, Rz. 65.
[216] BGH GRUR 1995, 347, 349- Tetrasil; siehe auch die amtliche Begründung, aaO. S. 83.
[217] Ströbele, GRUR 1999, 1041, 1049.
[218] Siehe oben Kapitel 2, I, 2, d und Kapitel 5, IV, d, bb, (1).

wand fiele bei allen angemeldeten Farbzeichen (im Beispielsfall dreißig) an, um das rechtsmissbräuchliche Ziel zu erreichen, über die Kennzeichnung des Produkts mit einer Farbe einen Vorteil im Produktvertrieb durchzusetzen. Wenn man sich vergegenwärtigt, wie hoch der finanzielle Aufwand zur Durchsetzung einer abstrakten Farbmarke[219] ist, wird sich in der Regel das unternehmerische Ziel einer exklusiven Vertriebsstellung effektiver und kostengünstiger durch andere Maßnahmen im Marketing erreichen lassen.
Im Übrigen darf bei der Beurteilung der Folgen einer rechtsmissbräuchlichen Ausnutzung konturloser Farbzeichen nicht unberücksichtigt bleiben, dass sich der Verletzungsschutz nur auf abstrakte Verwendungen von Farben bezieht, und nicht auf die praktisch weitaus bedeutsamere Nutzung von Farben im Rahmen von Bildmarken als farblicher Aufmachung.

Die Frage, ob eine ernsthafte, dem Zweck des Benutzungszwangs gerecht werdende Benutzung eines konturlosen Farbzeichens vorliegt, wurden bislang in der Rechtsprechung schon allein im Hinblick auf die Beweisführung an den objektiven Merkmalen des Einzelfalles, wie beispielsweise den Absatzzahlen und dem Markenauftritt, ausgerichtet[220].
Diese Ausrichtung auf objektive Kriterien ist aber keineswegs zwingend; es kann auch in subjektiver Hinsicht auf eine eventuell auf die Behinderung der Mitbewerber ausgerichtete Absicht des Markeninhabers bei der Verwendung von Farbzeichen als Kriterium der ernsthaften Markenbenutzung abgestellt werden.
Um bei dem obigen Beispielsfall zu bleiben, dürfte die Anmeldung von dreißig konturlosen Farbzeichen für eine Waren- oder Dienstleistungsgruppe zumindest ein starkes Indiz für eine rechtsmissbräuchliche Absicht in der Markenstrategie des Anmelders sein. Wenn er die Farbzeichen nicht zu Kennzeichnungszwecken benutzen möchte, sondern nur, um über die Monopolisierung aller zur Kennzeichnung verfügbarer abstrakter Farben in einem Produktsegment die Mitbewerber von der Nutzung konturloser farbiger Zeichen gänzlich auszuschließen und damit ihnen gegenüber den Markt abzuschotten, dann benutzt er die Zeichen nicht aus dem durch den Benutzungszwang vorgegebenen Zweck heraus, sondern in der Absicht, seine formale Rechtsposition gegenüber Dritten missbräuchlich auszunutzen. Die Verwendung von abstrakten Farbmarken in derartigen Marketingkonzepten stellt keine funktionsgemäße Zeichenbenutzung dar, erfüllt mithin in der Konsequenz nicht die Voraussetzungen einer rechtserhaltenden Benutzung.
Die Anmeldung einer Vielzahl nicht beschreibender abstrakter Farben für eine Produktgruppe bei dem DPMA dürfte ein ausreichend starkes Indiz für die soeben skizzierte rechtsmissbräuchliche Absicht des Markeninhabers sein. Im

[219] Siehe die vorstehende Fußnote.
[220] BPatGE 37, 233- Sachsenkrone.

Hinblick auf die Beweisführung bei dieser subjektiven Komponente der ernsthaften Benutzungshandlung werden jedenfalls bei den besagten wettbewerbsschädigenden Ausnahmesituationen keine unüberwindbaren Hindernisse bestehen.

Im Ergebnis wird man die durchaus zu Recht kritisch gewürdigten Konstellationen, in denen der Markenschutz konturloser Farben anstatt zu Kennzeichnungszwecken zur Marktaufteilung bzw. -abschottung missbraucht wird, sachgerecht und in praktikabler Weise im Rahmen des Kollisionsrechts lösen können. Die Zivilgerichte haben im Verletzungsprozess (unter anderem) mit der Schrankenbestimmung des § 26 MarkenG das erforderliche Instrumentarium und die notwendige Kenntnis des Sachverhaltes, um zu beurteilen, ob der Markenschutz für eine abstrakte Farbmarke gegenüber einem verletzendenden Drittzeichen gerechtfertigt ist. Dies wird nur dann der Fall sein, wenn im konkreten Einzelfall die Kriterien der rechtserhaltenden ernsthaften Benutzung in objektiver und subjektiver Hinsicht gegeben sind.

In diesem Zusammenhang liefert § 26 Abs. 3 S. 1 MarkenG ein weiteres Argument für eine großzügigere Eintragungspraxis der Markenstellen des DPMA bei konturlosen Farbmarken.

Die Schranke des Markenschutzes in § 26 Abs. 1 MarkenG gilt ausschließlich für eingetragene Kennzeichen nach § 4 Nr. 1 MarkenG. Indem das Markenamt den Schutz der abstrakten Farben durch eine restriktive Eintragungspolitik aus dem Markenregister herauszuhalten versucht, verschiebt es die Problematik nur in den Bereich des Kennzeichenschutzes nach § 4 Nr. 2 MarkenG. Im Gegensatz zu § 4 Nr. 1 MarkenG entsteht dort aber der Markenschutz nicht konstitutiv kraft Eintragung, sondern allein aufgrund der durch Benutzung der Farbmarke etablierten Verkehrsgeltung bei den Verbrauchern. Mangels eines Eintragungstatbestandes kann bei § 4 Nr. 2 MarkenG die Korrektivfunktion des § 26 Abs.1 MarkenG bei der rechtsmissbräuchlichen Verwendung von konturlosen Farbmarken als Benutzungsmarke nicht eingreifen. Im Ergebnis werden damit die soeben beschriebenen unerwünschten Fallkonstellationen durch diese Praxis noch gefördert, denn: Der Farbmarkenschutz wird aus dem Registerverfahren zwar herausgedrängt, die abstrakten Farbzeichen jedoch, die Verkehrsgeltung nach § 4 Nr. 2 MarkenG haben, genießen einen zu weitgehenden Markenschutz, der nicht durch die Instrumentarien der §§ 25, 26 MarkenG eingeschränkt werden kann.

Letztlich wird man die vielfach beschworenen Gefahren, die mit einem abstrakten Farbenschutz unzweifelhaft verbunden sein können, nicht durch eine Verweigerungshaltung im Registerverfahren, sondern effektiv nur innerhalb des Systems für eingetragene Zeichen nach § 4 Nr. 1 MarkenG unter Ausnutzung der dort installierten Instrumentarien zur Begrenzung der wettbewerbsschädigenden Aspekte des Markenschutzes lösen können. Anderenfalls begibt man sich der Möglichkeit, im Rahmen des Kollisionsrechts rechtsmissbräuchliche Auswüchse über § 26 Abs.1 MarkenG korrigieren zu können.

VIII. Folgerungen für die praktische Anwendung des Verletzungsrechts

Die Regelung des Schutzumfanges von Markenrechten in den §§ 14 ff. MarkenG stellt sich nach der vorstehenden Untersuchung in Kapitel 5 als ein praktikables und flexibles Instrument dar, um die im Einzelfall bestehenden Gefahren zu korrigieren, die sich aus der Öffnung des Markenregisters für neue Markenformen ergeben. Im Zusammenhang mit der Öffnung des Markenregisters für neue Markenformen ist es damit sinnvoll, das Verletzungsverfahren im Verhältnis zum Eintragungsverfahren zu stärken. Eine im Rahmen der europäischen Markenrechtsharmonisierung beabsichtigte liberale Eintragungspraxis gerade für neue Markenformen bedingt, dass nicht alle mit der Marke verbundenen Gefahren für die Mitbewerber abschließend im Eintragungsverfahren beurteilt werden müssen, sondern auch im Verletzungsverfahren vor den ordentlichen Gerichten korrigiert werden können.

Unter Geltung des WZG hat das DPA seine Prüfungskompetenz im Eintragungsverfahren mit Billigung der Rechtsprechung von BPatG und BGH immer weiter ausgedehnt. Die extensive Auslegung der absoluten Schutzhindernisse bedingte, dass die Markenstellen nicht nur schwerpunktmäßig die formalen Eintragungsanforderungen zu prüfen hatten, sondern in großem Umfang auch Fragen des materiellen Markenrechts, wie unter anderem die Kriterien des Freihaltebedürfnisses und der Unterscheidungskraft.
Auch unter Geltung des MarkenG muss diese Dualität bei dem Prüfungsumfang des DPMA im Grundsatz erhalten bleiben, dennoch wird man die Forderung nach einer Verlagerung der bisherigen Schwerpunkte stellen müssen. Gerade beim abstrakten Farbenschutz als neuer Markenform ist in der Rechtsprechung des BPatG die Tendenz festzustellen, mit der weiten Auslegung der absoluten Eintragungshindernisse in diesem Bereich die materielle Prüfungskompetenz des DPMA und damit zugleich dessen ablehnende Haltung zum konturlosen Farbschutz zu stärken. Die Neukonzeption des MarkenG bedingt indes eine restriktivere Auslegung der absoluten Eintragungshindernisse bei § 8 Abs. 2 Nr. 1-3 MarkenG. Diese Vorgabe wird auch vom I. Zivilsenat des BGH - abweichend von einer sich dieser neuen Tendenz allzu oft verweigernden Spruchpraxis des BPatG - in seiner Rechtsprechung nach und nach umgesetzt. Mit der zurückgeführten Bedeutung der absoluten Schutzhindernisse im Registerverfahren muss

in der Konsequenz auch der Umfang und die Ausrichtung der Prüfungskompetenz des DPMA neu überdacht werden.

Das Eintragungsverfahren und das Verletzungsverfahren sollten nicht mehr isoliert nebeneinander stehen, sondern sich zu einem integrierten und aufeinander abgestimmten Gesamtsystem zur Gewährleistung eines funktionsfähigen Markenwesens weiterentwickeln.
Der Prüfungsschwerpunkt bei den Eintragungsvoraussetzungen muss sich m.E. grundlegend in Richtung einer Beschränkung auf die Prüfung der formalen Eintragungserfordernisse verlagern: Die Amtsprüfung sollte sich auf die Untersuchung der formalen Anmeldeerfordernisse und derjenigen materiellen Fragestellungen beschränken, die grundsätzlicher Natur und für das angemeldete Zeichen wesensprägend sind. Die Beurteilung der materiellrechtlichen Aspekte, die nicht bestimmend für eine Zeichenform sind, sondern vielmehr zuvorderst in Einzelfallkonstellationen ein Problem darstellen, sollten im Rahmen einer restriktiven Auslegung der absoluten Schutzhindernisse der Prüfungskompetenz der Markenstellen entzogen und in das Verletzungsrecht verlagert werden.

Die hier empfohlene Kurskorrektur bei der Einordnung und Gewichtung der Prüfungskompetenzen des DPMA verlagert viele Entscheidungen, die bislang den Markenstellen oblagen, in den Verletzungsprozess vor den ordentlichen Gerichten. Die Diskussion um den abstrakten Farbschutz würde entsprechend in Zukunft nicht mehr ausschließlich im Rahmen des Eintragungsverfahrens zu führen sein, sondern auch auf der Verletzungsebene.
Den Richtern bei den Landgerichten (Kammern für Kennzeichenstreitsachen) ist die konkrete und aktuelle Markenverletzung als Streitstand gegenwärtig, sie sind damit in der Lage, einzelfallbezogener zu urteilen, als das Markenamt als bundesweite Zentralbehörde im Rahmen einer schematischen Amtsprüfung.
Der Schutzumfang konturloser Farbmarken kann von den sachnäheren ordentlichen Gerichten mit dem verletzungsrechtlichen Instrumentarium im Rahmen des zentralen Begriffs der Verwechslungsgefahr angemessen und die Interessen der Mitbewerber berücksichtigend beurteilt werden.

Die Kontrolle der Eintragungsfähigkeit und der Reichweite des Schutzumfanges von Kennzeichen muss deshalb in verstärktem Maße den Zivilgerichten auf Initiative des privaten Gegners (Wettbewerbers) überlassen werden. Der Markeninhaber kann selbst am besten beurteilen, durch welches Drittzeichen seine abstrakte Farbmarke beeinträchtigt wird und durch welches nicht. Nach seiner Einschätzung wird er einen Verletzungsprozess anstrengen, wenn dies unausweichlich ist. Diese Forderung nach mehr Eigenverantwortung des einzelnen Markeninhabers wird das DPMA weder überflüssig machen noch seine bislang ausgeübte Funktion zur Sicherung der angemessenen Rahmenbedingungen des Wirtschaftsfaktors Marke unterlaufen. Der eingeschränkte Prüfungsumfang bei den Markenstellen wird dagegen den Verwaltungsaufwand bei der Markenanmeldung reduzieren, die Prüfungsdauer bei einer Anmeldung verringern und zudem Formalitäten abzubauen helfen. Der Vorteil ist aber nicht nur in einer wünschenswerten Reduzierung des Verwaltungsaufwandes bei der Markenadministration zu sehen, sondern auch in einer ökonomisch effizienzsteigernden Senkung der Transaktionskosten des Markenanmelders.

6. Kapitel: Zusammenfassung

Abstrakte Farben können aufgrund ihrer technischen, ästhetischen, werbepsychologischen oder informativ-beschreibenden Funktion für eine gewerbliche Nutzung im Rahmen des Produktmarketing von Bedeutung sein. Sie erfüllen eine Markenfunktion (Herkunftsfunktion), wenn sie als ein kommerzielles Wiedererkennungssymbol genutzt werden, um Waren oder Dienstleistungen eines Unternehmens von denjenigen anderer Unternehmen zu unterscheiden.

Der begrenzte Markenbegriff unter Geltung des WZG wurde im geltenden Recht aufgegeben und im Rahmen der gemeinschaftsweiten Markenrechtsharmonisierung durch einen offenen und erweiterten Markenbegriff ersetzt. Davon ausgehend ergibt die richtlinienkonforme Auslegung des einheitlichen Markenbegriffs in § 3 Abs. 1 MarkenG, dass auch abstrakte Farben als neue Kennzeichnungsform vom Tatbestand erfasst werden. Abstrakte Farben besitzen die allgemeine Markenfähigkeit.

Ein wesentlicher Aspekt der allgemeinen Markenfähigkeit von konturlosen Farben ist das Erfordernis der Selbständigkeit der Farbe von dem gekennzeichneten Produkt. Eine Farbe als Marke darf nicht Bestandteil der zu identifizierenden Ware oder Dienstleistung sein, sondern muss eine eigenständige Zutat darstellen, die eine produktunterscheidende Funktion hat. Die abstrakte Farbe muss selbständig erfassbar sein und darf nicht zu den unentbehrlichen und funktional zwingend notwendigen Bestandteilen des Produkts gehören. Die Funktionalität einer Farbe als Kriterium der Selbständigkeit der Marke vom Kennzeichnungsgegenstand bestimmt sich nach der Verkehrsauffassung. Maßgebend ist insoweit der Zweck, den die Farbgebung erfüllen soll und ferner, ob dieser Zweck für die Wertschätzung des Produkts nach der Verkehrauffassung von entscheidender Bedeutung ist. Insoweit sind Farben als funktionale Produkteigenschaften anzusehen, die erforderlich sind, damit ein Produkt überhaupt hergestellt und vermarktet werden kann. Farben, die nach der Verkehrsauffassung in erster Linie als Unterscheidungszeichen dienen und im Verhältnis zum Produkt willkürlich gewählt sind, begründen kein Freihaltebedürfnis.

Die graphische Darstellbarkeit gemäß § 8 Abs. 1 MarkenG als formales Erfordernis der Markeneintragung ist bei konturlosen Farbmarken gegeben. Die mittelbare graphische Darstellung der abstrakten Farbe durch ein Farbmuster in Verbindung mit der Angabe der Farbbezeichnung eines anerkannten Farbklassifikationssystems genügt den formalen Anmeldeerfordernissen.

Mit der generellen Neukonzeption des MarkenG ist auch eine Neubestimmung der absoluten Schutzhindernisse (§ 8 Abs. 2 Nr. 1-3 MarkenG) verbunden. Die Einführung der neuen Markenformen im Rahmen des offenen Markenbegriffs erfordert eine restriktive Auslegung der absoluten Eintragungshindernisse, damit das Verhältnis zwischen Marken- und Eintragungsfähigkeit nicht in ein Ungleichgewicht gerät.
Die konkrete Unterscheidungskraft von konturlosen Farbmarken ist nach der Verkehrsauffassung im Einzelfall zu beurteilen. Abstrakte Farben können bei entsprechender Gewöhnung des Publikums unterscheidungskräftig und damit eintragungsfähig sein. Die Praxis in der Markenwirtschaft zeigt, dass abstrakte Farbmarken geeignet sind, vom Verkehr als Unterscheidungsmittel für Waren oder Dienstleistungen eines Unternehmens von denen anderer Unternehmen aufgefasst zu werden. Eine abstrakte Farbmarke ist dann unterscheidungskräftig, wenn der Verbraucher mit einer konturlosen Farbgebung ein Produkt eines bestimmten Unternehmens verbindet.
Die qualitativen und quantitativen Anforderungen an die Verkehrsauffassung ergeben sich aus der Relation zwischen der Unterscheidungskraft der Farbe, welche sich aus der Auffassung der beteiligten Verkehrskreise ergibt, und dem Freihaltebedürfnis, welches sich nach den berechtigten Interessen der Mitbewerber richtet. Je mehr die Wettbewerber auf die Verwendung einer konturlosen Farbe angewiesen sind, desto höher sind die Anforderungen.

Im Verletzungsrecht gewährt § 14 Abs. 2 Nr. 2 MarkenG dem Inhaber einer abstakten Farbmarke Schutz vor identischen Zeichen, wenn bei dem verletzenden Farbzeichen nach der Verkehrsauffassung eine konturlose Farbgebung als das eigentlich Unterscheidungsmerkmal des Zeichens hervortritt und der Farbton identisch ist.

Im Rahmen des § 14 Abs. 2 Nr. 2 MarkenG wird dem Inhaber einer abstrakten Farbmarke Schutz gewährt, wenn eine Verwechslungsgefahr mit anderen Farbmarken besteht. Der Schutzumfang wird hier maßgebend vom Begriff der Ver-

wechslungsgefahr bestimmt. Je größer die Kennzeichnungskraft einer abstrakten Farbe ist, desto umfassender ist der Schutzumfang
Der Schutzumfang von abstrakten Farbmarken wird dadurch begrenzt, dass nur dann Verbotsrechte bestehen, wenn das kollidierende Farbzeichen von der abstrakten Verwendung einer Farbe beim Markenauftritt entscheidend geprägt wird. Der Inhaber einer abstrakten Farbmarke kann nur gegen eine ähnliche farbliche Aufmachung in einem Drittzeichen vorgehen, wenn nach der Verkehrsauffassung die Unterscheidungskraft des Zeichens im Wesentlichen von der Verwendung einer konturlosen Farbe ausgeht. Alle weiteren Verwendungsmöglichkeiten von Farben innerhalb der Markenführung bleiben für die Mitbewerber freigestellt. Im Verletzungsrechtrecht wird damit die Wettbewerbsverträglichkeit des abstrakten Farbschutzes dahin gehend abgesichert, dass farbige Aufmachungen (farbige Wort- oder Bildmarken) weitestgehend vom Verbotsbereich ausgeschlossen werden. Der abstrakte Farbenschutz führt nicht zu einer Monopolisierung von Farben zur Verwendung als Kennzeichnungsmittel schlechthin, sondern nur innerhalb der speziellen Anwendungsform der konturlosen Farben als kleinem Ausschnitt eines breiten Anwendungsspektrums beim Einsatz von Farben in der Markenführung.

Die wirtschaftliche Leistung, die hinter dem Aufbau eines auf konturlosen Farben basierenden Markenkonzeptes steht, begründet den großen wirtschaftlichen Wert dieser Marken. Der Markeninhaber wird neben dem UWG auch verstärkt durch das MarkenG im Verletzungsrecht vor der unlauteren Beeinträchtigung der wirtschaftlichen Wertes seiner abstrakten Farbmarke geschützt. Die wirtschaftliche Leistung findet als Kriterium eines markenfunktional zu bestimmenden Verwechslungsbegriffs im Rahmen des § 14 Abs. 2 MarkenG Eingang in die Interessenabwägung zur Bestimmung des Schutzumfanges.

Ein im Einzelfall zu weitreichender Schutzumfang von abstrakten Farbmarken wird durch § 23 MarkenG als Schrankenbestimmung zu den Ausschließlichkeitsrechten des § 14 Abs. 2 MarkenG korrigiert.
Das Markenrecht des Inhabers einer abstrakten Farbmarke muss zurücktreten, soweit die Benutzung von deskriptiven Farben, auf die andere Wettbewerber zwingend angewiesen sind, unmöglich würde. § 23 MarkenG stellt insoweit eine notwendige Ergänzung zur Öffnung des Markenregisters für konturlose Farbmarken und andere neue Zeichenformen dar.

Der Schutzumfang von abstrakten Farben wird weiterhin durch das Erfordernis einer rechtserhaltenden Benutzung in § 26 MarkenG begrenzt. Dem Markeninhaber stehen die Rechte aus der Marke nur dann zu, wenn er sein Markenrecht auch tatsächlich benutzt. Eine rechtserhaltende Benutzung einer konturlosen Farbmarke ist dann gegeben, wenn die angesprochenen Verkehrskreise nicht

eine konkrete und gegenständlich begrenzte farbliche Gestaltung, sondern eine Farbe an sich ohne festgelegte Konturen als das Markenzeichen ansehen.
Als markenrechtliche Ausprägung des Rechtsmissbrauchsverbots stellt § 26 MarkenG ein praktikables Instrument dar, um sicherzustellen, dass konturlose Farbmarken auch tatsächlich als Kennzeichen und nicht als Behinderungsinstrument gegen Mitbewerber eingesetzt werden.

Das Eintragungsverfahren vor dem DPMA und das Verletzungsverfahren vor den ordentlichen Gerichten stellen ein zusammenhängendes und aufeinander abgestimmtes Gesamtsystem dar. Die mit einer liberaleren Eintragungspraxis bei neuen Markenformen verbundenen Gefahren für die Mitbewerber können im Verletzungsverfahren vor den ordentlichen Gerichten im Einzelfall angemessen berücksichtigt werden. Mit der hier empfohlenen Öffnung des Markenregisters wird das Eintragungsverfahren entlastet. Dies hat zur Folge, dass Entscheidungen über markenrechtliche Fallkonstellationen vermehrt in den Verletzungsprozess verlagert werden.

FSC
www.fsc.org
MIX
Papier | Fördert gute Waldnutzung
FSC® C083411

Kolibri 360 GmbH
Ferdinand-Jühlke-Straße 7
99095 Erfurt, Deutschland
produktsicherheit@kolibri360.de